财经
法治

浙江破产保护法治研究文库

总 主 编　蒋卫宇

执行主编　徐峻峰　王雄飞　任一民

破局与重生

浙江破产管理人优秀履职案例

（2019—2023）

任一民/主编

朱　黎　叶通明　叶晓明/副主编

法律出版社

LAW PRESS·CHINA

北京

图书在版编目（CIP）数据

破局与重生：浙江破产管理人优秀履职案例.2019－2023／任一民主编.--北京：法律出版社，2025.
(浙江破产保护法治研究文库／蒋卫宇总主编).
ISBN 978－7－5197－9499－6

Ⅰ.D922.291.925

中国国家版本馆CIP数据核字第2025WF3006号

破局与重生
——浙江破产管理人优秀履职案例(2019—2023)
POJU YU CHONGSHENG
—ZHEJIANG POCHAN GUANLIREN YOUXIU LÜZHI ANLI (2019－2023)

任一民　主编

策划编辑 沈小英
责任编辑 刘晓萌　鲁　安
装帧设计 李　瞻

出版发行 法律出版社
编辑统筹 法治与经济出版分社
责任校对 王语童
责任印制 吕亚莉
经　　销 新华书店

开本 710毫米×1000毫米　1/16
印张 21.75　　**字数** 446千
版本 2025年2月第1版
印次 2025年2月第1次印刷
印刷 北京盛通印刷股份有限公司

地址:北京市丰台区莲花池西里7号(100073)
网址:www.lawpress.com.cn
投稿邮箱:info@lawpress.com.cn
举报盗版邮箱:jbwq@lawpress.com.cn

销售电话:010－83938349
客服电话:010－83938350
咨询电话:010－63939796

书号:ISBN 978－7－5197－9499－6
定价:136.00元

凡购买本社图书,如有印装错误,我社负责退换。电话:010－83938349

任一民

现任浙江省破产管理人协会会长、浙江省法学会破产法学研究会常务副会长、浙江省法学会首席法律咨询专家、浙江京衡律师事务所管理合伙人。兼任中国人民大学法学院硕士生导师、破产法研究中心研究员，上海交通大学破产保护法研究中心副主任、凯原法学院硕士生导师，浙江大学光华法学院硕士生导师。

研究领域为企业重整重组、房地产企业危机化解、破产法理论和实务疑难问题。在《法学》《法律适用》《人民司法》等法学专业期刊发表论文多篇。连续多年在《钱伯斯亚太法律指南》重整/破产领域获评一等律师。曾受原国务院法制办邀请参与中德法治国家对话第十七届法律研讨会并作主题发言，多次受邀在全国范围开展破产法律实务讲座。

朱黎

法学博士。现任浙江天册律师事务所权益合伙人，浙江省破产管理人协会第一届、第二届副会长，杭州仲裁委员会仲裁员，杭州浙江大学校友会副会长兼常务理事。

业务领域为收购重组、重整、重大商事诉讼。承办多起在国内有一定影响力的重大重组重整案件。在《政治与法律》《宏观经济研究》《浙江学刊》等期刊发表学术文章多篇。

叶通明

现任国浩律师（杭州）事务所管理合伙人、国浩律师事务所破产与重整业务委员会暨法律研究中心副主任、浙江省破产管理人协会副会长、浙江省法学会破产法学研究会常务理事、浙江省律师协会破产管理专业委员会委员、浙江工业大学法学院实务导师和客座教授等。

在破产重组领域，作为总负责人或者主要负责人参与了200余家公司破产案件，其中10多个案件被评为最高人民法院、浙江法院、杭州中院破产审判年度十大典型案例以及浙江省破产管理人协会年度十大优秀履职案例；被评为“2024年度中国区Legal One客户信赖律师破产重整15强”。

叶晓明

现任浙江天平会计师事务所（特殊普通合伙）合伙人、司法鉴定与破产事务部主任，浙江省破产管理人协会监事长，浙江省会计领军人才，资深的司法会计鉴定与破产管理项目负责人。

注册会计师从业经验20年以上，从事破产管理人工作10余年，主持数百户省内企业集团、工商企业会计报表审计，主持近百起司法会计鉴定，主持参与数十起破产管理人业务工作。

序　一

党的十八大以来,习近平总书记先后6次亲临浙江考察指导,赋予浙江"中国式现代化的先行者"新定位,①提出了"推进共同富裕先行示范"②等重要要求,为浙江的改革发展指明了方向。浙江作为改革开放的先行地,以敢为人先的精神,在经济社会发展各个领域始终坚持探索创新。破产办理工作是法治浙江建设的重要组成部分,也是推动经济高质量发展的基础性支撑。在当前经济转型升级的关键时期,破产办理不仅承担着市场出清的任务,更承载着优化资源配置、营造良好营商环境和服务新质生产力发展的使命。

浙江破产管理人队伍在人民法院的有力监督指导下,立足自身职责,务实、创新,深入推进破产办理各项改革实践,不断努力探索符合浙江实际、特点的做法和经验。呈现在读者面前的这本案例集,正是这些努力的凝结,汇聚了近年来浙江破产办理战线上广大同仁的汗水与智慧。通过书中一个个鲜活生动的破产案例,窥豹一斑,相信广大读者能对浙江破产办理实践有一个大致的认识与了解,也希望本书能够较好地展示浙江破产办理的风貌与风采。在我看来,本书很好地体现了浙江破产办理的一些主要特点。

一、坚持政治高站位,坚定市场化、法治化理念,服务经济社会发展大局

在本书一个个具体的破产案例背后,隐含着不变的政治自觉和价值追求。浙江的破产实践者在办理破产案件的时候,努力提高政治站位,摒弃机械办案、就案办案,以全局眼光和系统思维,充分发挥市场对资源配置的决定性作用,将破产案件办理放到浙江经济社会发展的大局中去思考和实践。所以,我们才看到本书中所呈现的浙江破

---

① 参见《习近平和彭丽媛为出席杭州第19届亚州运动会开幕式的国际贵宾举行欢迎宴会》,载《人民日报》2023年9月24日,第1版。

② 《习近平在浙江考察时强调　始终干在实处走在前列勇立潮头　奋力谱写中国式现代化浙江新篇章　返京途中在山东枣庄考察　蔡奇陪同考察》,载《人民日报》2023年9月26日,第1版。

产管理人百折不挠的坚持、不畏艰难的探索、殚精竭虑的统筹和殷殷不改的初心。

近年来,随着经济结构调整和高质量发展需求的不断加深,破产办理从最初的债务清算逐步向服务经济转型、优化资源高效配置、支持新质生产力培育、维护社会和谐稳定等多元化功能拓展。从书中的案例我们可以看到,在诸多复杂案件中,浙江破产管理人不辞千辛万苦、发挥聪明才智,通过市场化机制成功将破产企业大量闲置的土地、厂房和技术资产高效流转至新兴产业领域,为产业结构升级打下了坚实基础,为支持数字经济、绿色经济等新质生产力发展注入了强大动能,探索出了一条破产办理与经济高质量发展深度融合的创新路径。

与此同时,浙江破产管理人始终秉持高度的社会责任感和深切的人文关怀,在每一个破产案件办理中注重个人债权人和职工权利的保护,切实保障债权人、债务人、投资人等破产程序各方主体合法权益,积极妥善化解各类矛盾,为社会的稳定和谐做不懈的努力。

二、紧密依靠党委政府,不断深化府院联动机制

破产案件的复杂性和系统性决定了单靠司法力量难以解决所有问题。尤其是在当下破产配套法律制度还不健全的情况下,紧密依靠党委政府协调、依赖运行有效并不断深化的府院联动机制是浙江破产案件办理的制胜法宝。将破产办理纳入地方政府社会治理体系之中,通过地方党委和政府在破产案件中政府公共职能的有效供给,共同破解职工安置、土地流转、税务处理等“老大难”问题,形成了一套机制性的做法,取得了显著成效。在本书的50个案例中,约80%都明确提到了“府院联动”机制在案件办理中不可替代的重要作用,以及通过该机制所取得的良好效果。

例如,在浙江遨优动力系统有限公司破产清算案中,通过充分运用“府院联动”机制,解决了巨额增值税留抵税额难以扣抵的问题,实现增值留抵退税1900多万元,极大地增加了可供分配的财产。在ZT汽车及下属8家子公司联动重整案中,浙江三级政府和法院之间通过全过程、多层次、高密度的“府院联动”机制,化解了大型企业破产可能带来的一系列社会风险。在浙江凯翔房地产开发有限公司破产重整案中,通过属地政府召集各部门召开协调会的方式,“一揽子”解决了重整中易主续建的审批验收、土地年限延长、税费政策延续等难题,为案件的顺利办结提供了极大便利。

三、秉持浙江精神，干在实处、走在前列、勇立潮头，大胆开拓、敢于创新

破产办理千头万绪、纷繁复杂，办理过程中各种问题层出不穷，而且很多时候涉及的不仅是法律问题，还包括经济、商业、企业治理、矛盾化解等方方面面。破产法律规范不可能对各种情况都进行细致的规定，办理过程中必然会时常面对无法可依、无例可循的情况。在这种情况下，浙江破产管理人秉持浙江精神，不怕困难、不惧挑战，大胆开拓、敢于创新，坚持以解决问题为导向的务实态度，针对具体情况因地制宜、因案制宜，进行了大量开创性的工作，为浙江破产办理打上了深深的创新烙印。

例如，在三鼎控股集团有限公司破产重整案与浙江三鼎织造有限公司等 4 家公司合并破产重整案中，管理人为解决投资人进入门槛过高的棘手问题，探索出以“部分让渡破产企业持有的上市公司股权 + 场外第三方股东将表决权委托给投资人 + 投资人按需定向增发”多种方式组合完成上市公司控制权变更的全新结构。又如，在 A 集团有限公司等 9 家公司合并破产重整案中，管理人通过设定破产重整服务信托的方式，一举解决“要约收购”“资产剥离”“信托执行”三大难题，等等。另外，在预重整制度的适用、个人债务集中清理等方面，浙江破产办理人也一直在不断探索创新、积累经验，相关做法和机制在实践应用中越来越成熟。

希望本书能够为推动破产法理论与实践的深度结合提供参考样本，为政策法律的完善发展提供实践支撑。透过本书的这些案例，我也欣喜看到浙江破产管理人队伍专业化建设卓有成效。正是通过这些具体的案件，破产管理人的专业素养得到不断提升，一支具备法律、金融、会计、企业管理等多领域知识的管理人队伍正在逐渐形成。破产办理是一项复杂的社会系统工程，它关乎企业的兴衰、经济的发展和社会的稳定。希望浙江破产管理人能够继续发扬“干在实处、走在前列、勇立潮头”的浙江精神，以更高的站位、更广的视野、更务实的作风推动浙江破产办理工作向纵深发展，为浙江经济社会高质量发展贡献更多的力量。

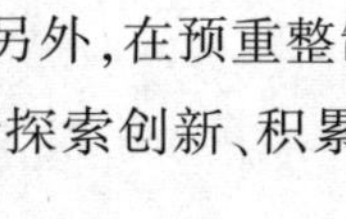*

2024 年 12 月 9 日

* 浙江省高级人民法院党组成员、副院长。

序　二

破产法是市场经济的基础法律制度。党的二十届三中全会通过的《中共中央关于进一步全面深化改革　推进中国式现代化的决定》指出，要健全企业破产机制，探索建立个人破产制度。

破产往往是市场经济下解决债务清偿的最后环节，各方利益冲突严重，矛盾激化，需要依法权衡，结合实际情况妥善解决，以维护各方利害关系人的正当权益，保障社会经济秩序。破产法就是解决这些问题的准绳，其社会调整作用最突出的特点之一，是理论与实践的密切结合，尤其是在我国。人们常说，法律的理论与规定往往是灰色的、枯燥的，而"实践之树"则会长青，这句话在破产法的适用中得到最突出、最集中的体现。在立法之时，法律的每个条款都经过了无数次的推敲与打磨，力求在逻辑上无懈可击，在适用上广泛而统一，以保障法律的稳定性与可预测性，其目的就是要通过法律的实施，在每个案件中充分体现出法律的公平与正义。在立法付诸实施后，每个法律条款的背后都不断发生着无数的故事，诞生出诸多的实践案例。尤其是典型案例，是法律的理论、规定与实践结合的产物，某种意义上讲，也就是活的法律。它是人民群众了解、认识破产法的主要途径，也是学者、实务工作者等深入研究、正确适用、完善法律必不可少的重要渠道与工具，还是落实习近平总书记"努力让人民群众在每一个司法案件中感受到公平正义"[①]指示的成果体现。

讲到案例，破产案件与其他案件有很大的区别。其他案件尤其是诉讼案件，法院要对案件进行全面的实质性审理，通过对事实情况的查明，证据取舍的判断，以判决的方式认定事实、适用法律，对当事人的权利义务作出裁判，案件中所有需要解决的问题都会在裁判文书中得到处理与说明。对这些案件，人们通过阅读、研究案件的裁判文书，就基本可以了解其事实以及法院对法律的适用，进而对案件的办理情况作出相应的评价，从中汲取经验、接受教训，并将其借鉴适用于其他案件中。简言之，这些类型的案件借助司法裁判文书通常就可以直接形成有用的案例。但在破产案件（不包括破

① 习近平：《高举中国特色社会主义伟大旗帜　为全面建设社会主义现代化国家而团结奋斗——在中国共产党第二十次全国代表大会上的报告（2022年10月26日）》，载《人民日报》2022年10月26日，第1版。

产衍生诉讼案件)的裁判文书中,并不出现法院对“本院”认定事实的具体描述与判断以及对适用法律的解释,也没有对实体权利义务作出的判决,仅有对一些破产程序适用的裁定,如破产申请的受理或不受理裁定、批准或不批准重整计划草案的裁定、破产程序终结的裁定等。仅靠这些程序性裁定,往往不能充分反映破产案件的主要事实情况,也不能反映法院对破产案件的法律适用情况,尤其是负责办理破产主要事务工作的管理人解决各种法律和实务操作难题的思路与办法。换言之,仅靠裁判文书不足以使人们全面了解破产案件的事实情况与法律适用,更无法形成可资借鉴的破产典型案例。

破产案例是法治实践的集中展示,是经验与教训的载体,具有重要的法律与社会意义。尤其是那些具有普遍指导性的典型案例,有助于提升办理案件的水平,体现司法裁判的说服力,统一法律的适用标准,推广创新经验。破产典型案例、指导性案例就是我们将法律理论与规定适用到社会实践解决各种问题的成果。但是,破产案例的收集与编写是一项重要而复杂的工作,不仅需要对案件事实的充分了解、对破产法理论的充分理解和实务操作的丰富经验,而且还需要多方面的综合法律理论水平和对各种法律与实践问题的分析与判断能力,如有不慎就可能出现失误,使案例失去其客观性和准确性,影响其社会作用的发挥。

本书是由浙江省破产管理人协会完成的优秀案例汇编。我受浙江省破产管理人协会任一民会长之托,为本书作序。浙江省破产管理人协会自 2018 年年底成立后,每年举行一次全省范围的优秀案例征集,并邀请学术界、实务界的专家学者担任评委,通过书面评阅和现场陈述两个评审环节,评出当年度的十大优秀履职案例。自 2019 年起至 2023 年,5 年来共评出 50 个优秀履职案例,这次浙江省破产管理人协会将其结集出版,以求与从事破产理论研究和实务工作的各位同仁深入交流,并请对破产法感兴趣的读者共同赏析。

本案例汇编是按照案例评选年度排序编辑的,所收录的优秀案例涵盖了破产案件审理尤其是管理人工作的方方面面,全面总结了历年来浙江破产审判与管理工作的丰富经验。从这些优秀案例中,我们可以看到《中华人民共和国企业破产法》实施 17 年来,浙江的破产审判和破产管理工作在坚持市场化、法治化理念的基础上,始终以问题为导向,以务实笃行的态度,遵循“因案制宜找出路、优秀引领建机制”的思路,勇于争先,锐意创新,通过对个案的办理实践,不断深入对企业破产法理论与实施的研究与探索。在办理诸多破产案件的同时,浙江逐步建立起破产法实施的一系列社会配套机制,如全方位为破产法的顺利实施提供社会保障的“府院联动”,就是最早在浙江进行调研并推动实施的。实践中,几乎每个案件的成功办理都离不开地方党委、政府的指导和支持,“府院联动”机制发挥着重要作用,其自身也在实践中不断得到优化和升级。

在市场化基础上,“府院联动”逐步形成制度化、法治化的运行机制,努力实现2015年中央经济工作会议上提出的“依法为实施市场化破产程序创造条件”的目标。

入选本书的每个优秀案例都有各自的亮点,整体上则侧重于从浙江管理人工作的角度展示其责任担当、创新经验与优秀成果。从收入本书的优秀案例看,我认为最突出的特点,是破产案件办理的创新性。企业的破产是一项全方位的社会系统性工程,对管理人工作不断创新的需求,是由我国的具体国情以及企业破产事务的社会属性决定的。我国破产法律制度建立的历史较短,无论是立法还是实务的经验都存在不足,法律规定尚不完善,与企业破产法相关的社会配套制度也不够健全,在破产案件的办理中需要不断探索法律的优化适用和新生问题的创新解决。管理人除了要遵循企业破产法确立的制度框架和法律规定外,在接管企业、维持企业运营、制定各类问题的解决方案、与各方利害关系人谈判协商等方面,都需要根据不同案件的具体情况、市场情况等诸多因素,去创设有针对性的解决思路。破产案件的事务管理是一项涉及法律、经济乃至政治等领域的繁复工程,立法中数量有限的规定难以覆盖破产实践中方方面面的问题。管理人只有在办案的实践中发挥创新精神,才能解决面临的各种难题,将案件办理成功,进而推进破产法律制度和破产实践工作不断发展、完善。

“人们不能两次踏入同一条河中。”创新是一个持续性的社会要求,只有不止步于现有成绩,不断在实践中努力创新,才能解决不断产生的新问题,持续进步。本书中的案例也体现了浙江管理人的不断创新精神,以企业破产中刑民交叉问题的解决为例,在2021年新纺集团等6家公司破产清算案中,管理人采取的是“依法认定,平衡保护”的处理方式;2022年的浙江凯翔房地产开发有限公司破产重整案中采取的是“刑破衔接”模式;到2023年的浙江遨优动力系统有限公司破产清算案中,则是实行“刑破交叉协同处理”机制。在不同的案件中,管理人在化解刑民交叉问题时,以现有的法律、法规作为合规性基础,根据具体个案中实际情况,不断寻求最适宜的方案。再如,建筑企业的破产重整模式,从最初为了保留企业建筑资质而创新适用的“反向出售”式重整,发展到可以维持企业持续经营的“正向出售”式重整,都是基于尊重实践中建筑行业企业项目承包经营制的商业模式,从最开始的“谁家的孩子谁抱走”的简单化处理,创新出“公司重整、项目清算”精细化解决问题的模式。房地产企业破产案是最为复杂的破产案件之一,涉及工程续建、交房、办证、税收处理等一系列法律适用与行政管理问题,往往分属于不同的法律部门调整,甚至需要借助于实践中的行业惯例解决,更是要求管理人根据经济的发展和案件不同的情况寻求多元化的创新模式化解矛盾。而当案件涉及上市公司破产、我国内地与香港特别行政区的企业联动破产、跨区域的关联企业破产、境外资产的维护与回收等情形时,更是存在复杂的资本市场运营模式和跨境破产问题,需要管理人大量创新性的沟通、协调、处理工作,才能创造联动、融合、协同解决问题的基础。浙江破产管理人在破产法实践中的创新经验,就是这样在一个个案件的办理、一个个问题的化解中不断积累、发展起来的,在全国破产案件办理中获得好评。

破产管理实务工作的创新是为实用于解决具体问题,这是值得大力提倡的,但同时要注意避免过度实用主义对法律基本原则构成的冲击。本书为我们通过案例研究破产法理论与实务提供了很好的经验素材,介绍了解决问题的创新思路。破产案例是十分复杂的,可能会出现"仁者见仁、智者见智"的情况,也难免有读者可能会存在不同观点。在此也希望通过本书收集的优秀案例,起到"抛砖引玉"之效用,得获"百家争鸣、百花齐放"之硕果,共同促进破产法理论与实务研究的创新与发展。

本书为读者提供了诸多优秀案例,交流了办理破产案件的经验,领悟破产法的实践之道,还可以使读者了解到破产前沿法律问题的研究思路。通过诸多的优秀破产案例,本书诠释了作者对破产法规定的深入理解以及对案件事实方面的判断与分析。书中提出许多具有建设性、前沿性的学术研究观点和实务操作方法,有助于读者从多角度、全方位理解破产法在司法实践中的适用,尤其是对具体办理破产案件的法官和律师等从事审判与管理人等实务工作的人员会起到有益的启发、借鉴作用,期望本书的出版能够为推动我国破产法律制度的完善和发展做出贡献。

欣然为序。

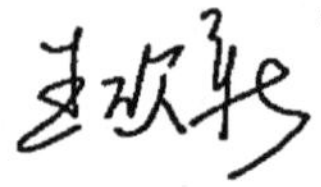*

2024 年 10 月 31 日于京

---

* 中国人民大学法学院教授、博士生导师,中国人民大学破产法研究中心主任,北京市破产法学会名誉会长。

序　三

得知浙江省破产管理人协会筹划将近年来评选出的省内优秀履职案例结集出版，我觉着很有价值。会长任一民律师嘱我写一个简单的序言，我自是欣然允诺。

过去几年，我有幸参与浙江省破产管理人优秀履职案例的初选工作，对浙江破产管理人在办理破产中所表现出的非凡业绩和卓越智慧印象深刻。重新翻看这些曾经研读过的案例，不少案例实操背后的独具匠心至今难忘。我甚至多次向有关媒体建议，选取浙江办理破产的一些优秀案例拍摄成专题纪录片，以便在记载浙江"破人"办理破产经验的同时，给陷入困境的企业提供一些启示和镜鉴，为兄弟省份的管理人办理破产提供有益的参考素材，并作为记录中国近年来波澜壮阔的破产清算与和解重整图景的重要档案资料。

在我看来，浙江省破产管理人优秀履职案例特色鲜明、样态丰富、行知合一，具体表现在专业性、新颖性、引领性等方面。

首先，在专业性方面，所收录的案例在处理诸多复杂和破产疑难案件的过程中，展现出了深厚的专业素养和扎实的业务能力。以本书所载"三鼎控股集团有限公司破产重整案与浙江三鼎织造有限公司等4家公司合并破产重整案"为例，浙江三鼎织造有限公司等4家公司是三鼎控股集团有限公司控制的"小企业"，4家公司的规模虽然不大，但都具有独特的经济功能和社会价值。作为中小企业，4家公司的经营权不具有可流动性，企业资产整体规模偏小且以工业不动产、传统纺织设备为主，在技术、市场、资源等方面不具有显著竞争优势，有实力的投资人对此往往缺乏投资兴趣；企业的主营业务"织带织造"系充分竞争的成熟行业，投资门槛虽然较低但运营难度较大，企业的持续经营与经营者高度绑定，高度依赖经营者的供销资源积累、成本控制及企业管理能力。管理人经过周密研判，确立了归复企业经营权、导入破产财产"膨胀主义"的重整思路，设计出"财务投资者赋能＋经营者持续经营＋债权人共享经营收益"的重整模式：引入财务投资人注入现金流，并鼓励原经营团队持续企业运营为债权人创造价值，除将破产受理时和重整期间的新增财产纳入破产财产外，还将重整计划执行完毕前债务人获取的财产均纳入破产财产范围，以作为主要偿债资金来源。此外，辅之以留债清偿、分期现金清偿、债转股清偿等多元方式，鼓励债权人参与并支持中小企业重整。通过上述重整工具和再生手段的综合采用,最终浙江三鼎织造有限公司等4家公司实现了成功重整。不难看出,管理人精湛熟稔的行业技艺、因地制宜的执业构想,是该案成功重整的根本保障。

其次,在新颖性方面,浙江破产管理人在办理破产过程中大量引入了最新的破产理念、前沿理论和实务成果,开创了一系列业务"先河"。例如,创设"企业重整、项目清算"模式,以保留建筑企业的"壳资源";针对村级留用地项目开发,采取"破产宣告又重生"避免土地处置后项目重新立项报批续建等烦琐的工作、减少不动产因过户转让产生的巨额税赋成本,使村集体组织尽快获得相应物业并收取租金;采用示范性判例和"区块链+钉钉"技术,提高涉众型破产案件的处置效率;对省内龙头地位的"普通合伙"企业采取"预重整+重整"模式,激发企业重焕生机;通过"正向出售式重整""反向出售式重整"等提升办理破产的质效。

最后,在引领性方面,浙江破产管理人在充分调动各方面破产资源,高质高效处理破产案件,实现行业以及地区可持续发展等方面,一直拥有领先优势。本书中的不少案例都反映出,浙江管理人在大力倡导绿色破产理念,有效运行府院联动机制,整合处置境内外资产,协调处理跨域跨境破产业务,协同优化刑民交叉案件等方面,发挥了引领作用。这些均与《中华人民共和国企业破产法》所确立的"保护债权人和债务人的合法权益,维护社会主义市场经济秩序"立法目标相契合,彰显了管理人执业的专业导向和工作重点。

在参与这些优秀履职案例初选中,我常被浙江破产职业共同体独特的精神气质、勤奋的学习劲头、聪敏的办案实力、突出的民生情怀和敬业的职业操守所触动,特别是在专业素养和人才培养方面。不少管理人团队往往会紧跟破产法学术前沿和司法最新动态,第一时间收集最新的法规、论文、案例进行研读,在繁忙的执业之余还留出固定的时间进行专业培训和学习,更不用说对参与学术会议、撰写破产法论文和出版破产法实务著作的热情了。他们对法律人才培养的公益贡献,对学术活动的慷慨支持,与国内外管理人的友好交流与合作等,也是特别值得赞许的。

我本人主要从事破产法、保险法方面的教学工作,从这些案例中我获得了丰富的教学素材,历年所指导的研究生也在跟浙江破产管理人的交往中受益良多。我乐见这些优秀案例公开出版而得到更大范围的传播,为更多的"破界"同仁展现办理破产的经验和魅力,欣喜之余遂成此序。

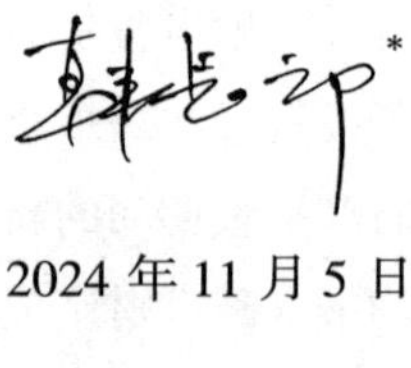
*

2024年11月5日

---

* 上海交通大学凯原法学院特聘教授、博士生导师,上海市法学会破产法研究会会长。

目　　录

2023 年度企业破产优秀履职案例

2022 年度企业破产优秀履职案例

2021 年度企业破产优秀履职案例

2019 年度企业破产优秀履职案例

2023 年度企业破产优秀履职案例

探索刑破交叉协同处理模式，确保各方权益的公平实现

——浙江遨优动力系统有限公司破产清算案

【案例索引】(2020)浙0591破1号

【审理法院】浙江省湖州市南太湖新区人民法院

【管理人机构】国浩律师(杭州)事务所　天健会计师事务所(特殊普通合伙)　浙江兴长律师事务所

【关键词】刑破交叉　处置先行　分配协同　环境可持续　府院联动

一、案情简介

浙江遨优动力系统有限公司(以下简称浙江遨优)作为一家从事动力电池及电池系统等研发和制造的新能源企业,在全省乃至全国具有一定知名度和影响力。后受集团公司P2P①“爆雷”、实际控制人(以下简称实控人)涉嫌刑事犯罪、企业经营安排与内部管理失当、生产订单严重违约、新能源电池行业竞争激烈等内外部多重因素影响,于2020年1月全面停工停产,陷入严重债务危机。2020年4月,浙江省湖州市南太湖新区人民法院(以下简称南太湖法院)裁定受理浙江遨优破产清算一案,并指定国浩律师(杭州)事务所、天健会计师事务所(特殊普通合伙)、浙江兴长律师事务所为管理人。

2020年8月,浙江遨优破产清算案第一次债权人会议召开。刑事程序的相关权利人或投反对票或弃权,相关方案表决未通过,破产程序陷入僵局。鉴于浙江遨优控股

① P2P,全称“Peer-to-Peer lending”,是一种互联网金融产品,实质上是借助互联网、移动互联网技术所成立的民间小额借贷。

股东及实控人刑事程序对企业造血能力的恢复、有技术和资金实力的重整投资人引入的实质影响,经与刑事案件办理单位协调,形成“处置先行、分配协同”的整体处置方案。据此,南太湖法院于2021年3月裁定批准《财产变价方案》。管理人于2021年5月正式启动资产处置程序,并在短短两个多月的时间以市场评估值的价格完成核心资产的整体处置。另外,管理人通过申请退回企业的留抵税额、追收应收款等,追收资产合计约3000万元。

2023年11月,在相关刑事程序完结后,管理人通过全面分析与审计资产形成时的资金来源,运用“资产形成贡献值比”确定刑事判决书中要求的“追缴相关权益”的具体金额,并将涉案资产与破产财产区分的内容统一纳入破产财产分配方案,提交债权人会议审议表决。该破产财产分配方案最终获债权人会议表决通过,并被南太湖法院裁定认可。

2023年12月,在管理人完成本案破产财产分配工作后,南太湖法院根据管理人申请裁定终结浙江遨优破产程序。

二、重难点问题

(一)跨区域刑破程序交叉情形下的协调与衔接处理

本案涉及与控股股东及实控人的刑事程序交叉处理,加之浙江遨优作为一家技术型企业,其核心生产设备的通用性差、技术更迭快,如果相关资产无法在较短时间内完成处置,将面临快速贬值甚至彻底报废的风险。管理人充分发挥府院联动跨域协作的作用,在区分刑破程序对资产处置和权益分配的不同诉求的基础上,提出并落实“处置先行、分配协同”的整体处置方案,具体如下:

第一步,在相关刑事案件无法确定审结时间的情况下,运用破产程序先行高效推进资产处置工作,打破困局。2021年8月,浙江遨优的核心资产通过公开拍卖方式,由全球新能源500强公司以评估价(约2.83亿元)竞得。

第二步,回归资产的本质属性,以“资产形成贡献值比”的方法,有效区分刑事程序中权利人与破产程序中债权人各自应享有的权益。经计算,刑事程序追缴集团公司在浙江遨优破产拍卖款中享有的权益占比约51%,对应权益具体金额约1.44亿元。前述内容一并纳入破产财产分配方案。最终,该破产财产分配方案获债权人会议高票通过。这从侧面反映出相关权利人对该方案的认可度较高。

（二）复杂涉众涉稳难题的应对与解决

本案债务人控股股东及实控人的刑事集资案，涉案人员多达上万人，涉案资金达百亿元。在案件办理过程中，刑事程序的集资参与人分批到浙江遨优办公场地等上访、信访，甚至多次在浙江遨优办公场地聚集，且涉及人数众多，给破产案件办理带来诸多压力。

针对上述难题，本案以定期发布公告、主动组织现场交流等方式及时进行信息披露，做好破产程序中相关信息的披露工作，最大限度避免了因信息不对称产生的非理性对抗与维权。

（三）新类型环境风险的预防和污染治理

作为动力电池研发和制造企业，浙江遨优在聚合物软包装锂离子等新型电池的研发和生产过程中，会产生放射性、腐蚀性强的新类型污染物，主要包括：（1）浙江遨优厂区内危化品仓库存放的约 22.67 吨电解液（均已过期，且部分电解液已拆封使用过）；（2）供应商待向浙江遨优交付的 β 射线放射源。

为有效处置电解液，降低浙江遨优资产管理风险，保证破产程序顺利有序推进，管理人向具有经营危险废物许可资质的第三方机构公开询邀。经与多家多轮商谈，并在确认处置技术安全、可行的基础上，确定电解液的处置单位。由该单位按照《浙江省固体废物污染环境防治条例》等有关规定，对厂区内的过期电解液完成收集、运输、回收处理。

对于供应商待交付的 β 射线放射源的处置。虽然浙江遨优在破产前已取得《辐射安全许可证》，但其进入破产程序后，相关技术人员陆续离职，已实际丧失持有和管理该等放射源的能力。鉴于该等放射源对涂布机后续运营的作用及企业经营的整体影响，第一，管理人与供应商协商沟通以暂缓放射源的交付，并积极向生态环境部门就上述放射源管理方案与后续交付安排进行充分说明，取得生态环境部门的支持；第二，管理人根据后续重整或整体资产处置情况，协助各方履行该放射源合同，避免资产的贬值与失效，同时避免放射性污染事件的发生。

（四）企业留抵税额等企业潜在资产价值的发现与挖掘

第一，争取留抵税额退税。浙江遨优因前沿技术与生产设备等的巨额投入，尚有巨额增值税留抵税额，在其进入破产清算程序后，前述巨额增值税留抵税额存在难以扣抵完毕的可能。管理人充分运用府院联动机制，依据《财政部、税务总局、海关总署关于深化增值税改革有关政策的公告》（财政部、税务总局、海关总署公告 2019 年第 39

号)等文件向主管税务机关申请退税,最终实现增值留抵退税1900多万元,极大地增加了可供分配的财产。

第二,化解高额增值税预缴及交易发票开具难题。针对核心资产处置中可能需要预缴高额的增值税及交易发票开具难的问题,在严密计算、论证并确定浙江遨优资产交易产生的税费较少的基础上,通过府院联动机制予以协商解决。

三、案件特点

(一)创新探索刑破交叉下资产高效处置与利益公平分配的协同处理模式,实现不同程序下相关方的权益保护与平衡

由于受到控股股东及实控人刑事程序的影响,以存续式重整对浙江遨优进行挽救难度极大。浙江遨优核心资产上的刑事强制措施若不能及时解除,采取资产收购方式对浙江遨优的经营资产与核心业务进行挽救也将难以推进。故本案破局的关键在于,如何与刑事程序进行高效衔接、协调,尽快形成可行的资产处置方案。

本案在捋顺不同程序对资产处置和权益分配的要求的基础上,最终于2021年6月形成"处置先行、分配协同"的整体处置方案。"处置先行",即在相关刑事案件无法确定审结时间的情况下,运用破产程序先行高效推进资产处置工作,打破困局。最终,在2021年8月浙江遨优的核心资产通过公开拍卖方式以评估价2.83亿元完成竞拍。在避免浙江遨优核心资产贬值的同时,提升了企业的资产价值,不仅实现闲置资产的有效盘活和资源优化配置,也进一步推动了地区经济的发展。"分配协同",即破产处置价款暂不分配,待刑事案件判决生效并进入刑事执行程序后,以"资产形成贡献值比"区分刑破程序财产权益,刑破衔接计算确定各自享有权益对应的金额,依法保护刑破程序中相关方的合法权益,实现利益的相对公平。本案以实质保障各方权利人的权益为目的,以提升企业价值为导向,针对刑破交叉下所采取的"处置先行、分配协同"的分步处置方案,快速启动并完成核心资产的处置变现,避免因技术更迭、处置周期较长所带来的资产价值严重贬损。同时,回归资产形成的基础层面,合理区分不同程序中权利人享有的权益,化解破产程序与刑事程序对相关资产变现所得的"争抢"难题,实现破产程序和刑事程序相关方的利益动态平衡,对同类案件的处理具有参考价值。

(二)市场化、法治化化解企业环境污染风险,践行世界银行营商环境评价体系办理破产指标中"环境可持续发展"的要求

浙江遨优作为动力电池的研发和制造企业,其在聚合物软包装锂离子等新型电池

的研发和生产过程中,会产生放射性、腐蚀性强的新类型污染物。本案在办理过程中面临概率大且后果严重的环境污染风险。因此,管理人通过与生态环境部门及时有效的良性互动,构建共享共进的府院联动机制,最终在确保新型污染物得到及时、有效、安全处置的同时,经多轮次、多渠道的斡旋磋商,有效降低了处置费用,控制了破产成本。本案环境污染风险的化解,真正实现了“停产不停责、破产不污染”,充分践行了习近平总书记提出的“绿水青山就是金山银山”的生态理念,[①]亦是对世界银行营商环境评价体系之“办理破产指标”中“环境可持续发展”要求的贯彻。

(三)畅通破产办理中的信息披露,为相关各方有序的程序参与提供支持与保障

本案除了面临来自申报债权的120余户债权人及270余名职工债权人的压力,还受到控股股东及实控人刑事程序中多达上万名集资参与人的关注。浙江遨优在进入破产程序后,刑事集资参与人多次到浙江遨优厂区聚集,涉及人数众多,给破产案件的办理带来诸多压力与不便。为避免非理性维权事件的发生,管理人从有效信息披露着手,在债权人会议召开、资产调查与评估、资产处置等关键时间节点,向债权人与社会公众及时进行信息披露,积极引导相关各方理性维权。

针对破产程序中人数多且情绪相对不稳定的职工群体,一方面,管理人与其进行充分沟通,通过及时确认职工债权安抚职工情绪;另一方面,管理人通过划转归集货币资金、申请退税等方式筹集用于清偿职工债权的资金,分批次对职工债权进行公示确认与清偿,及时化解了涉及人数众多的职工稳定风险。在整个案件办理过程中,未发生一起职工上访、信访事件。

针对控股股东及实控人的刑事程序中人数众多且情绪极为不稳定的集资参与人群体,南太湖法院、属地政府、管理人共同组建立专人队伍进行对接,并详细记录集资参与人的诉求。针对该群体关心且适合公开的浙江遨优信息,通过发布网络公告、主动组织现场交流等方式进行信息披露,并从法律角度对集资参与人提出的相关问题进行解答。此外,刑破程序的各方主体进行多次对接,就浙江遨优的资产调查、债权申报、审核等信息进行交流,确保信息沟通上的通畅、及时、准确,为刑破交叉案件的资产处置与财产分配提供数据支持。最终,相关各方基本按照各自程序的规定行权,避免

---

① 2005年8月15日,习近平总书记在浙江省湖州市安吉县余村首次提出“绿水青山就是金山银山”的科学论断。这是重要的发展理念,是实现可持续发展的内在要求,也是推进现代化建设的重大原则。这一重要论断是习近平生态文明思想的核心理念。参见王永昌、李学敏:《浙江践行“绿水青山就是金山银山”理念的做法和启示》,载《浙江经济》2020年第10期。

了集体信访和闹访等不稳定事件的发生。

四、案件办理所取得的评价

(一)法律效果

1. 有序衔接和协调刑破程序,充分保障刑破程序中各方合法权益

本案的核心法律问题是如何衔接与协调刑事程序与破产程序。管理人以实质保障各方权利人的权益为目的、以提升企业价值为导向,在法律框架下与各方进行充分沟通,探索建立并实施推进“处置先行、分配协同”机制,实现了两个方面的法律效果:一是通过破产程序快速启动并完成核心资产的处置变现,不仅避免了债务人财产因技术更迭、处置周期较长所带来的资产价值贬损,而且提升了破产企业的资产价值;二是本案回归相关资产形成的本质属性,借助“资产形成贡献值比”方法,有效区分了刑事程序中权利人与破产程序中债权人各自应享有的权益,合理确定各自权益对应的清偿金额,有效解决了破产程序与刑事程序对相关资产处置所得的权益分配难题,实现刑破程序中相关方的利益保护与平衡。此外,本案对刑破程序的处理,符合《最高人民法院关于刑事裁判涉财产部分执行的若干规定》平等保护刑民程序中相关债权人合法利益的规定。本案的成功办理,为破产程序与刑事等其他司法程序的有效衔接、涉案财产与破产财产区分处理提供了可供参考的样本,对同类案件的办理具有参考意义。

2. 运用市场化方式,实现财产高效处置与资源有效盘活

本案的债务人财产具有一定的运营价值,但由于控股股东及实控人刑事程序的影响,采取存续式重整面临多重障碍。基于此,本案管理人坚持司法能动、市场引导、依法处置的原则,采取核心资产整体处置的模式,运用市场化方式,引入实力突出的同行业投资人,保留并提升危困企业的核心经营事业价值,使破产企业的核心经营业务与资产获得更高层次的“重生”与发展,是实现资源盘活、优化资源配置、提质增效的典型破产案例。本案的顺利处置,有效盘活了个案中新能源基础设施、生产设备、技术、劳动力等生产要素与资源,实现了浙江遨优资产价值最大化、新能源电池产业转型升级,并形成了债权人和投资人等多方共赢的良好局面。

3. 践行环境可持续的绿色破产理念,妥善处理破产企业的环境污染风险

在本案办理过程中,管理人关注并全面调查新能源企业存在的环境污染及潜在的环境污染风险,通过积极预防与安全高效处置相结合的方式,最终在破产案件办理中,充分践行“绿水青山就是金山银山”的生态理念,确保“停产不停责、破产不污染”,妥善处理企业面临的新类型物质的环境污染,化解潜在的环境污染风险,取得了良好的环

境治理效果。

(二)社会评价

本案因涉及人数众多(破产程序中非职工债权人与职工债权人多达 400 余人,刑事程序中集资参与人数多达 13,000 余人),且相关方的利益诉求存在严重冲突,案件的社会影响面广、社会关注度高。本案探索并创新多个类型程序交叉下的程序衔接与协同机制,即“处置先行、分配协同”机制,高效完成核心资产的处置,有效盘活闲置资产与资源,提升企业的资产价值;合理区分并计算不同程序中权利人享有的权益内容,避免了案件中“顾此失彼”或利益严重失衡情形的发生,以相对合理且各方相对可接受的方式化解不同程序中利益群体的冲突。本案为特定资源的高效利用、区域社会稳定及地区经济持续发展贡献了力量,取得了较好的社会效果。

本案亦是妥善处理破产企业环境污染风险、将绿色原则与环境可持续理念融入破产程序的典型破产案例。针对新能源企业发展中产生的常见重金属、易腐蚀物质、废弃电池及新类型化学物质等环境污染问题及风险,本案采取风险积极预防与污染安全高效处理相结合的方式,确保“停产不停责、破产不污染”,实现绿色破产,为地方环境保护与环境污染风险化解贡献了力量,获得了属地政府与生态环境部门的高度评价。

本案管理人扎实地完成破产清算程序中的各项基础性工作,探索出一条刑事与破产程序交叉情形下具有可操作性的平衡各方利益的处理模式,取得了良好的办案效果。管理人勤勉尽职、专业出色,相关工作获得了法院、政府相关部门、债权人及其他利益方的认可。本案的办理经验具有一定的参考意义与典型价值,办理效果也得到了社会各界的充分认可,入选浙江省高级人民法院发布的“2023 年度浙江法院企业破产审判十大典型案例”。

创新上市公司控制权交易结构，探索中小企业重整难点突破办法

——三鼎控股集团有限公司破产重整案与浙江三鼎织造有限公司等4家公司合并破产重整案

【案例索引】(2021)浙0782破20～23、25号

【审理法院】浙江省义乌市人民法院

【管理人机构】浙江京衡律师事务所　浙江科信会计师事务所(特殊普通合伙)

【关键词】部分关联企业合并重整　上市公司股权重组　上市公司控制权交易结构　中小企业重整　新模式探索

一、案情简介

三鼎控股集团有限公司(以下简称三鼎控股)是义乌地区知名的控股集团公司,通过股权投资方式拥有某上市公司(以下简称A公司)、浙江三鼎织造有限公司(以下简称三鼎织造)、义乌市环鼎织带有限公司(以下简称环鼎织带)、义乌环球制带有限公司(以下简称环球制带)、金华金鼎织带有限公司(以下简称金华金鼎)等核心业务运营平台公司控制权。A公司以民用锦纶长丝的研发、制造和销售为主营业务,系国内纺织化工领域龙头企业、义乌地区首家民营上市公司。三鼎织造、环鼎织带、环球制带、金华金鼎(以下合称三鼎织造等4家公司)以民用、工业织带产品生产、销售为主营业务,多次获得国家级、省级、市级先进民营企业等荣誉称号,是义乌特色织带产业的标杆性企业。

近年来,受内外部综合因素影响,三鼎控股陷入严重的经营危机和财务危机。因业绩对赌未完成、控股股东债务危机等负面信息影响,A公司股价一度触底。同时,因控股股东违规占用上市公司资金问题未能妥善解决,A公司股票交易被证券监管部门

实施其他风险警示［ST（Special Treatment）］。由于为母公司提供巨额担保，三鼎控股的债务危机传导至三鼎织造等4家公司，并造成后者陷入流动性枯竭、正常生产经营难以为继的困境。2021年4月26日、5月19日，浙江省义乌市人民法院（以下简称义乌法院）分别裁定受理三鼎控股、三鼎织造、环鼎织带、环球制带、金华金鼎破产重整申请，并指定浙江京衡律师事务所、浙江科信会计师事务所（特殊普通合伙）担任管理人。

接受指定后，管理人围绕重整核心价值挖掘与资债摸底等重点工作目标，拟定了具有针对性的工作方案，并有序开展了企业财产情况调查、债权登记与审查、协同推进上市公司"摘帽"问题及投资者招募与接洽等四大模块工作，取得了显著的工作成效。

在锦纶业务和织带业务两项核心业务的盘活路径方面，考虑到两个板块业务关联性不强，资产处置过程中鲜有投资人同时对二者感兴趣，若强行搭售处置，不仅无法实现"1＋1＞2"的效果，反而会导致两个板块互相牵扯、彼此影响；同时，上市公司的重组问题为各方所重点关注，时间紧、任务重，管理人确立了分清主次、先难后易、次第推进的区分处置思路。

程序配套方面，在对各关联企业之间的股权结构、业务往来、资债混同、职工任用等情况开展全面调查的基础上，管理人发现三鼎织造、环鼎织带、环球制带、金华金鼎存在法人人格高度混同情形，并申请义乌法院对三鼎织造等4家公司实施实质合并重整。义乌法院在收到申请后依法启动审查程序并组织召开了听证会，于2021年7月2日裁定三鼎织造等4家公司合并重整。由此，确立了协调推进三鼎控股破产重整案件与三鼎织造等4家公司合并破产重整案件的"1＋4"模式。

二、重难点问题

（一）庭内外重组方式并举，创新上市公司控制权交易结构

三鼎控股持有上市公司24.93%的股权，是公司第一大股东。该上市公司股权系三鼎控股最具重整价值的核心资产。通过控股股东重整程序完成上市公司重组，常规的操作是将股票"一揽子"出售，该模式在本案遇到较大阻碍：一是若投资人继受三鼎控股持有的上市公司全部股票并取得控股股东地位，则需要同步解决5.9亿元占款问题，这极大地增加了投资人收购成本和决策压力，也极大地影响了破产程序推进的效率和质量；二是控股股东股票质押率高达96%，股票质押权人要求变现全部质押股票，实现合理受偿，但其他债权人因几无偿债来源，希望分享上市公司股权重组收益，挽回巨额损失。此外，管理人还希望能够通过母公司破产重整真正助力上市公司提质增

效,而非简单出售上市公司壳资源。

确定需求和目标后,管理人主动对接化工纺织领域排名靠前的多家产业投资人,但巨大的交易成本让很多投资人望而却步。管理人随后因势利导,灵活调整整体重组方略:

首先,厘清当前投资人引入困局中利益矛盾的核心——只有通过引入优质产业投资人真正改善上市公司经营,才能以上市公司股票增值收益反哺股票质押权人,进而为普通债权人争取腾挪偿债资源。因此,管理人确立了"坚持锚定优质产业投资人,加强产业协同性"的重整投资人引进思路,除要求投资人投入资金解决大股东占款问题外,还全面考察其注入优质资源、带动上市公司提振经营的能力。

其次,创新上市公司控制权交易结构,降低优质产业投资人进入门槛。为此,管理人借助上市公司其他股东盘活股权的需求,探索出以"部分让渡破产企业持有的上市公司股权+场外第三方股东将表决权委托给投资人+投资人按需定向增发"多种方式组合完成上市公司控制权变更的全新结构。该结构有效地减少了投资人现期投资成本,使其能够更好、更早地解决资金占用问题,投入更多资源优化提升上市公司资产质量,最终提高上市公司盈利能力和股票价值。

最后,配套设计实施母公司重整小方案,让母公司债权人在上市公司重组中获益。一方面,管理人通过出售特定未质押股票,筹集母公司重整程序推进所必需的偿债资金;另一方面,在对各类债权人权益依法度量、谨慎平衡基础上,管理人以三鼎控股持有的未出售部分股票抵偿债权,除让股票质押权人实现合理收益外,还腾挪出4900万股股票给普通债权人受偿,使不同类型的债权人都能够共享上市公司股票未来增值收益。

(二)激活"企业家精神"激励作用,探索中小企业重整新模式

三鼎织造等4家公司是三鼎这个大集团中的"小企业",虽规模不大,但具有独特的经济和社会价值。在经济价值方面,得益于多年经营积累,企业在高端织带细分领域具有领先的市场地位,主营业务盈利能力稳健;在社会价值方面,企业是义乌织带业务标杆性企业,多年来稳定吸纳就业千余人,持续贡献税收。

中小企业重整因经营权不具有可流动性而普遍面临重整难的问题,三鼎织造等4家公司也不例外。企业资产整体规模偏小且以工业不动产、传统纺织设备为主,在技术、市场、资源等方面不具有显著竞争优势,有实力的投资人往往缺乏投资兴趣;企业的主营业务织带织造系充分竞争的成熟行业,虽投资门槛较低但运营难度较大,企业的持续经营与经营者高度绑定,高度依赖经营者的供销资源积累、成本控制及企业管理能力。

鉴于此，管理人确立了归复企业经营权、导入破产财产"膨胀主义"的重整思路。在对三鼎织造等4家公司的盈利能力、财务负担能力进行专业分析的基础上，管理人设计出"财务投资者赋能+经营者持续经营+债权人共享经营收益"的重整模式：在引入财务投资人注入现金流并提供一定的运营和偿债资金支持的基础上，肯定和鼓励经营团队持续运营企业为债权人创造价值，充分激活"企业家精神"的激励作用。同时，导入破产财产的"膨胀主义"，除将破产受理时和重整期间的新增财产纳入破产财产外，还将重整计划执行完毕前债务人获取的财产均纳入破产财产作为主要偿债资金来源。此外，辅以留债清偿、分期现金清偿、债权转股权清偿等多元方式，鼓励债权人参与并支持中小企业重整。

针对中小企业重整的典型问题和突出难点，管理人做了一些有益的尝试。针对非一次性清偿方式债权人接受难（尤其是有财产担保债权人沟通难）问题，管理人在重整计划中设定了阶段性提升留债债权利率、优化留债债权付息时间安排等一系列激励履约、惩罚违约的措施。同时，秉持着"扶上马，送一程"的思路，管理人拉齐重整计划最长偿债期限和管理人执行监督期限，巩固债权人对于重整计划依法、顺利执行的信心。针对中小企业经营恢复与融资难问题，管理人提前在重整计划中明确了债务人享有提前清偿权，简化了担保物释放条件，为新融资预留了引入渠道。此外，管理人还主动延长服务链条至重整计划执行阶段，全程协助企业修复司法、金融、工商、税务信用。

（三）精准甄别合并范围，综合运用协调审理与实质合并工具

经深入调查，三鼎控股与三鼎织造等4家公司具备关联企业互相担保与资金拆借的表现，但不存在人格混同、过度支配与控制的人格混同本质特征。在业务关系方面，三鼎控股除持有酒店商业地产外，本身并无实际运营，主要通过长期股权投资获取投资回报；而三鼎织造等4家公司以织带制造业为核心，公司之间已形成完整且相对独立的运营链条，并通过设立虚拟集团主体实现对4家公司的财务、人员等全方位的一体管理与控制。在资债混同方面，三鼎控股与三鼎织造等4家公司虽互有担保，但前者债务主要为融资性债务，后者债务主要为经营性债务，彼此债权亦相互独立，资产具有可分性。

据此，管理人在义乌法院指导和支持下，从公司人格否认和关联企业实质合并破产的价值本原理念和角度出发，精准甄别确定了5家企业中三鼎控股单独重整、三鼎织造等4家公司合并重整的"1+4"模式：一方面，合并处理三鼎织造等4家公司资产盘活、负债清偿工作；另一方面，协调推进三鼎织造等4家公司合并破产重整与三鼎控股破产重整案件，妥善处理关联债权、重复债权等工作，在不否认两个程序独立性的基础上有效提升了案件处理的统一性、协调性，节省了司法成本，取得了良好的效果。

三、案件特点

(一)跳出固有思维,实现上市公司重组与母公司重整良性互动

通过上市公司母公司重整化解上市公司风险,常规的操作思路是母公司将其所持有的上市公司股票"一揽子"出售给投资者,该模式虽然简单快捷,但收购价格往往较低,上市公司股票质押权人损失严重,普通债权人更是难以从中获益。

本案将破产财产盘活的目光自破产企业本身延伸至上市公司利害关系人全局,综合研判上市公司股权重组的多种可能,成功实践了"庭内重整和庭外股权重组相结合,资本化运作与破产财产处置相联动"的全新模式。管理人通过活用三鼎控股持有的上市公司股票资源,实现了母公司债权清偿与上市公司控制权交易双轨并行,既保证了上市公司控制权的平稳更替,又促成了上市公司甩脱历史问题包袱、实现提质增效,还为债权人创造了额外的偿债资源。该方案为今后同类难题的应对和处理提供了可资借鉴的崭新化解路径。

(二)管理人主动担当作为,探索突破中小企业重整典型难点问题

三鼎织造等4家公司重整案件处理过程中,管理人抓住中小企业经营权不具有可流动性的核心特质,注重发挥"企业家"精神的激励作用,并主动担当、积极作为,全程监督重整计划执行、巩固债权人信心。

以"为企业家赋能"为重整思路,管理人引入债务人原经营管理团队继续参与企业日常经营管理。通过制定重整计划及重整监管方案,管理人为重整经营树立起合法合理与宽严相济的标准,既注重发挥经营管理层与职工的积极性,也着力全面杜绝与防止违法行为的发生。企业进入重整程序后实现了稳中有升的正常经营,向债权人、供销商等利害关系各方传递了积极的信号,也为在重整方案中导入破产财产膨胀主义、债权人接受分期留债清偿方式打下了坚实的基础。

在重整计划执行阶段,管理人还主动担当、全程监督重整计划执行,延长服务链条、积极协助信用修复与新融资引入。一系列监管、服务措施的综合运用与有效实施,切实回应了中小企业重整案件处理中的典型问题,有助于巩固债权人信心、规范企业治理、辅助经营恢复,颇具参考价值。

(三)审慎适用实质合并破产,为探索关联企业重整方式提供新思路

根据最高人民法院《全国法院破产审判工作会议纪要》(法〔2018〕53号)、《全国法

院民商事审判工作会议纪要》（法〔2019〕254 号）等司法文件所确立的尊重企业法人人格的独立性、审慎适用关联企业实质合并破产的精神，管理人立足于破产关联企业之间的具体关系模式，不拘泥于关联企业均普遍存在的经济和业务往来，不盲目追求合并效果和程序简化，精准甄别实质合并适用对象与范围，确定三鼎织造等 4 家公司合并重整与母公司三鼎控股单独重整并行的总体框架，协同推进两案重整程序。

本案全面考察实质合并破产制度的要求和旨趣，综合运用协调审理与实质合并破产工具的做法，对于确立破产法尊重或突破法人人格独立规则的合适尺度具有特别的指导意义，对于探索关联企业破产工具的协调综合运用具有重要的示范价值。

四、案件办理所取得的评价

2022 年 4 月 27 日，义乌法院裁定批准三鼎控股重整计划。自重整计划通过到完成上市公司董事会改组，5 天内，投资人在政府、法院、管理人全力协助下顺利取得上市公司控制权。自答复监管问询函至 ST 正式撤销，30 日内，困扰了上市公司近 3 年的“戴帽”问题得到顺利解决。控制权稳定交接后，上市公司不仅维持了旗下 4000 余名职工就业稳定，还取得了投资人注入的优质资源，实现了扩产提质、业绩高增。

2023 年 4 月 17 日，义乌法院裁定批准三鼎织造等 4 家公司重整计划。重整后，企业不仅维持了千余名员工的就业稳定，还快速改善了经营业绩。截至 2024 年 4 月，企业在顺利完成重整计划一期清偿的基础上，还提前清偿债权 1.41 亿元，重整以来累计贡献税收 7100 万元。三鼎织造等 4 家公司以本次重整为契机，聚焦主业，提质增效，已成为义乌地区中小企业重整重组的新样板。

因三鼎控股破产重整案通过母公司破产重整实现了优化上市公司资产负债结构、完善公司治理架构的目标，契合了国务院、中国证券监督管理委员会对上市公司高质量发展提出的要求；因三鼎织造有限公司等 4 家公司合并破产重整案在识别中小企业重整价值、维持中小企业持续经营、探索中小民营企业可持续发展方面具有典型意义，两案合并入选“2023 年度浙江法院企业破产审判十大典型案例”“浙江省破产管理人 2023 年度企业破产十大优秀履职案例”。

创新资产处置方式、深化府院联动机制，破解近600户业主办证僵局

——杭州华达房地产开发有限公司破产清算案

【案例索引】(2018)浙0110破20号

【审理法院】浙江省杭州市余杭区人民法院

【管理人机构】浙江天册律师事务所

【关键词】旧城改造　问题资产处置　良渚遗址保护　烂尾楼办证　社会治理

一、案情简介

杭州华达房地产开发有限公司(以下简称华达房产)系杭州市余杭区瓶窑镇瑞达城市花园、窑山花园、汇观山花苑三个旧城改造项目开发商，三个项目距离良渚古城遗址仅几公里，开发时间在2005年前后，基于当时的政策条件，项目为毛地出让、边拆边建。

因华达房产开发建设十分不规范，导致三个项目存在严重的不同情况的历史遗留问题：除存在“以房抵债”“一房二卖”等房地产企业破产案件通病外，还存在同一地块部分交付使用部分未开发、拆迁未解决、超土地红线、超容积率及未缴土地出让金、房屋已售未建、已售未备案、规划验收和土地复核验收资料缺失等诸多问题。三个项目涉及6宗地块、近600户未办证业主和近200户欠薪职工，几乎集中了所有烂尾楼盘存在的问题，给当地城市形象、城市功能和地方民生带来了长达10余年严重的负面影响，本案是余杭区重大涉稳案件。

另外，本案破产受理前，四级法院包括浙江省杭州市余杭区人民法院(以下简称余杭法院)、浙江省杭州市中级人民法院(以下简称杭州中院)、浙江省高级人民法院(以下简称浙江高院)、最高人民法院，以及杭州仲裁委员会，自2007年起已受理诉讼、仲

裁和执行案件数 10 起。实际控制人(以下简称实控人)因涉刑被判有期徒刑,整个公司职工流失殆尽,运营停滞;破产受理前公司又发生火灾,公司财务资料、开发建设资料等全部被烧毁。杭州市余杭区人民政府(以下简称区政府)于 2010 年开始连续多年对华达房产涉及的项目进行集中协调,并出具多份会议纪要,但因涉及的问题较多、事项错综复杂,仅依靠行政手段无法从根本上解决华达房产三个项目一系列涉及法律、房产开发及历史遗留的相关问题。

余杭法院于 2018 年 5 月受理华达房产破产清算案,并指定浙江天册律师事务所担任管理人。余杭法院受理破产时,楼盘烂尾已达 10 余年之久。面对资料缺失、原实控人涉刑、历史遗留问题疑难复杂、六七百人上访等困难,管理人除开展破产清算常规工作外,还承担大量烂尾楼项目中本应由公司承担的房地产开发过程中的专业认定和协调工作。在破产程序中,法院和管理人提出解决思路,推动政府组织协调,终于自 2020 年 11 月起,区政府逐步确定三项目问题解决的原则。管理人在法院指导、监督下,在府院联动机制支持下,完成债权审定和清偿、职工债权核查和清偿、问题资产处置、房地产权证办理,兼顾保护文物等工作,妥善化解华达房产债务、盘活资产,解决了旧城改造项目历史遗留问题,协助政府、法院化解维稳风险,得到各方高度评价。

二、重难点问题

(一)案涉三个旧城改造项目时间久远、历史遗留问题疑难复杂、资产处置难度极大

瑞达城市花园处于瓶窑镇新区的中心,为华达房产名下“最大、最复杂、涉众最广”的项目,存在许多开发过程中遗留的专业性和涉稳问题。问题包括:(1)该地块由两宗地块组成,合计约 59.89 亩,部分土地上已建设完成一期项目并交付,剩余近 30 亩土地仍是空地;(2)该地块位于良渚遗址保护区范围,考古勘探挖掘完成前空地部分无法进行开发建设;(3)该地块为毛地出让,存在剩余房屋拆迁和政府垫付的拆迁费用承担问题;(4)该地块存在超容积率建设问题,且土地出让合同与规划许可证中存在多个不同容积率的情况,规划部门无法直接确定该地块的容积率;(5)存在土地置换的情况,与国土部门原出让的用地红线图不一致,须确认土地红线范围;(6)已开发地块的规划验收、土地复核验收所需资料缺失,涉及消防、质检、交警、绿化等多个事项,特别是五方验收报告中设计单位已注销无法盖章,导致项目验收陷入僵局;(7)该地块上还存在 10 多户已售未建小业主问题,有“以房抵债”、房款未全部支付等不同情况;(8)一期已建成交付的 355 户房屋,因项目超容积率、验收资料缺失等诸多问题导致无法办理房地产权证,矛盾非常尖锐。

汇观山花苑涉及拟作为旅游集散中心毛地拆迁问题、已建住宅小区和农贸市场业主未办理产权证问题等,包括:(1)未建毛地32亩在破产受理前已纳入瓶窑镇征地拆迁计划,规划建设当地旅游集散中心,属地居民和农户对拆迁存在强烈的意愿,但由于涉及超容积率、几十户农民、居民及企业拆迁等问题导致难以处置。(2)未建毛地2.37亩存在两本重复的土地证,与相关单位的部分土地使用权存在产权争议。(3)农贸市场地块无法办理土地复核验收、汇观山花苑住宅小区部分出现了诸多历史遗留问题产生的难题,如购房合同或支付凭证遗失、业主去世涉及继承公证等,共计142户业主未办理房地产权证。

窑山花园涉及32户业主未办理房地产权证,办证障碍为:(1)超容积率建设面积达13,917.9平方米,导致无法办理土地复核验收,须补缴土地出让金;(2)超土地红线约6.7亩,需要政府统一协调后予以办理验收。

(二)案涉三个项目存在六七百人涉稳问题

旧城改造项目本来是为了改善群众居住条件、旧城生活环境和现有基础设施,惠民生、谋福祉,但因三个项目历史遗留问题堆积,导致共计529户业主无法办理房地产权证。另外,因资料缺失问题导致120户职工无法确定欠薪金额。因问题多年未能得到解决,部分办证小业主和职工情绪激动,一直向各级政府上访,管理人就此投入巨大人力和时间与业主和职工进行沟通,将涉稳风险降到最低。

(三)案件资料缺失给管理人工作带来巨大障碍

华达房产财务账册、购房合同、工程资料、验收资料、人事资料等几乎所有资料在破产前的一场火灾中全部灭失,且实控人因非法吸收公众存款罪、虚开增值税专用发票罪被判有期徒刑,公司人员基本流失殆尽,给管理人接管、资产核查与处置、办理验收及产权证等后续工作带来了巨大障碍。

三、案件特点

(一)“以整体资产处置带动遗留问题一揽子解决”原则,有效化解资产处置僵局

管理人团队持续几个月摸底核查瑞达城市花园存在的问题,针对前述一系列问题,本着“以整体资产处置带动遗留问题一揽子解决”原则提出建设性方案,多次向法院、余杭区企业资金链风险防范和化解处置工作领导小组办公室(以下简称区防化办)汇报后,得到大力支持。2020年11月,区政府协调会明确该地块整体出让处置和遗留

问题"一事一议"进行解决的原则,确定了以下解决方案:(1)按土地出让合同或者工程规划许可证确定项目容积率,已建的违法增加建筑面积须在总体容积率中平衡,超过出让合同的容积率须补缴土地出让金;(2)对于规划验收中的资料缺失问题"容缺办理";(3)对于五方验收报告中设计单位已注销的问题,由华达房产另行聘请设计单位补盖章并出具情况说明;(4)涉及的拆迁、已售未建问题由买受方统一解决。

协调会后,管理人通过三次拍卖,将瑞达城市花园地块于2021年12月成功处置。后续管理人在区政府、法院的协调与指导下,历时2年多基本完成已建项目竣工备案、土地复核验收工作及业主办证的准备工作,并按"一事一议"原则处理相关历史遗留问题。

(二)贯彻落实习近平总书记关于良渚遗址的重要指示精神,坚持城市开发建设与文物遗址保护的有机平衡

良渚遗址于2019年7月被列入世界遗产名录。习近平总书记十分重视良渚遗址的保护工作,曾多次作出重要指示。[①] 瑞达城市花园地块涉及良渚遗址文物挖掘,管理人积极与属地政府、省文物局沟通,区政府协调会确定由省考古所先行探沟式挖掘,确定是否可以开发后再进行整体挖掘的方案。随后管理人又多次协调良渚遗址管理委员会、省考古所等部门,最终顺利完成第一阶段的探沟式考古挖掘。省考古所已确定该地块可以开发,良渚遗址管理委员会也出具相应意见。在案件办理过程中,尽管考古问题影响案件办理进程且增加案件经济成本,但政府、法院和管理人贯彻落实习近平总书记关于良渚遗址的重要指示精神,牢牢把握"保护第一"原则,做到城市开发建设与文物遗址保护的平衡统一。

(三)协调国有企业收购资产,推进当地旅游集散中心建设

汇观山花苑未建的32亩地块拟规划为当地旅游集散中心。因对容积率存在较大争议且为毛地出让涉及拆迁,相关问题是当地重点不稳定因素。若该地块能够尽快妥善处置,既解决当地历史遗留问题,又能有力提升当地的旅游集散能力,从整体上提升瓶窑镇的形象。

在区政府、法院多次协调下,管理人持续跟进,最终余杭区规划部门出具了汇观山花苑剩余可建面积的函件,瓶窑镇政府提供了拆迁数据函件。经多次协调,最终在2020年11月区政府协调会上确定该地块以公开拍卖方式进行处置。协调会后,管理

---

① 参见《实证中华五千年文明史的圣地——习近平同志关心良渚遗址保护和申遗纪事》,载国家文物局官网,http://www.ncha.gov.cn/art/2019/7/26/art_2246_156476.html。

人通过三次拍卖,于 2020 年 12 月将汇观山花苑地块成功处置。

(四)创新"府院联动"机制,解决近 600 户业主办证问题

因华达房产资料完全灭失,管理人接管后,工作难度剧增。管理人多次赴不动产、档案、住建等部门调取相关资料,实地走访调查,向职工、业主、债权人等相关方了解情况等,穷尽各种方式核查,最终确定华达房产破产受理后有 529 户业主未办理房地产权证。

调取的资料显示,华达房产名下被查封的房屋 277 套、土地使用权 4 宗,查封法院涉及浙江高院、杭州中院、余杭法院等多家法院。管理人与上述法院多次沟通协商,最终解封全部资产,为业主办证做好基础工作。

在区政府、区防化办、镇政府以及相关职能部门协调下,在余杭法院监督指导下,管理人不断努力,有效解决了窑山花园、汇观山花苑超土地红线、超容积率及未缴土地出让金、房屋已售未备案、拆迁等办证障碍;此外,通过 10 余次专班会议,管理人逐个解决瑞达城市花园项目的规划调整、复核验收、质量鉴定、消防、绿化等问题,使得情况最为复杂的瑞达城市花园也具备办证条件。

根据 2020 年 11 月区政府协调会议部署,由镇政府牵头成立工作专班,全面开展三个项目的房屋权属核查登记工作。管理人积极配合落实业主办证工作,参照破产受理前由属地政府牵头确定的汇观山花苑小区的办证流程,最终商定了整套办证流程及方案。由镇政府协调财务审计机构对购房款缴纳进行专项审计并出具专项审核意见,再进行公示即可办证,便利产权人办理房屋产权证。除了涉及产权争议、"以房抵债"等特殊疑难复杂情形的,管理人已完成窑山花园、汇观山花苑业主的办证工作;最为复杂的瑞达城市花园也已具备办证条件,并于 2024 年 4 月完成第一批业主的办证工作。

2022 年 6 月,杭州中院、杭州市城乡建设委员会、杭州市规划和自然资源局联合印发《关于优化破产企业土地房产处置程序的协作办法》。该办法印发前,管理人已按照"以专班会议纪要、项目测绘现状报告、质量鉴定报告等材料替代原竣工验收相关材料"的思路推进本案办证事宜,本案为该办法印发后杭州地区首例为大规模业主完成办证的重大项目。

(五)解决近 200 户职工欠薪问题,有效化解矛盾、维护民生

华达房产欠薪涉及职工近 200 户(最终认定为 120 户),多年以来持续到镇政府上访,属当地重点涉稳事项。因时间久远、公司资料灭失,绝大部分职工对于欠薪构成、薪资状况、工作时间、社保缴纳等情况,无法提供证明资料,管理人审核难度巨大。

根据 2020 年 11 月区政府协调会部署,由镇政府牵头成立工作专班,对职工债权进

行甄别审核。管理人积极配合镇政府开展工作,商定债权核查流程,安排 5 位律师组成工作团队集中审核,对所有职工逐一做好笔录。最终,管理人制定公平合理的清偿方案并与每个职工充分沟通获得同意,切实保障了职工工资,充分发挥破产程序集中化解债务纠纷、服务保障民生的功能作用。

四、案件办理所取得的评价

本案是法院、属地政府、管理人多方协力,充分发挥"府院联动"机制作用,综合运用多种破产挽救制度工具,解决涉民生项目烂尾楼问题资产处置、办证僵局、职工债权审核等历史遗留问题,兼顾考古项目文物保护,服务优化营商环境,保障民生的典型案件。管理人通过多项举措打破困局,取得了良好的法律效果和社会评价。

(一)法律效果

1."以整体资产处置带动遗留问题一揽子解决"原则,有效化解资产处置难题

华达房产名下"最大、最复杂、涉众最广"的瑞达城市花园地块,存在土地能否整体拍卖、超容积率、用地红线不一致、拆迁费用承担主体不明、烂尾楼未建等诸多问题。管理人通过公开拍卖引入新开发主体,解决了烂尾楼盘处置中的痛点和难点,同时带动解决一期项目验收与业主办证问题。

2. 协调国有企业收购资产,推进当地旅游集散中心建设

汇观山花苑未建的 32 亩地块因毛地出让涉及拆迁问题。在区政府等部门的协调下,最终国有企业通过公开竞买的方式收购该地块,既解决了当地历史遗留问题,又有力提升了当地的旅游集散能力,从整体上提升了瓶窑镇的形象。

3. 深化府院联动机制,破解问题不动产办证历史僵局

面对项目烂尾、竣工验收必备资料缺失且无法补齐的困境,法院及属地政府各职能部门依托处置专班,采用以专班会议纪要、项目测绘现状报告、质量鉴定报告等材料替代原竣工验收相关材料的方式,在确保房屋质量安全前提下,推动住建、规划等部门协作"容缺办理",有效打破问题楼盘验收办证"僵局"。

4. 妥善解决职工欠薪问题,有效保障民生

本案涉及近 200 户欠薪职工,管理人确定职工债权清偿方案,在符合破产法公平清偿、利益平衡和意思自治原则下,切实保障职工权益,充分发挥破产程序集中化解债务纠纷、服务保障民生的功能作用。

(二)社会评价

1. 推进旧城改造项目,妥善化解属地维稳风险

党中央高度重视旧城改造项目,2023 年 4 月和 7 月两次政治局会议都强调积极推进旧城改造既关系城市发展,更关乎民生保障。本案涉及余杭区瓶窑镇三个旧城改造楼盘的惠民项目,由于华达房产开发不规范等诸多原因,成为当地棘手的历史遗留问题,涉稳风险巨大。本案破产受理前,政府已经协调多年,各权利人通过诉讼仲裁维权,但仅仅依靠行政手段或个案执行均无法有效解决华达房产遗留的问题。通过破产制度,管理人得以在最大限度保护各方当事人利益的同时,有效解决华达房产烂尾楼历史遗留问题,推进旧城改造项目,妥善化解属地维稳风险。

2. 坚持城市开发建设与文物遗址保护有机平衡的做法获央媒关注

在本案的办理过程中,政府、法院和管理人贯彻落实习近平总书记关于良渚遗址的重要指示精神,牢牢把握“保护第一”原则,积极协调解决项目开发的问题,做到了城市开发建设与文物遗址保护的平衡统一。

2024 年 6 月,《法治日报》已关注到本案发挥破产程序的特有功能,以“市场化、法治化、专业化”的方法,不但解决了债权清偿问题、职工欠薪问题,使土地、房屋等社会要素资源得以重新流转配置,还解决了历史遗留民生问题,使社会治理得以优化。党中央重点新闻网站法治网已于 2024 年 6 月 21 日对本案进行报道。[①] 后续《法治日报》将派记者赴浙江跟踪调查,进行深度报道。

---

① 参见张民:《浙江举办破产管理人年度优秀履职案例评选——涉烂尾楼盘法律问题最多的华达房产案初选入围》,载法治网,http://www.legaldaily.com.cn/Village_ruled_by_law/content/2024-06/21/content_9012486.html。

预重整与重整衔接，境内外资产整合，在困境中实现重生

——X 铜业有限公司破产重整案

【案例索引】(2022)浙0111 破17号

【审理法院】浙江省杭州市富阳区人民法院

【管理人机构】浙江智仁律师事务所

【关键词】预重整与重整程序衔接　境外资产处置　框架性重整　职工安置

一、案情简介

X 铜业有限公司(以下简称 X 铜业公司)成立于 2001 年，系一家央企和民企合资的混合制企业，主要经营业务为无氧铜杆、铜材加工，建筑材料、矿产品销售，货物进出口等。因经营管理问题，产生大量贸易类、保理类诉讼，X 铜业公司资产因此被多家法院查封，厂区机器设备也无法使用，账户流动资金被冻结，致使 X 铜业公司在 2019 年 8 月就停止生产，无法正常经营，最终走向破产。

浙江省杭州市富阳区人民法院(以下简称富阳法院)于 2021 年 9 月 28 日决定启动对 X 铜业公司的预重整程序，指定浙江智仁律师事务所担任临时管理人。临时管理人在预重整期间组织债务人股东、主要债权人、意向投资人等对预重整方案进行多轮沟通，形成了初步的预重整方案，并召集债务人股东、主要债权人等参加听证会，就预重整程序转重整程序发表意见。富阳法院于 2022 年 3 月 25 日裁定受理 X 铜业公司破产重整一案，并继续指定浙江智仁律师事务所担任管理人。

进入重整程序后，X 铜业公司于 2022 年 5 月 11 日在富阳法院的召集下，召开第一次债权人会议，会上债权人表决通过了重整计划(草案)及附件《重整投资人遴选方案》。通过公开招募，原意向投资人已经提交重整报价函等重整相关文件，但因内部合

作出现分歧等不能继续参与重整,后管理人及时调整重整投资人招募思路,对X铜业公司重整投资人资格进行公开竞拍,最终X铜业公司重整投资人资格以1.72亿元竞拍成交,产生新的重整投资人。富阳法院于2023年7月4日裁定批准重整计划并终止重整程序。

二、重难点问题

(一)本案债权情况复杂,涉及金额巨大

X铜业公司重整案申报债权总金额约36.6亿元,涉及金额巨大,且债权时间跨度较长,债权事实情况复杂。自2018年起,X铜业公司涉及大量贸易类、保理类诉讼,且多数案件为异地法院、仲裁委员会管辖受理,分别在西安、深圳、上海等地进行,管理人积极跟进处理相关诉讼及仲裁案件,切实保障债务人的合法权益。

(二)预重整程序与重整程序衔接,提高重整效率

本案在预重整期间面向社会公开对X铜业公司的资产进行推介,管理人多次组织债务人与主要债权人、出资人、意向投资人等利害关系人就预重整方案进行协商,协调各方积极参与预重整方案的制定。在预重整期间,X铜业公司内部股东职能调整影响了决策效率,且考虑到X铜业公司仍具有重整价值,因此在预重整3个月期限到期时,法院同意管理人提出的延长3个月的申请。

经过预重整期间的多次协商,部分利害关系主体就重整有关事项达成了初步成果,在听证会上各方利害关系主体提出希望X铜业公司可以尽快进入重整程序,根据《中华人民共和国企业破产法》的规定有序推进案件进程,管理人分析X铜业公司的重整价值及可能性,考虑X铜业公司的资产中有完整的生产线、大宗土地厂房、境外资产,还有专业的生产技术人员,重整可以盘活整体资产包括境外资产(赞比亚子公司的股权及资产),有利于实现X铜业公司资产价值最大化,据此管理人及时向法院提起转重整的申请。在重整期间,对预重整期间达成的成果管理人继续进行沿用,也基于预重整期间制定的多种重整方案,管理人在与不同意向投资人进行协商、谈判时能够积极调整思路,提出不同的、灵活的、匹配度高的方案,提高了重整工作的效率与质量,实现了预重整程序与重整程序的有效衔接。

(三)制定框架性重整计划(草案)及附件,创新重整招募思路

在本案预重整期间,管理人与利害关系主体进行多轮谈判,由于涉及境外资产处

置、职工安置历史遗留问题等复杂情况,管理人在预重整期间制定了多种重整方案。在重整期间,基于前期对多种重整方案的利弊分析,为提高工作效率、确保重整工作顺利有效推进,在汇报法院后,管理人根据实际情况进行框架式重整,为债务人量身制定框架性重整计划(草案),重整计划(草案)明确重整的方式及资产范围,而对于后续基于市场情况存在多变的投资人招募、经营方案等事项进行原则性、开放式设定。为了确保重整计划(草案)的完整性、灵活性,管理人特制定《重整投资人遴选方案》作为重整计划(草案)的附件,与重整计划(草案)一并提交债权人会议审议表决。表决通过后,管理人按照框架性重整计划(草案)及附件《重整投资人遴选方案》开展投资人招募工作,一旦招募到重整投资人,不需要再次表决即可提交法院裁定认可重整计划(草案)。

在重整招募过程中,管理人根据实际招募情况对《重整投资人遴选方案》进行变更调整形成修正案,并提交债权人会议再次表决,有效保障债权人的实体权益。调整的《重整投资人遴选方案》表决通过后,不会影响已表决通过的重整计划(草案)内容,避免重整计划(草案)多次修改导致的不确定性、思路不一致、重整效率低下等情况发生。保障了重整工作的有效性,提高重整质量,提升重整效率。

由于 X 铜业公司重整范围内资产种类较多,包含境内外资产,对于重整投资人的资质、投资能力等要求较高,同时受疫情影响,投资市场热度较低,招募到合适的投资人存在一定难度。因此,将招募期限进行了延长。其间,管理人为扩大公开招募的影响范围,尽可能招募到有实力有诚意的重整投资人,基于债权人会议表决通过重整投资人遴选方案及后续修正案,管理人不再拘泥于传统的招募方式,依法灵活调整处置方案,在淘宝网阿里拍卖破产强清平台对 X 铜业公司重整投资人资格进行竞价。

(四)职工历史遗留问题较多、情况复杂

X 铜业公司合资时,部分职工系从二级公司外派至杭州的援杭人员,也有部分为 X 铜业公司合资前原公司职工,还有部分为合资后招聘的职工(含部分大学生)。职工进入 X 铜业公司工作时间较长,且进入公司参加工作的形式不同,使职工诉求涉及的问题情况多样、复杂。职工诉求涉及很多历史遗留问题,包括外派人员工龄合并计算、驻外补贴、住房补贴、销售工资计提、工资差额、年薪分配不均等问题,企业与职工矛盾激化,其中最大的矛盾是企业未将申请的人才公寓按照政策分配给职工。

在重整过程中,管理人全面梳理职工的各项诉求及相关事实,积极与 X 铜业公司股东、二级公司、重整投资人等主体进行沟通协调,依法对职工债权进行调查确认,对人才公寓问题申请府院联动协调,妥善处理职工存在的历史遗留问题,在预重整及重整期间做好职工的安置工作。

(五)涉及境外资产,维护境外采矿权

X铜业公司资产种类复杂,涉及境外投资,而境外投资子公司又涉及探矿权、采矿权(位于赞比亚共和国),境外子公司当地的投资政策,境外资产的维护、处置等问题,是本案难点。重整期间正值疫情管控期间,而境外子公司名下一处矿山的采矿权有效期即将届满。为尽可能维护X铜业公司境外资产安全,避免境外资产流失,管理人积极与公司外派至境外的工作人员进行对接,建立保持信息、资料互通的工作机制,实时了解、掌握境外子公司现场情况。在疫情期间,管理人克服困难,开展境外资产审计、盘点、评估工作,对于临近期满的采矿权,制作并提交矿证延期资料等,对于资产维护、矿证延期等必要费用进行严格预算,制定相应方案,积极维护、管理境外资产。同时,召开债权人会议,向全体债权人通报境外资产情况,对境外资产维护必需的预算费用,提交债权人会议审议后表决通过,以保障外派人员顺利开展境外资产维护工作,防止境外资产流失。

为使破产重整程序与境外投资政策相匹配,依法妥善处置境外资产,防止境外资产流失,管理人仔细了解境外投资的政策及限制,积极研究论证破产重整程序与境外投资政策匹配度和需协调问题。境外资产处置涉及投资主体变更、矿证是否继续有效、境外资产评估、境外资产处置周期等问题,在对不同处置方案论证并汇报富阳法院后,确定将境内外资产整合纳入重整资产范围,避免了境外投资主体变更受限、境外资产单独处置可能贬值、境外资产处置周期不定等问题,使破产重整程序与境外投资政策相匹配,提高重整案件办案效率和质量。

管理人高度重视境外采矿权证的维护工作,在管理人及当地工作人员的努力下,重整期间顺利完成采矿权证延期工作,保障境外资产价值。重整计划获得批准以后,在赞比亚,管理人委派的工作人员与最终的重整投资人成功完成了境外资产的移交,落实重整计划执行期间境内外资产同步移交的相关工作。

(六)借助府院联动机制,解决历史遗留问题

由于债务人股东组成情况特殊、职工情况复杂,在债务人进入破产程序前就存在很多历史遗留问题,尤其是与现有政策相冲突的人才公寓安置问题,关系民生、社会稳定,亟待解决。管理人对债务人历史遗留问题进行梳理,及时向法院提交申请报告,申请启动破产审判府院联动机制。对于人才公寓历史遗留问题,申请区政府协调人社局、住建局、人才办、城投公司等单位联合商议,落实债务人涉及的人才公寓的分配政策。希望各相关部门针对职工申购人才公寓的条件、人才资格审查的时间节点、具体流程及申购价格等事项,进行协调并出具明确意见。最终,通过破产审判府院联动机

制,基于人才公寓政策制定的初衷,最大限度保障符合人才公寓申请条件的职工预期权益,妥善解决了人才公寓安置的历史遗留问题。

三、案件特点

(一)创新探索框架式重整,兼具原则性与灵活性

管理人在本案中探索框架式重整的模式。根据债务人的资产状况及负债结构,从债务人资产优化整合和债权人利益保障方面考虑,结合后续投资人遴选思路,制定框架性的重整计划(草案)及附件《重整投资人遴选方案》,将框架性重整计划(草案)及附件一并提交债权人会议表决,表决通过后重整案件的工作重点就是招募投资人。在招募过程中,根据实际情况结合债权人会议的意见对附件进行修正,直至招募到合适的重整投资人。重整计划(草案)及附件相辅相成,做到原则性与灵活性相统一。

制定框架性重整计划草案,对债务人而言,重整计划草案的量身定制,给予其更多的重整可能性;对债权人而言,重整投资人遴选方案明确了重整模式,以重整价格作为重整投资人的遴选依据是最有利的,符合债权人提高清偿比例的要求;对投资人而言,案件的重整模式、重整范围及资产瑕疵等必要信息均已披露,减少了投资人对破产企业并购程序问题及未知风险的担忧,使重整并购交易更加公开透明,增强了投资人参与重整的信心。同时,提交框架性的重整计划草案及附件可以保障在企业破产法规定的重整期限内提交重整计划草案在债权人会议上表决,避免因重整招募时间紧迫及其他突发变化等因素导致无法按时提交重整计划草案,保障了重整工作的有效性和成功率。

(二)灵活的重整招募思路,实现招募程序高效便利

本案采取竞价的方式选定重整投资人。第一,符合框架式重整思路,重整计划草案已经表决通过,以竞价方式遴选出最高报价的重整投资人,投资人参与竞价的前提是接受并执行已经表决通过的重整计划草案。第二,竞价报名期间管理人需审核投资人资质,包括意向投资人的资金实力、经营方案、未来的产业布局等,竞价成交后需法院认可且缴纳完毕重整资金,方能成为正式的重整投资人,因而竞价标的仅为投资人“资格”,而并非竞价成交后无条件成为重整投资人。第三,通过全国性网络平台面向社会进行投资人招募,更具有公开性、公正性,以价格作为最终的判断依据,也是重整投资人选择市场化的客观体现。

(三)注重维护境外资产,保障"一带一路"对外投资安全

X铜业公司在赞比亚投资4家子公司,赞比亚子公司资产又涉及探矿权、采矿权。赞比亚子公司当地的投资政策,境外资产的维护、处置等问题是本案难点。重整期间正值疫情管控期间,而赞比亚子公司名下一处矿山的采矿权有效期即将届满。国内工作人员出境难度巨大,境外资产维护、境外投资的审计评估工作面临巨大挑战。管理人对赞比亚当地的法规、政策等进行收集、研究,协调当地的工作人员开展境外资产维护工作。同时,聘请有境外审计、评估资质的机构开展境外资产审计、评估工作,最终完成采矿权证等资产的维护,顺利与重整投资人在境外完成资产交接工作。本案根据现行《中华人民共和国企业破产法》中关于我国破产程序在境外效力的规定,实践探索跨境破产域外效力的保护功能,以破产重整方式为中国企业"一带一路"对外投资保驾护航。

四、案件办理所取得的评价

本案通过预重整与重整高效衔接,结合框架式重整模式,有效识别债务人的重整价值,实现招募程序便利化,顺利整合境内外资产,大大提高重整效率。在受疫情影响市场下行,且境外环境受限的情形下,克服重重困难,通过各方共同努力实现困境企业重生,维护境外投资安全。本案管理人运用市场化手段引入重整投资人,高效盘活债务人原有资产、及时恢复原生产线的生产能力,重整投资人预测实现年工业产值100亿元。同时,重整投资人扩大生产规模、优化产业布局,利用未开发土地规划增加黑色金属制品的深加工行业,预计年工业产值28亿元,大幅提高政府税收收入,有效改善当地营商环境。本案的成功办理,对创新重整模式,拯救民营企业,维护境外资产安全,优化营商环境具有重要意义。

本案入选"2023年度浙江法院企业破产审判十大典型案例"、"2021年—2023年度富阳法院破产审判十大典型案例"及"浙江省破产管理人2023年度企业破产十大优秀履职案例"。

践行绿色破产理念，助力宜商环境指标提升

——杭州市临安区青山纸业有限公司破产清算案

【案例索引】(2021)浙0112破16号

【审理法院】浙江省杭州市临安区人民法院

【管理人机构】国浩律师(杭州)事务所

【关键词】宜商环境　绿色破产　要素资源配置　征破结合

一、案 情 简 介

杭州市临安区青山纸业有限公司(以下简称青山纸业)成立于1998年9月，是一家以生产、销售特种纸为主营业务的公司，毗邻临安生态旅游地青山湖水库，多次获得“省级星火示范企业”“市级重点骨干企业”等荣誉称号，是省内具有一定知名度的造纸企业，也是临安地区优势产能企业。自2013年起，青山纸业开始盲目投资，过度扩张经营规模，大量吸收民间借贷资金，承受高额财务成本，加之承担巨额担保，主营业务收入急剧减少，无法按时清偿债务，导致资金链断裂，依法进入破产程序。青山纸业积欠了大量职工工资和巨额民间借款等负债，拥有的唯一且核心不动产却登记于第三人名下，存在多起重大诉讼、执行案件，社会矛盾激烈，存在重大社会稳定风险，且该不动产存在重大生态环境安全隐患，处置难度巨大。

2021年6月4日，浙江省杭州市临安区人民法院(以下简称临安法院)依法裁定受理青山纸业破产清算一案，指定国浩律师(杭州)事务所担任管理人。

2021年8月5日，青山纸业第一次债权人会议顺利召开，会议审议通过了《财产管理和变价方案》等方案，选举成立了债权人委员会。2022年8月26日，临安法院依法裁定宣告青山纸业破产。临安法院分别于2022年12月、2023年10月依法对青山纸业债权人会议核查无异议的债权裁定确认。2023年5月24日，临安法院依法裁定认可

债权人会议审议通过的《破产财产分配方案》。2023 年 10 月 20 日,临安法院依法裁定终结青山纸业破产程序。破产程序终结后,管理人依法完成了债权分配、工商和税务注销等工作。

在本案中,管理人履职内容主要包括:(1)组建专业管理人团队并驻场工作;(2)工作制度制定和执行;(3)债权申报与审查;(4)债务人接管和资产核查与管理;(5)财务审计与税务处理;(6)资产盘点与评估;(7)关联公司混同情况核查;(8)重整挽救尝试;(9)生态环境问题处理;(10)参与诉讼与仲裁;(11)破产财产处置与分配;(12)召开债权人会议等。

二、重难点问题

(一)重视生态环境问题的防治,有效防范污染问题

青山纸业属于特种纸生产企业,存在大量有害污水、污泥及危害性放射源需要妥善处置。经查勘,青山纸业厂区有大量有害污水和有害污泥,存在外溢风险。同时,青山纸业名下有两个危害性放射源存在被盗等风险。青山纸业厂区毗邻南苕溪流域、青山湖国家森林公园等,周边有多户居民居住,若发生有害污水、污泥泄漏或放射源不当流入社会等情形,可能引发群众恐慌情绪,也将造成难以挽救的严重生态环境问题和社会安全问题。然而,截至破产受理日,青山纸业没有资金处置有害污水、污泥和危害性放射源。如何协调防护资金紧缺性与有害污水、污泥及放射源问题防治的迫切性之间的冲突,以及据此产生的生态环境防护、治理的环境类债权应如何定性,《中华人民共和国企业破产法》(以下简称《企业破产法》)均无明确规定,亟须管理人予以厘清与解决。

为了妥善管理和处置前述有害污水、污泥及危害性放射源等环境负外部权益,一方面,管理人依法聘请了专管员,每日巡查,向生态环境部门实时上传巡查记录,并建立了巡查应急机制,引入第三方检测程序,聘请有资质机构定期检测,有效防止环境负外部权益外溢风险。另一方面,在债权人委员会监督下,管理人通过资产剥离处置以及与征迁单位沟通等方式解决管理和处置的资金准备。此外,在处置环节,管理人借助府院联动机制,在临安法院及生态环境部门的监督与指导下,依法聘请有资质的机构对有害污水、污泥及放射源进行检测,制定符合当地生态环境部门要求的处置方案,由公开遴选的有资质的机构依法处置。

(二)引入政府回购等多元方式,实现资产高效处置与价值最大化

青山纸业持有氨、氮等排污权指标,管理人充分挖掘该类环境正向权益的价值,根据价值最大化原则,充分研判绿色破产政策,创新交易方式,引入政府回购等多元方式处置,在破产清算程序高效配置该要素资源,有效扩充破产财产,实现债权人利益最大化。另外,青山纸业厂区存在多个租户及占有使用人,且均是生产性企业,腾退难度巨大。青山纸业名下资产有列入征迁范畴的资产、未列入征迁范畴的资产及权益类资质,需要遵循价值最大化原则和合法化原则,通过多元化处置方式予以处置。根据价值最大化原则,对于纳入政府征迁的资产配合提供相关资料,并仔细核查比对,尽可能提升补偿价值。对于不纳入征迁范畴的资产,根据变价方案及资产性质,通过网络公开拍卖、协议竞价、政府回购等多元化方式实现资产价值最大化。

(三)借助府院联动机制,打通执行与破产衔接障碍

管理人依法借助府院联动机制,打通了执行与破产衔接障碍,摆脱了生效法律文书无法执行的窘境,实现了社会、政治与法律效果的统一。在有害污水污泥防治问题、放射源管理与处置问题及征迁程序与破产程序结合问题处理中,积极与生态环境部门、征迁单位、检测及处置机构等相关机构沟通协调,确保各方要求的实现,确保不发生严重生态环境污染问题与社会安全事故。在不动产恢复登记问题、税款减免退事项处理中,积极协调不动产登记部门、税务局等,有效衔接执行与破产,也显著扩充了破产财产。

鉴于青山纸业所有的核心且唯一不动产登记于第三人名下,虽经法院依法判决撤销交易并恢复登记至青山纸业名下,但因判项中未确定抵押的处置方式,在执行该生效法律文书时,不动产登记部门无法在抵押权未注销情况下完成产权恢复登记工作,由于各种原因无法办理"带押过户"。管理人充分协调不动产登记部门的要求和抵押权人的诉求,临安法院出具了抵押权人能够接受且不动产部门可以实际操作的强制注销青山纸业名下不动产抵押登记协助执行函,最终在破产程序中突破了执行程序的障碍,避免了该资产因第三人破产而被认定为非本案破产财产的可能,充分维护了本案债务人和债权人的利益。

(四)利用税收优惠政策实现"减免退"和破产财产的扩充

根据《中华人民共和国城镇土地使用税暂行条例》《中华人民共和国房产税暂行条例》等相关规定,企业确有困难的可以申请税费减免。青山纸业进入破产程序后,管理人随即审查前述税费缴纳情况,并依法向当地税务部门递交减免申请。在本案中,因

该厂区存在对外租赁,能否申请减免及减免多少金额均成为本案的难点。此外,管理人也深入挖掘青山纸业可能存在的其他税费减免、退税等情形。关于登记于第三人名下的不动产恢复登记至青山纸业时,能否申请退还原本缴纳的交易税费,以及在征迁程序中能否在恢复登记前直接在注销产权证时予以退还等问题,均存在重大不确定性。管理人、临安法院处理上述问题时面临较大压力,但为了维护全体债权人利益,进一步扩充破产财产,积极开展前述事项也是本案的重点工作。

(五)全面核查混同情形,审慎适用实质合并

关联公司人格混同核查是一项繁杂工作。青山纸业与其关联公司是否符合实质合并标准,以及哪几家关联公司应当实质合并均是管理人亟须解决的问题。经核查,青山纸业的关联公司有多家。为有效厘清债务人总体资产债务情况,公平保护全体债权人,兼顾公平与效率推进破产程序,管理人通过实地走访、查阅工商信息,约谈关联公司股东、高级管理人员、普通员工、债权人,专项审计财务状况,核查实物资产混同情况、实际控制人关系及债权申报情况等方式,重点核查关联公司的混同情况。

管理人秉持关联企业实质合并破产的审慎适用原则,核查认为青山纸业与其关联公司虽有关联性,但财产、财务、人员等尚能有效区分,其混同程度尚未达到实质合并破产的程度。因此,管理人依法报告临安法院仅就青山纸业开展破产清算工作。

三、案件特点

(一)践行生态环保先行理念,引入生态环保检测程序

管理人在破产程序中引入生态环保检测程序,在降低破产费用的同时,依法科学地完成了多个危害性放射源与大量有害污水、污泥的管理与处置工作,确保了周边青山湖水源的安全,避免了对周边居民生活造成的不良影响,防止了生态环境安全事故的发生。管理人应全程秉持生态环保理念,生态环保防治工作也是破产程序中不可或缺的一环。根据“谁污染,谁治理”原则,管理人对放射源及有害污水、污泥的管理与处置行为,属于管理人全面履行涉生态环境污染事项处置职责的范畴,若该事项处置不当,将产生重大管理人履职责任,也将严重影响债权人的债权清偿。生态环境防治费用是管理人在管理破产企业财产过程中产生的费用,虽然无明确法律规定,但本案将案涉有害污水、污泥处置费用及放射源的管理与处置费用作为破产费用列支,具有法理依据及实务案例支持。本案也是临安法院与管理人在企业破产案件中,确保“停产不停责、破产不污染”,实现绿色破产,落实“绿水青山就是金山银山”理念的有益探索,

实现了生态环境保护、破产财产价值最大化与债权人权利保护的有机统一。

本案通过探索破产程序与生态环境司法保护协同推进的新机制，实现了排污权要素资源等生态环境正向权益的价值最大化，也妥善管理和处置了危害放射源及有害污水、污泥等环境负向权益。在环境正向权益的处置中，临安法院与管理人深入研判政策精神，创新交易方式，实现交易过程全流程电子化，行政审批系统和平台交易系统无缝对接，最终实现排污权要素资源高效配置，实现破产程序与政府公共职能的有序有效衔接，促进了地方经济绿色发展；在环境负向权益管理与处置中，在临安法院的指导、监督下，管理人积极排查企业涉环保隐患，科学安全处置污水、污泥等危险废物，不仅实现了破产财产的价值最大化，还加大了债权人的保护力度。管理人进一步将生态环境保护理念延伸到破产案件审理中，一体协同推进，践行预防性司法理念和生态环境保护理念。管理人积极排查破产企业涉环保隐患、科学安全处置危险废物，既有利于实现破产财产价值最大化，又加强了对破产企业债权人权利的保护力度，符合世界银行新营商环境指标评估项目“营商环境供给”（Business Ready，B – READY）[①]中的“环境可持续性”跨单项指标的主题要求，实现了法律效果、经济效果和生态效果的有机统一。

本案是在破产程序中，管理人在法院指导、监督下，经当地生态环境部门、征迁单位认可，借助府院联动机制，通过公开询邀有资质单位依法检测、转运及处置有害污水、污泥的第一案，也是成功处置放射源的第一案，具有绿色破产的重要典型意义。

（二）多元化处置债务人重要资产，有效维护全体债权人利益

在本案中，经债权人委员会审议同意，并报告临安法院后，由管理人根据《财产管理和变价方案》的规定，配合政府征收工作，并与征迁单位完成了资产移交工作，通过政府征收依法补偿形式处置债务人名下不动产等核心资产。同时，经债权人委员会审议同意，积极与各租户进行沟通协调，通过签订临时占有使用协议方式按照原租金标准计算占有使用费，并由其缴纳腾退保证金，以确保征迁腾退工作顺利开展，以此维护了全体债权人的利益。对于未纳入征迁范围的机动车、机器设备等资产，依法通过网络公开拍卖、协议竞价、政府回购等方式多元化处置，实现价值最大化。

---

① 世界银行于 2023 年发布“Business Ready”项目，旨在取代此前的“Doing Business”（营商环境）项目，对于该项目名称的中文翻译，目前尚未形成统一意见，本书采用中国政法大学李曙光教授的译法，将其翻译为“营商环境供给”。参见李曙光：《世界银行营商环境新指标的法治内涵及制度价值》，载《中国政法大学学报》2023 年第 6 期。

(三)借助府院联动机制,实现执行与破产的有效衔接

青山纸业进入破产程序后,管理人借助府院联动机制,与杭州市规划和自然资源局临安分局、杭州市生态环境局临安分局等相关部门共商共议,指导管理人和相关部门合力解决债务人破产审判中与政府公共职能相关的资产处置、税收、生态环境治理等问题,实现了债务人资产价值最大化,妥善处置了生态环境防治问题,有效解决了债务人税款"减免退"问题,同时打通了执行与破产衔接障碍,摆脱了生效法律文书无法执行的窘境,实现了社会、政治与法律效果的统一。

(四)深入研究税收优惠政策,实现税费"减免退"目标

青山纸业进入破产程序后,其已资不抵债,纳税确有困难,管理人依法向当地税务部门申请"房土两税"的减免。同时,管理人积极就债务人名下不动产撤销后交易税费申请退还。经管理人多次沟通协调并提交相关文件资料,实现了破产受理后相关"房土两税"的减免,并成功退还被撤销交易的交易税费,有效扩充了债务人财产,进一步维护了全体债权人的利益。本案在破产程序中实现"房土两税"减免及相关税费退还等事项具有典型意义。

(五)注重保障弱势群体权益,促进案件办理与普法的有机统一

进入破产程序后,管理人第一时间与民间借贷债权人、职工债权人等群体取得联系,了解诉求并积极与其进行沟通协商。在办理案件的过程中,管理人认真贯彻《企业破产法》的价值理念,注重保障破产程序中弱势群体的权益,并通过逐户入户宣讲、接待债权人申报债权和解答债权人咨询等方式向各债权人进行普法宣传,促使法律意识淡薄的债权人学法、知法、守法、用法,从而实现案件办理与普法宣传的有机统一。

四、案件办理所取得的评价

(一)落实生态环保先行理念,助力宜商环境指标提升

世界银行于2023年5月1日发布了《B - READY项目手册与指引》《B - READY方法手册》。该方法手册第十一章"企业破产"中提出了对企业破产主体进行评分的45个指标,"劳动和环境索赔的优先权"即为其中之一。由此可见,世界银行将环境债权列为破产案件的优先债权。在本案征迁资产处置中,临安法院、管理人充分认识到破产程序中生态环境防治工作的重要意义,严格按照《企业破产法》的规定,落实生态

环保理念,对青山纸业的有害污水、污泥、放射源进行了合法、妥善处置,确保了青山湖水源的安全,防止了社会安全事故的发生。

(二)多元处置债务人资产,显著提升破产债权清偿率

在本案中,管理人通过多元化处置路径实现债务人资产价值的最大化:对于核心不动产等资产,通过政府征迁补偿方式处置,并积极腾退了近 10 户承租方和实际占有方与妥善处置放射源及有害污水、污泥,满足征迁交付条件;对于机动车及未进入征迁补偿范围的资产,通过网络公开拍卖、协议竞价等方式处置;对于排污权等特殊要素资源,通过政府回购等方式处置。本案通过多元化的资产处置方式,将评估价值 4000 余万元的资产,处置实现了 8000 余万元,实现了有财产担保债权及职工债权、税收债权等全额清偿,普通债权清偿率由 0 提高至超 24%,充分维护了债权人利益。

(三)有效利用府院联动机制,切实提升资产处置质效

青山纸业进入破产程序后,临安法院依托府院联动机制,与杭州市规划和自然资源局临安分局、杭州市临安区住房和城乡建设局等部门共商共议,指导管理人和相关部门合力解决债务人破产审判中与政府公共职能相关的资产处置、税收、生态环境治理等问题,为债务人资产的处置扫清了障碍,同时妥善化解执行与破产的矛盾冲突,促进案件的顺利推进和债权人的利益维护。

(四)合法实现税费免退目标,有效扩充破产财产范围

管理人与国家税务总局杭州市临安区税务局多次沟通协调并提交相关文件资料,不仅依法酌情减免了青山纸业破产受理后的“房土两税”,同时把债务人名下不动产过户至他人名下时缴纳的相关交易税费全部退还至临安法院监管的管理人账户,有效扩大了债务人财产范围,进一步维护全体债权人的利益。

(五)充分保障弱势群体权益,促进法与情理有机统一

本案很好地保障了弱势群体的合法权益,促使法律意识淡薄的债权人学法、知法、守法、用法,实现了案件办理与普法宣传的有机统一。同时,这为本案件的顺利开展提供了有利基础,取得了各方满意的结果,化解了积压多年的社会矛盾。

此外,本案还获得了临安法院、不动产征迁实施单位、生态环境部门、税务部门、承租方、企业职工、债务人、抵押权人及其他各类债权人的一致好评。

实物分配提升资产出清质效，多措并举“破”解权利保障困境

——长兴金地置业有限公司破产清算案

【案例索引】(2020)浙0522破26号

【审理法院】浙江省长兴县人民法院

【管理人机构】国浩律师(杭州)事务所

【关键词】真实购房人保护　实物分配　枫桥经验　府院联动

一、案 情 简 介

(一)案件基本情况

长兴金地置业有限公司(以下简称金地置业)主营业务是房地产开发经营,其通过出让方式取得了位于长兴县夹浦镇环沉村的3宗土地使用权,并在该3宗土地使用权上开发建设浙北轻纺大厦、滨湖锦苑小区及夹浦农贸市场。据债务人有关人员披露,金地置业开发建设上述项目的资金主要通过民间借贷获取,融资成本较高,加上部分工程款由施工单位垫资建造,开发建设的成本也较高;另外,金地置业完成开发建设后,房产销售情况不理想,资金回笼未达到预期目标,融资和垫资的资金占用期限较长,又大大增加了金地置业的财务成本。金地置业因销售回笼资金较慢,无法及时足额支付开发建设资金融资的本息及工程款等,后因非真实购房网签和司法查封,致使房产无法继续销售,直接影响金地置业正常经营,最终导致其资金链断裂,陷入债务危机。

(二)管理人履职情况

2020年12月8日,浙江省长兴县人民法院(以下简称长兴法院)裁定受理债权人

对金地置业的破产清算申请,并于同日指定国浩律师(杭州)事务所担任管理人。

管理人接受指定后,组建了专门工作团队同时开展破产清算工作,通过遴选方式选聘审计机构、评估机构及税务清算机构,为顺利推进本案提供了专业支持。管理人接管债务人各项证照资料后,实地走访查看、清点各类资产,并在充分参考债务人意见的基础上,决定是否继续履行或解除相关合同,最大限度地维持案涉房地产项目良好的商业氛围和正常的物业管理,维护债务人资产的整体商业价值。此外,管理人甄别并妥善处理真实购房人和非真实购房人问题,既平稳顺利解决权属纠纷,又保障了当地的民生需求。

管理人严格审查各类债权,通过开展与总承包单位对账、第三方审计等多轮工作,经过债权审查、异议答复,以及第一次、第二次、第三次债权人会议核查,最终确认43户债权人对金地置业享有的债权金额合计约5.44亿元。

在房地产市场下行状况下,不动产销售低迷,加之金地置业开发建设的项目在长兴县非主城区的下辖镇,导致本案存量房屋的去化较为困难。后经管理人与主要债权人沟通,并广泛听取和征集债权人、债务人的意见,为加快资产处置速度,避免房屋低价处置,减少对当地房地产市场的冲击,保护债权人的合法权益,尽量将房屋的价值保留给债权人,管理人在第一次债权人会议中就将包含实物分配方式的原则性处置方案纳入《财产管理和变价方案》中并审议表决通过。第一次债权人会议后,经长兴法院、管理人多次讨论,并前后两次向全体债权人征询意见,最终形成债权人接受度较高且切实可行的实物分配方案,并提交金地置业第二次债权人会议审议,获得高票通过。2023年9月6日,长兴法院裁定认可金地置业《破产财产分配方案》。

《破产财产分配方案》表决通过后,管理人快速地形成实物分配工作方案,并在长兴法院通过两次现场抽签的方式以评估的价格完成了实物分配工作。目前管理人正进行剩余资产的处置工作。

综上,在案件办理3年多的时间里,管理人不畏工作艰辛与巨大维稳压力,针对债权人的相关诉求,除了认真分析研判寻求相应依据外,还尽最大的努力与耐心,不卑不亢,从专业和情感双重角度,与重点债权人进行了多次的沟通解释和安抚。随着破产案件相关工作的逐步推进,管理人认真负责的态度得到了广大债权人的认可,避免了不稳定事件的发生,也保障了清算工作能有条不紊地进行。

二、重难点问题

(一)案涉房屋存量大,在房地产市场低迷背景下,处置前景不乐观,制定和执行实物分配方案的难点多

金地置业因债务问题,房地产销售并不理想,随着资产被查封,存量房屋数量较大。2020 年金地置业进入破产程序后,受疫情影响,当地房地产的销售和租赁市场遇冷,对金地置业的存量房屋处置造成了极大障碍。在此背景下,如果按照传统的单套房屋拍卖的处置模式,不仅拍卖效果不理想,也将滞缓案件的办理周期,无法保障债权人利益,影响案件的办理质效。

但是本案通过实物分配方式推进也存在众多疑难点。首先,虽然《全国法院破产审判工作会议纪要》(法〔2018〕53 号)倡导积极探索更为有效的破产财产处置方式和渠道,允许以实物分配方式进行破产财产的分配,但实践中运用实物分配的案例较少,也未形成主流的统一的做法。其次,金地置业待处置房屋业态多样、情况复杂,市场价值相差较大,便于销售和出租的住宅和位置较优的商铺是债权人实物分配的首选。因此,如何保障分配的公平、公开、公正十分重要。再次,金地置业的债权类型多样,债权金额区间跨度巨大,对实物分配方案制定提出了较大的挑战。最后,实物分配完成后,如何进行税务处理也十分考验管理人的经验和智慧。因此,管理人需要针对案件的资产、负债等实际情况进行大胆创新和特殊安排。

在高效厘清资产概况和法律状态的情况下,管理人确定后续处置方向,提前制定《财产管理和变价方案》《破产财产分配方案》《实物分配方案》和相关操作细则,通过与债权人多次沟通、征询意见,及时调整方案,使各方当事人对方案有充分的认识、理解并高度接受,从而打消债权人疑虑。管理人积极主动,大胆创新,以勤勉、专业和真诚全面履职,取得了债权人的理解与支持并凝聚共识,共同推进破产案件。本案通过实物分配,以评估的价格快速完成 80% 以上房屋处置工作,且将房屋的价值在房地产市场低迷的情况下保留给债权人,避免债权人因低价处置房屋而扩大损失。本案通过实物分配,以较高程序效率盘活多年未销售的房屋,不仅有效促进了房屋销售快速去化,提高了债权人的清偿率,维护了债权人利益,也缓解了大批量低价处置房屋对当地房地产市场的冲击,有效探索出了解决房地产企业破产问题的新模式、新经验。

(二)资产存在众多瑕疵,严重影响资产处置工作

首先,金地置业名下房屋存在大量非真实网签,包括以房抵民间借贷、以房抵工程

款及名为购房实为借贷等。其次,金地置业在被长兴法院裁定受理破产申请前,部分债权人已通过诉讼方式确认以物抵债合同有效且判令金地置业协助办理房屋过户登记手续。再次,金地置业房屋租赁、占用情况严重,加重了管理人核查、追收、管理和处置资产的工作难度和工作量。此外,前述非真实网签购房人、以房抵债债权人也存在擅自将房屋对外出租或者销售的情形,造成案外第三人的权利受损,极大地影响了资产管理和处置工作。最后,金地置业开发的夹浦农贸市场实际已对外再销售,但因企业管理不规范,给管理人管理和处置农贸市场的工作带来了极大的困难。

为解决此类资产瑕疵问题,管理人仔细梳理和重点分析,对非真实网签购房人进行了甄别、筛选,选取一起案件作为示范案件予以立案,先行审理,先行裁判,最终得到债权人的广泛认可,为实物分配方案的推行奠定了坚实的基础,实现了“诉讼一个,解决一片”的良好效果。对于从非真实购房户处受让房屋的善意第三方,在不与破产程序冲突的情况下,管理人通过定向实物分配的方式,保障了其生存权、居住权。管理人以专业和真诚取得债权人、购房户信任,有效解决了矛盾冲突,推动了案件的顺利进行。

(三)案涉工程债权十分复杂,债权人权利亟待保护

第一,金地置业与总承包单位的法律关系和债权审查十分特殊,二者之间存在股权关系,又订有工程管理协议,约定总承包单位就案涉工程负责配合金地置业考察施工队伍、签订相关施工合同及工程款财务走账,仅收取金地置业总包管理费,但不进行实际施工,也不承担工程盈亏,故有关生效法律文书认为该内容实质表明总承包单位仅作为工程的被挂靠单位,因此,金地置业与总承包单位之间不存在建设工程施工关系,在金地置业财务账册不规范和金地置业其他股东及有关人员有较大异议的情况下,如何审查其债权金额和性质成为本案的焦点问题。第二,本案实际施工人在金地置业欠付工程款时,选择以房抵工程款的方式进行了结算,但直至破产受理日仍未完成抵债房屋的过户手续,施工人权利保护困难重重,债权人不满情绪极大。

针对金地置业挂靠总承包单位施工的特殊情况,管理人对本案总承包单位申报的债权进行严格的审查认定,通过梳理双方多年以来的账册资料,逐一核实款项类型和用途等情况,并要求债权人聘请第三方机构进行审计,以多种渠道补充、补正、补强证据,经多轮协商沟通,得到异议股东和债务人有关人员的最终认可,保障了债务人和其他债权人的合法权益,也充分体现了破产程序的解纷止讼功能。针对以房抵债的建设工程价款优先债权人,管理人仍将案涉房屋纳入金地置业财产在破产程序中统一处理,并征询评估机构的专业意见,以合适的方式测算出债权人优先受偿的范围,最终结合实物分配的方式,依法妥善保护实际施工人的利益。

(四)社会稳定风险高,管理人履职压力大

首先,本案是长兴县夹浦镇较有影响力的房地产破产清算案件,且其中的一部分资产涉及夹浦农贸市场,社会影响和群体性涉众涉稳隐患较大,维稳压力巨大。其次,房地产企业的破产涉及广大业主及工程施工方等其他众多利益相关人的权益,管理人既要完成法律规定的既定工作,又要考虑到社会效果及各相关方的要求,管理人需直面相关各方,工作压力巨大。最后,因案涉不动产竣工已久,加之企业陷入债务危机,与物业公司交接不规范,导致房屋质量维修、消防工程保养等工作长期无法正常开展,进一步加剧资产的安全隐患。

管理人时刻保持警惕,持续抓好安全整治工作,特别注重台风、雨雪等灾害天气的处置应对和假期安全隐患巡查工作。此外,管理人借鉴"枫桥经验"的矛盾化解理念,积极推动构建"府院良性联动、案件有效推进、矛盾深度化解"的破产审判新格局,在法院和属地政府的指导、支持下,重点考虑民生问题,合理化解各项难题,充分发挥政府职能优势与法院专业审判优势,在房屋保修金及专项维修资金、消防检查、维稳事件处置等多个方面,加强与各部门协作联动,稳步推进破产案件审理。

三、案件特点

(一)创新分配方式,"破"解财产处置僵局

本案遵循破产财产处置价值最大化原则,根据资产的实际情况,打破固有的货币分配模式,对房地产破产企业债权人进行实物分配,避免了财产变现过程中的过度贬值,盘活闲置资源,优化市场配置,不仅确保了各类债权人的债权得到公平清偿,也减轻了债务人负担,化解了财产处置进度停滞的僵局,实现了法律效果和经济效果的最大化,是管理人在财产处置环节开展先行先试、探索创新的典型案例,为优化营商环境注入破产制度的"活水"。

(二)最大限度归集财产,严格审查债权,提高案件办理质效

金地置业资产存在众多瑕疵,管理人通过多种渠道解决瑕疵问题,最大限度归集债务人财产,提高了债权人的清偿率。尤其是"以房抵债"的债权和涉及的房屋,管理人按照原法律关系认定债权且认定该等房屋属于金地置业破产财产,既最大化归集和保障了金地置业破产财产,也避免了破产程序中抵债交房的个别清偿问题,从而确保大量抵债房屋回归金地置业并通过实物分配给予债权人公平清偿,大大提高了普通债

权人的清偿率。此外,管理人还通过应收账款核查追收、解除房屋的自持限制、继续履行租赁合同等方式扩大资产价值。同时,管理人通过严格审查债权,准确判断债权债务关系,有效还原债权的真实规模,提升破产清算效率,降低清算成本,最终实现公平与效率的兼顾。

(三)依法保护实际施工人和真实购房人的权益,让每一位债权人在破产程序中感受到法律的温度

本案各债权人利益纠葛复杂,尤其是实际施工人和真实购房人权益保护的问题。管理人坚持法治化、市场化、合理化原则,通过有效沟通、审慎研判,快速化解积怨,平复不稳定情绪,有效解决了债权人的顾虑和积累多年的不满情绪,大大提高了破产程序的效率。在尊重债权人意思自治的基础上,寻找案件的平衡点和突破口,使得各类群体求同存异,有效化解群体性诉讼和上访事件。

四、案件办理所取得的评价

(一)破产受理法院的高度评价

在金地置业破产程序中,长兴法院通过分析考核管理人尽职调查、清理债权债务、管理并高效高价处置资产、理顺法律适用、化解债权人不满情绪、妥善处理各项疑难问题等方面,充分肯定管理人高效、勤勉、忠实、尽责且全面履职,确认管理人切实保障了债权人的合法权益,有效维护了社会稳定,为房地产企业破产以实物分配方式市场化退出提供了借鉴样本,对营商环境优化起到了积极作用。

(二)属地政府的高度认可

本案管理人通过详尽的调查梳理和审慎的法律研判,多次向属地政府汇报和讨论,提出各类切实可行的方案,妥善解决了历史遗留问题,有力保障了当地民生。此外,管理人通过实物分配方式处理本案,在宏观经济形势下行和疫情叠加影响下,快速盘活当地的"明星"项目,最大限度维护了当地房地产行业的有序发展。管理人的勤勉尽责、专业高效,获得了属地政府的高度认可。

(三)周边群众的一致好评

长兴县夹浦镇的破产案件并不多见,不少当地群众第一次接触破产案件,起初都存在不解、困惑甚至抵触情绪。管理人始终保持专业、耐心的态度,以实际行动展示了

破产制度的优势,普及了破产制度的法律知识,有效保障周边租户的正常生产经营,积极与物业公司保持有效沟通,及时处理业主的房屋维修需求,消除各项安全、消防隐患,使破产程序对周边群众的不良影响最小化,最大限度解决原破产企业管理混乱和各项疑难杂症问题,获得了周边群众的一致好评。

管理人积极主动,专业且大胆创新,以勤勉、专业和真诚,全面履职,获得了债权人、债务人、业主等利害关系人的理解与支持。在资产管理、处置和分配时,管理人精准把脉,准确理解与适用法律,在实现债务人依法出清的同时,科学创新实物分配方案,最终实现对债权人的公平清偿,为久拖不决的资产处置、分配和清偿工作画上圆满句号,对实现房地产企业市场化快速出清具有重大借鉴意义。管理人创新实践"枫桥经验",有效探索破产程序的矛盾化解和社会治理机能,解决了房地产企业破产案件中的各项争议问题,实现了政治效果、法律效果、社会效果和经济效果的有机统一。

化解烂尾风险，创新破局之道

——舟山市半岛投资开发有限公司破产重整案

【案例索引】(2020)浙09破3号

【审理法院】浙江省舟山市中级人民法院

【管理人机构】北京市中伦(上海)律师事务所　浙江京衡律师事务所

【关键词】烂尾楼处置　利益平衡　府院联动　能动履职　保障民生

一、案情简介

舟山市半岛投资开发有限公司(以下简称半岛公司)成立于2004年，注册资本20,022万元，为三盛宏业集团下属的房地产项目公司，在舟山朱家尖地区开发建设南沙里项目，项目于2018年5月开工，总建筑面积12.37万平方米，可售房源948套，其中已网签预售512套。受集团资金链断裂影响，项目于2019年年底停工。

2020年4月21日，经半岛公司申请，浙江省舟山市中级人民法院(以下简称舟山中院)对半岛公司预重整进行备案，并指定北京市中伦(上海)律师事务所和浙江京衡律师事务所担任管理人。管理人接受指定后，迅速组建团队驻场工作，依法高效完成了清产核资和债权预审等基础性工作，并同步启动投资人招募工作。预重整期限届满后，舟山中院于2020年7月21日正式受理半岛公司破产重整一案。

受房地产市场整体下行、疫情持续暴发、项目盈利空间较小等因素叠加影响，经过较长时间的招募，本案始终未有投资人愿意整体接盘。在此情形下，管理人根据前期投资人的接洽情况，设计了“共益债+续建+销售”的续建式重整方案，与政府紧密联动，共同协商选定了地方知名龙头民企作为续建方，并向本地农商银行争取到了超低利率的共益借款，形成了最大化实现各方利益的续建方案。

2021年2月8日，舟山中院组织召开第二次债权人会议，对续建式重整计划草案进行审议,购房户组、职工债权组、税收债权组、普通债权组、出资人组均通过重整计划草案,唯有130多名自然人投资人组成的担保债权群体联合投票反对,其寄希望于在破产清算程序下快速拍卖土地受偿。管理人多次与自然人投资人代表沟通,但自然人投资人始终未表决同意,重整计划迟迟未能得到债权人会议表决通过,续建方案一再拖延,最终错失重整良机。

重整无望后,管理人及时转换工作重心,通过制度创新,制定了"适格主体兜底+续建交付义务+'假马竞价'模式"的资产处置方式,引入兜底方就项目土地、在建工程等资产达成兜底收购协议,并由兜底方承诺完成项目续建并依约向购房户交付房屋,在有兜底价的基础上,进一步采用"假马竞价"模式,以同等条件通过公开、透明的方式进行公开拍卖。财产变价方案确定后,舟山中院遂裁定终止半岛公司破产重整程序,宣告半岛公司破产。

2023年3月29日,第三次债权人会议表决通过财产变价方案。2023年5月2日,资产流拍后依照财产变价方案和兜底协议约定实现成交。2023年7月27日,在舟山中院监督下,管理人将在建工程整体移交至投资人。2023年10月,新施工方正式入场接管工地,项目停工4年后最终实现复工复建。2023年12月20日,舟山中院裁定终结半岛公司破产程序。

二、重难点问题

本案案情复杂,牵涉利益主体众多,是舟山当地重大且棘手的房地产企业破产案件,事关信访维稳、民生安定和烂尾楼复建等一系列社会问题。本案的疑难复杂程度体现在以下几个方面。

(一)多元利益主体交织,矛盾冲突尖锐

本案涉及的利益主体极为广泛且复杂,涵盖了近500个购房户、130多名自然人投资人、职工、建设工程承包人、实际施工人、材料供应商等多个群体。这些利益主体之间存在直接或间接的利益关联,诉求差异明显,矛盾冲突尖锐,尤其是购房户群体和自然人投资人,因房屋无法交付、投资本金无法兑付而承受重大经济损失,频繁通过多种途径表达强烈诉求,甚至出现越级上访、聚众闹访等行为,对社会稳定造成较大冲击。管理人和法院在处理此类复杂关系时,既要维护各方合法权益,又要防止矛盾升级,工作压力之大不言而喻。

（二）市场环境复杂，重整难度加大

半岛公司破产案发生在房地产市场整体下行、疫情持续暴发的大背景下，项目本身的盈利空间受到严重挤压。一方面，市场低迷导致潜在投资人对项目接盘持谨慎态度，整体接盘困难重重。另一方面，疫情对宏观经济的影响加剧了市场的不确定性，使破产重整过程中的融资、续建等工作面临更多挑战。在这样的市场环境下，寻找合适的续建方、筹措续建资金、制定并执行可行的重整计划，案件的复杂度无疑大大增加。

（三）法律问题交织，决策考量复杂

案件中涉及诸多法律问题，如购房户权益保障、共益债的使用、续建式重整方案的设计与实施、担保债权群体的权益处理、“假马竞价”模式的应用等。这些问题不仅需要深入理解和精准把握破产法及相关法律法规，还需要在法律框架内兼顾公平、效率、稳定等多元价值。

（四）政策导向与司法实践的契合

党中央、国务院“保交楼、稳民生”的要求，对案件办理提出了更高的政治站位要求。管理人在处理半岛公司破产案时，不仅要严格遵循法律法规，还要准确把握政策导向，将“保民生”置于重要位置，通过多种手段切实保障购房户权益，维护社会稳定。

（五）府院联动与社会资源调动

本案的成功处置离不开府院联动机制的有效运作。法院与政府跨部门、跨区域协作，共同解决诸如在建工程主体变更、工程质量鉴定、烂尾楼复工续建等重大问题，同时争取到税收优惠政策，增强接盘信心。在这一过程中，需要协调不同政府部门、对接市场资源，形成合力，共同推动案件解决。

三、案件特点

（一）提高站位保民生，维护地区社会稳定

为响应2022年8月中央政治局会议提出的“压实地方政府责任，保交楼、稳民生”的要求，针对本案复杂的购房户群体，管理人始终保持政治站位，以维护社会稳定和保障基本民生。面对购房户群体的频繁缠访、闹访，管理人动员购房户推选代表，定期组织接访、面谈，建立有效沟通渠道，耐心讲解政策、释明法律、听取诉求、疏导情绪。

一方面,管理人对购房户释法说理,引导其通过合理、合法的方式和渠道表达诉求,管理人还定期将维稳风险和隐患及时主动上报法院和政府,寻求政治和技术指导;案件办理前期,购房户对府院和管理人产生敌对情绪,反对提请债权人会议审议的一切方案。对此,管理人在会前发布《致广大购房户的公开信》,并通过微信创建了购房户沟通群,搭建了沟通平台,接受业主问询,并定期进行书面答疑,就案件办理进展及购房户关心的问题一一作出回应。

另一方面,管理人采取了多种措施保障购房户的利益,首先尝试通过预重整、重整程序招募投资人,寻求整体接盘续建交付,实现最大化清偿债权的机会;重整失败后,在兜底协议和竞拍公告中明确接盘方进行续建和向购房户交付房屋的义务。在本案中,民生保障问题贯穿始终。法院和管理人积极提高政治站位,将党中央、国务院强调的“保民生”置于首要位置,通过各种手段切实保障购房户的权益,维护了地区社会的稳定。

(二)能动履职,创新机制,实现烂尾楼妥善处置

重整无望后,为保障约500个购房户的民生权益,管理人及时转换工作思路,将破产重心由“拯救企业”转为“拯救楼盘”。破产房地产企业没有必要一味追求重整成功,通过清算模式也可高效实现保交付且财产价值最大化。依照党中央“保交楼、保民生、保稳定”的重要指示,管理人以最大限度保障楼盘续建交付、最大化实现烂尾楼资产价值、最高效公平清偿各类债权为施力目标,灵活创新制定了“适格主体兜底 + 续建交付义务 + ‘假马竞价’模式”的资产处置方式,依托府院联动机制,由本地国企与品牌民企强强联合成立意向收购方,就项目土地、在建工程及应收购房尾款等资产组成资产包,达成兜底收购协议,并由兜底方承诺在承接资产后完成项目续建,依约向购房户交付房屋,在有兜底价的基础上,进一步采用“假马竞价”模式,以兜底方同等条件,通过公开、透明的方式进行公开拍卖,实现了债务人财产价值最大化。

同时,本案除500多个购房户外,还有130多名自然人投资人组成的担保债权人、职工、实际施工人等群体,各方利益冲突尖锐,利益平衡难度大。恰逢《最高人民法院关于商品房消费者权利保护问题的批复》发布,在无法交房的情况下,须优先退还购房款,但本项目房价跌幅超过30%,若全额退还购房款,兜底方不愿意接盘,且抵押权人、工程方等其他群体均无从受偿。房地产行情下行,方案又保障交付房屋的情况下,购房户应当按诚实信用原则承担差价损失,而不是将这种市场风险转嫁给其他组债权人。基于此,为妥善平衡各方权益,管理人在财产变价方案中要求选择退房的业主承担二次销售的费用与差价损失,最终顺利引入接盘人,在项目解困的同时,也为抵押权人和工程方保留了过亿元的受偿款,实现了购房户、抵押权人、工程方及投资人的多方

共赢。

(三)府院联动相向协同,化解资产处置障碍

在本案中,为保障烂尾楼项目妥善处置,属地政府成立了专项工作组,管理人充分发挥府院联动机制作用,跨区协调相关政府职能部门联动处理,充分利用联席会议的群体智慧和联动优势,不仅引入了地方国企与品牌民企联合组建的兜底方,还相继攻克在建工程主体变更、已完工工程质量鉴定、烂尾楼复工续建等资产处置重大障碍。此外,还为全体债权人争取到了土地增值税的减免政策,实现节税近5000 万元,坚定了民营资本敢于参与接盘的信心。行政与司法在本案件中的良性互动,高效化解了烂尾楼续建中面临的各项难题,对房地产企业破产、烂尾楼续建中政府及法院的职责等问题的解决,具有良好的指导性意义。

四、案件办理所取得的评价

(一)法律效果

本案的成功办理,在法律层面取得了显著的效果。

1. 最大化破产财产价值,有力保障债权人权益

管理人在资产处置过程中,采用"适格主体兜底 + 续建交付义务 + '假马竞价'模式",确保了破产财产以公开、公平、公正的方式进行市场化交易,实现了债务人财产价值的最大化。这一做法不仅提高了资产处置效率,保障了债权人利益,也使购房户能够获得预期的房产,同时为其他债权人提供了相对较高的清偿比例。

2. 践行保交付政策,稳固社会民生基础

在本案中,管理人积极响应党中央、国务院"保交楼、稳民生"的政策导向,将购房户权益保障置于破产处置的核心位置。通过在资产处置方案中明确规定接盘方必须完成项目续建并交付房屋,切实保障了购房户的合法权益,有效避免了因项目烂尾可能导致的社会不稳定因素,有力维护了社会稳定,保障了民生。

3. 秉持公平公正,妥善平衡债权人利益

在半岛公司破产案中,管理人始终秉持公平公正原则,对各类债权人一视同仁。通过依法审查确认债权,确保各类债权人权益得到平等保护。尤其是在制定并实施资产处置方式时,充分考虑了购房户、担保债权群体、职工、建设工程承包人、实际施工人、材料供应商等各类债权人的利益诉求,力求在有限的资产范围内实现公平清偿。这一做法确保了破产程序的公正性,妥善平衡了各方权益,体现了破产法维护债权人

平等地位和公平受偿的基本原则。

4. 开辟清算模式下保交付新路径

本案开创了房地产企业破产处置的新路径,即在清算模式下,通过创新机制同样可以高效实现保交付且财产价值最大化。这一理念打破了传统观念中重整与清算的绝对对立,强调了根据案件实际情况灵活选择最有利于债权人利益和市场资源优化配置的处置方式。这种突破性的思维和实践,为今后类似房地产企业破产案件的处理提供了新的视角和可能,对我国破产法的实践发展具有重要启示意义。

5. 创新破产处置模式

在半岛公司破产案中,管理人与法院创新性地采用了“适格主体兜底+续建交付义务+‘假马竞价’模式”这一资产处置方式,有效破解了房地产企业破产案件中的难点问题。这些创新举措为同类案件的处理提供了宝贵经验,丰富了我国破产法的司法实践,推动了破产法理论与实务的发展。

(二)社会评价

本案的成功办理在社会层面上获得了广泛认可与积极评价,主要体现在以下几个方面。

1. 破解烂尾楼处置难题

本案所涉南沙里项目曾长期处于烂尾状态,给购房户、债权人乃至整个社区带来了沉重负担。管理人与法院通过创新处置方式,成功实现了项目的复工复建,彻底解决了这一长期困扰地方发展的烂尾楼问题。这一成果不仅消除了社会痛点,也为同类问题的解决提供了可复制的经验,赢得了社会各界的高度赞扬。

2. 显著提升区域城市界面形象

南沙里项目的重启与顺利完成,极大地改善了当地的城市景观,提升了区域的整体形象。曾经的烂尾建筑续建完成后,将对周边土地价值、商业活动、居民生活品质等方面产生积极影响,为区域经济社会发展注入了新活力。

3. 有效纾解重大社会矛盾,维护社会稳定

半岛公司破产案涉及大量购房户及自然人债权人,处理不当易引发社会矛盾,甚至可能升级为群体性事件。管理人与法院在案件办理过程中,通过深入细致的工作,妥善处理了各类债权人的诉求,尤其是通过创新性措施保障了购房户的住房权益,有效避免了社会矛盾的激化。这一成功案例在保障民生、维护社会稳定方面发挥了重要作用,得到了广大人民群众的肯定与支持。

4. 官方认可

本案妥善解决烂尾楼盘的做法与成效,得到了浙江省高级人民法院的高度肯定,成功入选了"2023 年度浙江法院企业破产审判十大典型案例"。

本案是管理人充分发挥破产制度价值,有效运用府院联动机制,妥善平衡破产各方权益,从而成功化解房地产领域矛盾纠纷的典型案例。面对外部市场行情下行、项目资产质量不佳、重整一度陷入死局的困境,管理人通过府院联动机制,开创房地产企业破产处置的新道路,即没有必要一味追求重整成功,在清算模式下也可高效实现保交付且财产价值最大化。本案的成功办理,不仅彻底破解了烂尾楼的处置难题,显著提升了区域城市界面形象和破产企业的财产价值,而且最大限度保障和平衡了大部分购房户和债权人的权益,有效纾解了重大社会矛盾和维稳风险,实现了法律效果、经济效果和社会效果的统一。

探索“和解式”重整，保障中小投资者权益

——中捷资源投资股份有限公司重整案

【案例索引】(2023)浙10破12号

【审理法院】浙江省台州市中级人民法院

【管理人机构】浙江智仁律师事务所

【关键词】上市公司重整　中小投资者保护　预重整衔接　行政程序衔接

一、案情简介

中捷资源投资股份有限公司(以下简称中捷资源)是一家于2004年7月15日在深圳证券交易所(以下简称深交所)主板上市的公司，股票代码为002021，主营中、高档工业缝制机械的研发、生产和销售，实际控制人为玉环市财政局，公司发展态势良好，连续多年盈利，是当地纳税大户。

2017年6月，因时任中捷资源法定代表人未经公司董事会和股东大会审议批准及公开信息披露，私自越权签署《差额补足协议》，导致中捷资源需向某金融机构债权人承担95,140万元的高额债务。2023年2月，中捷资源收到广东省高级人民法院作出的二审判决书，判决中捷资源在95,140万元的范围内向广州某金融机构承担赔偿责任。由此，中捷资源面临严峻债务危机。

2023年5月4日起，中捷资源股票交易被深交所实施退市风险警示，其必须在2023年年底前化解债务才能保住上市地位，如果终止上市，则可能导致上千名职工失业风险和安置问题，造成2万余名中小股东投资损失，也会对玉环当地缝纫机产业的架构和发展造成极大的影响。

2023年7月，中捷资源向浙江省台州市中级人民法院(以下简称台州中院)提交重整申请，台州中院于2023年7月7日启动预重整程序，并于2023年7月24日指定浙江

智仁律师事务所担任中捷资源预重整期间的临时管理人,组织开展预重整期间各项工作。

2023 年 11 月 24 日,台州中院依法裁定受理中捷资源重整一案,并于同日指定浙江智仁律师事务所担任管理人,具体开展重整期间各项工作。

2023 年 12 月 22 日,管理人主持召开出资人组会议就出资人权益调整方案进行表决,获得高比例通过。

2023 年 12 月 24 日,在台州中院召开中捷资源第一次债权人会议,会上表决通过重整计划草案。合议庭经合议当庭作出裁定,批准重整计划并终止重整程序。

2023 年 12 月 29 日,结合重整计划的执行情况,台州中院裁定确认中捷资源重整计划执行完毕并终结重整程序,仅用 36 天即完成上市公司重整。

二、重难点问题

(一)破产重整规范程序、证券监管行政许可程序等审核审批程序有效衔接问题

上市公司重整与非上市公司重整程序不同,其重整受理需要取得最高人民法院出具的同意受理意见,同时重整过程还需要符合证券监管要求。本案的重整窗口期非常短暂,从启动预重整程序至 2023 年年底通过重整程序实现债务化解,不到 6 个月的时间。在此期间,管理人充分发挥府院联动机制作用,对于重整中涉及的前置审批、报备等事项,及时向法院汇报,进而联动属地政府,根据证券监管要求和实际情况及时调整重整思路和方案,做好行政程序和司法程序的有效衔接。不管是在前期重整前置程序条件的节奏把握上,还是在重整受理后整个重整程序的推进上,管理人始终高度重视证券监管要求,并协同台州中院与属地政府多次沟通,反复确认重整工作时间节点安排,多次强调重整程序与证券监管程序相协同的推进思路,及时了解行政报批进度。

在获得最高人民法院出具的重整受理意见之前,一方面,管理人协同台州中院前往上级法院进行案件汇报,提交中捷资源重整的请示报告;另一方面,管理人积极跟进监管部门的监管意见,及时调整推进思路,最终在 2023 年 11 月获得最高人民法院出具的同意重整意见。在中捷资源进入重整程序后,管理人对于债务人提交的重整方案内容进行分析研判,对其中关键性问题与政府部门进行交流沟通。对于重整过程中需要法院支持的问题,提前与上市公司、属地政府等多次确认,准备好相应的手续材料。在重整计划经债权人会议表决通过后,根据债务人申请,裁定批准重整计划,并就重整计划中需法院协助事项,提前准备协助文书。同时,为节约时间,积极与台州中院沟通协调先后两次前往中国证券登记结算有限责任公司深圳分公司提交重整计划中资本公

积金转增及转增股本划转的协助执行通知书。在短短5天的时间内,协助上市公司完成重整计划执行事宜。

(二)债权人利益与中小投资者利益平衡问题

由于中捷资源的主要债务为巨额的违规担保债务,根据有关规定,对于违规担保这一监管“红线”问题,必须制定切实可行的解决方案,但是通过常规的资本公积金转增股票来化解,即将原应该分配给中小投资者的转增股票用于引进重整投资人,并由重整投资人清偿违规担保债务,不占用上市公司的偿债资源,本质上是中小投资者让渡了自身的股权权益来化解公司非经营产生的债务,会对中小投资者利益产生损害。故向有关部门提交的相应解决方案,一度因中小投资者利益保护问题而未能获得支持。对此,管理人及时协助上市公司调整重整方案,并在台州中院的指导下,就中捷资源重整方案多次与债务人及其控股股东等沟通,强调需充分平衡债权人与中小股东的利益,并协同上市公司、台州中院多次前往广州与主要债权人进行沟通,了解主要债权人的意见,向主要债权人说明案件情况。最终形成上市公司通过资本公积金转增股本,一方面,管理人以让渡转增股票和控股股东额外提供现金等不占用上市公司偿债资源的方式,制定以实际控股股东自行提供偿债资源化解违规担保债务为核心的“和解式”重整模式,解决上市公司近10亿元的违规担保债务;另一方面,管理人采取了转增后的股票向近2万名中小股东足额分配的重整方案。最终,管理人上述举措获得了有关监管部门的认可与支持。

三、案件办理所取得的评价

中捷资源重整案是运用破产重整机制,改善上市公司财务状况并避免终止上市的典型案例,取得了良好的法律效果、政治效果及社会效果。

本案管理人充分研判上市公司重整的价值及监管要点,并结合上市公司的产业经营现状等,充分平衡债权人与中小股东利益,创设以实际控股股东为核心的“和解式”重整模式。从个案办理角度来看,体现本案审理法院及管理人对重整实质之内涵的深刻理解和把握。从上市公司重整角度来看,将市场的视角拉回到上市公司重整的内在实质上,避免“忽悠式重整”“保壳式重整”。从证券监管角度来看,中捷资源的重整也与当下证券监管对上市公司重整及违规担保问题切实有效解决方案的内核要求高度匹配,体现了司法重整与证券监管真正的贯通融合。在案件办理过程中,管理人充分发挥府院联动机制作用,关注证券监管要求,将破产重整规范程序、证券监管行政许可程序等审核审批程序有效衔接。本案仅用31天办结破产,36天即完成整个重整工作,是台州地区第一起上市公司重整成功案例，也是2023 年度浙江省唯一一件上市公司重整案件。

中捷资源主营业务稳健，在陷入退市危机前连续多年盈利，进入重整程序后，台州中院及时支持管理人的继续营业决定，以及债务人自行管理财产和营业事务。中捷资源的生产经营基本没有受到破产重整的影响，同时由于中捷资源有国有股东背景，其债务危机的有效化解，也有效避免了国有资产的流失，稳住了职工，解决了1200 多名职工安置问题，保障了近 2 万名中小股民的权益，更为当地缝纫机产业的持续发展保留了进一步开拓的空间。中捷资源快速重整的成功，实现了保上市、保产业、保经营、保企业和保就业的高度统一。

同时，本案是 2019 年《中华人民共和国证券法》颁布后首个转增股本足额向中小股东分配的案例，也被中国证券监督管理委员会列为“2023 年度十大投资者保护典型案例”。在上市公司重整实务中，对于转增的股份大都不向原股东分配，即使有分配也是极少部分，因此在中捷资源出资人权益调整方案发布时，就引发了极大的舆论效应，大量外界人士及中小股民，均对中捷资源的重整方案给予了极大的肯定，同时体现了玉环市政府作为中捷资源的实际控股股东的责任担当，取得了良好的社会效果。

精确施策，市场说话，司法“救治”小微再度“繁花”

——杭州鼎升机械有限公司预重整转重整案

【案例索引】(2023)浙0111破54号

【审理法院】浙江省杭州市富阳区人民法院

【管理人机构】浙江浙经律师事务所

【关键词】小微企业救治　预重整　债权人全程参与　生态环保

一、案情简介

(一)案件基本情况

杭州鼎升机械有限公司(以下简称鼎升机械)为2002年12月20日成立的制造业企业，是国家级高新技术企业、浙江省“专精特新”企业和专利示范企业，拥有浙江省级企业技术研发中心和代表浙江制造的“品”字号，产品远销全球30多个国家和地区。因受担保债务影响公司陷入危机，多家银行起诉后申请执行，要求冻结账户拍卖资产，但企业实际仍在开展生产经营，若不及时拯救，生产经营将受到严重冲击。

2023年7月31日，浙江省杭州市富阳区人民法院(以下简称富阳法院)经审查后决定对鼎升机械启动预重整程序，并通过“竞争入围+随机摇号”方式指定浙江浙经律师事务所为临时管理人。同年11月20日，富阳法院正式裁定受理鼎升机械的重整申请，12月22日裁定批准《重整计划》并终止重整程序，管理人于12月25日完成重整标的资产的移交。

(二)管理人履职情况

在预重整期间，临时管理人迅速开展各项工作：接管后监督鼎升机械生产经营，开展全面、细致的尽职调查,调查涉诉情况并申请中止执行程序,接受债权人债权申报并审查,调查职工债权情况及欠税、欠保情况,开展审计、评估工作,通过“生态 e 治”平台积极落实环保要求,等等。同时,为实现鼎升机械资产价值最大化,临时管理人两次发布招募公告,并成功引进重整投资人。

临时管理人积极推动鼎升机械与债权人、出资人、意向投资人协商拟定预重整方案,并于 2023 年 11 月 1 日召开鼎升机械预重整案第一次债权人会议,会议表决《预重整方案》《债权人会议非现场表决及二次表决方案》两项方案,并获出席会议债权人全票通过。

2023 年 11 月 20 日,富阳法院正式裁定受理鼎升机械的重整申请,管理人拟定的《重整计划草案》未变更《预重整方案》内容,债权人、出资人对《预重整方案》的同意视为对《重整计划草案》的同意,重整程序中不再另行表决。12 月 22 日,富阳法院裁定批准鼎升机械《重整计划》。12 月 25 日(批准裁定后的下一个工作日),管理人与重整投资人完成股权变更登记及全部交接工作。

管理人于 2024 年 1 月 15 日完成最后分配,本案从法院裁定受理重整申请至批准重整计划,仅历时 32 天,普通债权人清偿率从破产清算条件下预估的 2.28% 提高至 21.59%,鼎升机械摆脱了担保债务危机,短时间内实现蝶变重生。

重整成功后,管理人与富阳法院一起对鼎升机械进行了回访,了解企业需求,有针对性地纾困解难。

二、重难点问题

(一)如何快速拯救小微企业,减少破产程序的影响

《最高人民法院关于充分发挥司法职能作用助力中小微企业发展的指导意见》(法发〔2022〕2 号)指出中小微企业对国民经济和社会发展的重要性,对具有挽救价值的小微企业,积极采用破产重整全面解决债务危机,使企业获得再生。对于陷入困境但仍具有挽救价值的中小微企业,破产重整是一场与时间的赛跑。鼎升机械因担保债务而陷入危机,但企业生产秩序井然,160 余名职工仍在正常工作。如何准确识别和判定破产企业是否具有重整价值,成功招募投资人,以保障债权人及职工权益,降低破产程序的影响,高效拯救小微企业,成为本案的一大难题。

(二)如何获得主要债权人金融机构的支持

鼎升机械因受担保债务影响而陷入危机,故主要债权人为银行等金融机构,且金

融机构债权人在有财产担保债权人组的投票对重整计划草案是否能够顺利通过具有决定性作用。鉴于金融机构内部审批流程复杂,决策周期较长、难度较大,而管理人希望在短时间内通过重整计划草案并落实,若未得到金融机构的支持,则可能导致鼎升机械无法在《企业破产法》规定的重整期限内顺利完成重整。

(三)如何稳定生产,实现“破产不停产”

本案进入预重整程序时,鼎升机械仍有产品订单正在生产,涉及多家供应商、经销商的合同正在履行,如果因破产而停止生产,鼎升机械不仅将面临大量供应商、经销商债权,其重整价值及重整可能性也会受到影响,可能导致职工及债权人利益均得不到保护。因此,管理人根据鼎升机械出具的《鼎升机械继续经营方案》,制定了《预重整期间监管方案》,对鼎升机械在预重整及重整期间的继续经营方案进行有效监督。其间,鼎升机械不但维持现有经营,还新增了专利申请,提高了重整可能性,增加了重整企业的市场竞争力。

(四)如何规避生态环境污染问题,实现企业绿色发展

鼎升机械生产工序中涉及的危险废物品种类有废水及废气,在预重整期间又新增一条生产线,生产线在落成前即需落实环保设施。对于缺乏生态环境方面专业知识的管理人来说,对生态环境治理问题的把控,不仅影响职工权益、本案办理,还影响企业的可持续发展,影响生态、营商环境“双优”格局的构建。

三、案件特点

(一)扩宽府院联动领域,精准识别企业挽救价值

如何准确识别和判定破产企业是否具有重整价值,是近几年破产重整案件的难点和热点。企业的价值不仅是资产价值,更包括运营价值,应当从企业资产状况、营收净利、行业发展前景及优势地位、债务发生原因等多维度进行识别和判定。

在本案中,富阳法院拓宽府院联动领域,发挥司法能动作用,精准识别企业挽救价值,联动区金融工作办公室、区经济和信息化局走访企业,及时为企业提供相应救助。鼎升机械受担保债务波及资不抵债,但自身经营状况良好,有自有厂房和先进设备,职工齐整,有强大的研发团队和经验丰富的管理团队。尤其是在科创领域,鼎升机械在“钢质手提罐”等细分市场做到国内领先。

本案管理人通过府院合力,分析鼎升机械的营运价值、发展前景及优势地位,准确

识别出公司的重整价值及重整可行性,并且将司法挽救功能前置,给其提前“输血”,从根本上践行破产拯救价值理念。

(二)债权人全程参与,《预重整方案》全票通过

债权人深度参与破产程序是其行使权利的基础,主动倾听债权人需求、程序公开透明公正,是获得债权人支持、顺利推进预重整及重整程序的关键。在案件办理过程中,富阳法院及管理人秉持公开透明原则,谨守“司法有限介入”理念,充分赋予债权人积极参与的权利。在临时管理人选任阶段,以竞争方式指定 7 名评审人员组成评审委员会,其中债权人代表 4 名,富阳法院、政府、债务人代表各 1 名,债权人对临时管理人的产生具有决定性影响,为后续临时管理人履职奠定信任基础。

临时管理人接受指定后,针对鼎升机械主要债权人为金融机构的特殊性,立即走访鼎升机械的主要债权人,倾听心声、征询意见、了解诉求,向其科普预重整制度,为获得债权人支持奠定基础。

在选聘审计和评估机构时,临时管理人根据浙江省破产管理人协会印发的《管理人选聘其他社会中介机构工作指引(试行)》的规定,尊重和保障债权人权益,邀请债权人和债务人代表共同组成评选委员会,对参与竞争的 4 家评估机构和 4 家审计机构的方案进行全面评估,共同确定中介机构。在破产重整的各个环节,临时管理人遵循公开透明原则,同步向债权人汇报,并在公众号定期公布案件进度。此外,临时管理人还多次组织债务人、债权人、出资人及意向投资人等利害关系方进行协商,通过信息披露及互联互通,增强各方的预见性,有助于解决各方分歧,有效降低重整成本,提高重整成功率。最终,《预重整方案》在债权人会议上,由出席会议的债权人一次性全票表决通过。

(三)预重整与重整高效衔接,快速推动企业“涅槃重生”

对于陷入困境但仍具有挽救价值的中小微企业来说,破产重整是一场与时间的赛跑。而预重整制度具有节约重整成本、提高重整效率和提高重整成功率的优势,是保护中小微企业的最佳策略。针对鼎升机械债务发生原因、主要债权人性质、企业经营情况等,富阳法院采取预重整制度应对企业困境,减少对经营的影响,助力鼎升机械尽早“脱困”。

在本案中,临时管理人接管企业并进驻后,迅速识别企业重整价值,既对包括房产、土地、机器设备等在内的“硬资产”展开调查,又注重对鼎升机械特殊资质、核心技术、行业前景等“软实力”的价值识别。为最大限度地提高重整成功率,临时管理人第一时间启动预招募程序吸引潜在的意向投资人,也给予意向投资人更充足的尽职调查

时间。同时,临时管理人梳理债务人的资产负债,聘请审计评估机构,在明确重整资产范围并确定重整模式后,再次发布招募公告,切实提高重整可行性,成功招募重整投资人。在最短的时间内衔接预重整与重整程序,使鼎升机械的经营受到最小影响,负债停止计息,减轻企业负担。从法院裁定受理重整申请至批准重整计划,仅用时 32 天,之后完成交接及债权的最终分配仅用时 24 天。预重整期间开展的债权审核、审计评估、资产摸排,以及通过《预重整方案》等重要阶段性工作成果均得到沿用,为重整计划草案表决通过奠定坚实基础,有效节省程序成本和司法资源,快速推动企业"涅槃重生"。

(四)封闭运行不停产,提升企业经营效益

《中华人民共和国企业破产法》第 25 条规定,管理人有权决定停止或继续破产企业的营业,但对于营业的范围及后续规范却很笼统。在本案中,鼎升机械虽受担保债务影响陷入危机,但自身生产经营状况良好,具有高新技术优势,市场前景广阔。若在重整过程中继续营业不停产,能够更好地维持企业的运营,有利于提升企业的整体价值,企业资产、人力得到持续的管护与维持,不仅可以达到资产保值甚至升值、职工稳定,而且能使破产企业债权得到更高额度的清偿比例,有利于维护债权人的利益。

在破产重整期间,鼎升机械保持平稳运行,经营业绩良好,各项数据创下历史新高。2023 年,鼎升机械营业额突破至 7725.09 万余元,同比增长 9.67%,净利润同比增长 8.99%,缴纳税款 643.3 万余元,同比增长 9.22%。鼎升机械重整成功不仅解决了当地就业问题,还为地方创造税收,保持地方财政的可持续性。研发与创新是制造业企业发展的支柱,即使在重整期间鼎升机械也不断提升创新能力,新增物流机械和五金制品扩建项目 2 个,成功研发新产品 7 款、新申请发明专利 2 项,提高了重整的可行性及重整后企业的竞争力。

(五)依法保障职工权益,加强企业凝聚力

世界银行于 2023 年启动新营商环境指标评估项目"营商环境供给"(Business Ready,B – READY),新增"雇佣劳工"(Labor)指标并将其列为 10 项正式评估指标中的一个关键部分,强调企业需顾及更为广泛的社会利益。本案管理人在富阳法院的指导下,与鼎升机械共同努力,维持原有的用工状况,确保企业员工的工资、补贴及福利费用保持原有待遇,并未因企业经济困境而削减。

在企业继续经营期间,管理人与鼎升机械共同举办丰富多彩的活动,确保职工身心健康。通过"夏日送清凉"活动,联系重整成功的"祐康"系企业送来棒冰、雪糕等降温物资,展现重整成功企业对困难企业的鼓励与支持,提振企业和职工的信心;通过

"暑期夏令营",为全体职工子女提供暑期带教托管,开展丰富多彩的课程和普法小课堂,解除了职工的后顾之忧;通过全员体检和团建活动,加强职工的健康保障,提升企业凝聚力。在重整投资人的招募上,特别注重对企业原有生产经营状况的维护和职工的保留,最终成功招募到企业性质相似、业务重合度高的重整投资人,160 余名企业的管理层和普通职工均得以留用。

(六)充分运用"生态 e 治",护航企业合规绿色发展

生态环境问题的处置是近年来企业破产程序中面临的新问题,也是世界银行营商环境新评估体系中"办理破产"指标的重点关注内容。在本案办理过程中,富阳法院及管理人始终坚持生态优先、绿色发展的原则,推动生态环境治理与破产案件审理同步进行,将"绿水青山就是金山银山"理念贯穿破产案件办理的全流程,构建生态、营商环境"双优"格局。

在预重整阶段,临时管理人入驻后即对企业进行生态环境合规审查,通过破产企业"生态 e 治"(富阳法院开发的破产企业生态环境治理数字化应用)邀请杭州市生态环境局富阳分局派专人检查鼎升机械的危废管理情况,审查企业生态环境合规现状,识别潜在的环境污染风险。根据该局建议,企业采购废气治理设备用于危险废物处置,该设备活性炭碘值达到 800,成为富阳区首家使用该设备的企业。同时,管理人委托第三方专业机构,定期开展生态环境问题相关检测;投保环境污染责任保险,提高抗风险能力;通过公示生态环境合规管理制度,提升职工的环保意识。另外,因生产需要增设一条自动喷漆生产线,在设计初期即充分考虑环保因素,配备"大旋风至过滤器通风系统",专门用于捕获粉尘,既满足最新环境治理标准,更为职工创造了健康的工作环境。

四、案件办理所取得的评价

在本案中,管理人严格按照《中华人民共和国企业破产法》《杭州市中级人民法院审理企业预重整案件工作指南(试行)》《管理人选聘其他社会中介机构工作指引(试行)》等规定,勤勉尽责、忠实履行临时管理人及管理人职责。在《预重整方案》表决通过后,管理人制定的《重整计划草案》未变更《预重整方案》内容,债权人、出资人对《预重整方案》的同意视为对《重整计划草案》的同意,在重整程序中不再另行表决,使预重整与重整程序高效衔接,最终《重整计划》获法院批准,实现鼎升机械的重生。同时,本案为完善庭外重组与庭内重整的衔接制度,降低重整成本、提高重整效率,有效发挥破产重整制度挽救困境企业的功能,作出了突出贡献。

根据世界银行最新营商环境指标评估项目 B – READY,企业破产指标项下更加侧重破产程序启动前制度性规范的构建和中小微企业的快速拯救机制。近年来,党中央高度重视优化营商环境,中小微企业作为国民经济和社会发展的生力军,是扩大就业、改善民生、促进发展的重要力量,如何帮助中小微企业解难题、渡难关、复元气、增活力是当前的重点课题。而本案通过预重整程序,从正式受理重整到批准重整计划仅用时32 天,从批准重整计划到股权变更及债权最终分配仅用时 24 天。本案以多维度、多层次、多方面精准识别中小微企业的重整价值并对其分类施策,在重整过程中继续经营不停产,促进鼎升机械自身经营发展的同时,增加了企业在市场竞争、职工福利、生态保护及地方财政可持续性等方面的社会效益,这是对国家优化营商环境政策的积极响应,也是回应社会主义市场经济现代化对破产制度的现实需求。鼎升机械预重整转重整案的实践经验和可行做法,以全新的视角探索破产程序在快速拯救中小微企业、促进产业转型、优化营商环境的更多可能,具有较为典型、可推广复制的现实意义。

案件终结后,鼎升机械职工为表感谢,向富阳法院致送锦旗。2024 年,基于本案办案工作亮点及新颖性,已在《人民法院报》刊登报道,并得到中共浙江省委全面深化改革委员会办公室“浙里改”的推介。

开源节流保稳定，创新高效护权益

——杭州博泰置业有限公司破产清算案

【案例索引】(2020)浙0108破8号

【审理法院】浙江省杭州市滨江区人民法院

【管理人机构】北京大成(杭州)律师事务所　北京大成(宁波)律师事务所　浙江科信会计师事务所(特殊普通合伙)

【关键词】村级留用地　刑民交叉　保稳定　府院联动

一、案情简介

杭州博泰置业有限公司(以下简称博泰公司)是一家由民营企业与村集体合作社合作成立的项目公司，旨在开发村级留用地。然而，因博泰公司的法定代表人将项目资产作为个人高息民间借贷的融资担保且在另案中涉嫌非法吸收公众存款罪被羁押，项目开发受到阻碍，公司债务“滚雪球”式增长，最终资产不足以清偿全部债务。

2020年11月20日，浙江省杭州市滨江区人民法院(以下简称滨江法院)根据债权人的申请，作出(2020)浙0108破申7号民事裁定书，裁定受理博泰公司破产清算一案，并于同年12月11日指定北京大成(杭州)律师事务所、北京大成(宁波)律师事务所、浙江科信会计师事务所(特殊普通合伙)担任联合管理人。

本案涉及债权人逾400户，申报债权总额逾16亿元，核心资产系村级留用地上开发项目，资产处置和责任认定涉及数千名村民的切身利益。此外，博泰公司在开展经营活动过程中，还存在“售后返租”“让与担保”“刑民交叉”等问题，300余户商铺投资人及非法吸收公众存款(以下简称非吸)刑事被害人群体长期通过多种形式进行上访，给社会稳定工作带来了较大的压力。

管理人在接受法院指定后，立即组建团队、建章立制、依法接管、询问，深入全面了解情况,并陆续开展了债权登记审查、财务全面清查、资产梳理、第三方机构遴选及债权催收等一系列工作,确保破产管理工作有序进行。

在杭州市滨江区人民政府、滨江法院的全力支持和专业指导下,管理人聚焦于“开源、节流、保稳定”三大核心目标,审慎研判、制定并执行了一系列措施,最终以债权人期望的价格完成了破产财产的处置,实现了较高的清偿率,有效解决了群体信访问题,切实保障了相关群体民生福祉。

二、重难点问题

(一)多方利益纠葛,维稳挑战严峻

本案涉及债权人逾400户,包括民间借贷债权人、商铺投资人、刑事被害人等多个大型维权群体。其中,商铺投资人及非吸刑事被害人多年来通过多种形式进行上访;相关投资人群体对于博泰公司进入破产清算程序持反对意见,对立情绪严重,明确表示不接受、不参与破产程序。管理人因此面临困境:若满足相关群体要求,将违反《中华人民共和国企业破产法》的公平受偿原则;若对其要求置之不理,则相关投资人因未进行债权申报无法在本案中获得清偿,可能引发更大的社会稳定风险。

(二)产权结构复杂,考验综合应对能力

博泰公司的核心资产涉及村级留用地项目,其产权结构颇为复杂。在处理此类问题时,管理人需在维护债权人合法权益与保障村民基本生存权之间寻求平衡,这不仅考验管理人的法律素养,还对管理人的综合协调与沟通能力等提出了较高要求。

(三)资产处置受阻,市场低迷加剧风险,资产变价与债权人预期平衡难

管理人对博泰公司债权金额最大的普通债权人的债权提出质疑,该普通债权人对第一次债权人会议上的财产管理和变价等关键议案持反对态度,因其债权金额超过普通债权人债权总金额的50%,相关反对立场严重阻碍了资产处置等破产程序的正常进行,博泰公司的核心资产面临极大的贬值风险。而博泰公司财产处置的关键时期,恰逢全国房地产市场处于低迷状态,资产处置的方式和结果均受到政策环境的显著影响,在这一背景下,如何平衡资产处置的实际变价结果与债权人的受偿预期,成为管理人面临的另一项重大挑战。

(四)复杂债权的审核与调整

博泰公司在经营过程中涉及“售后返租”“让与担保”“非法吸收公众存款”“刑事案件涉及破产财产”等复杂问题,部分债权已经生效法律文书确认。本案管理人在债权审查过程中始终以“审慎核查、及时纠错调整”为准则,依法对部分已经生效法律文书确认的债权进行调整,以保障破产程序的公正性和有效性。然而,这种做法可能会使相关债权人产生抵触情绪,从而增加社会稳定的不确定性。因此,促使债权人理解和接受管理人的债权审查结果,以使破产程序能够顺利进行,同样是管理人的一项艰巨任务。

针对前述重难点问题,管理人的具体应对措施见下文“案件特点”部分。

三、案件特点

博泰公司破产清算案因其涉及面广、利益相关方多、社会影响深远及法律关系错综复杂而备受关注。针对这一情况,管理人在接受指定后迅速组建了专业小组,对案件中的重大问题进行了深入研究,并制定了以“开源、节流、保稳定”为核心的总体工作方案。在方案的实施过程中,管理人采取了许多创新和高效的特色做法,确保破产清算工作顺利进行。

(一)开源

开源,即提升资产价值、增加受偿资金来源。

1. 积极探索资产增值途径

经过深入的市场调研,管理人发现,若将债务人的核心项目资产“博风创意大厦”改造为大平层并接通燃气,将显著提升其市场价值。据此,管理人迅速与燃气公司沟通,并确认大厦具备开通条件。随后,管理人向法院和区人民政府报告并获得支持,但后因政策变动导致计划受阻。尽管如此,管理人通过积极探索增值路径,增加了与投资人进行谈判的优势,最终使资产处置价格符合债权人预期。

2. 争取财政返还

为保护广大债权人利益,管理人在法院和区委政法委员会的协助下,多次与区财政局、区税务局进行沟通,最终争取到“博风创意大厦”拍卖税款中区财政留存部分的返还,返还金额4000余万元,这笔资金显著提高了本案普通债权的清偿率。

3. 退回不合理缴纳的税款

管理人在尽职调查过程中发现,本案村级留用地项目博风创意大厦所涉大部分房产在先前销售后均已完成发票开具,但相关销售合同因购房人起诉已解除,若在破产财产处置拍卖后就此部分房产再次缴纳相关税费,将存在重复缴税的问题。后经管理人多轮沟通,并在法院的协调下,最终通过开具增值税红字发票的形式申请将“营改增”之前开具发票所产生的营业税、城市维护建设税及教育费附加成功退回,退回金额约1100万元,进一步提高了本案普通债权的清偿率。

(二)节流

节流,即严格债权审查、减少债务规模。

1. 通过审判监督程序撤销民事调解书,依法确定债权金额

“名为购房,实为借贷”的民间借贷债权人与博泰公司达成的《民事调解书》所涉债权是博泰公司最大的一笔普通债权,申报债权金额为2.9亿元。《民事调解书》虽为生效裁判文书,但管理人还是依法审慎核查,发现疑点,通过审判监督程序撤销了《民事调解书》。最终为博泰公司在该单笔债权上减少负债规模2.1亿元。此举不仅大大减少了博泰公司整体债务规模,保障了破产程序的公正性和有效性,而且改变了因单一债权额超过普通债权总额50%导致债权人会议决议面临被控制的局面,为后续重要议案的顺利通过奠定了基础,有效推进破产清算程序进程。

2. 实现土地增值税的核定征收

因案涉博风创意大厦为村级留用地项目,土地使用权获取时间较早,经管理人依法申请及多轮商议和协调,最终向税务局争取了博风创意大厦项目土地增值税核定征收,大幅降低税负,有效提高了本案普通债权的清偿比例。

(三)保稳定

保稳定,即依托府院联动机制,与债权人群体进行有效对话和沟通,妥善应对和解决各项问题,维护社会稳定。

1. 用行动赢得商铺投资人的信任并引导其申报债权,打破僵局

商铺投资人问题是本案核心问题,该群体人数为300余人,该群体在博泰公司破产前后通过各种途径向各级人民政府、法院和信访部门反映自身诉求,对于博泰公司被法院裁定进入破产清算程序事项,该群体持反对意见。因此,与该群体进行有效对话、沟通,劝说该群体向管理人申报债权,打破僵局,是推进本案进程的关键。为此,管理人迅速深入研究了该群体债权的历史背景,并主动与他们的代表进行沟通,认真倾听并关注他们的诉求。通过这些努力,该群体对管理人的态度经历了从最初的“抗拒”到“接受”、“信任”直至“依靠”的积极转变。

2. 依靠府院联动机制，建立与商铺投资人沟通的专班制度，完成债权集中申报

为了将商铺投资人群体纳入破产程序，区委政法委员会、法院、管理人和商铺投资人代表组成专班，从2021年年初设立以来，始终保持每月至少一次的开会频率，讨论研究商铺投资人的诉求。“精诚所至，金石为开。”最终，商铺投资人接受了博泰公司破产的事实，并在2023年年初通过现场集中申报方式向管理人申报债权，短短3天内完成300余户债权人的债权申报工作。该次商铺投资人集中申报债权工作对整个破产案件起到了关键作用，从根本上保障了此后本案各项程序可以顺利依法推进。

3. 妥善处理刑事案件受害人问题

在本案中，债务人法定代表人因涉嫌非法吸收公众存款被追究刑事责任，原浙江省杭州市江干区人民法院作出的刑事判决书判决确认案涉项目6层房产按照相关法律规定拍卖、变卖后扣除优先受偿权所得价款后需按比例发还受害人。该受害人群体近200人。该群体亦经常向浙江省杭州市上城区人民法院和滨江区人民政府等各级政府部门信访等。管理人为了查明相关事实，向浙江省杭州市上城区人民法院调取了相关案卷材料，梳理了博泰公司与案涉关联公司之间的资金往来情况。在此基础上，管理人向刑事案件受害人解释了刑事判决相关内容法律含义，稳定该群体的情绪。经综合研判和计算，管理人制定了刑事受害人可获清偿款范围为相关房产变价款扣除工程款、抵押权人的债权和6层房产需承担的税款后的剩余部分，在妥善处置刑事受害人问题的同时，保障了博泰公司债权人的相关合法权益。后相关分配方案得到债权人认可。

此外，本案还涉及杭州市村级留用地政策及与之相关的历史遗留问题等，管理人在处理相关问题时，始终采取谨慎的态度，对问题的背景信息、历史演变过程及其成因进行了深入细致的调查与全面的研判，以确保相关决策和行动基于充分的信息和理性的分析，并据此进一步有效推动了本案清算程序的顺利进行。

四、案件办理所取得的评价

(一)依托府院联动机制推进破产财产的有效处置，化解社会矛盾

本案所涉税收优惠政策支持、市场信息和资源引导、资金支持、信息共享与沟通、各方利益协调，均充分展示了在企业破产程序中，政府、法院与管理人等通过协调联动机制，有效提升了破产财产的处置效益和价值，成功化解了社会矛盾。这一机制在破产清算案件中起到了桥梁和纽带的作用，管理人通过与政府、法院的紧密沟通，深入挖掘破产财产的潜在价值，确保资产变现价值与债权人受偿预期相符，实现破产财产价

值的最大化,依法通过各种方式,勤勉、谨慎履职,显著提高了债权人的整体受偿比例,有效保障了债权人和其他利益相关者的合法权益,维护了社会的稳定,促进了经济的健康发展。

(二)盘活闲置资产,实现较好经济效果

博泰公司名下的4万余平方米的商业用房已经闲置近5年,管理人在较短的时间内处置财产,现买受人已经开始招商,并对部分区域进行装修。因此,本案也是通过破产程序高效盘活“僵尸企业”存量资产,优化营商环境,推动地方经济建设的一个典型案例。

(三)化解社会稳定风险,取得良好社会评价

本案破产程序的顺利推进有效地缓解了涉及500余户债权人、刑事受害人群体等的社会稳定风险。这一过程在一定程度上消除了潜在的社会不稳定因素,为维护社会和谐稳定作出了积极贡献,同时维护了村民集体的生存及财产权益。

综上,本案涉及多方利益相关者、多种法律问题等,具有复杂程度高、社会影响大等特点。本案的成功推进,是一项复杂而艰巨的任务,它依赖于多方协作和共同努力。在案件处理过程中,管理人展现出高度的专业性和责任感,通过深入研究政策、法律,以及与各方的有效沟通,成功推进了破产清算进程,并在资产处置、债权审查、税费优化等方面采取了创新措施,如争取财政返还、退回不合理税款、通过审判监督程序调整债权等,这些措施不仅显著提高了清偿率,也体现了管理人处理复杂问题的能力与工作效率。此外,管理人始终将保障民生放在重要位置,通过妥善引导商铺投资人申报债权、处理刑事案件受害人问题等,有效维护了相关群体的合法权益,成功解决多方利益冲突,系保障社会稳定的典型案例,同时为类似案件的处理提供了参考样本和宝贵的经验。

2022 年度企业破产优秀履职案例

坚持绿色原则，31 天高效完成上市公司重整

——浙江尤夫高新纤维股份有限公司重整案

【案例索引】(2022)浙05破4号

【审理法院】浙江省湖州市中级人民法院

【管理人机构】浙江京衡律师事务所　浙江京衡(湖州)律师事务所　中汇会计师事务所(特殊普通合伙)

【关键词】预重整衔接　上市公司重整　引入实力战略投资人　多重工具清偿　绿色原则

一、案情简介

(一)企业基本情况

浙江尤夫高新纤维股份有限公司(以下简称尤夫股份)是浙江省湖州市一家主要从事工业涤纶丝、帘子布生产和销售的A股上市公司，证券代码为002427。作为全球第二大工业丝生产商、国内涤纶工业丝行业龙头企业，尤夫股份对当地税收、就业、产业规模有着积极贡献。

受巨额资金投资新能源行业未达预期、原实际控制人(以下简称实控人)违规对外担保等因素叠加影响，公司负债规模大幅扩大，财务费用激增，逐步陷入债务危机。根据2021年年度报告，尤夫股份净资产为-13.54亿元，并因此被实施退市风险警示，股票简称被冠以“*ST”，存在严重的退市危机。若2022年度经审计的净资产仍然为负，股票将被终止上市，近2000名职工及近万名中小投资者与债权人的利益将遭受巨大损失，不利于区域经济发展及社会稳定。

(二)案件审理情况

为化解尤夫股份的危机,南浔区人民政府向浙江省湖州市中级人民法院(以下简称湖州中院)申请启动对尤夫股份的预重整。2021年6月18日,湖州中院经审查后决定对尤夫股份的预重整申请予以登记。其后,南浔区人民政府会同湖州中院、债权人代表、债务人共同组成评审小组,经公开评审,湖州中院于2021年7月20日指定浙江京衡律师事务所、浙江京衡(湖州)律师事务所、中汇会计师事务所(特殊普通合伙)担任尤夫股份预重整管理人。

经债权人申请,2022年10月28日,湖州中院作出(2022)浙05破申1号民事裁定书,裁定受理尤夫股份破产重整,并于同日指定管理人。

2022年11月29日,经出资人会议及债权人会议表决通过重整计划草案,湖州中院作出(2022)浙05破4号民事裁定书,批准《浙江尤夫高新纤维股份有限公司重整计划》(以下简称《重整计划》),并终止尤夫股份重整程序。

2022年12月27日,在各方共同努力下,尤夫股份重整计划按照规定执行完毕,湖州中院作出(2022)浙05破4-2号民事裁定书,终结重整程序。

通过重整程序,尤夫股份彻底摆脱债务负担,公司的资产负债率得到极大改善,公司的持续经营能力及盈利能力得以恢复。2023年5月12日,尤夫股份正式"摘星摘帽"。

二、重难点问题

(一)面对历史遗留问题,积极落实解决方案

2018年1月,尤夫股份及原实控人因违反证券法律法规被中国证券监督管理委员会(以下简称中国证监会)立案调查,暴露出上市公司存在违规对外担保及借款事项。截至进入预重整阶段时点,仍有5笔历史遗留负债有待解决,涉及债权本息合计3.14亿元。一方面,历史遗留问题解决的资源落实难度较大,难以简单通过投资人投入或控股股东的自有资源实现,同时,若方案设计不当,很可能对其他债权人权益造成损害,引发债权人质疑与反对。另一方面,违规担保等历史遗留问题的解决是中国证监会同意上市公司重整的前置条件之一,上述问题的解决与否对于尤夫股份重整能否成功、退市风险能否化解具有关键作用。

为此,管理人自进入预重整阶段起就协调公司、控股股东湖州尤夫控股有限公司(以下简称尤夫控股)、第二大股东上海垚阔企业管理中心(有限合伙)(以下简称上海垚阔)配合开展历史遗留问题的核查工作。在此基础上,管理人协调各方,共同探索、

论证、制定违规事项解决方案，并在得到监管机构认可后认真落实。

为确保上市公司利益不受损失，保护全体债权人利益，经多轮协商、谈判，尤夫控股自愿将实施出资人权益调整时应向其分配的转增股票 3042 万股专项用于解决尤夫股份的历史遗留问题，在尤夫控股不能全部承担的情形下，由上海垚阔以担保的资金或者股票予以补足。上述方案得到了监管机构的支持与认可，尤夫股份重大历史遗留问题得以化解，重整工作得以顺利推进。

（二）面对重整投资人招募困难，坚持保障公司产业发展

尤夫股份虽陷入债务危机，但仍具有较高的重整价值与营运价值。不过，重整价值与运营价值的挽救存在较大困难：一方面，尤夫股份历史遗留问题复杂，加之短期内面临退市危机，重整保壳窗口期较短，同时，因其主营业务属于化纤行业，产能规模较大，生产经营管理的专业性较强，故而对投资人整体资金实力、经营能力提出了较高要求。另一方面，尤夫股份债务危机的形成，与原实控人注重资本运作而忽视产业运营存在高度关联性，故而引入的新投资人需要具备长足的经营意愿与发展规划，通过对尤夫股份资产进行整体整合盘活，以保障重整后的企业能够持续良性经营，避免上市公司短期内再次陷入危机。因此，如何引入有资金实力、有经营能力的重整投资人，对尤夫股份重整成功极为重要。

为保障尤夫股份通过重整有效改善公司管理及治理结构、优化产业发展布局等，稳步发展公司主营业务，进一步强化核心竞争优势并提高盈利能力，预重整期间，在属地政府及湖州中院的指导下，管理人积极组织各方沟通并达成共识：对外公开招募投资人以引进产业投资人作为工作重心，即投资人需契合企业发展目标，同时具备一定的实业经营能力与充足的资金背景，尤其是与尤夫股份主营产业应具有上下游协同性。

历经数月的筛选、考察、评审及反复谈判，管理人与尤夫股份先后和 4 家符合产业发展条件的意向投资人签署了投资框架协议。

最终，尤夫股份成功引进产业链上游企业作为重整投资人，并在重整期间和重整计划执行期间注重公司治理结构的调整和完善，顺利完成管理层和经营权的移交。

（三）针对复杂资产状况，制定四重组合偿债方案

根据尤夫股份的资产和负债情况，在模拟破产清算条件下普通债权清偿率极低，同时，由于尤夫股份维持主营业务和发展需要一定的资金，在重整程序中可直接用于偿债的现金不足。此外，尤夫股份资产结构复杂，存在部分与主营业务无关的资产，主要为应收账款及长期股权投资，其账面价值达到尤夫股份总资产账面价值的 1/2。由

于与企业未来经营发展方向不契合,重整投资人明确要求整体剥离。但该部分资产短期处置变现的难度较大,一味追求快速变现极可能影响处置收益,也将拖延重整计划执行进度。

为平衡好债权人、债务人、投资人、中小股东等多方主体利益,解决现金偿债资源不足、资产处置难度大、时间紧等问题,重整计划在综合考虑现有资产状况及各方诉求后采取了现金、留债、股票、信托受益权四重组合清偿方案。

第一,现金清偿和留债清偿。重整计划在考虑重整对价、债权规模、公司运营需要的基础上采用了即时清偿加留债清偿的形式,在保证现金清偿不低于破产清算条件下债权人可获清偿比例的同时,通过 5 年期留债并给予债权人利息补偿的方式,提高了债权人的现金清偿比例。

第二,股票清偿。通过资本公积金转增股票方式,向债权人转增股票清偿债务。在上市公司原有主营业务得以正常经营、保留优质资产的同时消除了债务负担,实现持续盈利,提高尤夫股份的股票价值。而债权人作为重整后的股东也可分享该部分股票上涨的收益。

第三,信托清偿。通过设立他益财产权信托,实现了应收账款、长期股权投资等非保留资产的剥离,化解了资产短期难以处置的难题。同时,运用信托计划,实现以时间换空间,对不易变现的非保留资产进行管理、运营和处置,避免快速处置带来的资产贬值,提升了整体清偿率。

(四)面对时间紧迫的压力,高效实践预重整方案预表决

尤夫股份主要债权人为金融机构,其内部审批流程较长。若在法院正式受理企业重整后再进行重整计划草案的表决,极可能因各债权人内部审批流程的时限要求而导致重整计划草案表决通过用时过长。鉴于尤夫股份重整报批进度,以及 2022 年年底前重整计划必须执行完毕以化解退市风险的现实情况,管理人在对尤夫股份进行模拟破产清算状态下偿债能力分析的基础上,根据产业投资人提交的投资方案和经营方案,经与债务人、年审机构、主要债权人等各方多次沟通交流,协助尤夫股份制定完善预重整方案,并同步提请前七大出资人进行预表决,以保障出资人会议表决的顺利推进。期间,管理人和尤夫股份始终严格、有效落实信息披露义务。

在预重整表决基础上,管理人进一步探索运用预重整程序与重整程序的衔接机制,在不损害债权人、出资人利益的前提下,使得预表决中的同意效力延续至正式重整程序之中,避免了重复表决带来的时间、精力上的浪费,预重整预表决工作取得的成果得以延续巩固。最终,尤夫股份在进入重整程序后仅用时 31 天就高票表决通过了重整计划,为后续重整成功、化解退市风险争取到了宝贵的“窗口期”。

三、案 件 特 点

(一)充分发挥预重整制度功能,高效推进重整工作

尤夫股份重整案是浙江省首例在预重整期间对上市公司重整方案进行预表决的重整案件,也是全国首例对出资人权益调整方案进行预表决的上市公司重整案件,充分发挥了预重整资产负债早排查、隐藏风险早化解、重整可行性早识别的制度功能,为后续同类案件如何做好预重整程序与重整程序的平稳衔接提供了范例。

在预重整期间,管理人基本完成了调查了解公司资产负债情况,通知已知主要债权人进行债权申报并进行债权预审查,梳理历史遗留问题,与主要股东、债权人进行预沟通,以及公开招募及遴选重整投资人等工作,并在此基础上制作完成预重整方案,启动预重整方案表决工作。

管理人在方案中特别明确:第一,预重整方案制定所依据的评估报告、偿债能力分析报告将在重整程序中继续适用,尤夫股份重整程序中不再重复进行评估工作;第二,重整计划草案以预重整方案为基础,如同一债权组的债权清偿方案与预重整方案规定的内容实质上一致,或更有利于该组债权人保护,则相应债权人对预重整方案的同意意见,视为其对重整计划草案在同一债权组的表决同意,不再重复表决;第三,对已表决债权人债权金额和债权性质调整方案作出规定,避免重复申报带来的成本空耗。

最终,尤夫股份既利用预重整实现了风险早期化解,争取重整窗口期的目标,又成功运用预重整与重整的衔接机制,将预重整方案表决的成果有效延续至重整程序中,极大提高了工作效率,并节约了破产费用。

(二)引入适格重整投资人,实现产业升级与转型

尤夫股份作为湖州具有代表性的工业企业上市公司,其高质量可持续发展对地方实体经济发展具有重要意义。因此,在引入重整投资人时,地方政府和法院不仅关注产业投资人是否具有强大的资金实力,更关注投资人是否具有良好的配套产业背景,能否将重整后的尤夫股份主营业务经营好,并且能进一步提升尤夫股份营业资产的价值和盈利能力,以实现企业及地方经济的长足发展。

在投资人遴选过程中,评审委员会并不以报价高低作为单一的评选标准,而是综合考虑产业投资人投资对价金额、自身主营业务、实体经营经验、后续经营计划、职工安置方案、持续经营规划、创新发展能力、绿色资源配套等多重因素,兼顾偿债资金需求与长足发展需求,保障地方就业稳定,平衡债权人利益、中小股民利益与地方实体经

济发展需求。同时,重整计划制定过程中,将绿色发展主题作为经营方案的重要审查标准,引导重整后的上市公司后续推动能源清洁低碳高效利用,布局环保新材料产业,真正实现高质量可持续发展。

最终,本案的战略投资人招募引进工作顺利完成,引入了兼具资金实力与行业兼容性的国资企业,不仅实现了重整企业的基本目标,同时整合了产业链优势,高质量实现了地方实体产业的转型与升级,推动地方经济高质量发展。2022 年,尤夫股份实现营业收入 24.47 亿元,贡献税收 1.63 亿元,重整完成后,公司市值从 30 亿元上涨至 80 亿元。

(三)创新设计重整计划偿债方案,引入信托计划

在本案中,管理人在对企业资产负债进行调查的基础上,注重平衡各方诉求和利益,综合使用现金、留债、股票、信托受益权的组合清偿方式,在现有偿债资源及保障公司持续运营可能的基础上实现债权人利益最大化,争取各债权人对重整计划表决同意。

同时,本案也是浙江省首例设立信托计划的上市公司重整案件,通过将应收账款、长期股权投资等短期内难以变现的资产纳入信托计划,确保债务人财产不流失,并通过后续专业管理和处置,尽可能实现资产价值最大化,以更好保障债权人权益。同时,将部分非保留资产剥离出上市公司,改善了上市公司的财务结构和盈利能力。

(四)坚持环保原则,实现企业绿色转型升级

在公司预重整和重整程序中,管理人始终注重对企业落实环保责任的监管,确保公司相关环境保护的责任义务不放松,监督企业遵从环境保护法律法规开展日常生产经营工作。

鉴于尤夫股份系大型化工企业,湖州中院、地方政府高度重视产业投资人投资产业升级转型、匹配地方绿色发展需求的能力,创新性采用国际通行的 ESG [Environmental(环境)、Social(社会)和 Governance(治理)的缩写,是一种关注企业环境、社会、公司治理绩效而非传统财务绩效的投资理念和企业评价标准]可持续投资原则作为重要评价标准。在引进产业投资人的过程中,由包括属地政府代表、股东代表、债权人代表组成的评审委员会以签署《投资人环境保护承诺书》作为投资人报名条件,要求产业投资人结合尤夫股份产业特征,对企业未来发展规划作出绿色承诺。

四、案件办理所取得的评价

(一)法律效果

通过本次重整,尤夫股份的核心价值和财产得以保留,以“现金 + 留债 + 转增股票 + 信托受益权”清偿巨额债务,并在 2022 年年底前执行完毕,上市公司资产负债情况得到根本性改善,净资产转正。在净资产回正的同时,股东结构得到优化,财务结构和治理结构得以改善,上市公司逐渐恢复持续经营能力,退市风险得以解除,为后续上市公司高质量可持续发展创造良好的条件。

根据最高人民法院《全国法院民商事审判工作会议纪要》(法〔2019〕254 号)中关于庭外重组协议效力在重整程序中的延伸的规定,本案通过预重整与重整程序的衔接,在预重整期间即完成了全面清查资产、确定债权规模、招募重整投资人等工作,为后续重整工作开展奠定坚实基础。同时,经与各方充分磋商,尤夫股份对包括出资人权益调整方案在内的预重整方案进行了预表决,通过将债权人及出资人同意的意思表示效力延续到重整程序中,高票高效表决通过了重整计划,有效避免了重复工作,提高了重整效率,充分保障了各方权益,为上市公司实现风险化解节约了宝贵的时间。

本案综合化运用了多重偿债资源组合,解决现金偿债资源紧张、部分资产快速变现难的难题:一方面,对重整方案进行多层偿债方案设计,保障了债权人群体的利益;另一方面,通过设立重整服务信托,剥离了非主营资产,实现资源的优化配置,使得资产价值最大化。

(二)社会评价

尤夫股份是地方具有代表性的实体企业,其重整成功和维持上市公司地位,对南浔区乃至湖州市实体产业的发展、转型和升级具有重大意义。本案通过司法重整妥善化解了企业 63 亿元的巨额负债,并顺利引入兼具资金实力、产业背景与运营意愿的产业投资人,有效挽救上市公司,消除退市风险,在保障全体债权人依法获得充分公平受偿的同时,保障了近 2000 名职工就业,并通过保留上市主体及主营业务,改善资产负债结构,恢复公司持续盈利能力,切实维护了近 2 万名中小股东的利益,有效化解了社会矛盾和区域金融风险。2023 年 5 月 12 日,尤夫股份正式“摘星摘帽”。

在尤夫股份重整案中,管理人在湖州中院与两级政府指导支持下,充分运用整体性和全局性思维推进各项工作的开展,积极落实“在湖州看见美丽中国”实干争先实践要求。同时,管理人前瞻性地发挥了绿色原则在司法程序中的适用,赋能地方实体经济绿色转型,实现了重整案件社会效果与法律效果的统一。

创新上市公司控股股东重整样板，确保核心产业健康稳定发展

——A 集团有限公司等 9 家公司合并破产重整案

【案例索引】(2019)浙 0603 破 23 号

【审理法院】浙江省绍兴市柯桥区人民法院

【管理人机构】浙江越光律师事务所

【关键词】重整投资人招募　破产重整服务信托　信息披露　大型企业破产管理

一、案 情 简 介

(一)企业基本情况

A 集团有限公司(以下简称 A 集团公司)始创于 1968 年,总部位于浙江省绍兴市,控股参股的公司多达 96 家,其中上市公司 2 家,产业基地分布在北京、上海、浙江、安徽、湖北、陕西、内蒙古等地,其中绍兴黄酒、钢结构建筑、装备制造、碳纤维等产业在国内同行业中均保持领先地位,曾连续多年入选“中国企业 500 强”“中国民营企业 500 强”“中国企业集团竞争力 500 强”“中国诚信民营企业 100 强”。

(二)案件审理情况

A 集团公司因发生流动性危机,于 2019 年 7 月出现债券实质性违约。考虑到维护区域经济及上市公司稳定,2019 年 9 月 17 日,浙江省绍兴市柯桥区人民法院(以下简称柯桥法院)裁定受理 A 集团公司等 9 家公司破产重整申请,并依法指定浙江越光律师事务所担任管理人。

2019 年 11 月 6 日,第一次债权人会议召开。会议共有 149 位债权人申报债权 514 亿元,涉及金融借款、公司债券、融资租赁、定向融资工具等债权类型,相关债权结构复杂,债权人遍布全国各地,对权益实现诉求存在较大差异。本次会议通过了《重整投资人招募方案》,为后续投资人招募工作奠定坚实基础。

2020 年 8 月 14 日,经听证,柯桥法院裁定 A 集团公司等 9 家公司合并重整。

本着"市场化、法治化"原则,考虑到 A 集团公司等 9 家公司重整体量及核心产业特点,柯桥法院指导管理人于 2021 年 7 月 30 日发布《重整预招募公告》,于 2022 年 4 月 15 日发布《重整投资人招募公告》,通过公开市场招募重整投资人。同时,管理人通过资本市场和债券市场的信息披露渠道同步披露重整投资人招募、谈判、遴选、确定等全过程。

2022 年 10 月 24 日,管理人向柯桥法院提交重整计划(草案),草案确定对核心资产采用出售式重整,设定"破产重整服务信托一"用于解决要约收购问题,设定"破产重整服务信托二"用于解决非核心资产剥离。方案确定了普通债权"现金 10% + 信托收益"的清偿方案,安排了"定向融资工具系列产品"债权特别清偿方案,并就信托财产管理、处置确定了具体规则。方案强化了重整方案落地执行机制,以公平为原则,就债权人、市场投资者、职工、小额融资工具持有人等各方主体权益进行了妥善安排。

2022 年 11 月 8 日,A 集团公司等 9 家公司第二次债权人会议召开,会议一次性审议通过了重整计划(草案);2022 年 11 月 28 日,根据管理人申请,柯桥法院裁定批准 A 集团公司等 9 家公司重整计划,终止 A 集团公司等 9 家公司重整程序。

2023 年 2 月 28 日,重整资金全部到位。重整核心资产已全面完成交付,重整计划顺利执行。

二、重难点问题

(一)重整企业资产体量大,产业多元化,整体招募投资人存在难度

A 集团公司等 9 家公司控股参股实体及经营公司 96 家,涉及产业众多,资产体量巨大,产业多元化,为管理人招募重整投资人带来巨大的挑战。管理人化被动为主动,积极上门推介重整资产,广泛听取潜在投资人意见及建议,并公开招募重整投资人。

(二)"融资工具"债权涉及 1000 余名普通民众,社会矛盾激烈

A 集团公司等 9 家公司相关"定向融资工具系列产品"债权背后,涉及持有人 1000 余人,遍布全国 31 个省份,大部分产品持有人为普通民众。公司重整 3 年间,持有人不

间断地通过网络信访、电话质询、群体性信访等方式要求兑付款项,社会矛盾极其激烈。管理人积极制定应急预案,做好普通民众的信访接待、解释工作,通过重整计划的特殊安排,保障产品持有人合法权益。

三、案件特点

(一)以系统观念推动案件进展,精准把握重整思路,科学制定招募方案,衡平各方利益,确保核心产业健康稳定发展

1. 精准把握重整思路

A集团公司等9家公司控股参股企业96家,涉及产业众多,绍兴黄酒、钢结构建筑、装备制造、碳纤维四大产业在行业中具有领先地位,通用航空、汽车制造、融资租赁、文旅等产业处于投资阶段。核心资产作为地方重点产业,提供了1万多个就业岗位。只有确立重整思路才能找到解决问题的出路,为此柯桥法院指导管理人对A集团公司等9家公司情况进行充分的调研,全面掌握公司产业特点。同时,管理人通过征询债权人意见及广泛接洽意向投资人,了解意向投资人关切要点。本着"有利于债权人利益最大化、有利于吸引产业资本、有利于核心资产稳健发展"的原则,确立"核心资产整体重整,非核心资产分批分类多种方式处置"的重整思路。实践证明,管理人对重整思路精准把握,能有效提高重整效率和成功率,确保核心产业健康稳定发展,众多关联企业职工就业稳定,实现重整价值最大化。

2. 科学制定招募方案

柯桥法院坚持"从全局谋划一域、以一域服务全局"的系统观念思维,指导管理人充分利用债权人会议及债权人委员会职能,制定并通过《重整投资人招募方案》《投资人遴选及招募公告》。招募文件以确保核心资产健康稳定发展为核心,着重从重整资金额度、付款效率、上市公司运营、控股股东稳定等方面予以科学细化。在重整投资人招募实践中,柯桥法院及管理人坚持以市场化为原则,利用府院联动机制,以破"产"招"商",通过预招募、正式招募双重招募程序,借助资本市场和债券市场的信息披露平台开展重整招募,精准确定重整核心资产范围,成功招募重整投资人。

3. 衡平各方利益

重整是一项系统工程,推进过程中要兼顾各方合理诉求,寻找各方利益平衡点。A集团公司等9家公司相关"定向融资工具系列产品"债权背后,涉及持有人1000余人/家,遍布全国31个省份。因涉及普通民众多,社会影响大。对此,柯桥法院指导管理人在征询主要债权人意见后,要求管理人在重整计划中充分说明,安排1亿元为100万元

以下的小额持有人作出特别安排，使 86% 的人群综合清偿率接近 50%，远高于 10% 普通债权清偿率。通过发挥破产重整协商优势，稳固重整案件外围环境，解决涉案群众疾苦，彰显破产法温度。

A 集团公司等 9 家公司重整历程，是践行共同富裕理念，高质量实现重整价值之路。通过法院、管理人不懈努力，A 集团公司等 9 家公司重整案件，衡平各方利益，债权人会议一次性表决通过重整计划，实现债务人财产价值最大化，保障债权人利益；维持上市公司可持续发展，兼顾中小投资者利益；确保重整企业及下属企业稳定，保护职工利益；发挥重整协商优势，保障弱势群体基本利益。

（二）守正创新，利用信托制度优势创新重整模式

A 集团公司等 9 家公司合并破产重整案，通过设定两个破产重整服务信托，一举解决"要约收购""资产剥离""信托执行"三大难题，为涉上市公司破产重整提供问题解决样板。

1. 引入信托避免要约收购

根据《上市公司收购管理办法》的相关规定，"通过证券交易所的证券交易，收购人持有一个上市公司的股份达到该公司已发行股份的 30% 时，继续增持股份的，应当采取要约方式进行，发出全面要约或者部分要约"。A 集团公司作为 X、Y 两家上市公司持股比例在 30% 以上的控股股东，若将持有的全部上市公司股份转让给重整投资人，则会触发要约收购，一方面将加大重整投资人财务压力，另一方面将加大重整不确定性，影响重整进展。

因此，重整招募将 X、Y 两家上市公司各 29.99% 股份列入重整资产，而重整计划则将超过 30% 部分股份置入"破产重整服务信托一"中，相关方案获得交易所及监管部门认可，并付诸实施。该做法创新利用了《中华人民共和国信托法》《全国法院民商事审判工作会议纪要》所规定的"信托财产在信托存续期间独立于委托人、受托人、受益人各自的固有财产"这一"信托财产独立"制度优势，避免发生要约收购，提高重整成功率。

2. 利用信托实现非核心资产剥离

A 集团公司等 9 家公司重整计划设定了"破产重整服务信托二"，用于非核心资产剥离。该举措能有效提高重整程序运行效率，促进重整核心资产交易，避免偿债资产因快速变现而出现价值贬损。

3. 创新信托落地执行机制

A 集团公司等 9 家公司重整计划设定了破产重整服务信托，为浙江省首例。为避

免产生“非优质财产一脚踢,债权人清算利益无法实现”的疑虑,在重整计划落实中强化信托落地执行机制,确定信托财产处置主体仍为原管理人团队,细化明确信托财产具体处置方式,为后续信托收益分配奠定基础。

同时,为实现破产便利化,充分保障债权人知情权,本次重整贴合浙江省绍兴市中级人民法院“企业破产一件事”改革,将信息化技术运用于破产审判,在《绍兴市企业破产领域全流程数字协同暨“破产一件事”改革实施意见》指引下,柯桥法院指导管理人将破产服务信托事项与“破产一件事”系统对接,将信托受益权登记、收益分配通知等原本线下烦琐事项统一在“破产一件事”系统内统筹解决,降低债权人参与破产程序的成本。

(三)坚持问题导向,关注上市公司交易规则与破产法的有效衔接,探索上市公司控股股东破产重整信息披露规则

1. 关注上市公司交易规则与破产重整制度衔接

关于上市公司控股股东信息披露,国内各交易所未制定专门规则。直至 2022 年,《上海证券交易所上市公司自律监管指引第 13 号——破产重整等事项》《深圳证券交易所上市公司自律监管指引第 14 号——破产重整等事项》发布,提及上市公司控股股东发生破产事项,可能对上市公司股票及其衍生品交易价格产生重大影响的,参照上述指引规定履行信息披露义务。

在重整过程中,法院指导管理人积极与上海证券交易所(以下简称上交所)、深圳证券交易所(以下简称深交所)保持沟通、协调,在各个重整关键节点,提前制定后续工作方案和工作计划,聘请财务顾问等专业机构与上交所、深交所就上市公司稳定、信息披露、工作方案和计划的合法合规等保持沟通,探索开创公开、全面、及时的上市公司控股股东信息披露典型。同时,上市公司控股股东的重整与上市公司主体重整存在差异,管理人与交易所、监管部门就破产法、交易所规则及两者之间衔接等多个维度开展了深入探讨和沟通,为后续进一步明确、细化上市公司控股股东之重整指导规则提供实践样本。

2. 坚持过程全公开

管理人始终秉持“应披尽披”原则,遵循上市公司信息披露和债券市场信息披露规则,践行沪深交易所发布的上市公司破产重整新规,探索上市公司控股股东信息披露规则内容。资产处置、合并重整、重整预招募、重整招募、重整投资人确定、签署重整投资协议、重整计划(草案)、债权人会议召开、债权人会议表决、法院裁定批准等关键节点均在上交所、深交所、上海清算所等交易平台上予以全面、及时公告,直接及间接实施信息披露 210 余次。

3. 坚持方案全公布

公开透明是最好的监督，也是最有效的沟通途径。为此，在将重整计划草案提交法院的同时，管理人立即通过上市公司无保留披露了重整计划草案全文，接受市场、股民及全社会监督，为资本市场首例。全面、及时披露，让中小投资者想得清楚，看得明白，确保了 X、Y 两家上市公司运行稳定，股价平稳，进一步提升重整核心资产价值，实现资本市场和企业重整的良性互动。

（四）探索大型民营企业破产管理人管理模式，做到既成就大重整，也实现“小重整”

1. 探索大型民营企业管理人管理模式

A 集团公司系绍兴地区大型民营企业，产业横跨多领域，通过股权架构控股、参股 96 家实体及经营企业，形成了错综复杂的体系网络。在充分研判的基础上，柯桥法院指导管理人制定《债务人财产管理方案》并提交债权人会议表决通过。方案根据 A 集团公司等 9 家公司投资特性，确定多项多层级管控机制。对于 A 集团公司等 9 家公司本级公司，管理人有效利用 A 集团公司线上办公系统，增设管理人审批流程，实现全流程监督、全过程管控。对于控股或参股的上市公司，管理人依照上市公司规则，参加或列席公司相关会议，积极掌握上市公司运营信息，及时、准确、完整实施信息披露相应工作。重整期间，A 集团公司控股的 X、Y 两家上市公司经营管理平稳有序，整体业绩持续向好，股价稳步上升；对于 A 集团公司等 9 家公司的其他控股或参股公司，区分控制企业与非控制企业。若系控制企业，通过及时审计及评估，了解经营状况，固定财产范围，建立重整期间日常管控制度。在人员方面，管理人综合设定工资薪酬均线，高级管理人员依法限薪，人员变动实施报告审批制度。通过人员管理、财产管控两重管控措施，实现职工队伍稳定，财产不贬值、不流失，实现重整期间债务人及控制公司平稳运营。

2. 探索非核心产业分类高效处置模式

A 集团公司等 9 家公司资产类目繁多、涉及行业特性多样，聚集着大量职工，妥善高效处置关系着重整进程是否顺畅，更关系着债权人切身利益。因此，在积极推进核心资产重整的同时，对于与债务人企业主营业务关联性不高的产业，管理人根据产业特点，及时甄别是否具有“重整”价值，对于成规模、有潜力、有效益的非核心产业，由管理人参照重整程序，以产业为单位，公开招募产业投资人，实现非核心产业重组剥离的“小重整”。A 集团公司等 9 家公司项下的“碳纤维板块”“通航板块”“融资租赁板块”“专用汽车板块”“文化艺术板块”均以产业为单位实现“板块化重整”，优化了社会资源配置,高质量实现债务人资产价值。

四、案件办理所取得的评价

A集团公司等9家公司合并重整案演绎了重整制度“财产管得住,职工稳得牢,投资人找得好,债权人认可度高”的具象要求。审理法院及管理人能够充分利用制度优势,探索解决破产法与证券法的衔接问题。坚持破产法公平原则,守牢“共同富裕”底色,目光长远,确保核心产业健康稳定发展,实现了政治效果、法律效果与社会效果的统一。2023年全国“两会”期间,《中国新闻报》(2023年3月4日刊)对此进行专题报道。本案还入选2022年度“全国破产经典案例”提名奖、“2022年浙江法院企业破产审判十大典型案例”、“浙江省破产管理人2022年度十大优秀履职案例”、“绍兴市破产管理人2022年度十大履职典型案例”等。

践行“正向出售式”破产重整模式，构建建筑企业破产重整新格局

——五洋建设集团股份有限公司破产重整案

【案例索引】(2019)浙0604破2号

【审理法院】浙江省绍兴市上虞区人民法院

【管理人机构】浙江点金律师事务所　江苏百年东吴律师事务所　绍兴大统会计师事务所有限公司

【关键词】正向出售　继续履行　破产衔接　判前评估

一、案情简介

(一)企业基本情况

五洋建设集团股份有限公司(以下简称五洋建设)创立于1962年，前身为浙江上虞沥东手工业社，1999年改制为股份有限公司，曾入选“中国企业500强”、全国建筑业竞争力100强及“中国承包商80强”等，是全国知名的民营建筑企业，被誉为“民营建企航母”。五洋建设历年在绍兴地区缴纳各类税费约7亿元，在绍兴市外的全国各地累计缴纳各类税费36亿元左右，最高曾解决近2万人就业。后因多元化扩张，加之受2016年全国首例公募债“五洋债”违约影响，公司陷入困境。

(二)案件审理情况

2018年12月3日，浙江省绍兴市中级人民法院依法裁定受理五洋建设的破产重整申请，并指定江苏百年东吴律师事务所、浙江点金律师事务所、绍兴大统会计师事务所有限公司为联合管理人。2018年12月24日，经浙江省高级人民法院批复同意，浙

江省绍兴市中级人民法院裁定将本案交浙江省绍兴市上虞区人民法院(以下简称上虞法院)审理。

2019 年 3 月 22 日,五洋建设第一次债权人会议召开,管理人提交的各项议案均表决通过。

2022 年 2 月 28 日,五洋建设第二次债权人会议召开,《重整计划(草案)》经分组表决,出资人组、职工债权组、税收债权组及优先债权组均高票通过,普通债权组未能表决通过,后经协商仍未通过。随后管理人、债务人以《重整计划(草案)》符合《中华人民共和国企业破产法》第 87 条规定,向上虞法院申请强制批准。

2022 年 4 月 21 日,五洋建设重整案件判前社会效果评估会暨府院联席会召开。

2022 年 4 月 29 日,上虞法院裁定批准五洋建设重整计划(草案),终止五洋建设重整程序。

2022 年 7 月 29 日,五洋建设重整计划执行完毕,管理人提交《关于重整计划执行情况的监督报告》,至此五洋建设重整圆满成功。

(三)管理人履职情况

1. 组建专门破产团队,高效开展各项工作

管理人接受指定后,第一时间成立了由专业人员组成的 44 人管理团队。管理人团队分设资产管理、债权审核、债券审查、建设工程、财务核查、诉讼清收、信访接待等 8 个小组,分设杭州、绍兴 2 个工作现场,现场常驻人员 20 余人。管理人团队根据法院指导制定管理人工作方案,定期召开管理人工作例会,总结前期工作,安排下一步工作,高效开展各项工作。

2. 积极调查破产财产,有效维护建筑资质

管理人通过各地工商登记部门及公开渠道,查询破产企业、分公司及对外投资企业基本工商登记信息,并根据地域分布情况进行梳理。其中,管理人团队多次前往沈阳对沈阳五洲商业广场发展有限公司的投资情况进行沟通,并组织专业审计评估团队对该公司的股权价值情况进行专项核查。针对不动产,管理人团队前往杭州、宁波、成都、峨眉山等地对各不动产进行现场查勘与核实,并前往不动产登记部门查询权属登记、抵押情况。

为保障债务人资产保值增值,管理人对债务人部分资产采取相应保值措施,及时出售闲置易贬值资产,继续履行部分租赁合同,及时收回拆迁安置补偿款。同时,管理人指导五洋建设引进所需人才,维护建筑工程施工总承包特级资质及建筑行业(建筑工程)设计甲级资质,确保重整价值。

3. 全面核查破产债权，耐心解答债权疑问

截至 2022 年 2 月 10 日，管理人共收到 1200 户债权人申报的 1205 笔债权，合计申报金额 10,757,613,957.37 元。其中涉及“五洋债”债权人 500 余名，该部分债权人在申报债权的同时，向浙江省杭州市中级人民法院提起代表诉讼，并执行到部分赔偿款。对于同时提起诉讼的债权人，管理人耐心解答，指导债权人完成申报。对于五洋建设大量工程债权，管理人全面核查五洋建设及分公司的财务账册，询问项目经理，要求内部承包人对外结算，从多角度审查债权。

4. 监管企业营业事务，积极应对诉讼清收

根据第一次债权人会议通过的《关于债务人继续营业的报告》，五洋建设在破产重整期间将继续开展生产经营活动，管理人按照破产法规定对五洋建设破产重整期间继续经营行为进行监管，并制定“先公司原流程审批，后管理人团队审批”的模式。截至第二次债权人会议召开时，管理人已对五洋建设 618 次经营决策行为进行监督审批。

五洋建设破产重整期间尚存在未履行完毕的建设工程合同和大量与发包人、供应商、分包商、农民工及实际施工人的争议及纠纷。管理人在破产重整期间曾先后多次前往全国各地解决在建工程遗留问题，累计参与开庭审理的诉讼案件 301 件（五洋债代表人诉讼案件记为 1 件），其中，五洋建设为被告或第三人的案件，浙江省内 213 起，浙江省外 50 起，涉案标的约 28 亿元；五洋建设起诉（申请执行）案件 38 起，涉案标的约 15.7 亿元；通过执行收到的款项 37,735,180.94 元。

二、重难点问题

（一）重整资产保留和重整模式选择，考验管理人的创新创造思维

基于建筑企业核心价值为建筑资质即“壳资源”的特性，在建筑企业破产重整中，一般采取“剥离资产和负债，保留资质”的反向出售式重整，或称为分离式重整。该模式实际上是基于“清算不利”的角度，采取重整的方式处理资产和债务，但遗留了资产与负债剥离的合法性，以及后续资债处置的治理规则阙如、税收等风险。同时，仅保留资质的企业在重整后的继续经营中，因缺乏必要人员及资产而需长期调整，并依赖于投资人的投入而非企业原有的“营业能力”。本案重整过程中，管理人考虑到五洋建设的商誉价值、整体资产形成的运营价值、资产与负债情况、留守团队的意愿与经营能力等因素，采取仅保留“壳资源”的反向出售式重整难以适应本案的需求。

(二)工程项目履行和工程债务认定,考验管理人的企业管理能力

五洋建设是大型民营建筑企业,其经营模式为当前建筑行业通行的"内部承包"方式,五洋建设在陷入债务困境前,因陷入大量诉讼、执行案件,原有近200个工程项目被迫转出,但仍有8个分布在全国范围内的在建和大量处于质保期的工程项目,需要继续以五洋建设名义开展施工及维护保养工作。另有部分项目因项目经理失联、去世而陷入停滞,进而产生大量的债务和农民工工资问题。五洋建设进入破产程序后,在建工程项目是否要继续施工、工程款是否纳入公司财产、项目经理的身份认定及是否享有工程款的相应权利、工程项目债务是否由公司承担等建筑企业破产所特有的问题,是法院和管理人必须首先解决的问题。

(三)"五洋债"等的债权审查与破产普法,考验管理人的沟通维稳技巧

本案系全国首例"公募债"违约的企业破产重整案件,有来自全国各地的800余名自然人和机构持有五洋建设发行的"五洋债"。在破产受理前后,众多债券持有人持续向政府部门投诉、信访,新闻媒体广泛报道,形成巨大社会影响。一方面,管理人制定了针对"五洋债"的特性化审查流程,既便利债权人申报、查看债权进程,又严格依据基础合同审查每一笔债券;另一方面,管理人设立了每月接待日,对债权人普遍关注的破产相关问题进行解释,让债券持有人理解破产法律,支持破产程序。

(四)重整计划的强制批准,考验管理人的论证分析水平

对于重整计划的强制批准需解决以下两方面难题:一是强制批准规则适用之难。企业破产法对强制批准条件规定得不尽完备,导致实务中司法尺度不统一。如普通债权组清算价值保障如何锁定,重整计划草案安排分段清偿是否符合公平对待同一表决组的规定,经营方案是否具有可行性,以及应依何种程序进行审查批准等。二是社会效果判断之难。五洋建设重整计划草案表决时,普通债权组约1100户债权人,债权总额64亿元,其中出席表决642户,同意554户,同意人数占出席表决户数的86%,同意债权人持有金额占该组债权总额的54%,低于2/3。若强制批准,不仅会否定债权人意思自治,而且将面临未作出同意表决的约30亿元债权金额代表(500余户)债权人特别是出席表决但不同意的88户债权人的反对;若不批准,则将导致具有优质建筑资质的五洋建设宣告破产、50余名留守职工面临失业,同时亦可能面临已表决同意的500余户普通债权人、近200户职工债权及抵押债权等群体的维稳风险。一旦法院强制批准重整计划草案,法院需回应司法强权与私法自治的冲突,回应社会利益本位与债权人权益的冲突,回应强制批准正当和滥用的冲突等,以上三方面冲突都会进一步加剧强

制批准的裁判压力。

三、案件特点

本案系大型建筑企业破产重整案件,又系全国首例公募债违约的企业破产案件。在案件办理过程中,上虞法院本着“法治化办理,市场化处置”的理念,积极推动构建“党委统筹、政府支持、良性联动、程序并行、有效参与、平衡保护”的建筑企业破产重整处置新格局。

(一)采取“正向出售式”重整,打破建筑企业破产重整常规,探索破产重整新路子

近年来,因受房地产市场波动影响,大批知名建筑企业陷入困境,以往的“壳资源”反向出售式重整已难以适应本案的需求。

为此,本案受理之后,管理人即确立了采取“正向出售”模式,对五洋建设进行整体重整。作为建筑企业重整的非常规模式,虽然该模式相应遗留问题较少,且将企业资产和“壳资源”形成的整体“营业价值”一体出售,重整成功的效果更好,但其实现难度更大,对投资人和留守团队持续经营能力、法院和管理人的能力要求更高。

同时,虽然本案系债务人自行管理营业事务,但是鉴于在重整计划的起草与制定、分组表决规则的设定、债权人的沟通等方面,债务人确实能力不足,以及管理人已经完整参与投资人招募、谈判、签约、重整方案的确定等实际工作,上虞法院再次打破常规,确定由债务人与管理人联合制定重整计划草案。一方面,确保了债务人在破产期间可以专注于营业事务;另一方面,根据案件具体实际,创造性实践破产法关于重整计划制定主体的规定,充分发挥管理人与债务人的专业优势,为案件的顺利推进提供有效保障。

本案采取“正向出售式”重整,不仅保留了企业的特级建筑资质,维持了 50 余位留守职工、上千名工程项目农民工的就业,更盘活了长期股权投资、账面流动资产、无证财产等资产的营业价值。同时,因账面流动资产长期挂账未核销,形成的巨额待确认资产损失可以冲抵因重整减债形成的企业所得,避免了重整成功后企业重整所得税风险和负担。本案打破常规,采取“正向出售式”重整,对绍兴乃至全国建筑企业破产重整都将起到示范效应。

(二)采取合同继续履行的持续经营理念,以“适度分离 + 协议追索”方式,尊重建筑行业的商事惯例,化解继续营业与工程项目处置难题

针对五洋建设在建工程项目是否要继续施工、工程款是否纳入公司财产、项目经

理的身份、权利认定等建筑企业破产所特有的问题,上虞法院指导管理人深入调研,结合企业实际情况,论证了继续经营条件下内部承包协议的有效性及与外部的关系问题,以合同继续履行及对应权利义务依约主张的思路,厘清了在建工程项目中公司、项目经理、供应商、发包方之间的关系,充分尊重建筑企业多采取“挂靠经营”“承包经营”的行业商事惯例,采取了“公司重整经营 + 项目承包经营”的重整程序下债务人自行管理营业事务新模式,维持在建工程的持续施工,保障公司继续营业。在涉及工程项目的债权债务处理上,采取“适度分离 + 协议追索”的方式,按照内部承包协议的约定和破产法的规定,由债权人自主选择,在公司与项目经理之间自行结算与追偿。充分运用市场化、法治化手段,以破产重整制度为依托,以持续经营为抓手,以府院良性联动为保障,充分保障各方权益,成功化解了 8 个在建项目持续建设问题,保障了 1000 余名农民工的就业和权益。

(三)构建柔性沟通维稳机制,以制度保障债权人权益,以专业获得债权人理解

上虞法院和管理人坚持能动司法理念,制定债券类债权申报与审核指引,提供便利化申报通道,通过信息公开、电话沟通、现场解答等方式,充分保障债券持有人的知情权和程序参与权。就如何有效与债券持有人沟通,进行了专题培训,形成“耐心听诉求、有时聊家常、慢慢讲道理”的沟通三部曲、“全面了解情况,重点解释引导,以点带面稳群体”的工作机制,以及“在权益保障上专业说服,在情绪抚慰中真诚打动”的工作方法等一整套体系化的柔性沟通维稳工作机制,全方位与各债券持有人进行沟通,最终获得了广大债券持有人的理解。第一次债权人会议后,债券持有人不再投诉、信访,更加理解破产制度的意义和价值,积极配合管理人开展工作,通过申报债权、诉讼方式维护自身权益。

(四)深入了解非理性表决的成因,创设判前社会效果评估机制,化解强制批准的规则缺失难题,助力强制批准权的审慎适用

在当前的破产重整实践中,强制批准权的适用尚存在有财产担保债权补偿规则难把握、普通债权清算价值保障难判断、出资人权益调整的公平公正难理解、公平对待同一表决组难定位、经营方案可行性难评估等实体要件笼统的难题,以及利益相关方意见反馈或诉求表达、专业机构引入、非利益相关方评价等程序规则缺失的难题。因而,在具体个案中适用强制批准权,不仅要回应上述问题,更要准确把握相关实体判断标准,构建正当的审查程序。

为此,上虞法院指导管理人进一步全面掌握否定债权人背后的原因,探求债权人行使表决权过程中的非理性因素。同时,在强制批准过程中,合议庭对现有的强制批

准制度进行深入分析，提出以“社会利益最大化为原则审查重整行为的正当性，以权益分配公平公正原则审查重整利益分配的正当性”，充分听取表决反对者的意见，大胆创新工作机制，在全国破产审判实践中，首次引入重大案件判前社会效果评估机制，邀请专家、学者和社会代表，对强制批准事项发表意见、建议，将外部意见引入裁判过程，辅助裁判论证，通过有效的程序参与，让更多的利益考量展现在裁判之前，有效回应上述三方面冲突，最终寻求到了契合法理、民意的裁判。本案通过引入创新性机制，化解了强制批准实践中实体要件笼统和程序规则缺失的难题，落实了企业破产重整制度中平衡保护各方利益的价值取向，推动企业破产重整实践往更深、更远方向推进。

四、案件办理所取得的评价

本案审理法院能动司法，管理人高效推进，通过府院良性联动，克服疫情和投资人更换的不利影响，经过深入研判，在有效的投资人招募前提下，果断采取“正向出售式”重整。同时，在债权人会议分组表决未能通过的情况下，上虞法院创造性设立重大案件判前社会效果评估机制，为强制批准重整计划草案引入第三方意见作为裁判参考，从而弥补重整计划强制批准制度在程序和实体两个方面判断标准的立法不足，为准确判断强制批准制度所蕴含的司法对债权人意思自治必要干预和对社会整体利益的衡平保护之本意，以及为建筑企业的重整再生提供了有益的样本。本案入选 2022 年度“全国破产经典案例”提名奖，并被浙江省绍兴市中级人民法院评为“绍兴法院企业破产审判十五周年典型案例”。

跨域联动重整重组，保住上下游产业链

——浙江慕容时尚家居有限公司等两家公司预重整及合并重整案

【案例索引】(2022)浙0481破12、13号

【审理法院】浙江省海宁市人民法院

【管理人机构】浙江京衡律师事务所　浙江正健会计师事务所有限公司

【关键词】跨域联动　重整重组　出资人权益维持　产业链维护　经营者担保化解

一、案情简介

浙江慕容时尚家居有限公司(以下简称慕容时尚)与浙江阿波罗皮革制品有限公司(以下简称阿波罗公司，两公司以下合称慕容系公司)位于浙江省海宁市，主要从事软体沙发生产出口，是香港联合交易所有限公司(以下简称香港联交所)主板上市公司慕容家居的下属核心控股子公司和主要生产基地。慕容家居拥有品牌“MorriSofa慕容沙发”，产品远销美国等30多个国家和地区，在海外有一定知名度。

因受全球疫情影响，慕容家居在美国的投资出现亏损，同时大额应收款回收困难，进而导致慕容系公司经营陷入困境，近1000名职工工资无法按时发放；与其合作的供应商遍布全国，也都受到较大牵连。处于慕容系公司供应链上下游的20家企业(以下合称案外公司)也随之出现严重的债务危机。慕容系公司的债务和经营困局若不能及时有效化解，极可能导致慕容家居在香港联交所退市，案外公司只能清算偿债，引发重大的经济波动和社会稳定问题。

2022年1月21日，浙江省海宁市人民法院(以下简称海宁法院)分别裁定受理两公司预重整申请，并指定浙江京衡律师事务所、浙江正健会计师事务所有限公司担任

预重整管理人。5 月 13 日，法院分别裁定受理两公司破产重整申请，并指定预重整管理人担任管理人。后法院裁定对两公司合并重整。2022 年 6 月 23 日，慕容系公司召开第一次债权人会议，表决重整计划草案。2022 年 8 月 5 日，法院裁定批准慕容系公司重整计划。

管理人自预重整阶段接受法院指定后，即常驻债务人经营场所，监督债务人日常收支和印章使用。法院正式受理慕容系公司破产重整后，管理人进一步接管企业，履行监管职责，并在核查债务人财产，做好财产管理工作，保障职工权益，引进重整投资人，债权人协调沟通等方面付出巨大努力。此外，管理人还协助慕容家居完成重组，指导并协助案外公司完成庭外和解工作。

二、重难点问题

（一）如何在案内公司重整的情况下保住香港上市公司

慕容系公司一直从事家具制造，系慕容家居的核心公司及生产基地，其持有的资产主要为机器设备及存货，整体价值不高，其竞争力主要源于大批海外客户及订单，而维系该竞争力的核心是由实际控制人（以下简称实控人）及其带领的管理人员组成的擅长营销和品质管控的经营管理团队。该实控人也是慕容家居的第一大股东。

若慕容系公司通过常规的引进新投资人替代原股东的方式推进重整，即便重整成功，同时兼为公司实际经营者的原股东的出局，意味着经营管理团队的退出，重整后的慕容系公司也将丧失原有的客户资源、销售渠道、客户订单，且难以再经由授权取得“MorriSofa 慕容沙发”的使用权，原先积累的品牌价值也将随之丧失，其商业价值也将受到极大的减损。若慕容系公司直接破产清算，则上市公司持有的慕容系公司股权价值归零，核心价值丧失殆尽。两种破产模式都会导致慕容家居沦为空壳公司，其股票价格及投资人信心将会受到极大影响，发展前景不明，触发退市风险，这是债权人、外部客户、意向投资人和地方政府都高度关注的问题。

（二）如何解决重整过程中中小企业经营者的后顾之忧

慕容系公司的实物资产价值不高，其核心价值为债务人的品牌效应、营运价值等无形资产，而这些无形资产的形成主要依靠慕容系公司的经营团队。尽管在预重整期间，受现金流紧张和疫情影响，为降低成本，债务人与绝大部分员工解除劳动关系，但核心团队仍得以保留。

同时，在管理人与债权人沟通过程中，供应商债权人普遍认为若债务人核心团队能继续保留并承担相应的责任,他们对慕容系公司的重整将充满信心。因此,在重整方案拟定过程中,管理人重点关注债务人核心经营管理团队及其权益保障问题。

(三)如何保住上下游产业链,实现重整后继续经营

由于慕容系公司出现债务危机,其产业上下游合作公司也相继出现风险,且大部分公司没有资产,但在债权债务上与慕容系公司有着千丝万缕的联系,同时大部分供应商债权人存在重合。若慕容系公司重整失败进入清算,案外公司很大概率也要进入破产清算程序,届时供应商债权人将损失惨重,对属地整体经济、营商环境及人员稳定性都是一个重大打击;即便慕容系公司重整计划执行完毕,如果不能有效解决案外公司的负债,因主要债权人相同,债权人很有可能不配合新慕容系公司的生产经营,慕容系公司真正意义上的重整成功也将受到极大影响。因此,如何妥善化解案外债务风险,保住产业链,是慕容系公司重整工作的另一难点。

(四)如何平衡不同类型债权人的利益

本案无有财产担保的债权人,普通债权人主要为金融机构及供应商。其中,大部分金融机构的债权由第三方提供财产担保,且该等财产处置后预计可覆盖大部分债权,而且大部分金融机构债权的利息在预重整期间仍由案外第三方支付,故金融机构对及时现金清偿的需求不高,更希望能全额保障债权。而供应商以中小企业为主,抗风险能力较弱,对现金清偿需求较高。

(五)如何解决偿债资源不足的问题

慕容系公司虽然是我国香港特别行政区上市公司的核心子公司,但该公司自身资产规模不大,只是浙江省众多中小型民营企业中的一家。慕容系公司的资产主要为零星设施设备、存货和对外应收款,其评估价值为0.39亿元,而其负债总额达到3.4亿元。如果对这些资产采取快速处置,在清偿破产费用和职工工资、税收债权后,普通债权清偿为零。如果通过引进投资人的方式进行重整,普通债权的清偿也为零。如果要求偿债资金都由投资人解决,也将不利于投资人的引进。

三、案件特点

本案的最大特点是经由对内地制造型企业的重整联动完成对我国香港特别行政区上市公司的重组,并有效衔接我国香港特别行政区上市公司重组与债务人破产重整两个跨法域程序,形成的方案及路径既要满足香港联交所要求,又要得到债权人会议

表决通过,并符合企业破产法的规定,更为重要的是能在较短时间内实施完毕,以保全公司重整价值。本案的主要特点如下。

(一)经由内地制造型企业的重整联动完成香港上市公司的重组

慕容系公司如何重整,将极大地影响资本市场及中小投资者对慕容家居的评价。如果慕容系公司重整后脱离上市公司,对我国香港特别行政区资本市场的中小投资者来说,上市公司将没有任何投资价值;如果慕容系公司重整后能够继续保留在上市公司体系内,上市公司将继续对重整后的慕容系公司在资金筹措、客户稳定、业务拓展等方面提供支持,同时有助于引进重整投资人并提振慕容系公司债权人的信心。两者相辅相成,共同成就,单独割离任何一方都将导致两方价值贬损。

管理人在预重整阶段即开始研判、分析多种重整模式的利弊及可行性,并制定符合案件实际的投资人引进方案,经反复探讨后设计跨法域的联动重整方案,尽可能最大化债务人资产整体价值。为此,海宁法院指导管理人从以下三个方面着手:一是注重与实控人的沟通,与其讨论分析各种路径的利弊,在获得其认可后鼓励其主动与行业内生产企业对接联系;二是加强与上市公司券商顾问、法律顾问的沟通,明确境外重组的各项要求和条件,以及与境内重整衔接的关键节点和注意事项;三是与各类意向投资人沟通时,反复重申协同重组的价值与意义,激发投资人的投资意愿,同时帮助投资人分析解决其疑问和顾虑。

经由反复磋商讨论,最终形成了重整投资人附条件参与上市公司重组和慕容系公司重整的方案,即我国香港特别行政区上市公司通过增资扩股程序,引进新投资人注入资金,明确筹措的资金将主要用于慕容系公司重整;而慕容系公司重整方案则为香港特别行政区资金的注入设定通道并确保专款专用。同时,为控制投资人参与重整、重组的风险,管理人设计方案,确保投资人的资金在慕容系公司重整未获得债权人会议表决通过和法院裁定批准的情形下可以安全退出。这一方案最终获得了意向投资人的认可,为联动重整的实施打下了坚实基础。

在联动重整、重组方案确定并获得投资人认可后,即开始推动跨法域协同重组工作。2022年4月22日,慕容家居与投资人签署备忘录,约定有条件认购的股份及增资扩股的规模等内容。5月14日,管理人、债务人与意向投资人签署《投资意向协议》,管理人在此基础上制定重整计划草案。6月23日,慕容系公司召开第一次债权人会议表决重整计划草案。6月27日,上市公司发布召开股东周年大会通告。6月30日,上市公司召开股东周年大会表决通过了授权董事增发股票的决议。7月9日,重整计划草案经由债权人会议表决通过。8月5日,香港联交所审查通过慕容家居发行新股份的安排,并对外发布联合公告。接收到这一确认信息,法院于同日裁定批准慕容系重整计划。法院批准重整计划后,指导管理人密切关注慕容家居增资扩股的进度,定期与债务人、投资人沟通了解进展。对于香港联交所有关慕容家居增资原因、资金用途等的问询,法院指导管理人积极配合债务人、投资人提供必要的材料,给出相关意见,协助其说服香港联交所最终同意慕容家居实施增资扩股。2022 年 9 月 15 日,慕容家居召开股东特别大会,确认了其与投资人《股份认购协议》等的内容。10 月 10 日,慕容家居完成股份认购及配售。10 月 17 日,慕容家居的新董事会正式变更完成。至此,慕容家居完成增资事宜,并引进新的投资人。此后,慕容家居将增资的主要款项注入慕容系公司,用于执行慕容系公司重整计划。通过我国香港特别行政区上市公司与慕容系公司跨法域的联动重组、重整,不仅保住了上市公司生产基地及核心资产,避免退市风险,而且慕容系公司恢复生产运营,实现各方共赢的结果。

(二)未调整出资人权益,保留原实控人及其经营团队,并辅以股权激励

在上市公司与慕容系公司整体联动重整、重组方案中,管理人引导重整投资人通过交易方案设计,最终确定原实控人持有的慕容家居的股票数量不做调整,只下调持股比例,且慕容系公司的经营团队仍由原实控人带领的核心人员组成,继续负责慕容系公司的生产经营,以更好地发挥经营团队的积极性,并更好地维护慕容系公司营业资产价值,也提振了债权人对重整成功的信心。

基于以上情况,在慕容系公司重整计划中,出资人权益未做调整,上市公司体系股权架构未发生变化,同时,现金清偿方案中配以核心团队实控人用未来出售上市公司股份以清偿债权人的可能性,不仅提高债权人的清偿比例(将普通债权人的清偿比例从 20% 提高至 50%),更好地保护了债权人的利益,也极大地鼓舞了原实控人,促使其全身心投入重整后企业的后续经营。

针对原实控人个人提供保证担保的金融机构债务,引进了留债 100% 清偿的方案,留债期限为 8 年,金融机构债权人和其他普通债权人均有权选择留债清偿方案。同时,在现金清偿方案中,设置债权转让方式,不仅有助于提高债权人清偿比例,也化解了经营者担保问题。重整计划执行过程中,金融债权已基本平移至重整投资人其他平台公司,提前完成了留债全额清偿。

(三)妥善化解案外债务,案内案外公司同步清偿

在预重整阶段,通过府院联动,案件得到了海宁市人民政府、所属街道的大力支持,临时管理人与债务人、投资人多次沟通协调,促使双方于 2022 年 4 月签订了《承诺函》,承诺"一揽子"解决案内和案外的债权。2022 年 5 月,临时管理人与债务人、投资人经过多日沟通谈判,签订《投资意向协议》,投资人拟通过参与慕容家居重组的形式,

为慕容系公司提供偿债资金,其中包含了体系外的偿债资金。

为了实现慕容系公司和案外公司的同步清偿,管理人结合案外公司提供的财务报表,对案外公司的账面负债情况进行梳理,经与债务人多次沟通,确定了由慕容系公司实控人指定的第三方公司负责债权收购及清偿,清偿方式参照慕容系公司重整计划规定的现金清偿方案,从而实现案内案外一并清偿的效果,最大限度地保障了供应商债权人的利益,为新慕容系公司重整后恢复正常经营奠定基础。管理人还起草了案外债权转让协议,并指导案外公司组建工作小组,通知联系相关债权人签署协议。对于那些同时享有慕容系公司和案外公司债权的供应商债权人,管理人在与其沟通慕容系重整方案的同时,也同步沟通案外债权的清偿途径及方式,努力促成该些债权人同意纳入统一清偿方案中。

(四)多种清偿方式并举,兼顾主体多样性

考虑到慕容系公司债权人较多且诉求不一,以及慕容系公司资产情况、偿债金额等实际情况,为最大限度维护债权人合法权益,在法院的指导下,管理人多次研讨论证,最终在重整计划中提供了三种清偿方式供普通债权人选择,以适应不同普通债权人的实际需求,包括留债清偿方案和两种现金清偿方案。普通债权人若选择留债清偿方案,则由慕容系公司在 8 年内清偿完毕;若选择现金清偿方案一,则每家普通债权人 3 万元以下(含 3 万元)的债权部分全额清偿,3 万元以上的债权部分按照 20% 的比例清偿,债权人还可将未获全额清偿部分的债权转让给实控人指定的第三方,实控人及其指定的第三方愿意按照转让债权金额的 30% 支付债权转让价款;若选择现金清偿方案二,每家普通债权人 3 万元以下(含 3 万元)的债权部分全额清偿,3 万元以上的债权部分按照 20% 的比例清偿。最终,重整计划获高票通过,普通债权受偿比例由零上升至 20% 以上,最高受偿比例可达 100%。

(五)导入了债务人财产膨胀主义机制,有效保障债权人利益

法院指导管理人在设计清偿方案时导入了债务人财产膨胀主义机制,即将重整后一定年限的盈利纳入偿债资产范围。基于慕容系公司存在实控人与经营者同一的现象,综合平衡投资人、债务人和债权人的利益,引进了留债 100% 清偿的方案,留债期限为 8 年,金融机构债权人和其他普通债权人均有权选择留债清偿方案。同时,为避免留债金额过高影响慕容系公司未来经营和投资人的投资积极性,重整计划也明确了留债金额上限。

四、案件办理所取得的评价

本案的法律效果在于充分运用了预重整、司法重整制度及庭外和解制度,通过跨法域的联动重组及案外负债和解的方式,维护了企业境内及境外品牌完整性及商业价值。在本案中,法院指导管理人积极引进合适的重整投资人,同步实现我国香港特别行政区上市的破产企业控股母公司保壳成功,境内破产企业重整成功,以及案外债务和解成功三个目标,对司法保护民营企业品牌价值,维护资本市场稳定具有积极示范意义。

本案的成功办理也同步实现了我国香港特别行政区上市公司慕容家居重组成功,以及案外公司联动重组,实现案内案外债务一并清偿的效果,较好地保护了一大批中小微企业及其债权人的权益,产生较好的社会影响,为当地经济的稳定作出贡献,也维护了内地企业在香港特别行政区资本市场的声誉。

创设“企业重整、项目清算”模式，协调解决企业历史与发展难题

——华升建设集团有限公司破产清算转重整案

【案例索引】(2021)浙0604破2号

【审理法院】浙江省绍兴市上虞区人民法院

【管理人机构】国浩律师(杭州)事务所

【关键词】特级建筑资质　工程项目单独清算　“企业重整+项目清算”破产处置模式　出资人权益

一、案情简介

(一)案件基本情况

华升建设集团有限公司(以下简称华升建设)创建于1965年,1995年改制为有限责任公司,华升建设的主营业务是施工总承包,2005年经核准获得建筑工程施工总承包特级资质。此后,华升建设承接大量工程,业务遍布全国各地。虽然华升建设中标工程金额多达数十亿元,但受到成本上涨、市场利润空间缩紧、对实际施工人等内部管理混乱、资金回笼慢等多重因素影响,华升建设业务严重受损,且相关诉讼案件查封冻结公司账户与资产,导致企业资金链断裂,最终陷入债务危机。

2021年1月15日,浙江省绍兴市上虞区人民法院(以下简称上虞法院)裁定受理东莞市协同混凝土有限公司、吴某某对华升建设的破产清算申请,并于同日指定国浩律师(杭州)事务所担任华升建设集团有限公司管理人。

2022年8月1日,华升建设在前期招募与选定重整意向投资人的基础上,通过网络会议方式召开债权人会议,会议依照债权分类设立有财产担保及其他优先债权组、

职工债权组、普通债权组,对《重整方案》进行预表决。经表决,有财产担保及其他优先债权组、职工债权组、普通债权组均预表决通过了华升建设《重整方案》。

2022年8月15日,华升建设依据《中华人民共和国企业破产法》第70条第2款的规定,向上虞法院申请重整。2022年8月16日,上虞法院裁定对华升建设进行重整。2022年8月24日,上虞法院裁定批准华升建设重整计划并终止华升建设重整程序。

华升建设在法院裁定批准《重整计划》且由管理人将华升建设移交给重整方后,华升建设即由重整方恢复正常营业。2023年3月27日,上虞法院根据管理人的申请裁定确认华升建设重整计划执行完毕,并终结华升建设重整程序。

(二)管理人履职情况

管理人接受指定后,围绕债权审核确认、财产的清查与变价处置、投资人招募与选定、重整方案设计与协商表决等方面内容有序开展各项工作。在本案中,除了组建专业团队等履职准备,以及资产调查、债权申报审核、资产变价处置、代表参加诉讼等常规性工作外,管理人履职工作主要如下。

1. 结合华升建设资产特征,留用必要人员并前往承包工程所在地对资产进行全面清查

华升建设因成立时间较久,承接工程项目近300个,在破产受理时仍存在大量未竣工备案或未结算审计的工程及大量未追收的工程款、管理费等情形。基于上述情况,管理人通过留用必要的工作人员,梳理、调查华升建设承包施工的工程项目施工、竣工验收、工程款结算审计及工程款收支等情况,推进破产工作的开展。

因华升建设有较多的不动产是通过以房抵工程款方式获得的,且位于各工程所在地,管理人基于该等资产特征,在充分调查核实工程结算、以房抵工程款相关协议等文件的基础上,前往50余处相关工程所在地的财产登记部门调查债务人名下不动产、机动车等资产的登记、实际使用现状,调查发现华升公司的不动产200余套等,相对完整与全面地对华升建设资产进行清查。

2. 结合华升建设的行业特征,设计并运用工程项目结算规则,积极追收对外债权

管理人基于建筑法律规范,针对华升建设的工程资产设计“单个工程单独清算、工程款专款专用”的工程单独清算规则和执行方案,该规则充分调动了工程债权人、实际施工人等利益相关方协助管理人追收工程类财产的积极性,取得了良好的实施效果。在本案中,管理人完成10余个工程的大额工程款追收,共追回工程款与工程上抵债房屋等资产价值合计约1.6亿元,其中,有10项工程涉及的金额约8300万元的工程债

权,清偿率达到100%;其他工程债权的清偿率也远超预期。

3. 继续聘用一级建造师,确保建筑资质有效性

经调查,华升建设拥有建筑工程施工总承包特级等资质。根据《施工总承包企业特级资质标准》的规定,施工总承包特级资质单位需要具有注册一级建造师50人以上。鉴于华升建设具有重整价值和重整可行性,且华升建设施工总承包特级资质是华升建设重整的核心价值,资质的维系直接关系到华升建设能否重整成功。本案管理人对华升建设名下的一级建造师数量、聘用方式等进行全面查询,分别与中介机构、债务人相关人员对接,听取债务人、相关一级建造师意见,就续聘、费用支付标准等事项在报告上虞法院后完成续聘或解聘工作,充分保障了华升建设施工总承包特级资质的有效性。

4. 招募重整方及拟订重整方案与预表决

管理人调查发现华升建设具有一定重整价值,进入破产程序后立即在全国企业破产重整案件信息网、中国破产资产网等平台和浙江省破产管理人协会微信公众号上发布《华升建设重整意向投资人招募公告》。后在有多名意向投资人报名的基础上,管理人拟订了重整意向投资人的评标方案、评审信息表和书面评审细则,组建综合性的评审委员会,并召开现场评审会,通过书面评审和现场陈述评审相结合的方式,经过多轮次评审选定重整投资人。管理人在破产清算阶段运用预表决规则,对重整方案进行预表决,2022年8月15日,华升建设的重整方案获得各组预表决通过。后上虞法院于2022年8月16日裁定对华升建设进行重整,并于2022年8月24日裁定批准华升建设重整计划,终止重整程序,有效实现了破产清算程序与重整程序的衔接。

二、重难点问题

(一)依法协调不同规范适用的冲突与矛盾,合理平衡各方权益

华升建设的大部分工程都存在实际施工人,部分实际施工人主张工程款归属实际施工人所有,要求管理人将发包人支付的款项在扣除华升建设的管理费后立即支付给实际施工人。同时,工程的分包人及为工程实际付出劳动或提供材料的农民工、材料供应商等债权人,因不信任实际施工人而选择直接向管理人申报债权。如何处理华升建设与实际施工人的法律关系,在破产语境下如何与实际施工人结算工程款,以及如何处理工程对应的债权债务成为本案乃至建筑企业破产程序的一大重难点问题。

管理人根据《最高人民法院关于审理建设工程施工合同纠纷案件适用法律问题的司法解释(一)》第43条的规定,结合最高人民法院、浙江省高级人民法院对建设工程

施工合同纠纷案件的司法裁判精神,在充分分析研究的基础上,在华升建设《重整计划》中确定"单个工程单独清算、工程款专款专用"的工程单独清算规则,同时,结合工程单独清算规则,针对债权设置了"分批次清偿"的分配原则。工程单独清算规则和"分批次清偿"的债权分配方案得到了华升建设绝大部分债权人的认可,且该种方式也充分调动了相关债权人追收资产的积极性,华升建设在整个破产期间共计追回工程款和工程财产价值合计约1.6亿元,在平稳解决工程项目上涉及的人数众多的农民工讨薪问题基础上,最大化实现了工程资产的追收,保障了其他债权人权益的最终实现。

(二)依据资产现实状况,形成企业重整、工程清算对应资产的分类处置方案

1. 以"最大公约数"方式确定纳入重整投资范围的资产,充分挖掘重整价值,推动清算转重整程序

本案在通过市场化招募重整投资人时,不同的重整投资人提供的投资方案所涵盖的投资范围存在差异,但核心的投资范围基本相同。管理人以"最大公约数"方式初步确定纳入重整投资范围的资产,针对不同的投资范围在各投资人中寻求对应资产价值的最大化竞争,最终形成具有市场竞争力的重整投资基准方案。本案在夯实尽职调查工作、确定重整投资范围、与重整投资人充分沟通的基础上,积极探索并选择华升建设处置的最优路径,针对纳入重整投资范围的建筑企业资质、无形资产、具有重整价值的工程项目等形成重整方案。

2. 研判市场行情,适时处置未纳入重整投资范围的资产,最大化实现资产价值

对未纳入重整投资范围的资产,本案把握资产处置时机,及时开展相应资产的变价处置工作。针对部分情况复杂的财产,逐一梳理核查确认。例如,针对工程款抵债的房产,通过向发包单位发送联系函和约谈华升建设相关负责人或实际施工人等方式,明确工程款抵债房产的不动产登记状态、工程款抵债情况、权属争议等,及时通过诉讼、发函等方式向有关单位追收房产。

(三)专项财务税务筹划,最大限度降低税务风险和减轻税务负担

针对重整面临的所得税等税务风险问题,本案与税务机关充分沟通《关于推动和保障管理人在破产程序中依法履职进一步优化营商环境的意见》(发改财金规〔2021〕274号)第五部分"便利破产企业涉税事务处理"之第15项"落实重整与和解中的所得税税前扣除政策"规则的适用情况,对华升建设账面情况进行全面梳理,翻阅原始财务凭证,分析每笔应收款项的追收可能性,甄别实际不属于华升建设对外债权或仅因财务记账错误形成的挂账,量化华升建设实际资产损失,并根据核查的真实情况进行相

应财务调整(如分类调账、重新建账等),同步进行相关税务处理。在此过程中,本案管理人及时归纳华升建设重整税务风险,提前进行相关税务筹划,并就重整企业税务处理多次积极寻求税务部门的指导和支持,较圆满地解决了华升建设重整程序中的各项会计、税务问题。

(四)依靠府院联动机制,破局重整后企业信用修复难题

华升建设因在破产申请前即已长期经营不善,导致其在银行、税务、工商、住建、法院等部门失信记录数量极多,该等失信记录不仅影响了重整投资人的引入,也严重阻碍重整后企业的业务承接、融资申请、款项收支等正常经营活动。故本案中管理人根据《关于推动和保障管理人在破产程序中依法履职进一步优化营商环境的意见》等文件的规定,与政府有关部门和法院建立沟通渠道,对华升建设经营过程中产生的信用修复问题"及时报、重点报",请求破产受理法院在职权范围内予以协调、协助,充分发挥府院联动机制的作用,为重整后的华升建设业务发展保驾护航。

三、案件特点

(一)创设"企业重整、工程清算"的建筑资质处置模式,实现债权人利益最大化条件下建筑资质壳资源完整保留

华升建设的建筑资质壳资源是企业持续经营的重要指标和重整投资人投资的核心资产。管理人基于建筑行业对建筑资质的市场化需求,深研行政合法性考量下的"壳资源"处置路径,采用"建筑企业重整、项目工程清算"的特殊模式,在重整计划中框定与形成重整投资范围和非重整投资范围资产的处置方案,以合法合规方式完成壳资源价值变现,既减轻了重整方的权利限制和对或有债务的担忧,又最大限度地维护了全体债权人的利益。

(二)创设并实施"单个工程单独清算、工程款专款专用、分批次清偿",实现各个工程债权清偿程序正当与实质公平融合

针对数量极多的对外工程款项,管理人结合相关法律法规和建筑企业破产涉及的最新司法裁判案例,尊重"保护农民工合法权益"的特殊立法目的,参照有财产担保债权的法理基础,明确工程相关债权人在对应工程财产中的优先性和独立性,且不受到建筑企业的经营状况、偿债能力等因素影响,从而确定"工程款专款专用,优先清偿工程债权"宗旨,在重整计划中设置"单个工程单独清算、工程款专款专用、分批次清偿"的债权分配方案,区分工程财产和公共财产。该债权分配方案具有可操作性,也充分维护了与工程相关债权人因其对工程直接贡献而获得工程款的实质公平和法德共治理念。

(三)实证分析企业价值,实现出资人权益调整的程序公正和实体公平

本案根据对企业资产评估、市场化引入投资人的报价、市场条件下企业可实现价值、普通债权可清偿比例等对企业运营价值的估算与分析,对华升建设原出资人权益进行综合估值与合理判断,并结合出资人对企业陷入破产的过错或对重整再生的贡献,确定华升建设出资人实际已无剩余资产、股权利益可享受,出资人的权益调整不受影响,最终确定不设置出资人组。同时,本案设置异议程序,充分保障出资人的知情权和异议权,确保对出资人权益判断的合理及对出资人权益调整的公平公正,从债权人、债务人、出资人角度全方面地维护了重整计划草案表决的基础。本案不设出资人组表决但设置异议程序的处理,不仅有效消除了有关主体对重整计划表决的合法性质疑,还为与华升建设相类似的中小民营企业重整的重整计划表决是否设置出资人组提供了可参考的样本。

四、案件办理所取得的评价

(一)法律效果

1. 企业获得重生,有效实现资源盘活与优化配置

本案引入了在建筑行业深耕多年并具有丰富经营经验的重整方,使华升建设的优质建筑资质焕发生机,华升建设的重整工程得到稳步推进,实现华升建设重获新生,从根源上解决了重整企业的困境,确保企业重整后能快速恢复持续经营能力和盈利能力,有效实现资源的优化配置。通过重整计划,在一定期限内预留了或有负债的偿债资金,有效隔离了重整计划执行过程中可能产生的或有负债风险,解除重整方的后顾之忧,确保重整计划的有效执行。

2. 分类处理债权,妥善解决多发债务风险

在"建筑企业重整、项目工程清算"重整模式下,设置"单个工程单独清算、工程款专款专用、分批次清偿"工程单独清算规则和债权分配原则,基于破产债权公平清偿和工程债权人权益保护的双重考量,将工程清算置于破产框架下,使单个工程的工程债务在司法程序的监督和制约中得到"一揽子"解决,调动实际施工人、项目经理等工程相关人员配合管理人追收工程款、处理工程收尾事宜的积极性和主观能动性,一定程度上保障基层农民工、材料商、工程分包商的权益,减少涉稳涉众事件的发生。

3. 预重整制度和重整制度的有效衔接，高效助推企业重生

本案在破产清算程序中运用预重整思维，对重整方案进行分组预表决，在全部债权组一次性表决通过重整方案后，巧用预重整制度，实现重整方案在清算程序中的预表决效力在重整程序中对重整计划草案表决效力的有效延伸。从 2022 年 8 月 16 日到 8 月 24 日再到 9 月，华升建设在 1 个月内，实现转入重整程序、批准《重整计划》、完成首次清偿“三步走”，在降低企业破产耗损的同时，最大限度维护企业价值并保障债权人利益。

（二）社会评价

本案管理人扎实地完成破产清算程序和重整程序的各项基础性工作，巧妙解决清算转重整过程中的各项阻碍，充分运用专业知识和技能解决建筑企业清理工程和重整面临的实务和法律问题，探索出一条具有可操作性的、平衡各方利益的处理模式，取得了良好的办案效果。管理人勤勉尽职、专业出色，获得了法院和相关部门及债权人、债务人等多方认可。

本案的成功重整，推动有价值的建筑资质、技术、劳动力等生产要素流入更具活力的市场主体，平稳、妥善处置了华升建设承建的工程项目，成功化解了工程项目中存在的农民工维权的维稳风险，实现了企业破产程序中债权人权益保护、债务人经营价值维持及工程中农民工权益保护的有效统一，为建筑企业破产清算或重整探索了一种可复制的路径。重整后的华升建设有效保留了建筑企业的施工资质和优质工程，使之紧紧围绕高质量发展主线，服务和保障供给侧结构性改革。本案的重整成功，为破产助力浙江高质量发展建设共同富裕示范区、推动新时代民营经济新飞跃、优化法治化营商环境提供了较好的样本。

践行“枫桥经验”，构建破产办理新格局

——浙江凯翔房地产开发有限公司破产重整案

【案例索引】(2020)浙0681破160号

【审理法院】浙江省诸暨市人民法院

【管理人机构】浙江点金律师事务所　国浩律师(杭州)事务所　浙江天宇会计师事务所有限公司

【关键词】枫桥经验　出售式重整　府院联动　刑民交叉

一、案情简介

(一)案件基本情况

浙江凯翔房地产开发有限公司(以下简称凯翔房地产)成立于2007年，注册资本2000万元。因受母公司债务危机及法定代表人涉嫌非法吸收公众存款罪影响，凯翔房地产开发建设的凯翔名都工程进度严重受阻，因互保单位未按期偿付贷款，凯翔房地产须为互保单位代偿而不得不向民间高息借款融通资金，最终因无法按期归还民间借款，民间借贷债权人、工程债权人相继起诉，并保全了凯翔房地产的财产，致使债务人资金链断裂，陷入债务危机，凯翔名都也停工停建。

2020年9月1日，浙江省诸暨市人民法院(以下简称诸暨法院)裁定受理凯翔房地产重整申请，并指定浙江点金律师事务所、国浩律师(杭州)事务所、浙江天宇会计师事务所有限公司担任管理人。

2020年10月23日，凯翔房地产召开第一次债权人会议，管理人制定的以“共益债融资+代建代销”为主要内容的复工续建和销售的继续营业方案，获债权人高票通过。2021年9月22日，凯翔房地产召开第二次债权人会议，管理人制定的以“共益债融资+代建代销”为主要内容的重整计划草案，因部分债权人非理性投票而未能表决通

过。2022 年 7 月 23 日,凯翔房地产召开第三次债权人会议,管理人在充分征求债权人意见的基础上修订了重整计划草案,修订后的重整计划草案采用的重整方式是出售式重整,该方案获高票通过。2022 年 8 月 12 日,诸暨法院裁定批准凯翔房地产重整计划,并终止凯翔房地产重整程序。后管理人监督执行重整计划,并通过出售式重整方式整体高效高价成功处置资产,至此,凯翔房地产重整圆满完成。

(二)管理人履职情况

1. 组建专门管理人团队,高效开展各项工作

管理人接受指定后,在法院的指导下,第一时间成立了由 24 人组成的工作团队,分设综合协调、资产管理、债权审核等 7 个小组,现场常驻人员 15 人。管理人根据法院指导制定了管理人工作方案,定期、不定期召开管理人工作例会,总结前期工作,安排下一步工作,高效开展各项工作。

2. 通知已知债权人申报债权,并释明虚假申报的法律后果

管理人在本案专属微信公众号发布《关于要求债权人依法申报债权,严厉打击虚假申报债权的公告》,全文转发浙江省人民检察院第六检察部与浙江省破产管理人协会于 2020 年 5 月 25 日联合发布的《关于建立破产债权申报中虚假诉讼线索移送处置工作机制的会议纪要》,要求各债权人依法、诚信申报债权。管理人也应严格依法审查,如果发现存在虚假申报,管理人将依法向相关司法机关移送相关线索。

3. 积极推动共益债融资和工程复工续建

为保障债务人资产保值增值,管理人在第一次债权人会议表决通过的以"共益债融资 + 代建代销"为主要内容的继续营业方案的基础上,积极推动续建、销售准备工作。通过公开招募、积极推介,成功引入银行作为共益债融资机构,获得 5000 万元的融资授信额度,是绍兴地区首例共益债融资续建案例。

4. 引入代建代销方,提供专业支持

管理人在法院和政府工作组的监督、指导下,在债权人会议的授权下,经充分协商,选聘知名房地产企业作为代建代销单位,协助管理人推进工程造价预算、工程质量鉴定、工程续建所需审批事项准备等工作。在代建代销方协助下,全面清理凯翔名都续建可能存在的问题和需要相关职能部门支持的事项,并在政府工作组的协调和支持下,逐一与相关部门对接、咨询,寻求相应问题的解决思路。

5. 开展续建工程造价预算,准确确定后续续建费用

管理人通过公开询邀和竞争方式,确定凯翔名都续建工程的造价预算咨询单位。造价预算咨询单位、管理人及代建代销方工程管理部同时派员,对工程现场进行了全

面、详细的勘查,确保工程量预算符合工程现状。因凯翔名都工程图纸缺失、前期图审记录缺失等实际情况,管理人召集原设计方、造价预算咨询单位及代建代销方工程、设计、成本管理等部门,就现场问题、无价材料等问题,先后召开10余次专门协调会议,明确相关事项,力求造价预算与工程实际相符,避免在工程施工后,预算与实际结算出现较大偏离。

同时,为准确判断后续续建、销售全流程的费用、成本,各方发挥专业优势,结合其属地项目经验,对全流程成本进行测算。

6. 引入专业检测机构,对凯翔名都工程进行质量鉴定

管理人通过公开询邀和竞争方式,确定凯翔名都工程质量的鉴定单位。质量鉴定单位通过现场勘探、取样,同时通过管理人与原设计单位多次召开专门协调会议,克服相关图纸、工程技术资料缺失的困难,明确主体结构主要承重构件基本满足设计及相关规范要求,并确定部分工程需进行合规处理以满足继续建造要求。

7. 其他与工程续建、销售相关的准备工作

通过协商谈判确定由原设计单位、勘察单位、监理单位继续提供服务。考虑到凯翔名都工程前期欠款,原设计单位、勘察单位、监理单位后期不再配合工作,导致工程技术资料缺失严重。为妥善解决上述问题,合理确定后续工作范围,管理人在与原设计单位、勘察单位、监理单位对接和谈判后,取得了相关方理解,确定原有欠款债权申报,后续工作按原合同条件重新签署合同,继续提供相应服务的意向。

通过公开询邀确定工程跟踪审计单位。管理人通过公开询邀和竞争,并在邀请部分债权人参与和见证的情况下,确定了凯翔名都续建工程的全过程跟踪审计单位,为凯翔名都续建提供全过程的工程量、工程款等的跟踪审计,并出具相应的审计报告等文件,供管理人和债权人会议作出相应决定时参考。

聘请税务测算专业机构。管理人通过询邀和竞争方式,确定税务测算机构,协助管理人开展对凯翔房地产现有财产的价值评估、处置的税务测算及后续如复工、续建、销售过程的税务测算等工作。

8. 与债权人保持良好沟通,充分保障债权人知情权和参与权,有效化解矛盾

管理人成立了专门的信访接待小组,设立债权人接待日、债权人说明交流会、债权人走访与个别接待等机制,听取债权人意见,耐心解答债权人提问,对债权人普遍反映的问题,积极调查,及时回应,取得了绝大部分债权人的理解与支持,最终相关方案获得债权人会议通过。

9. 充分做好资产管护,确保资产安全

凯翔房地产的核心资产是凯翔名都在建工程。管理人与实际施工人对接,充分了

解工程现场情况和实际施工人的诉求，并内部研判分析资产现状管护方案。考虑到现场已由实际施工人管控多年，且维护情况较好，工程地下室日常需做好井点降水等专业维护工作，管理人经报请债权人会议同意，决定由实际施工人在管理人的监督下，继续做好现场管护，相关费用计入破产费用，另行结算、支付。在管理人的监督下，在两年半的时间里，未发生安全事故。

10. 通过府院联动有效化解处置难题，积极推介并成功实现核心资产出售式重整处置

第三次债权人会议表决通过重整计划草案的重整方式是出售式重整。管理人通过托底投资人招募、上门推介、引荐等方式，积极向社会公众推介凯翔名都，前后与 10 余家潜在投资人对接，积极向潜在投资人介绍资产优势。同时，针对凯翔名都通过出售式重整处置存在的新问题，管理人在法院的指导下，通过属地府院联动机制，积极寻求政府相关部门协助和支持，推动政府出台专门会议纪要，成功解决了易主续建的审批验收、土地年限延长、税费政策延续等难题。最终，凯翔名都在 2023 年 4 月 19 日出售成功，管理人在 2023 年 5 月 9 日协调原实际施工人将现场移交给买受人，成功实现易主续建。

二、重难点问题

（一）企业陷入困境时间长，债权结构复杂多样且权利冲突严重，极其考验管理人的应对能力

在案件办理过程中，有一部分债权人为实现自身利益诉求，提出各种异议，试图阻却破产程序的推进；也有一部分债权人联名要求更换管理人；还有一部分债权人对管理人的债权审查结论不满，甚至威胁管理人。

管理人积极向债权人解释破产程序的法律意义，充分保障债权人的知情权和参与权，频繁召集债权人代表召开沟通会、释明会，并对债权人提出的问题及时做出回应，有效打消了债权人的顾虑和多年积累的不满情绪，大大提高了破产程序的效率。

（二）刑民交叉与司法外重组交织，考验管理人的法律专业能力、综合事务处理能力

凯翔房地产大部分债权系母公司凯翔集团与法定代表人非法吸收公众存款犯罪过程中形成的民间借贷，凯翔房地产本身既不是担保人也不是借款人。在凯翔集团司法外重组过程中，在 2014 年前后，相当一部分民间集资参与人以其对凯翔集团、法定代表人的借款，参与了以凯翔房地产开发建设的凯翔名都在建房产进行的以资抵债活

动,并在重组过程中签署了相关的以资抵债协议,将原始的债权凭证交还给了重组投资人。同时,相当一部分民间借贷债权人在以资抵债前后,实施了债权转让、收购等行为,导致其债权原始情况无法核查。而且,在司法外重组过程中,凯翔集团或重组投资人与债权人进行过一次债权确认。此次债权确认的原始文件,在凯翔房地产进入破产程序后,管理人未能获取到。

面对如何甄别凯翔房地产的法律责任、凯翔房地产对每户债权人的债权应否承担责任及承担何种责任等疑难问题,管理人需具有出色的法律专业能力,并作出专业的判断。

(三)资产状况复杂,各方意见不一,处置难度大,考验管理人的协调能力

管理人在较短时间内对凯翔房地产的资产状况完成全面核查,及时诊断资产的法律状态,并迅速拟定重整思路。在第一次债权人会议上,高票通过"共益债融资+代建代销"方案。当管理人委托的造价咨询机构就凯翔名都续建完工的全过程作出造价预算后,为充分保障债权人知情权,全面告知了债权人后,个别债权人对续建的预算提出了强烈的质疑。个别债权人自行聘请了第三方机构,在信息不完整的基础上作出了造价预算报告,与管理人委托的造价机构作出的造价预算金额差距巨大。为此,管理人组织造价预算咨询单位、代建代销方进行了全面的比较、分析,充分论证造价预算的正当性和合理性。

三、案 件 特 点

管理人认真践行"枫桥经验"的矛盾化解理念,积极推动构建"府院良性联动、案件有效推进、矛盾深度化解"的破产审判新格局,深度探索破产程序在纠纷统一解决、矛盾终极化解、群体秩序治理等方面的制度功能,不断扩展破产制度对社会治理的新方向和新可能。

本案主要有以下四个方面的特点。

(一)积极践行"枫桥经验",为破产制度参与社会治理提供有益样本

本案涉及众多类型的债权人、长年累月的矛盾积累、债权长期未能实现、债权实现预期多次落空等众多问题。债权人对债务人强烈不满,债权人之间存在派别分化和激烈矛盾,多次集体信访,甚至向巡视部门举报、控告。

管理人积极、主动地与债权人对接、沟通,通过债权人说明会、债权人接待日等机制,及时回应债权人疑问;在债权申报上做好指导;在债权人异议上不回避、不逃避,正

面回应,深入浅出地介绍企业破产的相关规定和制度功能。

“发动和依靠群众,坚持矛盾不上交,就地解决”是“枫桥经验”的主要内涵。在具体的制度实践中,管理人积极探索,最终实现了“案件有效办理,矛盾就地解决,各方充分和解”的个案办理效果,展现并实现了破产制度在矛盾化解、社会治理方面的制度蕴涵和功能,为企业破产制度参与社会治理提供了有益的样本。

（二）充分利用府院良性联动机制,构建共享共进的府院联动新格局,有力保障案件的顺利推进

凯翔名都的续建,面临规划条件变更、验收规范变化、工程资料缺失、建设施工许可过期、税收政策调整、土地年限不足等难题,这些问题的解决,需要各个对应部门的支持和帮助。管理人在法院的指导下,充分利用属地府院良性联动机制,在政府工作组的帮助下,依托代建代销方的专业能力,与相关部门对接,逐一找到各个问题的应对方案。最后,再由属地政府召集各相关部门召开协调会,统一进行协调。

（三）充分尊重债权人程序权利和意思自治,积极打造“管债互动机制”,有效应对债权人质疑,以专业和真诚取得债权人信任,推动案件顺利进行

在第二次债权人会议上,以“共益债融资＋代建代销”为基础的重整计划草案,未能表决通过,管理人的工作受到部分债权人的质疑。为深入了解债权人反对和质疑的背后原因,管理人逐一与187 位债权人沟通、询问。管理人根据债权人的合理建议对重整计划草案修订的方向进行了归纳,确定了复工续建与核心资产出售两种选项,再次公开征求全体债权人意见。管理人根据征求意见的结果,尊重债权人的选择和意思自治,确定了最终的重整计划草案,并在债权人会议上获得高票通过。

（四）创造性构建刑破衔接机制,有效化解破产程序中的刑民交叉问题,为破产程序中刑民交叉问题的解决提供有益借鉴

在本案办理过程中,凯翔集团和法定代表人的非法吸收公众存款犯罪刑事程序已进入审判阶段。如前所述,凯翔房地产中大量的债权是在凯翔集团司法外重组过程中通过以房抵债的方式形成的。这些债务本身存在着基础法律关系不清楚、债权凭证缺失、司法外重组债权确认可能存在虚假、债权已经转让、债务已重新组合等情形,上述情形都直接影响凯翔房地产真实债权人的公平清偿。

关于刑民交叉和刑破交叉问题,实践中一般有两种观点,一是应当采取刑民并行原则,分别认定,各自处理;二是应当先刑后民,并按照刑事判决认定的金额来认定破产债权。

上述两种观点均存在一定的不足,第一种观点存在针对一个问题出现两种司法裁判的结果,将严重影响司法的权威和公正性;第二种观点则面临重复认定和虚置刑事裁判的追赃功能。

管理人创新采用了第三种方案——刑破衔接,即集资参与人不再作为破产程序的债权人。一方面,该方案发挥了刑事程序在事实发现和认定方面的优势,维护了刑事追赃退赔制度,避免了刑事追赃退赔程序在财产发现和归集能力上的不足;另一方面,该方案发挥了破产程序在财产归集、管理、处分与分配上的制度优势,避免了破产程序在虚假债权审查认定上的能力不足。

四、案件办理所取得的评价

本案系典型的民营房地产企业破产重整案件,又是涉及司法外重组、刑民交叉的破产案件,涉及大量的购房户、非法吸收公众存款集资参与人、民间借贷、材料商、金融机构、建设施工方等多类型的债权人,群体问题多,社会稳定压力大。管理人积极主动,大胆创新,以勤勉、专业和真诚,全面履职,本案的办理得到了法院、债权人、债务人及其他权利主张方和属地政府的高度认可。管理人取得了债权人的理解与支持,在实现债务人重整的同时,创设刑破衔接机制,化解刑民交叉难题;创新实践“枫桥经验”,有效探索破产程序的矛盾化解和社会治理机能。

实现所有债权100%清偿，助力民营燃气企业脱困重生

——乐清市宝乐能源实业有限公司等3家公司合并清算转重整案

【案例索引】(2020)浙0382破69、70号,(2021)浙0382破13号

【审理法院】浙江省乐清市人民法院

【管理人机构】浙江韦宁会计师事务所有限公司

【关键词】分离式处置资产　实质合并重整　全部债权全额清偿　维护经营资质　优化营商环境

一、案情简介

乐清市宝乐能源实业有限公司等3家公司(以下简称三公司)主营瓶装液化气的充装销售,名下共登记有液化气钢瓶约21万只,涉及用户约10万户,是乐清市城区及中北部居民日常生活必需液化气的主要供应商,后由于企业扩张过快等陷入财务困境。2021年6月,浙江省乐清市人民法院(以下简称乐清法院)先后裁定受理三公司的破产清算申请,并均指定浙江韦宁会计师事务所有限公司担任管理人。

管理人接受指定后,先后完成尽职调查、稳定营业、审计评估、债权申报和审查等工作。通过乐清法院、属地政府和管理人的通力协作,三公司"分离式+清算式"的合并重整取得了巨大成功,既起到了"保企业+保债权+保民生"的三重保护效果,又达到了"企业脱困+个人重生"的双重目的,具体表现在:(1)对全部破产债权(包括劣后债权)实现100%清偿,最大限度地保护了债权人利益;(2)对约10万用户起到"满足燃气使用需求+保护押金债权利益"的双重效果,极大程度地稳定了当地居民的日常生活;(3)债务人企业核心资产存续,最大可能地维护了企业的营运价值;(4)债务人的

原实际控制人(以下简称实控人)及家属退出失信名单,重获新生回归正常生活。

二、重难点问题

(一)主要问题

1. 燃气业务用户庞大,押金债权问题复杂

三公司主营瓶装燃气供应,如果按照法定程序和最初的清算思路,将涉及约 10 万用户的燃气使用和押金退还问题,社会影响重大。具体来看,一是涉及用户范围广,三公司名下共登记有液化气钢瓶约 21 万只,涉及用户约 10 万户,即使只是短时间的停产停业,也势必会对不少用户的燃气使用造成影响;二是押金债权问题复杂,若三公司停止经营,将需要从用户处逐一回收钢瓶并退还钢瓶押金,实际执行起来耗时长、成本高、矛盾大,可谓困难重重;三是影响稳定大局,若三公司停止燃气业务经营,且未处理好押金问题,不仅会影响居民燃气使用,而且会引发押金相关纠纷,甚至会影响稳定大局。

综上可见,三公司面临燃气业务用户庞大、押金债权问题复杂的情形,按照最初的清算思路,不仅各方利益将受到严重损害,还可能影响社会稳定大局。

2. 法人人格高度混同,资产负债清理困难

三公司先后进入破产程序,但相互间的法人人格高度混同,导致资产负债的清理非常困难。具体来看,一是股权结构混同,二是经营场所及组织机构混同,三是财务混同,四是资产和业务混同,五是资金往来频繁,六是存在高额互相担保。

综上可见,三公司在实际经营过程中,存在人格高度混同的情形,如果单独进行破产处置,很难真实客观地反映其资产负债情况,将直接影响资产清理工作的进展。

3. 经营资产多遭抵押,清算之下无利可分

本案中的债务人财产并非全部与燃气业务密切相关,即使企业转入重整程序,也只有部分与燃气业务密切相关的经营财产适合纳入重整范围,其他财产只能清算处置。因此,管理人重点针对适合纳入重整范围的资产,模拟进行了重整状态和清算状态的对比,发现在清算状态下:一是主要房产和设备已设置抵押、质押,若按评估价值变现将不足以清偿担保债权;二是未设置抵押、质押的资产中有大量液化气钢瓶,账面净值约 540 万元,但涉及押金负债约 1290 万元,若对钢瓶进行处置,将导致巨额现金流出,且涉及用户留置权问题。

综上可见,若对三公司的主要经营资产进行清算处理(按评估价值变现),除了有担保债权人能就抵押、质押物获得部分清偿外,普通债权人将遭受重大损失。

4. 资产处置矛盾重重，重整计划执行艰难

企业资产的处置情况关系到重整计划能否执行成功，而三公司名下的主要非重整资产，在处置过程中遇到了不同的问题，严重影响到重整计划的执行。具体来看，一是L 轮船的检修费问题。L 轮船需要检修，但两次检修费预估报价从 175 万元增加至 500 万元，差异大且难以核实确认，直接按 500 万元披露恐影响拍卖结果。二是持有 H 燃料公司 50% 股权涉及的职工提留款问题。H 燃料公司于 1999 年进行企业改制，职工身份未一次性买断，现在 H 燃料公司要求先解决职工提留款（约 1880 万元，但未能提供相应依据）问题后，再进行股权拍卖。

综上可见，管理人在主要非重整资产的处置过程中遇到了两大问题，如果问题难以解决，将影响管理人处置资产的进程，进而拖累重整计划的执行。

5. 个人股权解冻遇阻，股权过户难以办理

重整计划执行完毕的条件之一，是三公司的股权全部过户至重整投资人名下，但在实际执行中，在与 M 银行广州分行合同纠纷案中，三公司个人股东持有的股权被相关法院执行冻结，严重影响到股权过户的办理。

综上可见，若个人股权无法解冻，则重整投资人难以办理股权过户手续，进而导致重整计划无法执行完毕，企业甚至会因此再次转入破产清算程序。

（二）应对措施

1. 押金、钢瓶打包重整，重整保证金提供保障

管理人从合法高效和保护民生的角度出发，基于企业瓶装燃气业务的特殊性，创新性地提出“企业继续经营、押金债权暂不清偿”的整体思路。

首先，企业继续经营有利于为广大居民继续提供燃气供应服务，但又面临着企业燃气经营资质即将到期的困境。对此，管理人与属地政府部门进行充分沟通，在政府部门有意向收回资质并成立专门城发公司以保障燃气业务运营的情况下，向其释明经营资质对企业重整价值的重要性，最后成功取得续期后的燃气经营许可证，而后面向市场公开招募重整投资人，充分贯彻了市场化和法治化的破产理念。

其次，押金债权暂不清偿将为双方当事人减少不必要的麻烦，但同时衍生出押金债权人的权益保护问题。对此，管理人在招募重整投资人的过程中，对钢瓶押金问题给予重点关注，将三公司名下的钢瓶实物资产及对应的押金负债，打包进入重整范围，并在拍卖公告中告知，竞买人除拍卖价款外需另外支付 800 万元重整保证金，以保障燃气用户钢瓶押金权益和正常燃气供应，在保障期内未涉及燃气用户上述利益受损的，则重整保证金在期满后无息退还。

综上可见，基于燃气用户庞大、押金债权复杂的问题，管理人创新性地采取“企业继续经营、押金债权和钢瓶资产打包重整、重整保证金为押金债权提供保障”的思路，以市场化和法治化的方式，成功保住企业燃气经营资质，最终实现对10万用户“满足燃气使用需求+维护押金债权利益”的双重效果，成功达成保民生的目的。

2. 针对混同专项审计，审慎适用合并破产

管理人为公平公正地维护各债权人的合法权益，实现债务人财产整体价值的最大化，第一时间考虑了合并破产的可能性。管理人对三公司逐一进行实地考察，在听取各方意见后，形成专项报告，以申请对三公司实施合并破产，最终获得乐清法院的批准。

综上可见，基于关联企业间法人人格高度混同的情形，管理人和乐清法院审慎适用了合并破产程序，成功解决资产债务清理繁杂的难题，既有效提高了破产程序的效率，也更好地保护了全体债权人的利益，是对破产法公平与效率理念的成功践行。

3. 维系企业继续经营，引进投资盘活资产

管理人为最大限度地保护债权人的利益，在第一时间考虑了企业破产重整的可能。经过多方面的调查评估，管理人认为，如果三公司能转入重整程序，将为债权人带来更多的利益，具体表现为：第一，重整有利于稳定企业经营，保证钢瓶燃气业务能持续产生现金流入；第二，重整可避免钢瓶单独处置，因钢瓶处置将使最终清偿的财产价值总额减少，且由于数量庞大而不具有可行性，而后续重整投资人的入驻则可保证钢瓶押金负债的顺利移交；第三，重整可保护企业经营资产的整体价值，尤其是保护经营资质和客户关系等无形资产，盘活企业资源。综合以上几点考虑，三公司从合并清算转向合并重整，最终经营资产实现249%的高溢价拍卖，其价值在市场上得到了最大实现。

综上可见，针对企业经营资产具备整体价值的情况，管理人采取“破产不停产维系企业经营、经营资产和非经营资产分类处置、引进重整投资人盘活经营资产”的思路，以“分离式+清算式”的重整方式，最大限度地保护了企业的经营价值，也因此保证了职工就业，稳定了上下游生产生活，维护了债权人的利益，达成多方共赢的局面。

4. 积极保护企业财产，及时做好信息披露

第一，针对L轮船的检修费问题，管理人采取以下三点进行应对：一是在台风登陆前将船舶拖行至避风港，积极维护债务人的财产安全；二是获取并核实检修项目及费用明细，避免不必要的成本支出，最终经核查后的检修费用仅为第二次预估费用的6%，且依据明确；三是经各方确认无异议之后，管理人将检修结算清单金额在船舶拍卖公告中进行列示。通过以上三点，管理人既保护了债务人的财产安全，又保障了竞

买人对拍卖标的检修费用的知情权，提高了其参与竞拍的积极性，最终L轮船溢价188%拍卖成交。

第二，针对H燃料公司50%股权的职工提留款问题，管理人在现场协谈未能达成一致意见的情况下，将该事项告知并提请全体债权人进行表决。经表决后，债权人会议同意暂不支付职工提留相关款项，由管理人将该职工提留款情况反馈至评估机构，在股权价值评估时考虑该负债可能的影响，并在评估报告和拍卖公告中作出披露说明。随后，管理人将表决情况反馈至H燃料公司管理层，并及时启动股权拍卖程序，最终该股权溢价126%拍卖成交。

综上可见，面对非重整范围资产在处置过程中的矛盾，管理人以维护债权人利益为核心，一方面，积极保护破产企业财产；另一方面，及时协调相关矛盾，并通过积极的信息披露（在评估报告和拍卖公告中列示维修费用、说明相关负债影响），避免消极事件对破产财产拍卖带来的不利影响，最终成功克服困难，实现非重整资产的高溢价处置。

5. 坚持不懈保持沟通，实现个人股权解冻

针对被冻结的个人股权，乐清法院和管理人先后多次向G法院及M银行广州分行发函，告知三公司破产相关情况和股权冻结的不利后果，但均被对方拒绝。对此，管理人并未放弃，而是多次向其释明股权价值需在债务完全清偿之后才能体现。在经历数月的解释沟通后，M银行终于在内部会上讨论通过，并向G法院提交解除个人股东股权冻结的申请函。

综上可见，针对个人股东所持有股权难以解冻的情况，管理人从债权人的整体利益出发，与法院通力协作，坚持不懈地与相关方沟通，从法理和情理上说服对方，最终实现了个人股权的解冻，成功完成股权过户。

三、案件特点

（一）高效益，全部债权均获100%清偿

管理人综合采取“破产不停产＋合并破产＋分离式处置资产”的重整模式，一是破产不停产维护企业营运价值，成功保留企业的经营资质和客户关系；二是及时申请合并破产，提高破产重整效率；三是分离式处置资产，使资产用途和买方需求充分对接，实现主要资产的高溢价拍卖，最终对所有债权（包括劣后债权）实现100%清偿。

(二)保民生,10 万用户燃气正常使用

管理人基于三公司钢瓶燃气业务的特殊性,采取“企业继续经营、押金债权和钢瓶资产打包重整、重整保证金为押金债权提供保障”的思路,对 10 万用户起到“保障燃气使用需求 + 保护押金债权利益”的双重效果,创新性地达成保民生这一目标。

(三)同协作,府院联动解决多重难题

管理人针对经营资质续期、资产处置矛盾等难题,充分借助府院联动的力量,在破产程序中接受乐清法院的监督指导、寻求属地政府的协调帮助,最终化解巨额债务危机,消除重大社会风险隐患。

四、案件办理所取得的评价

(一)法律效果

1. 所有债权获得全额清偿,债权人利益得到最大限度维护

通过破产重整,本案在真正意义上实现了所有债权 100% 清偿,最大限度地维护了债权人的利益。从破产清算状态下,根据资产评估价值测算的有担保债权无法全额清偿,到破产重整状态下,包含劣后债权在内的 100% 全额清偿,主要债权人(占比超 30% 的有担保债权和占比超 50% 的普通债权)均获得了比清算状态下更好的收益,切实感受到破产重整程序对债权人利益的保护。此外,100% 的债权清偿率,也是对我国营商环境评价体系下,“办理破产”指标中“回收率”子指标的高质量完成,是助力营商环境优化的一大步。

2. 经营业务全程稳定运行,上下游生产生活不受影响

从进入破产程序到重整计划执行完毕,本案中三公司的经营业务全程稳定运行,最大限度减少了对上下游生产生活的影响。一方面,企业破产后继续经营、押金债权和钢瓶资产打包重整,不仅解决了企业职工的就业问题,也充分保障了约 10 万用户的用气需求,为保民生作出了巨大贡献;另一方面,三公司作为燃气产业中的重要一环,其继续经营有效减少了停产停业对上下游产业链的震荡,为稳定经济大局贡献了力量。

3. 核心资产得到完整保留,重整投资人盘活企业资源

本案中三公司属老牌燃气企业,其资产中不仅包括设备、钢瓶等有形资产,还包含经营资质、人力资源、客户关系等宝贵的无形资产,一旦破坏难以恢复,将造成重要经

济资源流失。通过破产重整，三公司的核心经营资产不仅得到完整保留，还在重整投资人入驻后，焕发出新的活力，企业资源得到充分盘活。

4. 实控人及家属卸下负担，回归正常工作生活获新生

本案中三公司属于自然人控股的民营企业，当企业陷入财务困境后，实控人及家属也因担保等连带责任背上沉重的负担。如果企业债务未能完全清偿，实控人及家属还将面临诉讼等问题，并将继续作为失信被执行人被限制消费。本案通过破产债权的全额清偿，同时起到了个人债务清理的效果，“一案起双效”，使企业的实控人及家属能够卸下多年的负担，如获新生般回归正常工作、生活。

（二）社会评价

2023 年 7 月 15 日，本案入选“浙江省破产管理人 2022 年度企业破产十大优秀履职案例”，成为历届十大优秀履职案例中首宗由会计师事务所独立担任破产管理人的案例；2023 年 7 月 31 日，本案入选最高人民法院发布的“人民法院依法保护民营企业产权和企业家权益典型案例”，成为“依法挽救陷入财务困境的民营企业”典型案例；2023 年 10 月，相关案例研究刊登于核心期刊《中国注册会计师》；2023 年 11 月 4 日，中央电视台 CCTV－12《法治深壹度》栏目对本案进行报道；2023 年 11 月 22 日，本案获评“浙江省注册会计师行业十大服务国家建设优秀案例”；2024 年 4 月 25 日，本案入选“2023 年度浙江法院企业破产审判十大典型案例”。

总体而言，此起“100％清偿”案件，既起到了“保企业＋保债权＋保民生”的三重保护效果，又达到了“企业脱困＋个人重生”的双重目的，微观上维护各利益相关者的利益，宏观上助力营商环境优化、促进经济高质量发展、维护社会稳定大局，既是管理人智慧之凝聚，也是破产法温度之体现，为高效益、保民生、同协作的案例典范。

保障失地农民生存权益，护航共同富裕示范建设

——杭州梁英实业有限公司破产清算转重整案

【案例索引】(2021)浙0108破1号

【审理法院】浙江省杭州市滨江区人民法院

【管理人机构】国浩律师(杭州)事务所　天健会计师事务所(特殊普通合伙)

【关键词】村级留用地　重整方案预表决　破产宣告后重整

一、案情简介

杭州梁英实业有限公司(以下简称梁英实业)系一家由村集体经济组织与民营企业于2007年4月共同设立的村级留用地项目开发公司,投资方民营企业与村集体经济组织合作开发建设位于杭州市滨江区的新生活广场项目,并在项目建成后通过析产过户的方式各自获得相应比例的不动产。但因拖欠工程款、金融借款等,梁英实业破产清算受理前已停工数年。

2021年1月18日,浙江省杭州市滨江区人民法院(以下简称滨江法院)裁定受理梁英实业破产清算一案。2021年4月26日,梁英实业第一次债权人会议审议表决通过了《财产管理和变价方案》等。因梁英实业已不能清偿到期债务、明显缺乏清偿能力且资产不足以清偿全部债务,且一直未有重整、和解或清偿全部到期债务的可能,滨江法院于2021年11月18日裁定宣告梁英实业破产。

但破产宣告后,仍有意向投资人向管理人表达重整意愿且个别意向投资人提出的框架方案获得了部分大额债权人的口头认可,该等大额债权人也认为从更有利于维护债权人利益角度考虑,应给予意向投资人机会,以尽可能使债权人获得比破产清算更多的清偿。为此,管理人在征询全体债权人意见后,启动了投资人招募工作,并通过投

资人报名及比选选定了本案的最终重整方。

根据重整方提交的《重整投资方案》,管理人在与其签署《重整投资协议》后拟定了《重整方案》并于 2022 年 3 月 18 日提请全体债权人及出资人进行预表决。2022 年 4 月 13 日,所有表决组均预表决通过了《重整方案》。2022 年 4 月 20 日,梁英实业根据《重整方案》预表决结果向滨江法院申请撤销宣告梁英实业破产的裁定并同意梁英实业转入重整程序。2022 年 4 月 29 日,滨江法院裁定撤销宣告破产的裁定并裁定受理梁英实业重整申请。同日,管理人即向全体债权人告知前述情况并提交《重整计划草案》。

鉴于《重整计划草案》有关偿债方案及出资人权益调整等内容与预表决的《重整方案》一致,对有关债权人的规定未作变更,故根据预表决确定的表决规则,债权人无须重新表决《重整计划草案》,预表决结果直接作为本次《重整计划草案》的表决结果。2022 年 5 月 15 日,管理人提请滨江法院裁定批准重整计划。2022 年 5 月 20 日,滨江法院裁定批准重整计划并终止梁英实业重整程序。

二、重难点问题

(一)村级留用地项目资产如何处置

村级留用地制度是我国征地补偿制度的创新之举,指政府在征用(收)农村集体土地时,核定一定比例的土地指标,预留给被征地的村集体用于发展非农产业的制度,实质是解决失地农民的生存保障问题。在村级留用地制度的实践中,村集体往往以留用地折价入股的方式与开发商合作开发,以解决缺少开发资金问题。为保障村集体的特殊利益,杭州地区村级留用地制度规定,在合作开发模式下,村集体在项目公司的持股比例不得低于 51%;项目开发完成后,村集体持有不低于 51% 的房屋。本案债务人梁英实业就是由村集体与社会资本共同设立的用于开发留用地的项目公司。留用地被出资后依法成为项目公司的财产,该财产理应作为债务人财产全部用于清偿债权人。然而,一旦管理人在破产程序中变价处置此资产并用于清偿债权人,村集体及村民将彻底失去赖以生存的基础,极易引起失地农民的不满,导致社会不稳定事件的发生。倘若此资产无法用于清偿债权人,一方面,将与《中华人民共和国企业破产法》《中华人民共和国公司法》的规定相违背;另一方面,会引发债权人的不满,成为非常棘手的问题。因此,如何界定村级留用地资产的法律属性,如何对村级留用地资产进行变价处置,成为管理人、法院、属地政府面临的大难题。

法院、管理人经审慎研究论证,认为村级留用地使用权是一类特殊的资产,与一般商业房地产项目涉及的国有土地使用权并不一样。具体而言,村级留用地使用权的主体——村集体经济组织是《中华人民共和国民法典》规定的特别法人,是公有制经济的重要组成部分,同时,村级留用地使用权中的客体——土地源于农村集体土地所有权的征收补偿,相当于一次性的货币补偿。村级留用地项目除了可以为失地农民提供稳定的收入,还可以为失地农民提供就业岗位,村级留用地项目的收益也解决了失地农民医疗、养老、教育、帮扶救助等社会保障问题。因此,村级留用地使用权处置、使用中涉及的各类限制性规定,旨在补偿失地农民征地损失的同时保障其未来获得持续稳定的收益,防止因资产流失而断送失地农民的未来保障。

结合上述对资产特殊性的分析,应认为村集体经济组织以留用地出资的行为与一般的股东出资行为有所区别。村集体以留用地出资承担了集体经济的重大使命,但其出资目的并非设立项目公司使之盈利并获得股东分红,而是通过与具有开发经营管理能力的企业合作实现留用地使用权的经济价值,最终以部分土地置换成物业的方式获得等值的财产,保障失地农民获得持续稳定的收益;被出资的留用地除了具备财产性价值属性外,实际上还具备特殊的社会价值属性。根据《杭州市区村级留用地管理办法(试行)》对项目公司村集体股权比例及项目建成后返还村集体资产份额的比例限制,留用地的出资和资产返还是不可分割的,村集体经济组织对留用地出资行为是以一定比例资产强制返还村集体经济组织为条件的,因此强制返还村集体经济组织的资产不能简单按照债务人资产进行处置。

故在提请第一次债权人会议审议表决的《财产管理和变价方案》中,管理人提出了在建工程(含土地使用权)49%部分公开拍卖、51%部分由村集体经济组织比照公开拍卖价格回购的变价方案,确保51%资产部分最终仍为村级集体经济组织所有,以维护村民利益,同时确保100%份额的资产均能得到妥善处置,有效平衡了村民与债权人的利益。

(二)宣告破产后是否仍可进行重整

根据《全国法院破产审判工作会议纪要》第五部分“破产清算”第24条的规定,债务人被宣告破产后,不得再转入重整程序或和解程序。限制破产宣告后的程序转换,主要是因为在破产宣告前已经允许进行程序转换,相关主体应充分利用破产宣告前的时间探索挽救企业的可能性,确无重整或和解可能的才会被宣告破产,若破产宣告后仍可转入重整或和解程序,则会导致破产程序的不确定并增加清算成本从而损害债权人尽早获得清偿款的预期利益。

考虑到村级留用地项目开发公司的特殊性,在梁英实业被宣告破产后有意向投资人表达重整意愿的情况下,管理人认为相较破产清算拍卖处置,以同样的价格重整可以免除资产处置后项目重新立项报批续建等工作、减少不动产因过户转让产生的巨额税赋成本并可推动项目尽快续建完工，使村集体组织尽快获得相应物业并收取租金（返租给合作方经营），保障村民利益，对投资人、债权人和广大村民均更为有利。

为防止重整工作的不确定而导致的破产程序时间延长、增加清算成本，管理人在选定的重整方提交《重整投资方案》并签署《重整投资协议》后，立即形成《重整方案》并提交债权人会议进行预表决。设置的预表决规则与法律规定的重整计划草案表决规则完全一致，同时，为简化《重整方案》预表决通过后《重整计划草案》的表决流程，在表决《重整方案》时还特别设置了"如《重整计划草案》有关偿债方案及出资人权益调整等内容与预表决的《重整方案》一致，对有关债权人的规定未作变更，债权人无须重新表决《重整计划草案》，预表决结果直接作为《重整计划草案》的表决结果"的规则。

最终，在优先债权组、职工债权组、税款债权组、出资人组全票预表决通过《重整方案》，普通债权组较高比例通过《重整方案》基础上，管理人认为本案重整更有利于维护各方利益，故在尊重市场需求且充分保障债权人的合法权益、实现各方利益最大化的情况下，提请法院撤销对梁英实业的宣告破产裁定并受理梁英实业重整申请。

（三）债权未确定情况下重整计划如何形成有效偿债方案

本案主要债权人为抵押权人与主体及地下工程的施工单位，由于原抵押登记内容不明确、抵押权人与施工单位曾相互出具调整优先顺位的承诺函、抵押权人对于施工单位的工程款收取情况不予认可等情况，两大债权人之间存在优先顺位及范围、金额的认定争议问题。考虑到诉讼、造价审计等工作耗时长，如待所有债权争议均解决后再启动重整工作或制定有关偿债方案，一方面，烂尾项目在建工程价值将进一步贬损、意向投资人是否愿意继续以原投资价格投资无法保障；另一方面，在此期间债权人及村集体经济组织背后的众多村民可能会引发维稳问题。为提高重整效率、让多数债权人能够尽早获得清偿分配款、留用地项目得以尽快复工续建并尽快投入使用从而创造经济价值，管理人在厘清各项法律关系后，一方面尝试推进两大债权人通过谈判化解争议，另一方面通过固定优先债权组（含抵押权人及工程价款优先受偿债权人）清偿资金总额，以部分清偿资金先按申报金额分摊比例进行预分配、剩余清偿资金待债权裁定无异议后再分配的方式，拟定优先债权组偿债方案。在两大债权人对优先债权组清偿资金总额无异议的情况下，迅速推进《重整方案》的预表决工作，最终实现重整成功。

（四）重整条件下村级留用地项目出资人权益如何调整

浙江是高质量发展建设共同富裕示范区，如何让农民富裕起来是共同富裕中的重大课题。农村集体经济组织在促进农民就业、提高农民收入、提升农民生活水平等方面有不可替代的作用,在新时代承载了实现共同富裕的重要使命。村级留用地制度对被征地的村集体具有重要意义,不仅补偿失地农民的损失,还有利于持续保障其生存权和发展权,该制度在浙江、上海、广东、江苏、福建等20多个省、市均有施行。但如前所述,村集体以留用地折价入股的方式与开发商合作开发,一旦因项目公司经营不善进入破产程序,村集体的留用地资产就可能面临流失困境,大量失地农民将失去长期生存、发展的根基。

基于村级留用地制度背后的目的、功能及特殊性,法院和管理人在向多方征求意见的基础上,审慎研究论证了村集体以留用地出资的行为并不能完全等同于一般意义上的出资行为,最终从保护失地农民生存权、发展权和实现社会利益等角度,在明确留用地资产属于债务人财产的前提下,给予村集体在破产重整中一定的优先权,确定了村集体持有的出资人权益不做调整的重整路径。该方案有效解决了村级留用地项目开发公司破产的问题,既在现有的法律框架内满足了村级留用地制度对股权结构的特殊要求,又顺利地推进了本案,使烂尾项目重获新生,还兼顾了债权人利益及村集体背后数千名村民的权益,保护了村集体的集体资产,保障了广大失地农民的生存权和发展权,大力护航共同富裕示范建设。

三、案 件 特 点

本案是妥善处置村级留用地项目开发公司破产的典型案例,遵循法治化、市场化原则,深度剖析村级留用地项目的法律属性及在破产程序中的处置路径,在尊重市场需求的情况下,充分运用债权人会议功能推进程序转换,以确定债权清偿总额、分步清偿的方式提出概括性的偿债方案,寻求债权人诉求的“最大公约数”,极大地提高了重整效率,有效运用市场化手段盘活梁英实业现有资产,实现企业的涅槃重生,使债权人获得了及时且最大限度的受偿;同时,本案通过对村集体经济组织持有的出资人权益不做调整、由重整方与村集体经济组织继续以项目公司名义开展项目续建的方式,满足了村级留用地项目股权结构的特殊要求,兼顾保障了村集体经济组织背后3000余名村民的权益,实现了法律效果、政治效果和社会效果的有机统一。

四、案件办理所取得的评价

本案对村级留用地项目的处置思路为地区内同类村级留用地项目开发公司破产案件提供了示范样本。管理人对村级留用地项目破产原因的分析,有助于政府各部门完善村级留用地开发建设管理工作的相关规定,切实保障失地农民长远生计,促进村集体经济组织发展,实现共同富裕。

另外,管理人将本案的研究成果梳理形成了《破产重整中留用地出资问题的处理路径探析》一文,获浙江省法学会破产法学研究会第二届主题征文一等奖。

府院联动守住群众“钱袋子”，复工续建护好百姓幸福家

——浙江皮卡王集团控股有限公司等7家公司预重整转合并重整案

【案例索引】(2022)浙0783破19号

【审理法院】浙江省东阳市人民法院

【管理人机构】北京德恒(温州)律师事务所　浙江泽鉴律师事务所

【关键词】预重整　合并重整　府院联动常态化　国资平台

一、案情简介

皮卡王系7家公司系以浙江皮卡王集团控股有限公司为核心，以房地建筑开发、工业商贸、影视传媒作为三大主营业务的综合性集团，其开发的金罗马商业广场、金罗马皇家别墅等项目曾作为东阳市中心经济发展、招商引资的典范。2014年以来，由于受到担保链影响、民间借贷债务积压、经营扩张过快，公司持续亏损严重，负债近30亿元，经营陷入停滞状态，最终公司所涉非法集资刑事案件爆发。东阳市域18个镇、乡、街道及省内外其他区域涉及非法集资人数达2000余人，是典型的涉众型破产案件。本案时间跨度久，涉案资金金额巨大，资金、资产查证难度大，案涉民间借贷及业主保交楼等核心问题亟待解决。

为解决皮卡王系公司所涉债务问题，盘活企业资产，浙江省东阳市人民法院(以下简称东阳法院)根据债权人申请于2021年12月20日启动皮卡王系公司合并预重整程序，并通过府院联动机制第一时间与东阳市非法集资处置领导小组办公室(以下简称处非办)联合牵头成立工作专班，以公开竞争方式选定北京德恒(温州)律师事务所、浙江泽鉴律师事务所为预重整管理人。预重整程序中，在高比例表决通过预重整方案

后,管理人即向东阳法院提出预重整转重整申请。经债权人申请合并重整并召开听证会后,东阳法院于 2022 年 5 月 9 日裁定受理皮卡王系 7 家公司实质合并重整申请,并指定预重整管理人继续担任管理人。

管理人接受指定后,立即组建联合管理人团队,专门负责处理本案事务,分工协作履行管理人职责。

在预重整阶段,东阳法院及管理人依据《中华人民共和国企业破产法》及浙江省金华市中级人民法院《关于审理预重整案件的工作指引》,以各地实践情况为参考,拟定本案的具体工作计划,制定预重整管理人履职工作流程和工作要求,并严格执行。管理人经过公司接管及资产尽职调查、债权申报与核查、组织开展审计评估工作后,顺利完成了预重整方案的制定,通过数十次会议沟通协调,获得了绝大多数债权人的信任和支持,最终高比例表决通过预重整方案。后续重整阶段的核心步骤基本都已经在预重整程序中完成,有效缩短司法处置周期,完美实现预重整程序与重整程序的"无缝"对接。最终,管理人在重整程序中仅用 64 天时间就通过重整计划,完成对皮卡王系公司的重整。

在管理人的勤勉履职下,此案最终盘活资产价值超过 13.61 亿元,建设工程款优先债权、税收债权、职工债权获得全额清偿,非法集资债权清偿率高达 46.8% 以上,2000 余户债权人的利益依法得到较好维护,近 1000 户业主在投资人后续复工续建完成后得以收房办证。

管理人在重整期间推进完成主要事项的关键时间节点如下:

2022 年 4 月 19 日,管理人提交预重整管理人履职报告,并申请由预重整程序转入重整程序。

2022 年 5 月 5 日,东阳法院在管理人申请下举行皮卡王系公司合并重整异议听证会。

2022 年 5 月 9 日,东阳法院裁定受理浙江皮卡王系公司实质合并重整一案。

2022 年 6 月 20 日,皮卡王系公司第一次债权人会议在东阳法院召开,会议各债权组高票通过皮卡王系公司重整计划草案。

2022 年 7 月 10 日,管理人根据重整计划,通过淘宝网阿里拍卖破产强清平台公开招募到重整投资人。

2022 年 7 月 12 日,东阳法院裁定批准皮卡王系公司重整计划,终止重整程序。

2023 年 4 月 17 日,重整投资款 13.6 亿元到位,管理人随后即安排第一次债权分配工作。

二、重难点问题

(一)非法集资债权久拖8年,民间借贷受害群体怨声载道,各方主体矛盾深刻尖锐,面临严重社会稳定风险

自皮卡王系公司非法集资债务爆发至法院启动预重整程序,非法集资受害群体的民间借贷债务已累计拖欠达8年之久,历时数年案件所涉及的民间借贷债权等核心问题无法得到实质性解决。其间,债权人信访不断,政府维稳压力巨大。管理人接受指定后,刚入场即发生多次债权人聚众维权、群访事件。债权人不仅对皮卡王公司心怀怨恨,债权人之间也存在深刻尖锐且难以调和的内部矛盾。并且,本案拖欠工程款债权背后实际施工人所涉及的农民工群体,与民间借贷债权人情况类似。因此,本案非法集资债务如果不能得到高效解决或者未能妥善处理,政府及法院将面临极大的社会维稳风险。

管理人在意识到本案债权人矛盾的复杂性和深刻性之后,即刻开展债权人沟通与分流工作,按地区与街道选举债权人代表,由代表传达片区债权人的意见和心声。通过民间借贷债权人代表意见反馈及定期沟通机制,管理人定期与债权人沟通交流,听取债权人诉求并及时答疑解惑,疏导债权人情绪,稳控局面。管理人在履职过程中制作了全体民间借贷债权人债权表并在公示栏公示,保证非法集资债务的处理公开透明。在清偿方案上,管理人积极协调,利用国有平台资源收购了金融大额债权,保障民间借贷债权清偿率最终达到46%以上,获得2000多位债权人的一致好评。

(二)大量公司资产存在被无权处置、抵债等情形,形式纷繁复杂难以掌握,资产清查难度大

自非法集资案爆发以来,皮卡王系公司资产闲置数年无人管理,公司资产存在被债权人私下抵债、无权处分、蓄意破坏等情形。皮卡王公司过去存在的"一屋二卖"、无权处置等不规范操作,使案件在原来2000多位债权人、近1000户业主的基础上又增加了部分购房户群体,该部分群体因合同无法履行又无法退款成为新的信访群体,增加了维稳压力。经管理人初步了解,仅公司名下中央商业广场在建工程存在争议的房产及车位数量就超过130户,故在利益纠纷中,庞大的争议资产数量和群体性压力使资产清查难度加大。

面对资产权属争议的困境,一方面,管理人全面尽职调查公司名下资产,根据资产权属登记情况制作资产清单;另一方面,管理人协同信访局、处非办等部门积极与信访

人、购房人等沟通交流，收集被无权处分的房屋资产信息和证据材料，实地核实资产现状，明确各主体责任并及时汇报法院，在法律允许的范围内最终所有争议资产均在取得当事人认可并消除争议后确定了资产权属。

（三）债权人群体2000余人，疫情期间参加债权人会议成本高、稳控压力巨大

本案预重整及重整阶段正处于疫情防控攻坚期，但债权人在前期存在频繁聚集、群访等行为，不仅违背地方政府疫情防控要求，也给债权人自身身体健康带来风险。在第一次债权人会议召开之际，考虑到债权人人数众多、部分高龄债权人身体条件不允许，以及部分债权人身处外地参会成本较高等因素，管理人通过自主研发的网上债权人会议系统，在法院的组织下，以线下和线上会议相结合的形式召开了债权人会议，既提高了办案效率，又降低了破产费用成本。

现场会议方面，法院及管理人通过视频连接方式分别设置了法院审判庭、法院会议室、市处非办三大会场，做到债权人人员引导分流，在保证疫情防控措施有效落实的同时，还能稳控局面减少债权人维稳风险。管理人在兼顾线下分流的同时，同步开展线上会议操作方法的指导工作，对部分高龄债权人手把手教学或者提前联系近亲属帮助入会，充分利用互联网及信息智能应用，保证债权人参加债权人会议的方式和渠道畅通。

三、案件特点

（一）采用“存续式＋资产灵活组合”重整方式，助力企业涅槃重生，促进区域经济发展

根据皮卡王系公司处置非法集资程序进展及障碍，结合公司资产负债实际情况，本案采用“存续式＋资产灵活组合”的重整方式。由全体债权人通过重整计划，授权管理人对皮卡王系公司名下土地、尚未销售房产、应收账款、对外投资股权等资产，根据市场情况、资产状况、评估结果、意向投资人招募情况具体确定纳入重整范围的资产，并可以根据需要灵活采用资产组合方式招募投资人。投资人支付重整资金后取得相应公司全部股权，股权对应资产权益为本次招募中管理人根据实际情况在重整资产范围内确定的资产组合。

通过“存续式”的重整方式，以最高效便捷的资产处置方式实现盘活资产价值的同时保证曾经作为地方知名企业的债务人主体得以延续，并且节约了交易成本，使资产价值及债权人权益最大化。

"资产灵活组合"的授权方式,契合案件办理阶段市场投资需求较为单一、疫情时期投资较为困难的现状。考虑到皮卡王系公司作为综合性集团,涉及业务领域广,不仅土地资产涵盖了住宅、商业、工业三种性质,而且公司存货也包括商售房屋、磁钢、电器工业产品等,其资产品类众多且跨度大,该方式既能够通过比较、拼接投资人需求以尽可能扩大资产盘活范围,也能够根据市场情况先行组合部分资产组招募投资人以提高重整处置效率。

皮卡王系公司合并重整案,因案制宜地设计了"存续式+资产灵活组合"的重整模式,由债权人授权管理人根据市场、投资人意向等客观情况确定纳入重整范围的企业资产,并组合资产组以招募投资人。该重整方案是东阳法院、管理人结合案件实际情况,经与债权人等各方主体充分协商讨论的结果,全面兼顾了各类债权人的利益诉求,在提高案件重整推进效率的同时,能够实现资产处置价值和资产利用价值的最大化。该重整模式充分考虑资产实际情况、债权人意愿及重整投资人需求,为投资人日后经营及企业涅槃重生打下基础,促进资源重新配置,优化企业营商环境,推动区域经济发展,全面体现破产重整的制度价值和破产审判工作的社会意义。

(二)贯彻落实府院联动机制实质常态化,全面统筹职能部门力量维护和提升企业资产价值,优化营商环境

自东阳法院受理启动预重整程序后,东阳市人民政府即迅速通过处非办成立皮卡王工作专班。专班以法院为业务指导,以管理人为主要执行及建议单位,并吸纳政府各部门主要负责人,就皮卡王系公司的非法集资债务问题、资产管理及价值维护、投资人招募等深入探讨,共同研判、群策群力,真正做到事事商议、事事反馈,贯彻落实府院联动机制实质常态化。

皮卡王工作专班坚持每周例会及责任清单机制。在处非办的统筹下,以法院为业务主导,通过每周例会形式由管理人汇报重整工作进展,梳理疑难问题,研究下周推进计划。各政府职能部门就问题所涉职责内事项发表意见并配合管理人协调解决或者限期自行解决。通过集体决策公开罗列问题责任清单,将问题落实到部门或者个人。该制度在及时把控风险的同时,能够快速高效推进解决案件疑难问题,真正落实了府院联动机制的实质常态化,使社会问题在法院司法重整与政府统筹协调的共同作用下顺利解决,稳定了民生。同时,府院联动全面统筹职能部门力量,为重整企业信用修复、资产维护等提供了便捷通道。管理人通过控规及土地经济指标调整、税收政策支持等,维护并提升了企业资产价值,为企业重生创造良好基础和外部环境,为重整工作推进提供强有力保障,也实现了政府招商引资及优化营商环境的承诺。

（三）巧妙借助国资平台力量，低价收购化解金融抵押债权，超额收益定向补偿非法集资受害群体，真正守住人民群众的"钱袋子"

皮卡王系公司非法集资案件涉及民间债权人2000余户。作为非法集资受害人，债权人被非法吸收的血汗钱由于企业经营不善等而无法返还。法院及管理人考虑到皮卡王系合并重整案件涉及社会群体范围广且社会问题积压时间久，如果不妥善处理极有可能引发维稳风险及严重社会矛盾。然而，民间借贷债权的普通债权性质，在客观上决定了其清偿顺位的劣后性及清偿率无法得到保障。

为保障债权人利益，经法院及管理人研究论证提出了"借助国资平台资源以非营利性目的收购商业金融债权，在保障国资本息收回的前提下超额收益用于定向补偿民间借贷群体"的方案。

在法院的指导下，管理人积极与土地、房产等资产上的大额金融抵押债权人反复磋商沟通，历经几十场谈判，最终成功与主要及重点大额债权人均达成共识，同意以优惠的折扣为国资平台提供债权收购机会，并做到程序依法合规。同时，管理人积极协调政府部门及相关国资平台公司认同并落实债权收购方案。在民间借贷债权原有的按照法定程序获得债权分配的基础上，处非办通过国资平台公司买断皮卡王系公司重点金融抵押债权。国资平台公司的债权收购是为了维护社会稳定，解决非法集资案件历史遗留问题，不以营利为目的。国资平台公司在保障债权收购款本金和资金财务成本回收的情况下，所收购债权存在超出本息的权益，均根据处置非法集资工作原则及要求用于解决皮卡王非法集资案中的民间借贷债权问题。最终，该部分用于定向补偿民间借贷债权人的超额收益资金近3.5亿元，极大地保障了债权人的权益。

上述创新性方案和思路是法院、管理人与政府部门通过国资平台资源解决破产群体性疑难问题的典型，也是处非程序与重整程序相衔接的典型，将金融抵押债权人的商业投资收益通过谈判和债权收购的方式让渡给非法集资受害债权人群体。虽然非法集资案件涉及的民间借贷债权属于普通债权，但最终保障债权清偿率达到46.8%以上，极大维护了非法集资社会群体的合法权益，充分彰显了府院联动的作用和破产审判的社会效果，真正做到守住人民群众的"钱袋子"。

（四）管理人勤勉尽责，成功实现预重整与重整程序的高效无缝衔接，确保本案在疫情期间64天顺利结案

在本案预重整和重整的衔接过程中，管理人积极勤勉履职，与债权人和债务人充分沟通，认真解释关于本案程序中的法律问题，克服了程序中遇到的管理人尽职调查、稳控息访等困难，在预重整的基础上，顺利在疫情期间召开债权人会议，并通过本案重整计划。

重整程序中的核心步骤,即债权审核,资产审计评估,以及重整计划制定、表决和通过等,已经在预重整程序中完成,有效缩短司法程序周期,提升企业资产处置效率。进入重整程序后,根据预重整指引的规则设定,实现预重整转重整的“无缝”对接,包括对预重整司法备案、指定管理人及债权人表决承诺的衔接。

皮卡王系公司预重整阶段即召集债权人进行预重整方案的预表决,债权人承诺同意在预表决票中的表决效力带入正式的重整阶段,固定了大部分债权人的赞成票。进入重整后,东阳法院指定预重整阶段的管理人继续担任重整管理人,皮卡王系公司合并重整案从受理、公告、确定债权人会议时间到通过重整计划,仅用时 64 天。

(五)通过民间借贷债权人代表意见反馈及定期沟通机制,充分保障债权人知情权,拓宽债权人诉求表达渠道

为应对债权人人数众多及部分外地债权人不方便的情形,本案建立债权人代表机制。在法院指导下,本案对 2000 多名非法集资案的民间借贷债权人按区域及街道依法选出债权人代表,通过债权人代表传达广大债权人诉求和心声,加强法院、管理人、政府工作专班与广大非法集资债权人群体之间的联系,全面提升债权人在重整推进工作中的参与感与积极性,激发债权人在破产审判工作中的主人翁意识。

同时,管理人在履职过程中也积极主动约谈或者以定期会议形式会见债权人代表及债权人。管理人与债权人群体的定期沟通,拓宽了债权人发声渠道,也保证了管理人能够广泛听取债权人意见,在加强债权人对管理人履职监督的同时,充分保障了债权人的知情权。管理人对债权人的疑惑及时予以解答,积极回应债权人诉求,有效化解了非法集资债权人群体内部的尖锐矛盾,平息信访矛盾,维护社会稳定。

四、案件办理所取得的评价

(一)法律效果

自 2014 年皮卡王系公司出现债务危机以来,围绕公司的社会矛盾深刻而尖锐,久拖 8 年而无法解决。皮卡王系公司先通过预重整程序,缓和了债权人矛盾,缓解了社会维稳压力,并与债权人等各方利益主体达成共识确定方案。本案从合并重整受理到法院裁定批准重整计划,仅用 64 天时间,疫情期间通过管理人公开市场竞价资产变现 13.6 亿元,非法集资案件涉及 2000 多位债权人共计约 8.4 亿元的民间借贷债权最终清偿率在 46.8% 以上,真正做到为人民群众“守住钱袋子,护好幸福家”。

法院和管理人在皮卡王系公司合并重整案中，做了大量的协商协调、维稳、调研工作，着眼“三个效果”，坚持“三个导向”，在延续区域知名企业主体的同时，为当地实现招商引资，促进资源合理再配置，优化法治营商环境，实现高质量破产审判工作精准服务经济社会高质量发展的目标，彰显了破产审判工作的制度价值和社会责任。

（二）社会评价

皮卡王系公司重整的成功，依托于法院和管理人在破产程序中的有效分工与协作，本案管理人充分发挥专业智慧，大胆创新，成功盘活了债务人企业的重要资产，引入了合适的投资人，实现企业、债权人、重整投资人等多方共赢，获得法院和政府的一致认可。同时，东阳市人民政府和法院的府院联动协调工作机制高效运行，相关推进措施靶向准、措施实、接地气，贯彻落实了破产重整“开方治病固本”的要求。面对企业重整后信用修复的重重困难，管理人积极协调沟通，充分发挥破产案件审理过程中府院联动机制的作用，协调处理好重整企业信用修复工作，既为破产企业进一步顺利执行重整计划奠定良好基础，又维护了重整企业的生产能力。本案作为东阳市综合性地产企业预重整转合并重整成功第一案，为管理人履职过程中预重整与重整工作的衔接及府院联动机制的运作树立了标杆，优化了当地营商环境，为招商引资作贡献，维护社会和谐与稳定，实现法律效果、社会效果、政治效果的有机统一，具有典型意义。

依靠府院联动机制，攻克房企破产难题

——浙江登峰交通集团有限公司等21家公司破产清算案

【案例索引】(2015)杭萧破字第00001～00021号

【审理法院】浙江省杭州市萧山区人民法院

【管理人机构】浙江泽大律师事务所　浙江星韵律师事务所　浙江德威会计师事务所有限公司

【关键词】府院联动　重整式清算　“先拆后卖、化零为整”　烂尾续建

一、案情简介

浙江登峰交通集团有限公司(以下简称登峰集团)成立于1997年，主营道路施工。经多年发展，成为横跨道路施工、房地产开发和制造业三大行业的大型企业集团，拥有20余家关联公司。2010年后，因房地产项目进展不顺利，加之陆续兼并的制造业企业未产生经济效益，公司为维持经营通过各种方式长期大量融资，最终导致资金链断裂。

2015年11月3日，浙江省杭州市萧山区人民法院(以下简称萧山法院)裁定受理登峰集团等21家公司的破产清算申请，并指定浙江泽大律师事务所、浙江星韵律师事务所、浙江德威会计师事务所有限公司担任登峰集团等21家公司管理人。2017年12月22日，萧山法院裁定宣告登峰集团等21家公司破产。2018年2月28日，因登峰集团与关联公司之间各项财产无法明确区分、界限模糊，构成人格混同，经管理人申请，萧山法院裁定登峰集团等21家公司合并破产。

管理人接管后，派遣人员在多地现场驻点，陆续开展接管调查、债权申报及审查、资产处置、财产分配、代表诉讼等工作。累计接受2800余家债权人申报债权，申报债权金额156亿元，因合并破产，调减债权金额36亿元，合并后认定债权金额57亿元。通

过清理变价、应收账款催收、行使撤销权等，合计清理资产 38 亿余元(仍在增加)。原本因破产中止的烂尾工程，经管理人跨行业续建、沟通解决办证难点，已正式启动办证交付。本案破产财产处置和催收难度大、时间长，经向萧山法院和债权人委员会报告，管理人根据资产变价情况，对破产债权实施了预分配。第二次债权人会议表决通过《破产财产分配方案》后，管理人分批进行第一次债权清偿工作。

二、重难点问题

登峰集团等 21 家关联公司业务规模庞大，加之楼盘项目烂尾、拆迁工作停滞、深度涉足民间融资活动等情况，牵涉复杂的社会关系，使债权、资产、维稳工作存在难点。

(一)债权审核工作量大、甄别困难、利益平衡难

合并破产前，各公司原本的债权申报人数、申报金额就已远远超出一般破产案件；合并破产后，梳理同一债权人与各公司的债权关系、认定最终债权金额，管理人工作量激增。

就债权审核过程而言，债权本身及内外因素共同作用导致债权难以甄别。以民间借贷类债权为例，该类债权形成过程具有非规范性和隐秘性，当事人往往情绪激动却无法就债权形成过程予以证明；登峰集团及关联公司内部财务规范缺失、财务账册不全、关联公司人格高度混同、股东高级管理人员与公司之间资金往来频繁等因素，也增加了财务审计和债权甄别的难度；为保证破产债权认定与刑事裁判一致，刑民交叉债权的认定需要极长的时间。除银行、税务部门、职工等常见的债权人外，本案还涉及购房户、建设工程施工方、材料供应商、“一卖一抵”权利人等特殊主体，法律关系复杂。不同主体围绕有限的资产竞相主张优先受偿权，厘清清偿顺序、提高普通债权清偿率并保证分配进程是困扰管理人的难点。

面对现有问题，管理人首先确定了合法合规、公平、时间和结果平衡等工作原则。债权合法合规是认定债权的基础，即便面临利益平衡，也要优先考虑申报债权有无法律依据、是否存在权利冲突；公平原则有助于解决非纯粹法律相关的问题，面对各种各样的债权形成原因，需要综合考虑案件实际，结合主体情况，慎重判断；时间和结果平衡原则是对工作效率提出的要求，力争使债权人在短时间内获得最大限度的清偿。

为提高债权审核效率，管理人启用专业破产案件系统对债权进行登记、审核、记录，对债权按类型分类，由专人负责对接与审核，金额偏大、较复杂的金融债权由主办律师直接负责。通过聘用登峰集团原工作人员辅助开展查账、查找凭证等工作，尽量全面了解企业财务状况，还原债权发生经过。管理人全程与公检法系统对接，跟进刑

民交叉债权的审理进展。考虑到多数普通债权人为自然人,抗风险能力差,管理人曾尝试通过召开会议与非正式会谈启动部分优先债权人让步清偿方案。

(二)资产处置难点多

登峰集团及关联公司持有大量土地、厂房、车辆、机器设备等资产,除常规性资产外,还有尚在开发的桃花源项目、道路工程施工资质等特殊资产。各资产均涉及大量的法律难点与操作难点。

1. 桃花源项目

桃花源项目系登峰集团及关联公司的核心资产,其处置状况关系到全体债权人的利益。自 2003 年启动开发以来,桃花源项目积累了复杂的历史遗留问题。

管理人接管时,该地块有 100 余家农户未签署拆迁安置协议,超 600 家农户已签约但未完成拆迁安置补偿,因各农户散布于整个地块上,无法大规模开发,住宅用地已进行建设、房屋已预售,但工程尚未完工。

为做好该项目处置工作,管理人对拆迁方案、拍卖方案进行多轮调查与论证。拆迁方案重点需要解决先拆还是先卖问题。先拆,涉及新旧拆迁政策衔接问题及程序启动合法性问题,还会面临拆迁周期不可控的压力;先卖,市、区国土部门一致否定了将拆迁许可证过户给竞买人的可能性,且不解决拆迁的不利因素会对处置价格产生重大影响。经多方反复研究、讨论,权衡利弊,最终决定继续拆迁,待拆迁基本完成后再拍卖处置,力求破产财产价值最大化。

在政府和村集体的大力支持下,管理人对拆迁债权、拆迁实际情况进行了摸排,厘清制定拆迁政策的现实基础。在原有政策上,管理人提出了合法性、延续性、实用性三原则,即要求拆迁政策既要合法合规,又要与原有政策衔接,避免产生新的不公,还要保证拆迁户的接受度,加快签约进度。管理人反复多次打磨后,确定了新政策。

方案确定后,管理人直面 2.5 亿元拆迁安置成本资金缺口问题。一方面,管理人尽快处置了房产等常规性资产,通过多方协调,向银行申请了少量贷款,实现开源;另一方面,管理承诺先向农户支付 40% 拆迁款,余款在拍卖成交后支付,并且暂缓清偿抵押优先债权,实现节流。多措并举,解决了上亿元资金缺口。

自 2017 年 3 月起,管理人依次完成制定专项工作方案、征得属地政府及法院认可、入驻浦阳镇现场办公、核查拆迁款发放情况、清点安置房源与排查安全隐患、摸排过渡厂房现状等工作。其间,仍不断论证与完善政策,做好上访人接待、解释工作,积极配合维稳需求,参与接访、解释工作。2017 年年底,桃花源项目启动拆迁工作。2018 年 4 月底,完成绝大部分拆迁户拆迁签约工作。2018 年 8 月,桃北新村安置房招标完成。目前,安置房已经建设完成并交付。

拍卖方案设计与实施直接关系到资产处置价格。桃花源项目下可处置的有证土地包括 845 亩住宅用地与 220 亩旅游用地，为大小不一、情况不同的 6 个区块。先行处置优质资产可以换取流动性，但对劣质资产来说存在不确定性；整体处置能降低风险，但体量较为庞大。管理人对采取何种处置方式十分谨慎。随着二十国集团领导人峰会后杭州房地产市场回暖，管理人主动出击，积极推介项目，接待意向投资人，开展尽职调查。在持续沟通中，管理人意识到，桃花源项目的自然环境及大面积土地非常适合打造小镇类型的综合体项目，而且面积越大单位价值越大，决定采用整体处置。为充分体现项目体量优势，吸引更多意向投资人，管理人在政府的协调下与村集体达成协议，一次性支付所有流转费，归集流转地 3102 亩，使桃花源项目继续享有流转土地使用权。

设置竞买人门槛时，管理人充分考虑了司法拍卖公平性，以及尽快恢复开发、避免二次破产的必要性，最终决定以具有房地产开发一级资质作为基本条件，使全国近千家企业能够参与竞拍，保证候选基数与竞争性，又借助政府统一认定的权威标准，对接盘人的实力进行初步筛查，契合项目启动资金大、建设周期长的特点。

受资金和时间的限制，管理人难以开展续建，拍卖方案中确定由竞买人续建烂尾工程、承担 558 套已网签房屋交付义务，竞买人成为交付房屋的义务人，购房人仅需承担部分期限利益，换取其余购房条款的履行。

通过“先拆后卖、化零为整”的方式提升资产价值，桃花源项目经 48 次延时、51 次竞买，以 33.4 亿元竞拍成功，较起拍价溢价 19.28%。桃花源项目处置以项目实际情况为基础，兼顾了各方利益，做到了破产价值最大化、债权人利益保障最大化，是重整式处理的标志性项目。

2. 公路工程施工资质及工程业务

登峰集团以道路施工起家，公路施工一级资质是其一笔较大的无形资产。在传统破产清算情形下，该资质不具备折现价值，且大量工程项目因合同无法履行而转为债权，增加了债权总金额。经充分论证，登峰集团设立了全资子公司浙江路歌交通建设有限公司（以下简称路歌公司），将全部公路工程施工资质转移至路歌公司，再通过拍卖股权的方式成功变价，以重整式清算方式完成处置。

2017 年 4 月 25 日，竞买人通过淘宝网司法拍卖平台竞价的方式受让了路歌公司 100% 股权和 52 项登峰集团公路工程施工业务的合同权利义务。目前，路歌公司已由买受人经营管理。

（三）攻坚克难搞续建，验收办证问题多

对生态园烂尾项目，管理人克服资金短缺等困难，顶着巨大的工作压力启动续建，

依次开展组建项目部、筹措续建资金、选择续建单位、分割施工界面等工作,用时 3 年终于使项目竣工。由于烂尾时间长、各项标准提高导致验收与办证困难,经区政府多次协调,目前已完成验收办证。

生态园项目有 31 幢别墅和 1 幢高层处于在建状态,涉及购房人、实际施工人、抵押权人等利益主体 200 余家。若选择续建,则面临资金短缺、跨专业工作等困难;若放弃续建直接处置资产,则资产价值会因瑕疵大幅贬低并且无法妥善解决债权清偿、疑难纠纷等问题。经向法院和债权人委员会报告,管理人最终决定启动生态园未完工项目续建,保障债权人和各方主体的利益。

与拆迁安置时一样,续建仍然面临资金缺口,除原本的开源节流措施外,管理人在续建方案设计上充分考虑了利益平衡,基于对续建后财产价值的测算,在保障债权人核心利益的同时要求债权人放弃部分附随利益或在续建工作上予以协助。例如,工程款债权人可以对可售房屋的处置价款享有优先权,但需配合续建及后期办证等工作。历时 3 年,上述烂尾区块所有工程得以竣工。

由于烂尾时间较长、验收标准提高等,续建完成后验收工作推进缓慢。在建设团队内部,管理人组织施工、设计、监理、勘察单位开展自查自纠工作,邀请政府有关部门赴现场指导,及时排查问题,主动整改。在外部,管理人紧密依靠府院联动机制,区政府召集有关部门召开了 3 次验收、办证专题协调会,统筹协调验收、办证各项事宜,解决历史遗留问题。在各方努力之下,房屋产权证已办理完毕,2023 年开始房屋陆续交付给购房人。

除续建房屋外,生态园尚有 114 套已建成销售的房屋,因各项资料不全,至破产时仍未完成房屋产权证办理工作。管理人于 2017 年 4 月处理权证补办事宜,制定了办证方案实施细则,针对不同区块的问题分别处理。房屋业主多有占用及违章搭建的情况,并且由于区块内房屋均已销售,无可处置资产,办证资金可能需业主自行筹集。为避免施工、设计、监理、勘察单位因欠付款项拒绝移交资料,管理人着力于在各方之间做好协调工作。

(四)牵涉社会关系广泛,涉及民生,存在维稳压力

在复杂的社会关系网背后,各方需求不一:拆迁债权人要求拆迁款与安置房落实到位,未拆迁农户既希望尽快拆迁又想获得更多补偿款,购房人要求房屋按原标准交付并支付逾期交房违约金,工程款优先权人与抵押优先权人希望尽快清偿款项,属地政府对于区块经济发展、民生及维稳的要求,内部按揭、“一卖一抵”的购房人和抵押权人之间则存在更加直接、尖锐的利益冲突。

为避免标准不同带来的矛盾,管理人自始至终坚守合法合规原则,引导债权人知

晓、理解、相信法律规定，确立沟通基础。

管理人对登峰集团的资产、债务情况进行分析后，从债权人角度出发，实施了普通债权 5% 分配比例的预分配，争取债权人的信赖，缓解各方的经济压力。

考虑互联网技术高效率、低成本的特征，管理人着手开通并运营微信公众号，引导债权人关注公众号，已通过互联网平台发布工作进展、资产推介等信息逾百篇。

三、案件特点

登峰集团及关联公司破产清算案系房地产开发企业破产案中极为典型、复杂的案例，汇集了房屋拆迁、房地产续建、施工资质平移、税收政策支持等绝大多数与破产相关的重大法律问题。能取得现有进展，离不开以下有力措施。

（一）紧密依靠府院联动机制，有效破解拆迁等难题

在 2014 年登峰集团出现资金链危机时，属地政府已成立了领导小组，予以帮扶。在破产清算期间，属地政府延续原有方案，牵头组建登峰集团处置工作专班，协调解决破产程序中涉及政府公共职能的拆迁、土地流转、税收、验收等疑难问题。在处置桃花源项目时，工作专班进驻现场，高效完成 160 余家拆迁户的拆迁签约工作，落实政策化解资产重大瑕疵；多次与意向投资人进行沟通，打消意向投资人对于能否顺利接盘开发的顾虑，促成项目以较高价格成交。作为较早建立破产案件府院联动机制的地区，属地政府一直设有专门机构对接协调本案，各级政府为妥善处理登峰集团及关联公司破产问题，累计召开协调会上百次，投入了巨大精力。依靠府院联动机制，属地政府和法院帮助解决了浦阳桃花源项目资产处置、所前生态园工程续建验收等诸多重点、难点问题，有力推动了破产程序的顺利开展，维护了广大债权人的合法利益。

（二）了解市场需求，追随市场热点

管理人在处置桃花源项目时，对市场需求进行充分调研，抓住市场反馈捕捉到项目最受市场青睐的亮点，进而采取各种措施将亮点最大化，优化了资产处置结果。抓住二十国集团领导人峰会的东风，趁房地产市场回暖时积极推介项目，也是实现高质量处置资产的原因之一。对于存在破产财产处置需求的案件，管理人在提供专业知识的同时，也要抓住市场机遇，实现最优解。

四、案件办理所取得的评价

在案件办理过程中,管理人紧密依靠府院联动机制有效破解了重大破产案件中的房屋拆迁、续建验收及办证等难题,助力实现破产程序与政府公共职能的有序有效衔接,推动大型房产项目重整式清算。目前,除部分涉诉纠纷外,管理人已基本完成案件资债清理工作。普通债权第一次分配比例为7.2398%,3家公司已终结破产程序。

本案入选“2022年度浙江法院企业破产审判十大典型案例”“浙江省破产管理人2022年度企业破产十大优秀履职案例”,管理人获评萧山法院2018年度“优秀管理人”。

2021 年度企业破产优秀履职案例

“四个联动”协调重整,跨区域化解上市公司风险
——ZT 汽车及下属 8 家子公司联动重整案

【案例索引】(2021)浙 07 破 13 号

【审理法院】浙江省金华市中级人民法院　湖南省长沙市中级人民法院　浙江省永康市人民法院

【管理人机构】浙江京衡律师事务所

【关键词】上市公司重整　府院常态化联动　预重整与重整联动　省内法院与省外法院联动

一、案 情 简 介

ZT 汽车是浙江省唯一一家 A 股上市的车企,拥有生产燃油车和新能源乘用车资质,是国内最早布局新能源汽车产业的车企,以汽车整车研发、制造及销售为核心业务,累计生产销售各类型号汽车 120 余万辆。2018 年下半年,公司出现债务危机、流动性危机和信用危机。2019 年年初,因汽车市场整体深度调整,国家新能源汽车补贴退坡,公司作出错误的战略性决策,流动性风险彻底爆发,生产制造端停工停产,2000 余家供应商、800 余家经销商、近万名员工频繁信访,甚至发生极端维权事件。2020 年 6 月,因审计机构出具“无法表示意见”报告,ZT 汽车被实施退市风险警示,股票价格一度跌至 1.14 元,随时有跌破票面价值退市的风险。

自 2020 年 10 月起,ZT 汽车下属 8 家合并报表范围内子公司陆续进入破产程序。2020 年 10 月 10 日,浙江省金华市中级人民法院(以下简称金华中院)对 ZT 汽车重整进行立案登记审查,正式启动重整报批工作。经多方努力,ZT 汽车重整预案、业绩补偿和大股东违规占款等问题的解决方案得到中国证券监督管理委员会(以下简称中国证监会)认可。在先后获得中国证监会、最高人民法院复函同意后,金华中院于 2021

年6月9日正式裁定受理ZT汽车重整申请。2021年9月,案件经过公开遴选依法确定重整投资人。2021年10月28日,最高人民法院协调确定浙江、湖南两地3家法院协同推进ZT汽车及其下属8家子公司整体重整。2021年11月9日,ZT汽车及下属8家子公司召开债权人会议,表决并高票通过重整计划草案。金华中院、浙江省永康市人民法院(以下简称永康法院)、湖南省长沙市中级人民法院(以下简称长沙中院)先后裁定批准所辖案件重整计划。2021年12月31日前,经金华中院、长沙中院、永康法院裁定,ZT汽车及下属子公司"1+8"重整计划全部执行完毕。

二、重难点问题

(一)主要问题

ZT汽车是2007年以来浙江省内第二家重整的上市公司,也是浙江省第一家由省政府致函中国证监会请求支持重整的公司。ZT汽车重整伊始,即面临日常经营停滞、保壳形势严峻、监管和社会舆论压力大、重整投资人招募难、债权人利益博弈激烈等困难,极其考验政府、法院、管理人的破局思维与智慧。具体表现在以下几个方面:

第一,日常经营近乎停滞,公司基本面极度悲观。2020年公司基本处于停工停产状态,1~6月仅生产汽车574辆,销售1417辆,2020年前三季度合并口径下累计亏损15.63亿元,可用现金流严重不足。因公司长期欠薪,公司经营管理团队、财务团队、技术团队、销售团队、研发团队、采购团队等核心成员全面流失,给后续工作开展带来巨大挑战。

第二,面临多重退市风险,保壳形势极其严峻。因公司2019年度财务会计报告被出具"无法表示意见"的报告,2020年度经审计的期末净资产为负值,若2021年度财务报告净资产仍为负值或再次被年审机构出具"无法表示意见"或"否定意见"的审计报告,公司股票将被终止上市交易,此为财务类强制退市风险;受公司被实施退市风险警示的影响,公司股价于2020年6月24日一字跌停于1.69元收盘,其后股价一路下跌,若连续20个交易日每日股票收盘价均低于1元,公司股票将被终止上市交易,此为交易类强制退市风险。

第三,社会各界高度关注,监管维稳压力巨大。ZT汽车作为拥有一定市场知名度的上市车企,备受市场关注。无论是社会公众还是新闻媒体抑或中小股民,均高度关注ZT汽车重整进展,公司稍有风吹草动就会成为舆论炒作焦点,被各种围观解读。因2019年、2020年连续两年巨亏,A股市场罕见的控股股东巨额业绩补偿缺口,以及2021年股价从1.14元上涨到9.98元(年度涨幅第一股),监管部门对公司重整也极为关注。此外,ZT汽车的经销商遍布全国,因停产时间过久,经销商长期处于无车可卖的状态,不断涌现的售后维修责任、不断增加的三方融资成本等外部压力使经销商经营难以为继,甚至发生极端维权情况,属地政府维稳压力空前巨大。

第四,重整报批困难重重,充满各种不确定性。业绩补偿、大股东违规占款、可持续经营能力、有无意向投资人等问题是中国证监会审查的关键内容。而ZT汽车139.5亿元业绩补偿缺口史无前例;控股股东已经资不抵债,根本无力自行解决业绩补偿和3.1亿元大股东违规占款的问题;投资人尚在招募,短时间内无法帮助解决违规事项,且业绩补偿缺口巨大,非投资人所能负担。以上诸多问题都是重整报批"卡脖子"问题。同时,重整报批任务重、时间紧,公司2020年度财务报告已经被审计机构出具"无法表示意见",若重整报批进展不顺利,2021年4月30日,很有可能就是退市之期。

第五,产业门槛高洗牌加剧,投资人招募不容乐观。近年来,汽车行业竞争加剧、技术迭代迅速,缺乏竞争力的众多车企相继破产或被兼并,而整车制造需要庞大的资本投入、高级的制造技术、严格的质量控制及完善的供应链管理,对资金、技术和人才的要求极高,并非一般投资人能够胜任。预重整期间,因为重整报批的不确定性,以重整受理为前提的投资人引进工作难有实质性推进。管理人在预重整期间分别询问或接洽了数十家产业投资人,但由于ZT汽车既有的生产线更偏重于传统燃油车,基地关系复杂,且行业本身在洗牌过程中,投资人招募前景不甚明朗。

第六,债权人利益诉求高,方案设计考验智慧。ZT汽车及下属子公司,共计3400余家债权人申报债权,申报总金额663亿元,职工债权1500笔,涉及欠付职工薪资7500多万元(不含垫付职工工资)。债权类别不同,利益诉求不一,极其考验管理人在方案制定方面的智慧,主要体现在:一是需要联动重整下属子公司,以保全上市公司的核心经营价值;二是联动重整需要研判是实质合并还是程序合并,是全部重整还是重整部分割舍部分;三是核心子公司湖南J公司管辖权争议一直处于不确定的状态;四是各家公司债权人部分交叉重合,债权人的诉求各有不同,债权人之间的利益平衡非常复杂。

第七,管辖争议协调艰难,联动重整面临挑战。湖南J公司为ZT汽车核心子公司之一,兼有燃油车和新能源汽车生产资质,占有ZT汽车近80%权重的产能。湖南J公司管辖权争议如果不能妥善应对,将严重影响重整报批、投资人招募及年报出具,直接关系到上市公司能否维持其绝大多数产能和重整后能否真正实现产业恢复,也关切到ZT汽车及下属子公司能否如期召开债权人会议表决重整计划、重整投资人会否退出、ZT汽车是否能解决退市风险等关键问题,给ZT汽车重整带来前所未有的挑战。

(二)主要应对措施

首先,为完成ZT汽车保壳工作,政府、法院、管理人各司其职、齐头并进,同步向中国证监会、最高人民法院报请批准 ZT 汽车重整,并根据反馈意见及时会商修改报批文件,多次赶赴深圳证券交易所(以下简称深交所)和中国证监会汇报大股东业绩补偿、控股股东违规占款、资本公积金转增股本等重大问题及解决思路与方案,积极争取监管部门支持,攻坚克难完成重整报批;配合 ZT 汽车及时进行信息披露,发布 200 余篇公告,妥善应对监管部门问询,答复深交所、证监局 15 次问询;在原审计机构退出审计的情况下,协调公司快速确定新任审计机构并全面配合审计,如期完成 2020 年度、2021 年度审计工作,最终实现上市公司保壳重生。

其次,为扭转 ZT 汽车基本面,保留公司营运价值,管理人会同公司挖掘、分析公司重整价值,制作推介资料,主动拜访或接待同行业车企,对意向投资人进行考察走访,召开遴选会择优、高效确定重整投资人;重整期间采用管理人监管下的债务人自行管理营业事务模式,公司管理团队和管理人共同配合,延续公司原管理模式,在重整期间维持较高的决策和管理效率,为联动重整提供有利条件;优化公司人员结构,控制程序成本支出,每月减少数百万元开支,多次召集管理层会议、职工代表会议,晓之以理,动之以情,释明法律有关规定,逐步赢得留守职工信任,紧密配合开展重整工作,为重整成功奠定坚实的内部基础;面对突发的产业窗口指导、整车资质拟被列入特别公示名单等重大事项,府院共同研判,合力争取国家发展和改革委员会、中国证监会的支持,快速解决有关事项,有效保留 ZT 汽车的核心资产价值,为重整工作的推进创造良好基础和外部环境。

再次,为妥善解决湖南 J 公司管辖权争议,维护公司整体价值,管理人配合浙江省三级政府、法院 10 余次前往长沙沟通,全力争取将湖南 J 公司留在 ZT 汽车体系。在最高人民法院根据 ZT 汽车的实际情况,确定"两地协同、联动重整"的务实方案后,浙江省高级人民法院、金华中院与湖南省高级人民法院、长沙中院密切对接,多次召开协调会议落实最高人民法院指示,服务 ZT 汽车、湖南 J 公司一体重整、共同脱困的大局,坦诚交流、求同存异,最终促使两地法院达成共识,不因管辖问题困扰重整进展,不因地方观念忽略全局利益,共同促使湖南 J 公司成功保留在 ZT 汽车体系内。在具体操作环节,两地政府、法院、管理人讨论和解决因破产管辖权争议产生的一系列问题,信息互通、口径一致、资源共享,促使 ZT 汽车和湖南 J 公司由破产管辖争议转为联动重整,克服了事关重大且无先例经验可循的难题,成功推动湖南 J 公司与 ZT 汽车同步召开债权人会议,高票通过重整计划并及时执行完毕。

最后,为一盘棋化解 ZT 汽车及下属公司债务风险,管理人反复打磨重整方案,尊重各方意见,平衡各方利益,争取最大共识,最终确定 ZT 汽车与其下属子公司同步协同重整方案,通过联动重整方案,ZT 汽车下属子公司获得了自上而下的偿债资源,并保留在 ZT 汽车体系内,完整保留整车生产资质及研发、设计、产、供、销体系,整体价值得以保全维持,成为ZT汽车重新上路的内在、长久驱动。协同重整计划通过现金加股票组合清偿、关联债权不占用偿债资源、基于同一法律事实形成的债权不得超额受偿、账面未申报负债作为预计负债计提等偿债规则设置,有效隔离了重整计划执行完毕后公司原有债务风险,债务危机从根源上得到全面、有效化解,为后续恢复经营能力和盈利能力打好基础。

三、案件特点

本案是通过政府与法院、省内法院与省外法院、母公司与子公司、预重整与重整"四个联动"协调审理模式,最终实现上市公司风险化解,联动重整成功,"三个效果"有机统一的典型案例,对上市公司跨区域风险化解具有较高借鉴价值。

(一)府院联动常态化

在案件审理过程中,浙江省三级政府和法院建立了常态化联动协调机制。本案的府院联动是全过程、多层次、高密度的,是务实的而非落于形式的,是长期的而非临时叠加的,这是ZT汽车重整成功的基础、核心保障,是破产案件府院联动的典范。

(二)跨省联动协同重整

对湖南J公司的破产管辖权争议,浙江、湖南两地法院、管理人坚决落实最高人民法院协调意见,坦诚交流、求同存异,最终达成共识,通过联动重整的方式,促使湖南J公司成功保留在ZT汽车体系内,顺利完成重整工作。

(三)母子公司协同重整

ZT汽车与其下属子公司同步协调重整,整车制造的研发、设计、产、供、销体系全部保留在上市公司体系内,ZT汽车的整体价值得以保持。ZT汽车向8家子公司提供部分转增股票和现金用于清偿债务,提高了债权人的整体清偿率,实现公司财产价值最大化和债权人的公平受偿。

(四)预重整与重整有效衔接

ZT汽车作为上市公司,其重整受理需报批审查,但公司拯救已经刻不容缓。对此,属地政府和法院果断决策,启动预重整程序,在预重整阶段积极开展各类摸底、梳理工作,确定重整基本方向,后续在预重整工作成果上对接破产重整,为化解危机争取了时间。

(五)债务人自行管理

ZT汽车是在管理人监管之下由公司自行管理财产和营业事务。重整期间,公司延续了集团式自上而下的集中条线管理,ZT汽车管理团队和管理人共同配合,在重整期间维持了高效决策和管理,为联动重整提供了有利条件。

四、案件办理所取得的评价

在各级政府及相关职能部门的大力支持下,在各级法院的精心指导下,本案先后克服重整受理报批难、年报审计任务重、投资人引进波折多、湖南J公司管辖权争议、公司员工流失严重、天价业绩补偿悬空等难题,跨省跨区域协同,顺利完成ZT汽车及其下属子公司"1+8"联动重整。经由重整,公司退市风险得以消除,上市公司实现保壳重生;依靠府院联动机制,大型企业风险化解落地;联动重整下属公司,整体价值得以保全维持;克服跨省管辖争议,避免核心子公司单独破产;守住公司核心价值,为公司涅槃重生留存"火种";综合设计现金清偿和股票清偿等多元偿债方案,债权人权益得到全面维护;维护地方金融稳定,区域金融风险得以化解;积极回应有关群体利益诉求,社会矛盾得以平稳消解。

借助联动重整机制,ZT汽车及其下属子公司"1+8"妥善处理了约140亿元负债,平稳化解了3000余家债权人及近万名职工的涉稳风险,从根本上改善了上市公司的财务结构,消除了退市风险,较好地保障了6万多中小股民的利益。

府院联动助力化解征破结合与刑民交叉问题

——新纺集团有限公司等6家公司破产清算案

【案例索引】(2017)浙0502破8号

【审理法院】浙江省湖州市吴兴区人民法院

【管理人机构】国浩律师(杭州)事务所

【关键词】征破结合　府院联动　刑民交叉　人文关怀

一、案情简介

新纺集团有限公司(以下简称新纺集团)、湖州兴合能源有限责任公司(以下简称兴合能源)、新纺集团湖州进出口有限公司(以下简称湖州进出口)、湖州新纺纺织有限公司(以下简称新纺纺织)、浙江金合电力燃料有限公司(以下简称金合电力)及浙江新富电力燃料有限公司(以下简称新富电力)是以新纺集团为中心的新纺系企业,主要业务分为棉纱贸易板块、煤炭贸易板块、投资板块。新纺集团等6家公司系同一实际控制人控制经营,是浙江省内知名的棉纺织企业供应商,也是湖州地区优势产能企业。但因债务人为多家企业上亿元巨额债务提供担保,需承担巨额担保责任。同时,新纺集团经营上盲目扩张,向多家金融机构借贷了巨额资金,但投资失败,主营业务收入急剧减少,无法按时清偿债务,导致资金链断裂,陷入困境。此外,实际控制人、高级管理人员等涉嫌刑事犯罪,被当地公安机关依法采取刑事强制措施,新纺集团等6家公司正常经营无法维持,最终依法进入破产程序。

2017年12月4日,浙江省湖州市中级人民法院分别裁定受理新纺集团、兴合能源两家公司破产清算申请,并于同年12月12日裁定交由浙江省湖州市吴兴区人民法院(以下简称吴兴法院)进行审理。2017年12月18日,经浙江省高级人民法院批准,吴兴法院指定国浩律师(杭州)事务所担任新纺集团及兴合能源两家公司的管理人。

2017年12月15日,吴兴法院分别裁定受理湖州进出口、新纺纺织、金合电力3家公司破产清算申请,并于同日指定国浩律师(杭州)事务所担任湖州进出口、新纺纺织、金合电力3家公司的管理人。

2018年1月29日,吴兴法院根据管理人申请,依法裁定新纺集团等6家公司合并破产清算。2018年3月30日,新纺集团等6家公司第一次债权人会议顺利召开,会议审议通过了《财产管理和变价方案》等方案。2018年5月17日,吴兴法院根据管理人申请,依法裁定宣告新纺集团等6家公司破产。2021年8月2日,吴兴法院根据管理人申请,依法裁定确认了无异议债权。同日,吴兴法院根据管理人申请,依法裁定认可债权人会议表决通过的《破产财产分配方案》。2021年11月15日,吴兴法院根据管理人申请,依法裁定终结新纺集团等6家公司破产程序。

二、重难点问题

(一)全面开展接管工作,维护资产价值

1. 全面接管债务人

2017年12月20日,管理人驻场接管债务人,但因债务人及相关人员涉嫌刑事犯罪,债务人资料在破产受理日前被湖州海关、湖州市公安局、湖州市吴兴区织里镇人民政府等扣押或保管,涉及刑事案件与破产案件的协调问题,接管难度较大。为了全面掌握债务人实际情况,顺利完成接管工作,在吴兴法院协调下,管理人分别前往湖州市公安局、湖州海关等部门沟通、核查债务人材料移交事项,并完成了债务人接管工作。

2. 维护资产价值

经核查,债务人主要实物资产为4宗土地及房屋、建筑物、机动车、纺织类机器设备、存货、火冰等相关资产。经管理人核查,前述资产均存在严重的毁损、灭失风险及安全隐患,且存在资产所在地分散、年久失修等客观问题,导致债务人资产维护工作难度巨大。债务人的不动产均建造于20世纪90年代,年久失修,承租户或实际占有人多达40余户,涉及石材、钢铁、餐饮、网吧、歌厅、五金、宾馆等行业,结构十分复杂,加之债务人疏于管理,大部分承租户抵触情绪强烈,管理人的资产维护、租金收取等管理工作难度巨大。管理人通过吴兴法院、当地政府相关部门的协调,聘请原债务人相关人员做好沟通、收租等工作,并通过逐户走访、普及企业破产法等法律法规,耐心解释、沟通,对存在严重安全隐患的墙体、变压器、电线、水管等进行了维修,并定期进行巡查,维护了资产价值,消除了安全隐患,确保了全体债权人利益。

(二)全面核查混同情形,审慎推进实质合并

新纺集团的关联公司多达 13 家,管理人审慎、严格核查关联企业法人人格混同情形。在相关法律尚未明确相关规定的情况下,始终秉持审慎适用实质合并破产,对前述 13 家关联企业逐一实地考察,全面核查其财务、人事、经营、实际控制人、欺诈行为等综合因素,并经审计机构专项审计、听取主要债权人及债务人员工意见,最后由并入实质合并企业股东分别形成同意实质合并的股东会决议,形成专项申请报告,申请对存在严重法人人格混同、区分关联企业成本过高、严重损害债权人公平清偿利益情形的 6 家关联企业实施实质合并破产,其他尚未达到实质合并标准的关联企业依法独立处理,关联企业进入破产程序的,可以通过协调审理与管辖原则处理,吴兴法院依法核查后裁定新纺集团等 6 家公司合并破产。

(三)纠正不当财产处分行为,保障破产财产最大化及全体债权人公平清偿

经核查,债务人存在破产受理日前 1 年内无偿转让财产、以明显不合理的价格进行交易等可撤销的情形,也存在为逃避债务而隐匿、转移财产的无效情形。

1. 可撤销行为

管理人依法撤销了破产受理日前 1 年内以员工福利形式将债务人名下机动车(1 台)无偿转让给员工和以明显不合理价格将名下机动车(3 台)转让给关联公司的转让行为。

2. 无效行为

管理人依法追回了债务人为逃避债务而登记在第三人名下的房产,也依法认定了 3 份债务人为了转移财产而虚构的租赁合同无效,依法追回 600 余万元。

(四)多元化灵活处置资产,依法高效完成腾退工作

管理人在破产财产处置变价过程中,始终秉持高效与价值最大化原则,根据债务人资产不同属性,采用公开化、多元化方式处置变价,包括腾退后网络拍卖、网络带租拍卖、线下竞价、协议转让、征迁补偿、1 元名义价处置等多种方式,重点解决不动产征迁与破产程序的结合问题。管理人重点处理了其名下 1 处不动产征迁工作,在涉征迁不动产处设置了管理人办公室,派驻至少 1 人全日制办公,开展征迁腾退工作。该不动产系湖州市石材市场、钢材市场及农资市场,房产涉及约 50 处,涉及承租户、次承租户和实际占有人共计 30 余户。鉴于主营行业的特殊性、租户结构的复杂性及市场进出人员的繁杂性,管理核查难度、腾退难度巨大。一方面,管理人向吴兴法院、当地政

府等寻求协调;另一方面,管理人对承租户释法说理、逐户沟通,并多次召开征迁腾退动员大会,安抚个别情绪激动的承租户。同时,管理人与征迁办进行了充分沟通并严格审核了征迁补偿明细,并陪同评估机构、审计机构对征迁不动产、租户机器设备逐一进行盘点,确保不遗漏任何补偿资产与项目。

(五)依法处理企业破产程序中刑民交叉问题,平衡各方利益

在本案中,管理人作为金合电力、兴合能源的诉讼代表人参与了债务人及相关人员涉及的骗取贷款罪、虚开发票罪、职务侵占罪等刑事案件。前述案件对管理人各方面工作产生重要影响,需要管理人厘清企业破产程序中刑民交叉问题处理思路:(1)资产核查与接管。因实际控制人、总经理等涉及刑事犯罪,管理人难以随时约谈涉刑人员,通过吴兴法院与办理刑事案件的公安局、羁押监狱等部门协调,由主办法官、管理人一同至监狱会见,并制作询问笔录,完成相关情况的核查工作。(2)债权核查与确认。刑事案件中债务人的罚金处理,管理人依法将其认定为劣后债权。另外,充分分析刑事被害人与破产债权人的矛盾和冲突根源,在破产程序中不宜绝对化先刑后民,应当兼顾破产效率、公平原则。刑事被害人需要通过向管理人申报债权方式寻求财产救济,又鉴于法律法规并未明文规定其债权为优先债权,只能确认为普通债权。(3)被害人是否享有取回权的认定。破产取回权的行使需满足相关法律和司法解释规定的其资产尚在(或代偿物)及可区分、未混同的前提。在本案中,赃物为被害人向债务人发放的贷款,不具有特定性,难以与债务人资产相区分,因此,被害人无法行使破产取回权。

(六)依靠府院联动机制,专项解决维稳与税务问题

管理人依靠府院联动机制,高效解决了破产程序中的特殊性问题。管理人通过网络拍卖方式处置了1个包含不动产、机器设备等资产的资产包,但因该资产包中各资产实际处置价款分摊问题及土地增值税计征方式问题而未能办理过户。当地税务部门认为无法按照评估值分摊各资产的实际处置价款,即使法院发函也未予认可。此外,当地税务部门明确当地非房地产开发企业旧房买卖环节的土地增值税均需要清算、查账计征,不适用核定征收。

管理人充分查找相关法律法规及税务规定,多次前往当地原国土局、财政局等部门调取相关资料,并多次向当地税务部门提出协调方案,但未能获得认可。经管理人申请,吴兴法院多次召集属地区镇两级政府、税务局等部门召开协调会,通过引入涉税鉴证程序,在法律框架下显著降低了交易税费,有效提高了普通债权清偿额。

三、案 件 特 点

（一）审慎适用实质合并破产，严格实质合并破产标准

在本案中，管理人严格实质合并破产标准，并审慎适用实质合并破产程序，其适用态度、标准、程序与吴兴法院裁定该6 家公司合并破产日 1 个月后最高人民法院印发的《全国法院破产审判工作会议纪要》（法〔2018〕53 号）对适用实质合并破产的态度、标准、程序等均完美契合，体现了吴兴法院、管理人的专业性和前瞻性，既有效提高了破产程序的效率，也更好地保护了全体债权人的利益。

（二）厘清企业破产程序中刑民交叉问题处理思路，切实维护全体债权人利益

在尚无明确规定的情况下，管理人厘清本案破产程序中刑民交叉的处理思路尤为重要，依据法律规定，通过耐心沟通，妥善平衡了刑事被害人与破产程序其他债权人的利益，避免了冲突，高效、有序推进破产程序。

（三）兼顾资产处置效率与价值最大化，依法且灵活处置资产

管理人在破产财产管理和变价过程中，始终秉持高效与价值最大化原则，同时根据债务人资产的不同属性，总体上采用公开化、多元化的方式处置变价，改变了仅以网络拍卖方式处置资产的单一、僵化方式；具体处理上，管理人采用充分沟通、适当授权等方式灵活处理。在本案中，管理人通过多元化破产财产处置方式，将评估值仅 1 亿元的资产，最终实现变价 1.67 亿元，成功处置土地 72.77 亩，房屋或建筑物 4 万余平方米。

（四）发挥府院联动机制作用，引入涉税鉴证程序，实现税务筹划目标

本案在错综复杂的情况下可以高效顺利完成破产清算工作，除了管理人扎实完成了破产清算程序所必须依赖的基础工作、充分运用专业知识和技能解决破产清算面临的实务和法律问题，并高效、灵活制定相关可操作、平衡各方利益的方案外，也离不开属地政府、法院、职工、承租方、债权人等各方的支持、理解。本案历经 4 年最终完成清算工作，是各方共同努力的结果。在处理债务人不动产资产交易税费过程中，管理人在与吴兴法院、属地政府、税务局等协调中引入了涉税鉴证程序，有效实现了税务筹划，使普通债权额显著提高，积极发挥了府院联动机制的作用，依法维护了全体债权人合法利益。

(五)企业破产审理与社会人文关怀并重,实现法理与情理的统一

在征地拆迁过程中,管理人注意到有一户孤寡残疾老人,实际占有一间债务人房屋,且无法提供合法占有此房屋的证据材料。经了解,该老人曾承租债务人另一处不动产,该不动产因债务人涉及执行案件而被司法拍卖,执行法官在执行中将其安置在现涉及征迁的房屋内已有多年。该不动产涉及征迁,需要进行腾退,但又不能损害各债权人利益,管理人秉持人道关怀原则,在不损害各债权人利益的情况下,对其进行腾退及妥善安置,顺利推进破产程序,实现了法理与情理的并重。破产案件不应忽视人文关怀,也不能突破法律规定、损害他人利益实现人文关怀,破产审理与人文关怀应当并重,凸显了破产审判中人文关怀的社会价值追求。

(六)多种手段催收债务人债权,有效提高债权清偿额

管理人通过上门催债、申报债权、民事诉讼、刑事退赃、征迁补偿互抵催收等方式对外追收债权,通过多种手段催收,实际追收金额达1000余万元,切实维护了全体债权人的利益。多元追收债务人对外债权,通过以非诉追回为主,以刑事、民事诉讼追收为辅的多元追收方案,实现债权人利益的最大化。

四、案件办理所取得的评价

(一)审慎适用实质合并破产,依法高效推进破产程序

秉持审慎适用关联企业实质合并破产的原则,审慎鉴别满足实质合并破产的关联企业,进而维护各债权人的合法利益。同时,通过实质合并破产清算程序,使全体债权人依法获得公平的清偿,更加高效地推进了破产程序。

(二)相关债权获得合理清偿,切实有效维护各方利益

经管理人积极开展不动产交易税费的减免,不动产房产税、城镇土地使用税的减免协调,灵活处置资产、征迁腾退、应收款催收等工作,本案中税款债权、职工债权获得全额清偿,有财产担保债权也获得了令债权人满意的清偿,普通债权清偿率由0提高到了3%以上,刑事被害人也依据企业破产法的相关规定获得了相应清偿;在不动产征迁过程中,30余户承租户也依法获得了较为满意的补偿;承租在其他年久失修不动产的10户租户也因管理人的妥善管理与维修,有了一个安全、舒适的承租房,切实有效维护了各方利益。

（三）厘清刑民交叉处理思路，有效平衡各方利益冲突

在本案中，管理人妥善处理了破产程序与刑事案件的衔接问题，平衡了破产债权人利益与刑事案件被害人利益，厘清了破产程序中刑民交叉问题的法律路径，有效平衡了各方利益冲突。

（四）多元化资产处置与催收，实现法律、经济效果统一

始终坚持以维护全体债权人利益为核心，根据案件实际情况，依法灵活变通资产处置方式，显著提高债权人清偿额，实现了法律、经济效果的统一。浙江省高级人民法院发布的《关于2022年一季度全省法院长期未结破产案件清理情况的通报》（浙高法明传〔2022〕58号）将本案作为典型案例给予高度评价，为长期未结案件的审理提供了范本。该文件评价本案如下："湖州市吴兴法院审结的新纺集团有限公司等六公司合并破产清算案，通过多元化破产财产处置，将评估值约1亿元的资产，最终实现变价1.67亿元，成功处置土地72.77亩，房屋42,542.74平方米。本案妥善处理了破产程序与刑事案件的衔接问题，平衡了破产债权人利益与刑事案件被害人利益，理顺了破产程序中刑民交叉问题的法律途径；根据案件实际情况，依法灵活变通资产处置方式，显著提高债权人清偿率；通过以非诉追回为主，以刑事、民事诉讼追收为辅的多元追收方案，实现了破产案件审理的法治效果、经济效果及社会效果的统一。"

本案获得了吴兴法院、不动产征迁实施单位、当地人民政府、承租户、企业职工、刑事被害人、抵押权人及其他各类债权人的一致好评。

创新统一经营，助力大型商业综合体重整成功

——浙江华越置业有限公司合并重整案

【案例索引】(2018)浙07破5号

【审理法院】浙江省金华市中级人民法院

【管理人机构】浙江京衡律师事务所　金华安泰会计师事务所有限责任公司

【关键词】统一经营　资产盘活　府院联动

一、案情简介

(一)债务人基本情况

浙江华越置业有限公司(以下简称华越置业)成立于2004年，下属关联公司包括金华华越世贸中心经营管理有限公司、金华国志商业管理有限公司、浙江万润投资有限公司、金华森易贸易有限公司等公司(以下合称华越系公司)。华越系公司主要经营模式为由华越置业负责开发建设金华世贸中心项目(以下简称世贸中心项目)，并对外销售，随即由华越系公司与购房户签署委托经营协议，与商户签订经营合同，同时由融资平台筹集项目开发建设资金。

世贸中心项目总建筑面积为27万平方米，是包括商场、写字楼和酒店等三大区块在内的超大型商业综合体。项目建设之初，凭借高投资回报率，吸引了大量购房户购买售后返租商铺。据统计，华越系公司累计销售1500套商铺，涉及购房户1300余人。但因项目开发周期过长、股东自有资金不足，以及超建违章建筑罚没问题，导致项目一直未能开业，最终造成经营难以为继。

世贸中心项目因其地理位置及项目体量在获得社会公众的广泛关注、吸引了大量购房投资人的同时，也因其商业综合体的特殊位置、社会功能及引发群体性上访等因素而受到了属地政府、省委乃至中央的高度关注，在其建设与经营工作由迟缓至停摆

后，中央及省委巡视组便将其列为重点关注项目，每年进行督查，多次提出政府要承担起社会职责，督促各方开展工作盘活项目，化解信访问题。然而，因其复杂的历史背景、庞大的负债体量、众多情况不一的购房投资人等因素迟迟无法得到解决。

（二）案件审理情况

2018 年 11 月 8 日，根据债务人的申请，浙江省金华市中级人民法院（以下简称金华中院）裁定受理华越置业破产重整申请，并指定浙江京衡律师事务所、金华安泰会计师事务所有限责任公司担任管理人。2018 年 11 月 30 日，经管理人调查，华越系公司间具有高度关联性，资产与负债等方面均高度混同。为充分维护债权人权益，经管理人申请，金华中院裁定合并重整。

2019 年 1 月 25 日，华越系公司合并重整案召开第一次债权人会议，会议表决通过了投资人引进方案。

2021 年 2 月 10 日，本案通过线上形式召开了第二次债权人会议，对重整计划草案进行表决。虽然绝大多数债权人表决同意了重整计划草案，但因某金融机构债权金额巨大且存在表决困难而弃权，导致重整计划草案未能表决通过。

为保障全体债权人利益，管理人向金华中院提交了关于提请批准重整计划的报告，依法有据详细阐述了重整成功对债权人利益维护、对当地经济效益的重要性，以及表决未能通过的原因，最终金华中院于 2021 年 3 月 16 日裁定批准华越系公司重整计划。

二、重难点问题

（一）面对资产瑕疵，积极落实解决方案

世贸中心项目定位是商业物业整体统一经营，但在销售过程中采用虚拟产权式商铺形式，物业内部并无各房屋实际使用空间的独立划分，无法单独使用。同时，内部产权极其复杂，存在诸多产权主体，包括已售已办产权证书、已付全款未办证、未付全款未办证、罚没资产及未售资产等，厘清世贸中心项目内部权属范围、准确界定债务人财产是本项目的难题。此外，该项目历经 10 年，仍未能正常开业经营，签订了售后返租的委托经营协议 1300 余家高价购铺户的损失较大。为此，购铺户多次采取聚集抗议和群体信访手段维权，案件涉稳形势极为严峻。此外，项目开发因超容积率施工成为违章建筑，被行政部门罚没。

进入重整程序后，一方面，管理人根据调取档案情况，分区块、分楼层逐层逐户对

每一套商铺销售和办证情况细化梳理,并按照不同资产的权属情况以不同颜色予以标注区分,建立基础资产信息文件,最终明确了现场实际情况、资产权属范围。另一方面,管理人多次主动拜访金华市城市管理行政执法局等相关部门,确认金华世贸中心超审批建设的违章建筑面积、位置及相关部门依法可以接受的协同处置办法。

(二)面对重大诉讼,尽职维护债务人财产完整

因债务人前期资金不足,多次通过民间借贷进行融资,并以网签房屋提供担保。华越公司重整受理前,有两家债权人分别向金华中院提起商品房预售合同纠纷诉讼,依据商品房买卖合同,要求华越公司交付 1.8 万平方米,并支付 4.94 亿元违约金。若该诉请得到支持,则债务人财产将大幅减少,对重整程序产生重大负面影响。

管理人以客观、审慎、勤勉态度积极履职,代表债务人应诉。金华中院对原、被告双方提交的材料,包括财务凭证、法律关系论证等数册案卷,进行了细致的了解与分析,确认了两家债权人及其相关走账主体的关联关系,以及所谓"购房款"系以 2500 万元作为杠杆资金,在 3 天内通过 13 个账户完成 14 轮、100 余笔走账等种种事实。本案历经金华中院一审、浙江省高级人民法院二审、最高人民法院再审审查及浙江省检察院抗诉申请审查,最终各级法院皆驳回了原告的交房请求,确认其为借贷关系,合法公正的判决避免了价值逾 2 亿元房屋资产的流失,有效维护了债务人财产完整性和全体债权人合法权益。

(三)面对众多复杂债权,扎实推进审查工作

华越系公司债务规模较大、结构复杂,申报债权金额约 95 亿元,债权类型包括金融类、民间借贷类、工程类、购房户类、承租户、各类经营性或供应商债权等,债权申报人数逾 1400 人。与此同时,债务人基础财务资料严重缺失,难以辨别真伪和数额,本案面临债权笔数多、审查难度大、任务负担重等一系列现实困境。

本案民间借贷债权金额巨大,情况复杂,债权形成时间长,账户往来频繁,涉及大量公司高级管理人员个人账户,需要对银行账户信息逐笔进行核查,追溯款项由来,追查款项去向。部分民间借贷涉及以房抵债问题,并向管理人提起多起诉讼,管理人为此通过审慎准备及庭外沟通,在当面提交、核对管理人调查的翔实材料的基础上,引导债权人变更申报借贷债权,或积极应诉,驳回其以房抵债诉求。

本案购房户债权数量极多,在日常工作外,本案管理人还根据需要配备了专人负责接待释疑,指导进行线上申报、填写相关申报信息,以求依法确定相关债权。对于债权人无法认可管理人角色与方案的情况,特别是部分未付清全款的购铺户在其债权未全面申报,未获法院裁定确认前,即要求行使破产抵销权,以债务人欠付的租金抵销购

房户尚未支付的房款,管理人对此进行了深入分析,从法律法规、法理分析、实务操作等各方面综合分析论证,在法院接到诉请时及时介入疏导,最终协助法院完成依法裁决。

(四)面对投资人招募困难,创新制定统一经营方案

世贸中心项目总建筑面积超过27万平方米,系横跨酒店、商业、办公等多种经营用途的巨型商业综合体,考虑到项目停业多年、内部产权关系错综复杂,投资该项目对投资人的资金实力和商业运营能力要求都非常高,重整投资人招募工作困难重重。接管债务人财产以来,管理人先后联系对接了30余家在国内房地产开发、商业运营管理等方面具备较强实力的意向投资人。然而,各家意向投资人对项目进行全面考察了解后,考虑到项目产权结构过于复杂、风险控制难以把握、未来经营存在较大不确定性等问题,长期处于观望状态。

为此,管理人先后提出共益债融资、整体出售、分割销售、债转股模式、有选择的股权出售式重整等路径,但在沟通对接主要债权人和意向投资人时,或因处置价格偏低,或因产权结构不完整,或因后续经营困难等而难有实质推进。最终,管理人经过多番论证与尝试,全面调整了重整思路,制定了"先统一经营、再整体重整"方案,并提交债权人会议表决。

在统一经营方案通过后,管理人于2021年1月初再次启动重整投资人招募工作。在"先统一经营、再整体重整"方案框架下,管理人终于解决了世贸中心项目的权属分散问题,探索出了一条个性化的、行之有效的重整路径并顺利招募到了适格重整投资人。

三、案件特点

(一)为大型商业综合体处置探索出"先统一经营、再整体重整"全新道路

世贸中心项目虽初始定位是商业物业整体统一经营,但过早地陷入经营困境,不仅一直未能完成整体开业,而且内部权属关系极为复杂,使其作为商业综合体的效能未能发挥,且增加了其常规处置难度。

管理人前期接洽的各家意向投资人均提出想要盘活世贸中心项目,无论是其自有物业还是已售商铺,都需要秉持"统一规划、统一经营、统一管理"的原则和做法。换言之,如果世贸中心项目不能形成统一经营管理的状态,将没有投资人愿意进入,资产将进一步贬值,广大购房户和债权人的利益将遭受更大损失。华越系公司也将面临进入

破产清算程序,形成资产被完全割裂,甚至分割处置都无人问津的惨烈局面。一旦资产变现能力进一步减弱,处置时间亦将大大延长,债权人利益将大幅度贬损,也必将面临更大的维稳压力。而传统房地产企业破产案件中简单的资产交易路径、股权交易路径均无法解决世贸中心项目存在的权利分散、物业交错、合法建筑与违法建筑并存的问题。

为更大程度发挥世贸中心项目的商业价值,保障返租商铺购房户持有的物业利益,管理人根据案件推进的实际情况多次调整和梳理重整思路,在对产权式商铺的概念与特征、业主权利的物权属性、限制专有权的合法性等方面结合现有法律法规及既有司法案例进行详细法律论证的基础上,创造性地提出了"先统一经营、再整体重整"的重整思路——将世贸中心项目已售产权式商铺与纳入债务人财产的华越系公司其他资产整体对外出租,并由相关产权人事先表决通过统一经营方案;罚没资产补交土地出让金后与华越系公司以按份共有形式办理产权证书,由罚没资产管理机构委托管理人在重整程序中统一处置。在明确了统一经营的大方向后,管理人还进一步站位靠前、考虑在先,在专业机构市场调研和运营分析报告的基础上,综合与意向投资人、评估机构等不同单位机构沟通情况,提出了《统一经营方案》,经业主表决事先确定好购房户租金分配的规则及方式,确定了统一经营回报的最低标准。

管理人通过"先统一经营、再整体重整"的重整路径内嵌了物业统一经营、罚没资产管理方与债务人按份共有和委托处置、债权人会议表决重整计划等多方主体决议形成机制并联动其效果,搭建起整个交易所涉各利益相关方进行磋商和沟通的平台,统筹安排债务人财产和非债务人财产的处置,谨慎平衡并实现了物业权利人和重整投资人利益的最大公约数,由此满足了商业物业后续统一经营的条件,并极大程度降低了重整投资人协商众多权利主体统一意见的风险和谈判成本,也通过将《统一经营方案》作为重整计划附件的方式明确了重整投资人与相关主体的权利义务关系,有效地锁定了重整投资人的交易风险,为重整投资人招募工作扫除了核心障碍。同时,管理人在专业论证、多方征求意见的基础上形成的《统一经营方案》《按份共有协议》等收益分配方案,兼顾了重整投资人与各类资产权利人的利益。

华越系公司重整的实践经验表明,"先统一经营、再整体重整"思路是破产程序中解决权属复杂的大型商业综合体项目处置问题的全新、有效的模式。在此过程中,破产重整程序也彰显出其正外部性和全新的效能。

(二)全面借力府院联动机制,协同推进重整工作

华越系公司作为房地产企业,具有行业特殊性。房地产开发特有的前期投入资金大、资金需求周期长、融资需求旺盛等特点,催生了大量的借款,以及通过预售甚至是

售后返租快速回笼资金的经营模式。因此，在房地产企业陷入危机时，通常会表现出负债数额巨大、涉及群体庞大、极易激化矛盾的特征。同时，由于房地产企业开发出售不动产涉及自然资源和规划局、住房和城乡建设局、税务局、应急管理局、消防等多个部门，在进入破产程序后，规划调整、消防整改、竣工验收等问题仍持续存在，破产企业在经营等方面受到限制的前提下，往往更需要各主管部门的配合与协调，才能保障破产程序正常推进。为此，在维护社会稳定的同时高效且顺利地推进案件，挖掘企业重整价值，拯救危困企业，维护社会利益成为重点难点。

本案进入破产程序之始，在政府专班和法院指导下，管理人对于案件审理中可能面临的各种不稳定因素，以及本案推进过程中的关键节点提前进行深入细致的调查、了解，并与政府、法院建立定期沟通机制，各方协同制定工作方法和应对预案。

对于重要的工作节点，政府、法院通过牵头组织各方联合会议，将破产程序中的重大疑难问题协调讨论、分项细化到各相关部门职责范围中，在各方合力推动、全程沟通顺畅的工作氛围中，实现案件平稳推进，全面提高破产程序的质量和效率。

（三）多元化保障债权人利益，坚持效率与效益的统一

管理人坚持以市场化、法治化为原则，尊重市场经济规律，以市场化方式化解资产持续贬值风险，在梳理资产的同时进行资产推介，并分析多种重整模式，与不同类型意向投资人沟通，反复推敲方案可行性。

确定正式重整投资人后，管理人短时间内就重整计划草案的清偿方案进行了审慎且深入的讨论，并达成以下成果：第一，在细化确定的统一经营方案基础上进一步补充了未来租金收益的特殊分配方式，将经营受益群体扩大化，将受益时限最大化；第二，对优先债权人之间发生的优先顺位等重大债权争议，在重整方案中暂时搁置，将顺位争议与重整计划草案表决相分离，将个别债权人的争议利益与全体债权人的整体利益相分离，通过争议后置的方式，避免因债权人彼此间的矛盾影响重整计划草案的整体表决；第三，分段清偿，根据债权整体金额分布情况，设置分段清偿模式，在清偿率整体偏低的情况下，保障重整效益惠及最大多数的债权人群体。

四、案件办理所取得的评价

（一）法律效果

本案通过深入开展调查研究，理清资产、债权、市场和法律四大关系，对统一经营、复杂债权审查、投资人招募、重整方案设计等方面或进行法律论证、梳理法律法规与法

律实践案例,或设计方案、建立专项问题处置模式,为大型综合商业体破产重整探索了一条创新的、有助于同时维护资产价值与业主权益的道路。

本案采取以投资加运营模式招募投资人、统一经营加重整投资盘活资产、建立小额债权保护机制等措施,一方面,避免债务人陷入破产清算导致群体利益的重大损失,并通过重整方案的多层设计,保障了最大多数债权人群体的利益;另一方面,使债务人摆脱沉重的债务负担,为后续开发经营创造良好的内部环境,并引进一流商业运营管理公司对本项目进行专业的运营管理,实现资源的优化配置,使资产价值最大化。这在经济层面上实现了重整投资人与广大业主权益的一致性,为后续世贸中心项目平稳开业运营奠定了基础。

(二)社会评价

金华世贸中心商业地理位置优越,且邻近金华市人民政府,自破败以来成为金华市重大历史遗留问题,受到社会各界持续高度关注。2021 年 3 月 16 日,华越系公司重整计划经金华中院裁定批准;同年 9 月,金华本地大型运营集团竞得金华世贸中心统一运营管理权,这一浙中最大商业综合体“破茧成蝶”。

在重整计划执行过程中,浙江省委、省政府批示高度认可金华市人民政府关于世贸中心等涉众重大历史遗留问题项目化解重大风险隐患的做法。

数字赋能“e债会”，破产审判助力营商环境优化与区域产业升级

——浙江昱辉阳光能源有限公司等3家公司实质合并破产清算案

【案例索引】(2019)浙0421破8号

【审理法院】浙江省嘉善县人民法院

【管理人机构】浙江点金律师事务所　浙江天宇会计师事务所有限公司

【关键词】e债会　府院联动　“六稳”“六保”助力复工复产　跨地域关联企业协同破产

一、案情简介

(一)企业基本情况

浙江昱辉阳光能源有限公司(以下简称昱辉阳光)成立于2003年8月7日,注册资本5.5亿美元,是全球光伏产业中少数具备从多晶硅到光伏发电系统的垂直一体化运作大型太阳能企业集团之一。2017年以来,因经营不善,不能适应市场竞争形势,加之受欧美“双反”政策影响,公司经营形势急转直下,持续亏损严重,无法筹集资金予以弥补,银行贷款到期不能偿还,相关纠纷不断进入诉讼程序,公司银行账户等资产被查封冻结,公司陷入停业状态。

(二)案件审理情况

根据供给侧结构性改革、推进清理“僵尸企业”等工作部署,结合市场情况,昱辉阳光于2019年11月5日向浙江省嘉善县人民法院(以下简称嘉善法院)申请破产清算。

2019年12月18日,嘉善法院裁定受理并通过竞争方式,确定浙江点金律师事务所(以下简称点金所)、浙江天宇会计师事务所有限公司(原诸暨天宇会计师事务所有限公司,以下简称天宇所)担任联合管理人。2020年5月6日,嘉善法院根据浙江昱辉智能系统集成有限公司(以下简称昱辉智能)、浙江昱辉照明节能技术有限公司(以下简称昱辉照明)的申请,裁定受理两家公司破产清算申请,因上述两家公司与昱辉阳光(以下合称昱辉三公司)存在关联关系,嘉善法院一并指定点金所、天宇所担任联合管理人。

2020年7月10日,昱辉三公司第一次债权人会议合并召开。经调查,昱辉三公司资产主要包括货币资金、土地及厂房、机械设备、原材料、知识产权等,价值约7.9亿元,另有应收债权等,经裁定确认债权451笔,确认金额46.55亿元。2020年9月5日,嘉善法院依法裁定宣告昱辉三公司破产。

2020年10月20日,昱辉三公司主体资产通过淘宝网司法拍卖平台一拍成交,成交总金额7.8亿余元,创嘉兴地区破产资产拍卖最高成交价格,有效释放位于长三角生态绿色一体化发展示范区先行启动区内的450余亩土地等优质要素资源。2020年11月23日,昱辉三公司主体资产顺利移交。随后,在原有厂区引入投资超30亿元、年产值超百亿元的精密制造项目,目前已经达产。

2020年10月20日,因3家公司存在高度的人格混同,管理人向嘉善法院提交了昱辉三公司合并破产清算申请报告。为公平清理债权债务,保护全体债权人的合法权益,嘉善法院举行了听证会并于2021年2月9日裁定昱辉三公司合并破产清算。

(三)管理人履职情况

1. 组建优质团队

管理人接受指定后,在法院的指导下,第一时间成立了由36人组成的管理团队。同时,聘请前期参与职工化解工作的浙江思贤律师事务所辅助管理人开展工作。管理人团队分设资产管理、债权审核、财务核查、诉讼清收等7个小组,其中现场常驻人员20余人。管理人在法院指导下制定了管理人工作方案,定期召开管理人工作例会,总结前期工作,安排下一步工作,高效开展各项工作。

2. 制定现场办案规程

2020年1月3日,管理人进场接管,同时制定和颁布了《管理人现场办案管理规程》,明确管理人与留守人员"分区、同时、联动"办公,对管理人团队和留守团队采取一体的考勤、请假和出差制度,一方面规范现场办公,另一方面与企业留守团队有效联动,助力案件顺利处置。

3. 勤勉尽责开展工作

管理人接受指定后，克服突发疫情影响、异地办案困难，在法院的监督、指导下，在属地党委政府的帮助和支持下，妥善、高效、合法地完成了相关处置工作。主要工作如下：

(1)完成 930 余户债权通知，451 笔债权审查和认定。

(2)疫情暴发后助力 9 家厂区内租赁企业复工复产，其中 1 家是嘉善县首批 62 家复工企业之一。

(3)通过协商方式，妥善处理 18 家厂区租赁户的腾退问题，涉及近千名租赁企业职工。从破产受理到资产处置移交 11 个月时间内，未发生一起租赁企业停工、信访或诉讼，全部以协商方式妥善处理。

(4)高效实现资产盘活，助力地方产业转型升级。从破产受理到资产拍卖成交历时 10 个月，资产成交到新引入的产业落地历时仅 4 个月。

(5)有效开展府院联动，依法保障劳动者权益。进入破产程序前，属地政府已经为 430 名原职工垫付了 2700 余万元的劳动报酬。案件受理后，管理人依法审核、认定属地政府垫付的款项为劳动债权并进行全额清偿，有效落实了《全国法院破产审判工作会议纪要》(法〔2018〕53 号)的精神，切实促进破产审判中的府院联动。案件受理后，尚有 1 名伤残职工无法办理劳动关系解除，为此管理人与属地政府、劳动、社保部门多次对接、联动，通过专题协调，成功以较低成本解决了伤残职工在企业破产后的权益保障问题。

(6)构建关联企业跨区域破产协调、联动机制。昱辉三公司的相关关联公司在江苏、四川均已进入破产程序。在案件办理过程中，管理人主动与相关管理人对接，建立协调、联动机制，协同办理好相关事宜，取得了良好的效果。

(7)在案件办理过程中，管理人先后前往江苏、四川、新疆、上海、湖北等地及省内各地市，调查财产、追索权益，并妥善处理户用光伏电站等问题。

管理人自接管以来，勤勉尽责，取得了债权人和各方的理解与支持。管理人通过依法妥善履职、大胆创新化解等方式，有效处置资产，案件办理取得了良好的效果，未出现一起信访或群体性事件。

二、重难点问题

(一)案件体量大、涉及人员多、涉及地域范围广，对管理人有效履职提出挑战

昱辉阳光破产前是全球光伏组件龙头企业，其业务遍布全球，涉及 400 余户债权

人、国内外不同关联公司、400多名职工、1000余家户用光伏电站及国内多地的对外投资,涉及债权451笔,涉及债权金额46亿余元。

(二)疫情突发,加之异地执业,如何有效履职成为难点

法院于2019年12月底受理本案,管理人在2020年1月3日进场接管,1月中旬疫情暴发,且年关已至,企业留守人员工资尚无着落。加之管理人均在异地,如何有效履职,考验管理人能力。

(三)关联企业异地破产,双方之间的债权、债务难以查清

昱辉阳光在国内主要的制造业体系是四川瑞能、江苏昱辉,这两家企业在昱辉阳光破产受理前后,均进入破产程序,账面显示昱辉阳光对该两家关联公司均有巨额应收账款,如何认定和实现,是本案的难点。

(四)资产体量大,如何有效盘活难

昱辉三公司核心资产是位于长三角生态绿色一体化发展示范区先行启动区内的土地、厂房、设备,区位优势明显。然而,一方面,资产体量过大,难以有效盘活;另一方面,当时光伏行业低迷,也难以寻找到优质的投资人。加之属地区位优势对绿色、生态、高质量发展的要求高,如何有效盘活,进而实现债权人利益,是本案的重点也是难点。

三、案件特点

在本案办理过程中,管理人主动接受法院的监督和指导,积极争取属地党委政府的帮助,引导债权人理解与支持破产,有效取得留守团队的协助,高效、有序、稳妥地完成各项工作。相关工作特色和亮点如下。

(一)数字赋能"e债会",有效克服疫情影响,保障债权人权益

本案受理之初,突发疫情,债权如何申报、会议怎么召开、厂区防疫工作如何落实、租赁户能否配合等问题,突出地摆在法院和管理人面前。基于疫情防控与推进破产审判当事人"一件事"改革要求,法院指导管理人积极运用线上方式推进破产审判各项工作,向964名已知债权人寄送了债权申报通知,及时开通管理人微信公众号作为管理人与债权人的沟通平台,指导债权人通过线上申报债权,累计确认债权451笔,金额达46.55亿元。

2020年7月10日,436名分布在全国各地的债权人通过线上方式参加债权人会议,变"一债会"为"e债会"。管理开通线上法律咨询渠道,及时为债权人答疑解惑,线上就破产财产变价方案、破产财产分配方案等重大事项征求债权人意见,充分保障债权人的合法权益。

(二)依托府院联动机制,促进以破产审判推动构建基层社会治理新格局

昱辉三公司体量大、问题多,单纯依靠司法的力量,难以有效做好各项工作。为此,嘉善法院积极推动构建"党委领导、政府支持、部门协作、审执联动"破产审判新格局,形成"破产前重稳定、程序中重效率、处置后重效益"的全流程府院联动机制,管理人紧紧依托法院的指导和府院联动机制,有效地化解了以下问题:(1)通过"法院调解、政府垫付、破产清偿"的方式,由属地政府在企业破产前先行垫付了2700余万元,解决了430名职工的欠薪问题,为后续破产程序推进奠定了稳定的基础。(2)在案件受理后,积极与厂区内16户租赁户进行协商、谈判,在1个月时间内全部签订资产处置自愿腾退协议,为后续资产高效处置提供了有力保障。(3)积极协调属地税务部门上门指导、服务,在依法缴税的前提下,合理节省税费6000余万元,有效保障了债权人权益。(4)通过专题协调,主动与省人力资源和社会保障部门对接,成功解决了1名伤残职工在企业破产后的社会保障问题,体现了人民至上的民生关怀。(5)以原破产企业释放的土地、厂房,成功引入全球精密制造龙头企业追加投入,实现当年引入、当年投产、当年达产,再造百亿产业的资源优化,取得了良好的"破后"效益。

上述全流程的府院联动机制,不仅有效地推动了破产案件的办理,而且在联动化解问题的过程中,形成了一系列矛盾解决机制,实现了"法治助协调、协调推法治"的良性互动,为构建基层社会治理新格局提供了有益尝试。

(三)践行善意执行理念,助力企业复工复产,护航"六稳""六保"

企业进入破产程序,原有未到期的租赁关系均须解除,且在资产处置前需要腾空。然而,法院受理昱辉阳光破产申请之初,就突发疫情。在疫情防控最为严峻的2020年2月,中央提出了"六稳"(稳就业、稳金融、稳外贸、稳外资、稳投资、稳预期)、"六保"(保居民就业、保基本民生、保市场主体、保粮食能源安全、保产业链供应链稳定、保基层运转)精神。昱辉三公司厂区租赁企业也纷纷向法院、管理人提出复工复产申请。为此,法院、管理人深刻领会复工精神要求,跟踪调查,主动服务,助力9家租赁企业复工复产,有效地护航"六稳""六保"。2020年2月9日,嘉善县公布的首批62家复工企业中,就有昱辉三公司厂区内的租赁企业。

在有效支持租赁企业复工复产后,管理人的工作也得到了租赁企业的理解和配

合。考虑到租赁企业短期内无法腾退,资产处置与后续交接需要一定时间,强制腾退不利于租赁企业刚刚恢复的生产经营,为此,法院进一步发挥善意执行理念,指导管理人,在属地政府的支持和帮助下,通过协商方式取得了全部16户租赁企业的自主腾退承诺。在做好产区疫情防控工作的基础上,把企业复工与租赁关系处理有机统一,高效、柔性地化解了破产案件租赁户腾退难题,为后续资产处置奠定基础。

(四)助推营商环境优化与产业转型升级,为长三角一体化绿色发展提供有力司法服务和保障

昱辉三公司的核心资产是位于长三角生态绿色一体化发展示范区先行启动区内的450亩土地、20万平方米厂房。昱辉三公司已不再具有持续经营的能力,且其所在的光伏组件行业属于高耗能产业,其继续经营也不符合中央对属地的发展规划要求。案件办理过程中,管理人在与属地政府联动过程中,了解到属地面临要素资源紧张、绿色发展约束强的实际情况,以及当地迫切希望现有厂区能够成为当地未来转型升级的载体。为此,法院与管理人主动与当地政府对接,确定了"不设限、市场化、竞争性"的处置思路,引导当地政府参与破产资产的公开拍卖。在前期有效工作的基础上,第一次债权人会议后4个月内就完成企业主体资产网络拍卖,释放了450余亩土地等优质要素资源。

2020年10月20日,昱辉三公司核心资产在淘宝网上一拍成交,买受人为当地政府下属企业。2020年11月23日,资产移交,同步推进厂区改造和项目引进。2021年3月底,昱辉阳光产区172亩土地,改建7万平方米标准厂房完成,全球精密制造龙头企业新增投资30亿元投产,当年实现产值160亿元,新增就业12,400余人,实现了当年引入、当年投产、当年达产,被媒体誉为"姚庄速度"。目前,当地正在推动其余厂区改造,将新增标准厂房30万平方米,继续用于引入精密制造项目。

(五)构建关联企业跨域破产协同合作机制,深度探索关联企业跨域破产协同办理新模式

昱辉阳光持股75%的浙江昱辉阳光能源江苏有限公司(以下简称江苏昱辉)于2020年1月9日被江苏省宜兴市人民法院(以下简称宜兴法院)裁定受理破产重整。管理人于2020年4月复工后,前往江苏宜兴,对接当地法院、属地政府、江苏昱辉管理人,在申报债权的同时,了解江苏昱辉破产情况,积极争取宜兴法院、属地政府、管理人协同合作推进两地的破产处置。鉴于江苏昱辉与昱辉三公司之间的关联关系,在债权申报、担保债权审查确认、资产保管、对外清收,尤其是对新加坡瑞能的应收处理等方面,两地管理人存在协同的必要,在两地法院、政府的指导下,两地管理人签署了《关于

建立关联企业跨区域非合并破产协同合作机制备忘录》，在信息互通、协同互助、权利互认、对外追收财产等方面建立了协同合作机制，后双方在债权申报、资产管理、尽职调查、财务核查等方面有效地开展了协同工作，取得了良好的效果。

四、案件办理所取得的评价

本案是服务供给侧结构性改革、清理大型民营"僵尸企业"、通过破产审判助力营商环境优化与区域产业转型升级的典型案例。昱辉三公司地处长三角生态绿色一体化发展示范区先行启动区，公司陷入债务危机并停产，其名下有大量土地及厂房等优质要素资源，如何实现要素资源的最优配置，充分发挥破产审判服务供给侧结构性改革，是本案的重点和难点。嘉善法院能动司法，管理人高效推进，通过全流程的府院联动，与相关部门密切协作，克服疫情不利影响，积极运用现代化信息手段推进破产审判，护航"六保""六稳"，妥善安置破产公司职工，高效出清低效产能，盘活市场优质要素资源，实现"腾笼换鸟"。本案通过破产审判助推政府重大高端智造产业项目顺利落地投产，为区域经济转型升级和营造法治化营商环境提供有力司法服务和保障，推动当地成为华东地区乃至全国重要的精密制造基地，实现了"环境更友好、产业更先进、发展更有力"的效果，为中央确定的长三角生态绿色一体化发展示范区先行启动区的绿色发展提供了有力的司法服务和保障，取得了法律效果、社会效果和政治效果相统一的破产审判目标。本案被评为"2021年度浙江法院破产审判十大典型案例"和"浙江省破产管理人2021年度企业破产十大优秀履职案例"。

首用示范性判例、“区块链+钉钉”技术解决涉众型破产案件

——浙江中友实业有限公司破产清算案

【案例索引】(2019)浙0110破12号

【受理法院】浙江省杭州市余杭区人民法院

【管理人机构】国浩律师(杭州)事务所　中汇会计师事务所(特殊普通合伙)

【关键词】涉众型破产案件　示范性判例　“区块链+钉钉”技术

一、案 情 简 介

浙江中友实业有限公司(以下简称中友实业)因开发建设乔司商城项目投入大量资金,销售回笼的资金有2.7亿余元被实际控制人挪用,未能及时支付工程款,被施工单位起诉,再加上陆续有购买了乔司商城项目商铺和公寓有偿使用权的人起诉中友实业,要求退还已支付的商铺和公寓有偿使用价款,最终导致中友实业资金链断裂,陷入债务危机。2015年3月,因中友实业拖欠工程款,施工单位向中友实业发出解除合同的通知书,乔司商城项目陷入停工状态,此后中友实业陷入不正常经营状态,并自2016年春节后基本全部停止经营。乔司商城项目后来虽然曾由第三方进行代建,但由于各种原因最终未能竣工。此后,商铺和公寓有偿使用权的买受人陆续信访、上访,造成了数起较大规模的涉稳事件。

2019年6月14日,浙江省杭州市余杭区人民法院(以下简称余杭法院)裁定受理债权人对中友实业的破产清算申请,并通过竞争方式指定国浩律师(杭州)事务所、中汇会计师事务所(特殊普通合伙)担任中友实业管理人。

案件受理后,管理人团队以专业法律知识为基础,审慎核查案件中的各类法律问题所涉事实情况,熟练运用法律会计专业技能,借力各方优势资源,推进破产清算工

作。本案债务规模较大，逾20亿元，涉及施工单位、农民工、材料商、股东、租户、职工、购买了商铺和公寓有偿使用权的自然人等多方利益主体，冲突严重。管理人在进行充分的风险披露后，处置了中友实业的核心资产（乔司商城项目的整体资产），盘活资产价值近19亿元，并于2021年2月快速启动分配，使债权人迅速得到清偿。本案从受理到第一次分配，用时仅1年半，最后建设工程款优先债权、税收债权、职工债权获得全额清偿，普通债权清偿率高达60%，直接维护了近3000户债权人的利益。

二、重难点问题

本案清算过程中面临重重障碍，管理人依赖扎实的基础工作、充分运用专业知识和技能解决了以下实务和法律问题。

（一）协助做好重大维稳事项

本案是全国范围内破产案件中涉及债权人人数较多的案件之一，涉及近3000名债权人。该等债权人大多是自然人，对于破产债权损失的承担能力很小，导致本案维稳压力巨大。管理人在开展破产工作期间，主要从以下几个方面积极配合政府各部门进行接访和维稳工作。

1. 基础数据采集

在债权申报阶段，管理人除依照一般债权申报、债权审核需要采集债权信息外，针对本案人员特点，就区域、债权性质、亲属关系等均进行采集录入，将各区域债权人的债权性质、金额、风险指数、与其他债权人的关联性等一一进行汇总并及时报各区域维护社会稳定工作办公室、街道、社区，有效配合相关部门开展维稳工作。

2. 对各类信息及时归类并汇报

管理人在破产案件现场每天要与大量人员进行沟通，在与各个债权人的沟通中，将债权金额较大且多次采取过激行为的债权人纳入重点关注范围，及时将相关信息反馈汇报给政府各部门、债权人所属街道或社区，以便各方共同采取应对措施。

3. 积极配合采取应对措施

在破产案件办理过程中，部分债权人多次对债权审核、债权性质、评估报告、资产处置方案等提出各类异议并进行信访、上访等，管理人除接受电话咨询、进行书面答复或在办公现场接待有关债权人外，还积极配合有关部门进行接访。对于部分确实存在特殊情况的债权人，管理人详细告知有关部门债权人的具体情况，并配合各属地有关部门分析债权、针对不同债权的特殊性制定相应的应对措施。

(二)协助投资人开展债权收购工作,妥善处理涉众型债权

本案属于典型的涉众型破产案件,所涉及的约3000户购买商铺和公寓有偿使用权的自然人遍布全国各地。在涉众型破产案件中,如何应对人数众多的中小债权人的群体矛盾并回应集体诉求,一直是法院和管理人最为关注的痛点。而对于涉及中小债权人人数众多的破产案件,在破产程序外启动债权收购,由债权收购方取代原债权人的参与破产程序具有一定的积极意义:既有利于提前回应诉求,化解群体矛盾;又有利于集中表决,简化破产程序,提高效率。

本案在进入破产清算程序前,已有投资人介入启动债权收购程序,美中不足的是本案投资人采取的系买断型债权转让,而非补差型债权转让,部分中小债权人对相关债权收购存有疑虑。进入破产程序后,管理人积极向中小债权人解释破产清算的意义,对清偿率进行分析等,继续协助投资人开展债权收购工作,提前对中小债权人进行清偿,积极回应诉求,快速化解积怨,平复不稳定情绪;同时,投资人通过相关协议安排将分散在各个中小债权人的债权及相关权利主张集中行使,有效解决了债权人分散投票的问题,大大提高了破产清算程序的效率。

(三)高效厘清资产概况和法律状态,确定后续处置方向

管理人接受法院指定后,在较短时间内对中友实业的资产状况完成全面核查,及时诊断资产的法律状态,并迅速拟定处置思路。

根据管理人的核查,中友实业的核心资产为两个地块,分别为88号地块和94号地块。如前所述,中友实业的债务危机系由其持股70%的股东(实际控制人)开发94号地块所引起的。而88号地块虽登记在中友实业名下,但根据中友实业的股东内部约定,88号地块由持有中友实业30%的股权的另一家公司独自负责开发建设(包括对外销售),并承担88号地块开发建设和销售过程中的一切经营风险,自负盈亏。88号地块上的土地使用权、地上物、30%的注册资本金归另一股东所有,在另一股东将88号地块所涉资产从中友实业剥离时,实际控制人应无条件予以配合,但该股东应承担资产剥离时法律规定的相关税收及规费。

该等合同系合同相对方真实意思的表示,且不违反法律和行政法规的禁止性规定,应为合法有效。但不动产物权以登记公示为原则。原《中华人民共和国物权法》第9条第1款(已废止,该条内容现规定在《中华人民共和国民法典》第209条第1款)规定:"不动产物权的设立、变更、转让和消灭,经依法登记,发生效力;未经登记,不发生效力,但法律另有规定的除外。"在本案中,因中友实业已进入破产清算程序,根据管理人的核查,截至破产清算申请受理日,88号地块的土地使用权登记在中友实业名下。

88号地块上的建筑物虽未办理房屋所有权证，但根据房地一体化的物权登记原则及建设工程规划许可证内容，88号地块的建设单位是中友实业，建设项目为汽车商场、汽车4S店及集中地下室，88号地块地上建筑物所有权亦应登记在中友实业名下。管理人认为，普通债权人的信赖利益应得到商事外观主义的保护。前述股东间的内部约定不足以对抗中友实业的债权人。另一股东根据股东内部约定对88号地块享有的权利只对中友实业享有债权请求权，而不能对抗中友实业的债权人。88地块土地使用权及地上建筑物的所有权应属于中友实业。

其后管理人与该股东通过多重谈判，达成债权债务处理方案，引导该股东向管理人申报除了注册资本以外投入的款项，包括其因开发建设88号地块投入的款项。管理人对其基础建设投入的本金予以确认，同时在资金占用期间，以投入本金为基数，依据银行同期贷款利率自款项支付当天起至中友实业破产受理日（当天不计）计算利息，债权性质为普通债权。该债权处置方案最终取得该股东的理解和配合，化解了资产处置中的一大障碍。

（四）专项研究并形成腾退方案，兼顾租户和资产买受方的利益

根据管理人实地勘察，截至破产受理日，88号地块上有两家汽车4S店实际占用并正常经营中，分别是现代汽车4S店和上海大众汽车4S店。

考虑到管理人单方通知立即腾退，可能会引起另一30%持股股东、两家4S店的不满情绪，反而导致配合度降低，后续沟通困难；同时，4S店经营过程中涉及的员工、购车客户、车辆较多，可能会引起一些维稳问题；另外，即使两家4S店配合腾退，88号地块属于半开放式结构，管理人接管后存在较大的管理风险，需要支出一定的安保费用聘请专业安保机构看管等一系列因素，最终经多轮谈判，确定了双方都能接受的解决方案：(1)考虑到4S店新选址的难度，由两家4S店出具腾退承诺函，承诺在资产拍卖成交后一定时间内腾退，在不影响资产处置进度的前提下也给予两家4S店充足的时间腾退，不至于激化矛盾，争取另一股东的配合。(2)在腾退前，88号地块由两家4S店自行管理；腾退后，88号地块应移交给资产买受人，管理人不承担管理风险和管理成本。(3)考虑到本案中租赁合同解除属于"不可归责于双方的事由导致合同解除/终止"的情形，按照公平原则应由中友实业赔偿剩余租赁期内的装饰装修残值损失，4S店此前的装修和固定资产投入可作为债权进行申报。(4)88号地块拍卖后，腾退前的相应租金应向资产买受人支付。

该方案充分保护了租户的利益，同时兼顾了后续资产买受人的利益，最为关键的是管理人迅速启动了资产处置事项，加快了债权分配的进度，进一步保护了全体债权人的利益。

(五)有效引导购买商铺和公寓有偿使用权的债权人合法主张其自身权利,并创新性地通过示范性案例判决确定处置方案的合法性

本案涉及购买商铺和公寓有偿使用权的自然人,处理尤为复杂困难,特别是购买了商铺和公寓有偿使用权的自然人中有200余户债权人坚持主张要房要铺,冲突异常尖锐,如何妥善处置该等债权人的主张成为本案管理人极为关键的工作。

经分析研究,管理人明确告知该等债权人合同终止的法律后果,要求其就合同终止后所产生的损害赔偿向管理人申报债权。有200余户债权人向法院提起了要求中友实业继续履行合同并交付房屋的诉讼,法院仅选取两件案件作为示范性案例受理,案件经过一审、二审、再审程序,均被法院裁定驳回相应诉请。为推进案件进程,管理人同步向该等主张要房要铺的债权人寄送了相应的债权审查单,按照合同终止后的相关权利确认该等债权人的债权金额,并提交债权人会议核查,保障他们的程序权利和实体权利。

(六)多渠道、全方位做好债权人沟通工作

在中友实业破产清算期间,对于债权人提出的种种疑问,管理人采取了多种积极措施与其进行全面的沟通,并向其耐心解释。在沟通的过程中,面对情绪激动的债权人的谩骂、指责,甚至人身威胁,管理人依然能够保持积极的心态,耐心、专业地完成工作,为债权人解答疑问。

针对债权人提出的通性问题,管理人认真研究,形成书面的统一答复意见,并在报告余杭法院后通过不同的途径告知债权人。另外,鉴于《中华人民共和国企业破产法》规定的破产清算程序比较复杂,为帮助债权人理解法律规定,明晰法律风险,管理人多次以书面《通告函》等方式与债权人沟通,特别提示说明破产清算的风险。部分债权人信访、上访至各有关部门,管理人也根据相关部门要求指派专门工作人员参与接待工作,在接访工作中向债权人详细说明本案情况。

三、案件特点

(一)准确研判权利性质,创新性确定处置方式的合法性,为化解群体不稳定因素奠定法律基础

本案与一般的房地产企业破产案件不同,涉及的近3000户购买商铺和公寓有偿使用权的债权人的债权性质与一般的购房户债权人及租户债权人也不同。管理人在接

管后即对相关权利买受人的债权性质予以高度重视，专项研究，并在研究后及时汇报并与破产案件受理法院进行深度讨论，准确界定权利人的权利性质，并迅速确定终止和解除相关合同的法律依据，为化解不稳定因素奠定法律基础。此后，管理人根据与法院沟通确定的处理思路，逐步推进破产程序，引导权利人通过诉讼途径主张相关权利，并创新性地通过三级法院（一审、二审、再审）对示范性案件的审理，进一步确定相关权利处置方式的合法性。

（二）准确适用《企业破产法》，兼顾股东、破产财产租赁方利益的保护和其他相关权利人的利益平衡

由于一些历史原因，债务人的资产实际由两家股东按照出资分别持有、独立经营。但由于债务人进入破产程序，管理人认为普通债权人的信赖利益应得到商事外观主义的保护，股东间的内部约定不足以对抗外部债权人。考虑到债务人破产系其中一家股东的经营不善所导致的，经过多轮谈判，管理人与另一家股东及其土地房屋的租户达成债权债务处理方案，引导股东方向管理人申报除了注册资本以外投入的款项，引导租户向管理人申报装修和固定资产投入的款项，取得相应资产的处置权利，既保护了无过错股东及破产财产租赁方的合法利益，也兼顾了其他相关权利人的利益。

（三）全程参与协助开发“余法破产管理钉平台”，并在全国破产案件中首用“区块链 + 钉钉”系统

本案债务规模较大，达 20 多亿元，涉及的约 3000 户购买商铺和公寓有偿使用权的自然人遍布全国各地。在本案中，余杭法院对接阿里巴巴钉钉技术团队，指导国浩律师（杭州）事务所全程参与协助开发依托钉钉组织、蚂蚁区块链等信息技术打造的“余法破产管理钉平台”，并在全国破产案件中首用“区块链 + 钉钉”系统，有效降低债权人会议成本，实现债权人“最多跑一次”。

同时，为了保证企业破产案件债权人会议的合法性、有效性，“余法破产管理钉平台”接入了人民法院司法区块链（以下简称司法链）的可信存证服务。司法链存证服务基于蚂蚁领先的区块链技术，由最高人民法院牵头，互联网法院、多个高级人民法院等各级权威机构共同作为区块链节点构成，确保了司法链上数据真实可信、难以篡改。区块链存证的效力已经在《最高人民法院关于互联网法院审理案件若干问题的规定》中予以确认，互联网法院已在各类案件审理过程中认可了司法链上的电子数据。此次司法链在企业破产案件中使用是全国首次。在企业破产案件办理全流程中产生的电子证据，无论是法律文书还是身份验证信息抑或是当事人操作记录，均可实时在司法链上留下数字指纹，并由司法链各节点机构共同见证。通过司法链的可信存证，结合蚂蚁金服的实人认证技术，即使破产程序中的参与人众多，大量程序通过“余法破产管理钉平台”自动化执行，也可以确保破产程序中的参与人就是债权人本人或者有权代理人，确保债权人意思表达的真实性，确保债权人会议表决的有效性。

四、案件办理所取得的评价

本案属于较为典型的商业房地产破产案件，涉及施工单位、农民工、材料供应商、职工、购买了商铺和公寓有偿使用权的自然人等多方利益主体，冲突严重。本案最后盘活资产价值近 19 亿元，建设工程款优先债权、税收债权、职工债权获得全额清偿，普通债权清偿率高达 60%，直接维护近 3000 户债权人的利益。

本案的成功办理实现了法律效果、社会效果和经济效益的有机统一，得到当地政府和法院有关领导的高度肯定和表扬，并被中国法院网、法制网、《民主与法制时报》等多家媒体报道。

破“建”重生，成龙再腾

——成龙建设集团有限公司破产清算转重整案

【案例索引】（2021）浙0782破申40号

【审理法院】浙江省义乌市人民法院

【管理人机构】北京德恒（温州）律师事务所　中汇会计师事务所（特殊普通合伙）　浙江现代阳光律师事务所［现已更名为“浙江京衡（义乌）律师事务所”］

【关键词】“分拆式”重整　信用修复　职工维稳　工程项目　债券信披

一、案情简介

成龙建设集团有限公司（以下简称成龙公司）是义乌市唯一一家拥有建筑工程施工总承包特级资质的大型综合性集团企业。经过数十年的投入与发展，成龙公司已成为建筑之乡的行业龙头企业，曾获“中国建筑工程鲁班奖”等众多荣誉奖项，业务遍布全国各地，覆盖施工管理、市政工程、公路、城市轨道交通等，是当地的纳税大户。

受多种因素影响，成龙公司债务缠身，被全国几十家法院纳入失信名单，从而无法参加招标投标，彻底失去自我造血解困的能力，陷于危困。浙江省义乌市人民法院（以下简称义乌法院）于2021年9月22日依法受理了成龙公司破产清算案。考虑到本案的疑难复杂程度相当考验管理人的专业性与实践经验，法院采用公开竞争方式遴选管理人。

管理人临危受命，在疫情期间克服重重困难，高效完成重整，成功保住稀有资质，严格把控挂靠项目风险，妥善处理农民工问题，维护社会稳定，创新采用“分拆式”重整方式，及时盘活运营资产，提高债权清偿率。最终，在法院指导下，管理人在短短3个月内成功重整成龙公司，助力企业涅槃重生。

二、重难点问题

(一)建筑施工企业的特殊问题

1. 义乌唯一建筑工程特级资质,却即将到期

成龙公司是义乌市唯一一家拥有建筑工程施工总承包特级资质的大型综合性集团企业,集众多资质于一身。然而,2021 年 9 月 22 日成龙公司进入破产程序时,离资质到期仅有 3 个月时间,亟须第一时间引入战略投资人。老牌企业一旦被破产宣告,作为建筑公司核心资产权益的资质会因成龙公司主体的灭失而失效,对企业、广大债权人和社会都将造成重大和不可逆转的损失。

2. 挂靠项目上百个,利益平衡难

成龙公司作为知名建筑企业,工程项目数量多、历时久,除直营工程项目外,公司还有上百个挂靠工程项目,遍布浙江、福建、广东、江西等多地,涉及众多利益群体,面临各类实际问题,如何平衡利益是本案的一大难题。

3. 正值年关农民工讨薪潮,维稳压力巨大

成龙公司名下直营工程项目与挂靠工程项目合计 100 多个,进入破产程序前,已有部分项目因无法竣工验收相继出现农民工集体讨薪维权情况。管理人接手后收到多地劳动监察部门诉求,年关将至,如果不能妥善解决,将引发社会群体性事件,影响社会稳定。

(二)本案的特殊问题

1. 负债多,债务结构复杂;部分资产可运营,部分资产已无重整价值,无法引入投资人,影响重整推进

成龙公司已申报债权高达 30 多亿元,债权人数达 600 多人;公司债务结构复杂,包含金融借款类债权、债券类债权、融资租赁类债权、工程项目债权、货款类债权及税收债权,还涉及 200 多位职工的债权,均亟待清偿。

成龙公司名下核心资质权益具有较高的营运价值,受投资人关注和青睐;相比之下,像应收类账款、零星分布的房产、特定用途的盾构机等资产已无重整价值,无法吸引投资人,影响重整推进。

2. 债券"爆雷",成为舆论焦点

成龙公司从 2016 年 3 月起陆续发行 6 次债券,总发行金额高达 13 亿元。成龙公司进入破产程序时,正爆出债券违约 8.2 亿元,牵连债券持有人众多,对本就风声鹤唳

的信用债市场来说,影响特别大,成龙公司一时成为舆论焦点。破产程序也因此备受舆论及债券持有人关注,这也对管理人工作团队的专业能力提出了更高要求,必须熟练掌握证券法及相关监管规定所要求的债券信息披露规则。

3. 职工人数多,亟须妥善安置

成龙公司由 1993 年成立的老牌企业发展而来,数百位职工在公司工作了 10 多年甚至 20 多年,面对曾经辉煌的企业陷入困境,职工们也都忧心忡忡,对欠薪问题如何解决、现有的工作能否稳定、未来的工资能否保障,充满了疑虑和担忧。管理人刚进场,就面临职工提出的一系列棘手问题,若不妥善处理,公司内部将陷入混乱无序,大量职工将面临失业,影响社会稳定。

4. 重大资产异地保管难度大,特种设备市场受众面狭窄

成龙公司名下 4 台盾构机属于特种设备,评估值高达 8000 多万元,但市场受众面狭窄,处置难度高;设备存放于异地,保管难度骤增。并且,上述盾构机均属于融资租赁设备,资产处置事关融资租赁类优先债权人的直接利益,需要及时沟通协调。

5. 信用修复面临重重难题

重整使企业获得重生,信用修复关乎企业能否避免"二次死亡"。成龙公司重整后,因信用修复实践缺乏统一认识、法律严重缺位,面临重重难题:(1)企业所在地尚未出台信用修复相关文件;(2)成龙公司留存在金融机构的失信记录无法直接申请修复;(3)成龙公司上百个账户包括基本户被遍布全国的几十家法院冻结,短时间内无法解封,金融机构又不配合直接解封,导致公司资金无法正常进出;(4)成龙公司在公开渠道有 100 多条失信信息,导致投资人无法正常开展投标活动。可见,信用修复问题亟待解决,事关成龙公司重整后的存亡和发展。

三、案 件 特 点

(一)抓住黄金窗口期,清算转重整后,高效完成重整

效率是重整成功的关键因素之一,历时越久,重整面临的不确定性因素就越多。面对 3 个月后即将到期的重要资质,为抓住黄金窗口期,一方面,管理人积极推动清算转重整程序;另一方面,管理人通过电子化推进前期工作,以线上会议形式与 600 多位债权人开展重整方案的沟通工作。最终,在管理人接受指定后 3 个月内表决通过了重整计划,高效率完成重整。

当时,为响应防疫政策,破产审判和管理工作与时俱进,充分运用科技手段,使用网络直播及电子表决软件召开数百人参加的债权人会议。这是法院与管理人在特殊

时期顺应科技进步、打破空间限制、提高办案效率的有“e”尝试,既服务疫情大局,又解决实际问题,树立了良好典范。

(二)充分市场化引入战略投资人,保住稀有资质

战略投资人引入是重整关键。管理人主动对接社会资本,发布招募公告,灵活制作竞价公告,帮助企业筛选有实力的战略投资人,避免中介炒卖资质,浪费重整时间,利于成龙公司生存和发展。

最终,管理人通过网络公开竞价方式,以高于评估值2000多万元的高溢价成功引入战略投资人,保住了成龙公司名下的所有资质。在2021年年末疫情期间,这样的招商引资成果来之不易,得到了政府与广大债权人的高度认可。

(三)全面掌握工程情况,采用“双向解除”模式,严格把控挂靠项目风险

1. 与项目经理逐一谈话,全面掌握工程情况

管理人为全面掌握工程情况,梳理上百个工程项目,与挂靠项目经理谈话,仔细审核资料,了解工程情况,为后续问题处理打好基础。

2. 采用“双向解除”模式,严格控制项目风险

在本案中,管理人创新采用“双向解除”模式,严格控制工程项目风险:一方面,管理人向业主单位发函通知《建设工程施工合同》解除事宜,同时通知业主单位存在债权的,及时向管理人申报债权;另一方面,管理人向各项目实际施工人发函通知《内部承包协议》解除事宜,同时通知实际施工人如存在债权,及时向管理人申报债权,并要求实际施工人签署承诺书,承诺挂靠工程项目不会产生新的施工风险,否则后果自担,由此严格把控项目可能涉及的风险。

经研究论证,管理人认为,在合同已解除的情况下,若有挂靠项目工程款支付至成龙公司,属于不当得利,可由挂靠项目经理主张取回,并妥善处理项目负债,保障农民工权益。

(四)协调政府介入,引入“业主方代付”模式,妥善处理农民工问题,依法维护社会稳定

1. 从实际出发,引导债权穿透申报

为了妥善解决农民工诉求,充分保障农民工权益,维护社会稳定,管理人采用穿透式方式直接处理成龙公司工程项目相关权利人的债权申报,先后接受600多户债权人的债权申报。

2. 协调政府部门介入，统一处理欠薪问题

在法院指导下，管理人参与各类政府协调会，并积极与工程项目所在地的劳动监察大队沟通，引导农民工群体统一通过当地劳动监察大队解决欠薪问题。

3. 创新引入“业主方代付”模式，化解农民工矛盾

针对成龙公司工程项目农民工欠薪问题，一方面，管理人积极与业主方决算，追收回笼工程款；另一方面，考虑到农民工群体的特殊性，管理人经深入研究，根据本案实际情况，论证由项目业主方代付农民工工资并抵扣相应工程款这一方案的可行性，并在实践中运用，获得了农民工群体和政府部门的高度认同，化解了农民工的矛盾，避免了涉众涉稳的群体性事件的发生。

（五）创新采用“分拆式”重整方式，及时盘活运营资产，提高债权清偿率

本案创新采用“分拆式”重整方式，将成龙公司现有资产分拆为运营板块和非运营板块两部分：将资质分拆组成运营板块，并通过公开竞价的方式，引入战略投资人，最大化实现了债务人资产价值，提高了债权人的清偿率，最终成龙公司职工债权、税收债权得以100%清偿；除资质外的其他资产，包括土地、房产、设施设备、应收类账款等及所有负债分拆纳入非运营板块，由管理人根据审计评估情况进行核查处置，追加清偿债权人。

通过分拆运营板块，及时盘活优良资产，保住优质资质，减轻负担、轻装上阵。

（六）成立债券专项工作组，充分保障债券类债权人权益

1. 确认债券受托管理人和代表人的债权人委员会成员资格

成龙公司破产清算转重整案在选举债权人委员会成员时，根据《全国法院审理债券纠纷案件座谈会纪要》的规定，确认了债券受托管理人和代表人的债权人委员会成员资格，保障了债券类持有人能够参与债权人委员会、在债权人委员会层面有人代表的现实问题。

2. 保障债券类债权人的查阅权

在本案办理过程中，有债券类债权人申请查阅成龙公司财务账册。在债权人签署完相关保密协议后，管理人第一时间协调公司人员配合安排账册查阅工作，充分保障其知情权，获得了债券类债权人的高度认可。

3. 及时依法合规开展信息披露工作

为保障债权人的知情权，管理人根据《上海证券交易所公司债券上市规则》《公司信用类债券信息披露管理办法》等相关规定开展信息披露工作，持续披露破产进展。

4. 响应要求配合相关部门开展债券类工作

因成龙公司发债涉及面广,受到中国证监会浙江监管局、义乌市人民政府的关注。为配合政府工作,共同维护债券市场稳定,管理人根据有关部门的要求,及时列席政府会议报告案件情况,提交书面报告,并回答有关部门的一系列询问。

(七)依法认定职工债权,年前妥善安置职工

1. 第一时间召开职工大会,及时稳定职工情绪

管理人在接受指定后,始终将成龙公司职工安置问题作为工作重心之一。刚进驻成龙公司,管理人便立即召开了与留守职工的会议,解答留守职工关心的问题,做好留守职工稳定工作,保障留守职工合法权益,也阐明了留守人员在破产程序中的权利和义务。

2. 依法认定职工债权,及时予以100%清偿

为妥善安置职工,管理人一进场便与成龙公司人事及财务主管对接,要求提供职工相关资料,由管理人债权审查组依法认定职工欠薪情况。在确定职工债权金额并经过公示后,成龙公司近200名职工的债权在年前得到100%清偿,稳定了职工队伍。

3. 尊重职工自主选择,灵活安排留用人员

考虑后续工程结算需要,管理人根据实际工作需求继续留用相关职工配合完成破产相关事务。充分尊重职工自主选择的权利,与其签署1年期劳动合同,灵活解决了留用职工问题,同时赋予了职工自由选择权,尽最大可能保障职工的合法权益,避免了大量职工下岗失业。

4. 春节前夕完成清偿,职工送锦旗表达感谢

为表达感谢,全体职工派代表于年前向义乌法院送上了“排忧解难、勇破僵局”的锦旗,感谢义乌法院与管理人帮助成龙公司快速重整、重获新生,众多职工薪资能够在春节前获得清偿,安心回家过个好年。

(八)灵活安排资产处置,充分维护资产价值

1. 安排专人看管异地资产,为重要资产购置保险

为防止盾构机在异地保管过程中发生失窃、损毁等风险,管理人采取双重措施。一方面,安排专人看守保管并签署岗位职责承诺书;另一方面,通过询价对比方式确定最终的投保机构,以更经济的成本为价值高达8000多万元的盾构机保价,降低资产贬损风险。

2. 与优先债权人充分沟通

本案中的盾构机均属于融资租赁设备,管理人在前期与多家相关优先债权人充分

沟通，共同配合为受众狭窄的特种设备寻找意向买家，并根据实际情况进行公开处置。

3. 创新融入“1 元起拍”变价方案，遵循资产处置市场化原则

考虑到本案的实际情况，债权人会议表决通过的变价方案融入了评估值起拍与“1 元起拍”相结合的方案，即若前三轮从高到低的拍卖均流拍后，将进行“1 元起拍”。通过上述多种起拍模式的融合，充分检验资产的市场价值，高效推进资产处置。

（九）迎难而上，开辟出一条义乌特色的信用修复之路

1. 创新建立义乌人行大事记信用修复流程

关于征信系统的信用修复，管理人多次前往中国人民银行义乌支行（以下简称人行义乌支行），专门向人行义乌支行阐释了《关于优化营商环境完善破产程序配套金融服务若干问题的纪要》等一系列文件，并汇总提供了管理人在全国多地中国人民银行支行的实务办理经验。在管理人的协助和推动下，人行义乌支行创新建立了当地的人行大事记信用修复流程，这也是义乌市第一例人行大事记信用修复破产案。

2. 推动义乌金融机构落实信用修复，实现基本户解封

依据国家 13 部委联合发布的《关于推动和保障管理人在破产程序中依法履职进一步优化营商环境的意见》和浙江省高级人民法院、中国人民银行杭州中心支行以及浙江银保监局共同发布的《关于优化营商环境完善破产程序配套金融服务若干问题的纪要》之规定，管理人可以凭法院受理裁定书、指定管理人决定书接管破产企业账户，依法办理破产企业账户资金划转、非正常户激活或注销、司法冻结状态等账户信息、交易明细、征信信息查询等业务，金融机构应当予以配合并及时办理。然而，在本案实务操作中，管理人通过当面送达与沟通、书面邮寄等方式向金融机构送达财产交付与账户解冻申请文书，申请接管成龙公司账户，并申请金融机构对成龙公司账户予以解冻时，各金融机构均以各种理由未予以配合。管理人经讨论研究，最终通过问题联系单方式，向相关部门反馈问题，阐述了企业面临的新困境。上述问题引起了相关部门的高度重视。

人行义乌支行接上级指示后，出台了相关文件，指导各金融机构依法解除账户冻结、及时办理账户资金划转等工作。经管理人再次沟通，基本户所在的中国建设银行股份有限公司义乌分行表示可以凭义乌法院出具的协助执行通知书办理账户解封。最终，管理人成功实现了成龙公司基本户的解封，成为义乌市首例通过问题联系单方式成功解决银行账户解封难题的重整案，为其他银行账户的解封探索出了新路径，为其他企业提供了借鉴，推动浙江省营商环境优化。

3. 克服疫情阻碍前往全国各地法院，高效推动失信解除工作

成龙公司在公开渠道有多达上百条失信与执行信息。仅通过向经办法官邮寄解

封申请书并电话沟通的方式,无法及时有效解决失信执行信息的解除,导致投资人无法正常参加投标,如坐针毡。

为了解决投资人的燃眉之急,管理人兵分多路,奔赴各地请求法院撤销失信并删除信息。在义乌法院出函支持和管理人的不懈努力下,不到1个月的时间实现了失信信息的基本解除,获得了投资人的高度认可。

四、案件办理所取得的评价

(一)法律效果

成龙公司破产清算转重整案中一系列具有里程碑意义的探索与创新,对今后建筑企业破产案件的办理具有较高的参考价值。

第一,通过创新采用“分拆式”重整方式,并充分市场化引入战略投资人,保留资质并盘活资产,保障多方权益并促进经济发展,破产企业重获新生,同时促进了义乌当地经济发展和社会秩序稳定。

第二,成龙公司作为债券发行主体,管理人成立专项工作组,保障债券权益,及时披露信息,与相关部门沟通汇报,保障了债券类债权人的权益,维护了金融市场秩序。

第三,在本案中,管理人全面掌握上百个工程情况,创新采用“双向解除”模式平衡利益,解决矛盾,保障了社会稳定。

(二)社会评价

成龙公司破产清算转重整案既得到法院和政府的充分认可和肯定,也得到债务人和债权人的满意评价,取得良好的社会效果。

第一,通过清算转重整,成龙公司破茧重生,保护了债权人利益,解决了职工就业和安置问题,避免了群体性事件的发生,维护了社会安定与经济发展。

第二,本案妥善处理农民工欠薪问题,引入业主方代付模式,化解矛盾。重整工作使工程得以继续施工并竣工验收等,符合国家支持实体经济、化解企业危机的政策精神,有利于社会稳定。

第三,管理人面对企业重整后面临的信用修复困境,开辟义乌特色之路,协同处理重整企业信用修复工作,维护经营能力,推动营商环境建设。

综上,成龙公司的成功重整,既体现了法律效果、社会效果、经济效果的有机统一,也展现了法院、政府与管理人在破产案件中的有效分工和协作,是市场化、法治化重整的经典案例。

舟山中院首例预重整转重整成功案例

——舟山群岛国际邮轮港有限公司预重整转重整案

【案例索引】(2020)浙09破6号

【审理法院】浙江省舟山市中级人民法院

【管理人机构】浙江天册律师事务所

【关键词】国有企业　预重整　府院联动

一、案情简介

舟山群岛国际邮轮港有限公司(以下简称国际邮轮港)成立于2010年6月30日,是一家100%国资的国有企业,第一大股东为省属一级大型国有企业浙江省海港集团,主要运营国际邮轮港。该港口当时是原国家旅游局规划确定的全国七大邮轮母港之一,是舟山群岛新区唯一的国际客流口岸,具备国际邮轮、对台直航、海上客运等功能,对有效推进"东部地区重要的海上开放门户"建设,促进舟山群岛旅游产业升级换代具有重要意义。国际邮轮港受行业低迷、全球疫情等各种不利因素影响陷入债务危机。

国际邮轮港陷入危机后,浙江天册律师事务所于2020年年初组织熟悉破产重整、投融资并购以及国有企业合规业务的律师团队对企业进行尽职调查,快速掌握资产、负债、职工、经营等情况。国际邮轮港获批使用的该岸线系港口深水岸线,可建设10万总吨级邮轮泊位,该权证获批单位在全国屈指可数。虽遭遇危机,国际邮轮港拥有稀缺资质,资质和品牌具有较高价值。同时,其名下主要资产有其特殊性,为房屋建筑物、海域使用权,以及回填海域形成的土地使用权,海域使用权性质为交通运输用海(港口用海),土地使用权用地性质为交通枢纽用地,土地使用权及地上建筑物均尚未办理权属证书。国际邮轮港的债权人包括大量建设工程债权、金融债权、国有股东借款等。若进行破产清算,不仅债权人损失惨重,而且造成对社会资源的极大浪费,对舟山当地战略发展产生负面影响;若贸然进入重整程序,因程序不可逆可能使国际邮轮港走向破产清算。为此,浙江天册律师事务所对国有股权如何在破产重整程序中合规处置、对预重整程序及可行性等问题进行深入研判,确定预重整、重整思路和具体路径,制定工作实施时间表,为政府、法院处置危机提供决策参考。

舟山市人民政府对邮轮港危机处置高度重视,协调浙江省海港集团、舟山市旅游集团等股东和债权人,并启动府院联动机制。经多次研讨和评估,初步确定以预重整转重整的方式解决国际邮轮港危机。

2020 年 5 月 19 日,浙江省舟山市中级人民法院(以下简称舟山中院)受理国际邮轮港预重整一案,并经公开程序指定浙江天册律师事务所担任管理人。随后,管理人快速开展债权预申报及审定、委托财务审计和资产评估,并在预重整阶段成功招募重整投资人。在进行偿债能力分析等各项工作基础上,管理人制定预重整计划草案,通过充分、耐心、有效的沟通,获得大部分债权人及出资人的支持,有效推动国际邮轮港进入重整程序,为重整成功打下良好基础。

2020 年 11 月 26 日,舟山中院受理国际邮轮港重整一案,并许可国际邮轮港继续营业。当时正值疫情期间,管理人在债务人配合下,加强安全生产管理,做好疫情防控工作。同时,管理人在法院、政府和各方支持下,充分发挥专业优势和综合协调能力,积极把握重整程序节奏,向多位国有企业或金融机构的债权人、出资人及时披露、沟通项目进度,协助提供决策依据。同时,以最快速度于 2021 年 1 月 15 日通过网络方式召开第一次债权人会议,在会上对重整计划草案进行表决,重整计划草案近全票表决通过,其中职工债权组、优先债权组、出资人组 100% 同意,普通债权组同意的人数占比 91.67%,同意人数债权占比 99.7%。

2021 年 1 月 22 日,舟山中院裁定批准重整计划。2021 年 3 月 22 日,重整计划执行完毕。仅用时两个月时间,职工债权、优先债权 100% 受偿,普通债权清偿率达到 47.92%,投资人获得 100% 股权,债务人国际邮轮港恢复运营得到重生。

管理人在国际邮轮港预重整转重整案中,克服疫情带来的种种困难,勤勉尽责履职,协助政府、法院对危机处置进行决策,高质高效推进预重整、重整程序并获得成功,得到法院、政府、债权人、债务人、出资人等各方的高度评价。

二、重难点问题

(一)妥善解决国有企业股权处置合规性与预重整阶段出资人表决的冲突

国际邮轮港第一大股东为省属国有企业,在预重整和重整计划草案出资人表决组中享有一票否决权。经前期讨论确定,国际邮轮港先行预重整以评估是否进行破产重整。时值预重整适用处于摸索阶段,而国有资产已迎来强监管时代,预重整阶段国有股东作为出资人是否有权对无偿让渡和转让股权进行表决,抑或仍应按《企业国有资产交易监督管理办法》(国务院国有资产监督管理委员会、财政部令第32号)规定进场挂牌交易,以及出资人无法表决情形下重整程序如何推进,是摆在管理人面前涉及法律和实务操作的难题。

除深入研究论证外,管理人向浙江省人民政府国有资产监督管理委员会、舟山市人民政府、舟山中院详细汇报预重整工作要点和难点,多次赴国有股东单位探讨论证预重整、重整及国有股权所涉法律问题。经反复沟通、论证及多次召开协调会,相关单位最终以签署备忘录形式妥善解决了国有企业决策方面的实际困难,顺利推动国际邮轮港由预重整转入重整程序。

(二)港口牌照稀缺性与意向投资者招募局限性

如前所述,该港口当时是原国家旅游局规划确定的全国七大邮轮母港之一,而邮轮母港是邮轮旅客规模较大、服务功能较为完备和城市邮轮相关产业集聚度较高的始发港,是邮轮公司的运营基地,除具备始发港基本功能外,还应具备邮轮维修保养、邮轮公司运营管理等功能。国际邮轮港港口经营牌照稀缺,具高价值;但与此同时,港口用海、交通枢纽用途,以及国际邮轮港的开发建设和运营管理的审批环节多且难,涉及规划、土地、建设、旅游、海洋、交通、投融资、贸易、物流等方方面面,这决定了重整投资人局限多、受众范围小,尤其是民间资本不会轻易介入,重整投资招募困难。

管理人通过公开程序在全国范围内招募,招募途径包括浙江产权交易所等国有股权挂牌交易平台,同时积极配合线下推介等,并研究邮轮码头行业、挖掘项目亮点、制定招募文件、积极接待潜在意向投资人,终于成功招募到重整投资人。

(三)管理人推进案件综合协调要求高

因国际邮轮港在舟山的特殊地位,当地各界对其重整高度关注。本案采用先行预重整方式。2020年年初预重整程序对债权人等各方而言尚属新事物,法院、管理人等社会各界均在探索尝试中。国际邮轮港股东兼债权人多为省市大型国有企业、金融机构,表决或确认等均须履行审批前置程序;而国有企业又分属不同的条线管理体系,国有资产决策程序严格且复杂,由此本案推进及综合协调难度相当大。

国际邮轮港案件发生在预重整制度摸索时期,规定少,案例少,预重整如何启动、法院和管理人职责、预重整程序如何履行等均无明确规则。管理人团队加强对预重整制度的研究,包括系统梳理并深入解读现有的零星规定,对已有的预重整案例剖析总结,还通过学者关于境内外预重整制度等著作进行文献研究和比较研究,以指导本案实务工作。同时,管理人与债权人、股东充分沟通,多次积极上门向各股东单位、债权人介绍预重整和重整思路、路径及方案,使各方放下顾虑,愿意以预重整转重整方式实现各方权益并解决国际邮轮港危机。

三、案件特点

(一)探索建立"政府支持、法院指导、管理人参与"的预重整模式,是舟山中院第一例成功的预重整转重整案

2018 年 3 月,最高人民法院发布《全国法院破产审判工作会议纪要》(法〔2018〕53 号),提出"探索推行庭外重组与庭内重整制度的衔接"。2019 年 6 月,最高人民法院、国家发展和改革委员会等 13 个部门联合发布《加快完善市场主体退出制度改革方案》(发改财金〔2019〕1104 号),进一步明确"研究建立预重整和庭外重组制度","实现庭外重组制度、预重整制度与破产重整制度的有效衔接,强化庭外重组的公信力和约束力,明确预重整的法律地位和制度内容"。2019 年 11 月,最高人民法院发布《全国法院民商事审判工作会议纪要》(法〔2019〕254 号),强调"继续完善庭外重组与庭内重整的衔接机制,降低制度性成本,提高破产制度效率"。

在我国尚未正式设立预重整制度的背景下,在仅有零星原则性规定、案例极少,以及其他规定和各地法院关于预重整工作指引尚未出台前,本案根据国际邮轮港既须保留企业资质继续发挥其综合枢纽作用,又须避免破产清算等实际情况,对采用预重整方式挽救危机企业进行积极探索。

此前,国际邮轮港曾尝试自行庭外重组,尽管也有舟山市人民政府协调,仍无法有效化解国际邮轮港危机。单独适用庭外重组,因缺乏有效规则指引、个别债权人对重组谈判存在"钳制"等问题,导致协调成本高,成功率低。预重整制度结合了庭外重组与庭内破产重整制度优势,通过适度的司法干预,既尊重当事人意思自治,又可以在一定程度上约束所有债权人。国际邮轮港经预重整程序,有效评估、识别重整价值和可行性,并提高重整效率和成功率。舟山中院受理重整后,不到两个月,重整计划即获得法院裁定批准,仅用两个月时间重整计划执行完毕,既避免债权人利益遭受重大损失,又保障国际邮轮港继续助力"开放舟山"建设。

本案为市场研究和运用预重整制度提供了重要素材,对进一步推动预重整制度适用,完善我国的预重整制度立法和操作,建立多层次的困境企业拯救机制,起到了积极的推动作用。

（二）系国有企业通过破产程序化解危机的成功实践，是“完善国有企业退出机制”的典型应用

20 世纪 90 年代至 21 世纪初，针对陷入经营困境的国有企业，我国主要适用政策性破产的方式，依据 1986 年《中华人民共和国企业破产法（试行）》《国务院关于在若干城市试行国有企业破产有关问题的通知》等一系列政策规定，引导国有企业退出市场。

2007 年《中华人民共和国企业破产法》施行后，国有企业政策性破产转换轨道，所有企业主体包括国有企业均适用《中华人民共和国企业破产法》，国有企业开始市场化实施破产的法治进程。尽管如此，出于维稳要求、职工安置压力、投资招募及破产财产变价决策困难等考虑，国有企业危机解决仍以政府的行政、计划手段为主。

2019 年 6 月 22 日，国家发展和改革委员会、最高人民法院、国务院国有资产监督管理委员会、国家税务总局、国家市场监管总局等 13 个部门联合发布了《加快完善市场主体退出制度改革方案》，提出完善国有企业退出机制，对符合破产等退出条件的国有企业，各相关方不得以任何方式阻碍其退出，防止形成“僵尸企业”。

国际邮轮港陷入危机后，未依赖行政手段如政府补贴、贷款勉强予以维持从而形成“僵尸企业”，而通过预重整转重整方式实现重生，促进资源优化配置，提高资源使用效率，是国有企业市场化、法治化退出的尝试，也契合了 2021 年 2 月 25 日浙江省发展和改革委员会、浙江省高级人民法院等 16 个部门联合发布的《浙江省加快完善市场主体退出制度改革工作要点》关于国有企业市场化退出的要求。本案是中央和地方完善国有企业退出机制的典型应用，有利于建设完善的市场经济体制、优化营商环境，推动中国经济高质量发展。

（三）建立府院联动机制，快速推进预重整、重整程序并高效执行完毕重整计划

破产是市场主体规范退出的一种方式，是市场经济发展到一定阶段必然产生的现象。破产案件牵涉利益主体众多，法律关系复杂，极易衍生社会问题。单一司法权往往难以解决破产过程中各种疑难杂症，进而难以平衡各方权益。府院联动机制通过司法权和行政权二者配合，能有效解决破产程序中的法律纠纷及引发的社会问题。

国际邮轮港陷入危机后，政府和法院立即建立府院联动机制，成立府院联动工作专班。舟山市人民政府、舟山中院多次召开协调会，使债权人、债务人、出资人等各方基本达成以预重整转重整处理思路。在预重整阶段，通过府院联动机制妥善解决了国有企业决策方面的实际困难，推动国际邮轮港由预重整转入重整程序。在重整计划执行阶段，又利用府院联动机制快速推进行政审批等事务，高效完成重整计划全部工作。

府院联动机制统筹推进法律和衍生社会问题双重解决,为优化市场化、法治化的营商环境建设作出重要示范。

(四)践行“应分尽分”“能分早分”,充分保障债权人利益

管理人在制定重整计划草案时,预估第一期偿债资金可在春节前到位。考虑到中国人年关清偿债务的诉求,以及本案中建设工程价款优先债权、职工债权等债权的特殊性,管理人在重整计划草案中明确第一期偿债资金到位后即清偿建设工程价款优先债权、职工债权及小额普通债权;同时做好其他债权人工作,取得其理解和支持。春节前,前述债权人如期获得分配。本案的分配工作获得债权人的高度评价,实现债权公平受偿的法律效果及强化司法“六稳”“六保”社会效果的统一。本案分配取得的良好效果也为浙江省高级人民法院于 2022 年 11 月出台《关于开展破产财产“应分尽分”“能分早分”专项工作通知》提供重要素材和宝贵经验。

四、案件办理所取得的评价

国际邮轮港系原国家旅游局规划确定的全国性邮轮母港,经重整成功,既最大限度保护了各方当事人的利益,又帮助邮轮港码头实现了“重新起航”,对推进舟山建设“东部地区重要的海上开放门户”,促进舟山群岛旅游产业升级换代具有重要意义,取得了良好的法律效果和社会效果。

(一)债权得到公平、及时、最大限度清偿

国际邮轮港的工程价款优先债权、职工债权 100% 清偿,普通债权清偿率达 47.92%。重整受理至法院裁定重整计划历时两个月不到,债权得到及时清偿,从而最大限度保护了债权人的利益,有效化解了矛盾纠纷。

(二)国际邮轮港重获新生

重生后的国际邮轮港进入常态化运营,推动舟山市邮轮旅游市场复苏,助力舟山市旅游业转型升级,并积极参与舟山市海岛休闲旅游基地建设,带动集旅游、商务、疗养、度假、礼佛及休闲娱乐为一体的高端邮轮经济产业发展;除邮轮母港功能外,还于 2021 年 12 月与舟山市帆船帆板运动协会签署战略合作协议,共同打造国际帆船游艇中心(基地),并把该项目打造成国际化帆船游艇码头、东部海洋运动基地、长三角国际帆船游艇综合服务中心。

(三)获社会各界高度评价，取得良好社会效果

在最大限度保护各方当事人利益的同时，有效化解国际邮轮港危机，使之“重新起航”，得到政府、法院、债权人等各方高度评价，多家媒体纷纷报道转载。

“法治网”刊登了《借助预重整制度　展开多层次拯救　舟山国际邮轮港“重新起航”》[①]，“中国法院网”刊登了《浙江舟山：重整成功，邮轮重新启航》[②]。报道回顾了国际邮轮港陷入破产危机后引入预重整机制、受理重整至法院裁定批准重整计划，以及重整计划执行完毕的全过程，充分认可“政府支持、法院指导、管理人参与”的预重整模式最大限度保护了各方当事人的最大利益，帮助危机企业“重生”，提高重整程序的审判效率，并高度评价本案有助于舟山群岛新区高质量发展，中国法院网评价本案“为舟山发展营造了稳定、公平、透明和可预期的法治营商环境”。

---

① 参见王春、熊俊杰、陈倩琳：《借助预重整制度　展开多层次拯救　舟山国际邮轮港“重新起航”》，载法治网，http://www.legaldaily.com.cn/Lawyer/content/2022-03/30/content_8658191.html。

② 参见熊俊杰、陈倩琳：《浙江舟山：重整成功，邮轮重新启航》，载中国法院网 2021 年 11 月 30 日，https://www.chinacourt.org/article/detail/2021/11/id/6404126.shtml。

预重整助力破产企业67天完成重整，烂尾16年项目重获新生

——金城系公司合并破产预重整转重整案

【案例索引】(2021)浙0782破44号

【审理法院】浙江省义乌市人民法院

【管理人机构】浙江京衡(义乌)律师事务所(原浙江现代阳光律师事务所)

【关键词】预重整　府院联动　剥离式　招引　实质公平

一、案情简介

(一)企业基本情况

义乌市金亭房地产开发有限公司、义乌市金城房地产开发有限公司和义乌市金桂房地产开发有限公司(以下合称金城系公司)成立于2006～2008年,公司的核心资产为坐落于义乌市义亭镇的香格里拉庄园房地产项目。

因实际控制人及运营团队的投资决策缺乏科学性,盲目扩张激进,高额利息的民间借贷成为公司主要的融资渠道,结果高额的融资成本吞噬了大量的利润,无法支付进度工程款,出现个别项目延缓施工甚至停工的现象。从2009年开始,公司债务危机进一步扩大,项目烂尾,公司已无力经营和偿债。据统计,金城系公司涉及债务16亿余元,债权人180余人,工程款债权人、民间借贷债权人、购房户债权人等各类债权人之间矛盾激烈,冲突一触即发,严重影响社会和谐与稳定。

义乌市人民政府曾成立帮扶工作组,虽然客观上一定程度地解决了金城系公司一部分问题,但由于金城系公司债务规模巨大,债权人之间矛盾冲突激烈,企业未能从根本上摆脱困境。

(二)案件审理情况

根据债务人金城系公司及债权人的预重整申请,义乌市人民政府授权义乌市住房和城乡建设局推进预重整工作。

为降低重整成本,提高重整成功率,更准确识别重整价值及重整可行性,浙江省义乌市人民法院(以下简称义乌法院)对金城系公司及债权人的申请进行审查后,于2020年12月30日作出(2020)浙0782民诉前调6911号通知书,对金城系公司启动预重整进行诉前纠纷多元化解登记,并确定浙江现代阳光律师事务所[现已更名为浙江京衡(义乌)律师事务所]为预重整管理人。

2021年7月18日,通过公开竞价,金城系公司合并预重整案成功遴选出预重整投资人。

2021年7月20日,由义乌市人民政府、义乌法院、管理人、债权人、债务人多方协商确定的《金城系预重整方案》经债权人会议分组表决通过,金城系公司合并破产案预重整成功。

2021年8月17日,义乌法院裁定受理金城系公司合并重整一案,并指定浙江现代阳光律师事务所继续担任金城系公司管理人。

2021年9月28日,金城系公司第一次债权人会议召开,会议分组表决并高票通过了《重整计划草案》。

2021年10月22日,义乌法院裁定批准金城系公司重整计划草案,并终止金城系公司合并重整程序。

2022年3月3日,重整投资人完成重整投资款的支付,投资款人民币12.6亿元全额到账。

2022年3月25日,管理人完成第一次债权分配,其中抵押债权清偿率100%、职工债权清偿率100%、税收债权清偿率100%、普通债权中购房户债权本金清偿率100%、其他类型普通债权本金清偿率高达88.9%。

至此,金城系公司合并破产预重整转重整案实现67天重整成功。

(三)管理人履职情况

1. 前期预重整衔接工作

在预重整期间,管理人多次与市政府专班、市委政法委员会、义乌法院、市自然资源和规划局、市税务局、市市场监督管理局等部门召开协调会,对重整投资路径、债权审核、税收政策、规划问题及投资人遴选程序和规则等难点问题进行讨论沟通,并将相关情况通报债权人委员会后选择最优的重整路径及重整计划开展后续工作。

管理人通过引用预重整机制处理金城系公司面临的债务风险问题,完成了初步的债权申报整理、资产评估审计、投资人招募及重整计划制定和表决等工作,为正式的司法重整做好充足准备。

2. 积极开展债权审查、尽职调查及接管工作

为维护全体债权人合法权益,减少债权人申报成本,便于前期预重整与重整程序中债权申报工作的衔接,减少重复申报债权的流程,在前期预重整程序中已申报的各债权人无须再次申报,其债权以管理人在预重整阶段审查为准。后续管理人又通过现场申报、邮寄申报等方式接受部分补申报债权资料。经管理人审查,义乌法院已裁定确认了215户223笔债权共计2,337,987,252.30元。

管理人在接受重整指定后,为了解债务人金城系公司的实际情况,向各部分机构查询金城系公司资产现状、涉及诉讼或仲裁争议等纠纷情况;通过积极与股东、高级管理人员及财务人员等谈话沟通,详细问询公司资产及负债状态,并接管公司印章和账簿、文书、财产等资料。

3. 第一次债权人会议

2021年9月28日,金城系公司第一次债权人会议召开,会上向全体债权人通报了管理人履行职务情况,并作了详细的债权审查、公司财产状况等报告,会议分组表决并高票通过了《重整计划草案》。

2021年10月22日,义乌法院裁定批准金城系公司重整计划草案,并终止金城系公司合并重整程序。

4. 审计评估及联动协调工作

为查清金城系公司资产负债情况,确定金城系公司资产价值,管理人委托专业审计机构和评估机构就金城系公司资产负债情况、财务混同和资产混同等情况进行专项审计,以及进行实物盘点核查、评估工作。

就全资子公司设立的相关手续、公司法人、股东的失信人及重整交易税费缴纳、历史欠税等问题及操作难点,管理人反复与市市场监督管理局、市税务局等沟通确认,尽可能基于破产企业的特殊性,降低交易成本,节约时间和费用,争取各项利好政策,完成重整工作。

5. 首次债权分配工作进展

在收到投资人支付的12.6亿元投资款后,管理人就重整投资款按表决通过的清偿方案进行首次清偿。管理人于2022年3月25~30日,完成第一次债权分配,共计分配744,214,325.41元。

至此,金城系公司合并破产预重整转重整案实现67天重整成功。

二、重难点问题

(一)工程项目延缓施工、停工,烂尾多年

因金城系公司发生债务危机,无法支付工程项目进度款,个别项目出现延缓施工甚至停工多年的情况,义亭镇的3块土地上的在建工程烂尾多年,处置困难,资源浪费严重。同时,烂尾项目影响广大购房户的切身利益,若迟迟未续建或解决,部分债权人、购房者情绪不稳定,产生上访念头,将严重影响社会的稳定。

(二)关联公司法人人格严重混同,难以区分

金城系公司的实际控制人、主要经营管理人员、经营场所、主营业务范围高度一致,3家公司的债务相互交织,存在互保、互借、互用、互抵等情况,关联方资金往来频繁,存在互相拆借资金和代收代付土地出让金、工程款、工资费用及代收房款等现象,民间借贷由实际控制人统一调配,各关联公司自身的融资和资金使用不具备自主性,资金无法区分,存在严重的法人人格混同情况。3家公司资产难以区分,若要单独进行破产清算,将严重损害债权人的公平清偿利益。

(三)金城系公司债务结构复杂

在债权申报期内,金城系公司的债权人申报债权达36亿元,人数达200多人,其中购房户债权1亿元左右,工程款债权1.8亿元左右,民间借贷债权达12亿元左右,其他债权5000万元左右。金城系公司债权人数多,金额大,债务结构类型复杂,且各类债权人诉求不同,矛盾激烈,若无法妥善处理及公平清偿,必将引发严重的社会稳定问题。

三、案件特点

(一)引用预重整机制,提高破产审判效率

引用预重整机制处理金城系公司面临的债务风险问题,可以为正式的司法重整做好充足准备,本案根据《金华市中级人民法院关于审理企业预重整案件的工作指引》的规定,引用预重整机制,并有效对接预重整工作成果,将重整程序中的核心步骤,即债权申报审核、资产审计评估、投资人的招募、重整计划的制定和表决等在预重整程序中完成,有效缩短司法处置周期,提高重整效率,最终实现了67天重整成功,极大地提高

了破产审判效率。

(二)府院联动化解企业债务危机,保障债权人合法权益

金城系公司涉及房地产项目烂尾、债权债务关系复杂、关联公司法人人格混同等多个难题,义乌市人民政府、义乌法院都高度重视。义乌市人民政府成立了由市委政法委员会、市自然资源和规划局、市住房和城乡建设局、市税务局等部门组成的专班,协调各部门对预重整的启动、推进及投资人的招募等工作予以全方位的支持、配合。义乌法院也组织专业人员多次参加协调会,为政府启动、推进预重整工作提供建议和法律保障,对管理人重整履职事项进行指导和监督。政府和法院多次召集管理人、债务人及主要债权人就重整可行性以及本案重点、难点问题召开专题会议,反复论证研讨,顺利推进预重整及重整工作,成功化解了金城系公司历史遗留问题。

(三)创新采用"剥离式"重整方式,实现企业资产价值最大化

面对金城系公司严重资不抵债的现状,采用传统的重整模式显然无法达到挽救企业的目的,也无法保障债权人利益。故管理人结合金城系公司的实际资产负债情况,提出了新的解决方案——"剥离式"重整,即将金城系公司现有资产分为两部分。第一部分为金城系公司名下义亭镇铜山居住小区 B1、B2、B3 地块土地使用权及在建工程,将其作为重整资产出资成立全资子公司,通过竞价方式确定金城系公司重整投资人,投资人支付重整投资款后取得子公司全部股权,以子公司股东的名义持有义亭镇铜山居住小区 B1、B2、B3 地块土地使用权及在建工程的资产,重整交易过程中的税费依法由各自承担,子公司作为承载金城系公司主要营业事业的主体存续。第二部分为除第一部分土地使用权及在建工程外的其他资产,不纳入重整范围,由管理人另行根据评估结果进行变现处置,处置所得资金用于追加分配给债权人,处置完毕后原金城系公司主体注销。

通过"剥离式"的重整方式,一方面,保留了债务人的主要营业事务,盘活了资产;另一方面,最高效的资产处置方式使资产价值最大化,维护了债权人的合法权益。

(四)创新债权清偿方式,实现债权人的实质公平清偿

为维护所有债权人的合法权益,使债权人的债权实现实质公平清偿,管理人根据《中华人民共和国企业破产法》及相关司法解释的规定,并征求了各类债权人的意见后,制定的预重整方案及重整计划草案创新了债权清偿方式,即对特定财产享有担保的债权、职工债权、税收债权全额清偿,在普通债权本金部分无法全额清偿的情况下,购房户债权本金部分优先全额清偿,其他类型普通债权优先按比例清偿本金部分,具

体清偿率根据重整投资人投资款竞价调整确定,竞价越高,清偿率越高;在普通债权本金部分可全额清偿的情况下,对所有普通债权人本金部分债权全额清偿,未获清偿部分,如果有多余款项,则按照各普通债权人本金部分债权的比例追加分配。该债权清偿方式获得了债权人的高度认可,各表决组均高票通过了金城系公司重整计划草案。

(五)运用电子表决方式减轻债权人负担,保证表决结果的客观、公正、真实

金城系公司预重整债权人会议及重整阶段第一次债权人会议均采用钉钉网络系统平台,减少了债权人参会成本。会议召开当日,各债权人通过钉钉 App 进入线上会议室,轻松完成会议签到、在线观看债权人会议直播。在表决阶段,不同于以往烦琐漫长的书面投票、收集、等待统计结果的过程,债权人仅需点击手机界面便可完成各项表决,管理人可实时获取表决结果,所有签到与表决数据均存放于阿里云服务器,安全可靠,表决结果经由第三方存储,保证了表决程序的公开透明和高效、安全。

(六)通过公开竞价方式引进重整投资人

在企业破产重整程序中,引进战略投资人是至关重要的工作。本案根据《金华市中级人民法院关于审理企业预重整案件的工作指引》的规定,在预重整阶段由管理人通过多种渠道发布预重整投资人招募公告,在招募期限届满后,组织意向投资人参与金城系公司预重整投资人竞价遴选活动。通过竞价,成功遴选出金城系公司预重整投资人。在正式重整程序中,预重整投资人作为正式的重整投资人参与重整活动,通过公开公平的招募及竞价活动,既保证了程序的客观公正,也确定了有实力的重整投资人参与重整,保障了破产案件的顺利推进。

四、案件办理所取得的评价

金城系公司合并破产预重整转重整案受到社会各界的一致好评,既得到法院和政府的充分认可和肯定,也得到债务人和债权人的满意评价,取得了良好的法律效果和社会、经济效果。

(一)引入预重整机制,发挥成本和效率优势

为提高重整成功率,金城系公司合并重整案在前期引入了预重整机制,在政府的支持、配合与法院的指导、监督下,充分发挥府院联动机制优越性,引导主要债权人与债务人、投资方等,多次以谈判协商等形式就债权调整及重整路径等主要问题达成初步意向,并对公司是否具有重整价值和挽救可能进行有效识别,将重整程序中的核心步骤在预重整程序中完成,通过有效对接预重整工作成果,大大提高重整的效率和成功率,充分发挥了预重整的成本优势和效率优势,对于今后的预重整案件具有引导和示范作用。

(二)对“同案不同判”创新清偿方式,实现实质公平清偿

本案债权结构较为复杂,同类债权的诉讼均出现了多种形式的判决结果,如果以一般普通债权金额参与清偿分配,会造成各类债权人间受偿利益矛盾。为实现实质公平受偿,管理人创新清偿方式,且该清偿方案经债权人会议高票表决通过,极大地提高了债权人的债权清偿率。

(三)盘活闲置土地、激活土地效用,增长增效

金城系公司重整成功,有效化解了危机企业历史遗留问题,使烂尾了 16 年的房地产项目重获新生,能够最大限度实现金城系公司的价值。金城系公司名下土地使用权地理位置优越,具备较高的市场价值,重整后可迅速恢复土地的价值,重启项目建设、盘活烂尾的在建工程,产生巨大经济效益。

(四)树立大局观,问题联处,实现各类债权人利益最大化

金城系公司的创新清偿方式,解决了购房户债权人的民生问题,也保障了职工债权人、税收债权人、工程款债权人和民间借贷债权人的切身利益,实现了债权人利益的最大化,化解了各类债权人之间的矛盾冲突,促进了社会的和谐与稳定。

(五)构建府院联动机制,运用法治化手段消除社会风险隐患

金城系公司重整成功,也是政府、法院与管理人在破产程序中通力合作的结果。通过引用预重整机制,在政府的支持、配合与法院的指导、监督下,管理人创新多项举措,顺利化解了各方矛盾,实现了法律效果、社会效果和经济效果的统一,为预重整与重整工作的衔接及府院联动机制的运作树立了标杆。本案作为浙江省房地产企业合并破产预重整转重整成功第一案,具有典型意义,其一系列具有里程碑式意义的举措也必将在破产领域留下浓墨重彩的一笔。

破产重整促进高能耗、高排放困境企业绿色低碳转型

——浙江新天龙科技股份有限公司破产清算转重整案

【案件索引】(2020)浙05破3号

【审理法院】浙江省湖州市中级人民法院

【管理人机构】浙江泽大(湖州)律师事务所

【关键词】清算转重整　绿色低碳转型　产业优化升级

一、案情简介

浙江新天龙科技股份有限公司(以下简称新天龙公司)设立于1997年,曾在新三板上市,是浙江省长兴县一家高能耗、高排放的印染企业。新天龙公司主要从事棉、化纤印染精加工业务,旗下两家子公司分别从事纺织和污水处理业务,整体具备较为完整的生产要素,长期以来为当地众多纺织企业提供"印染+污水处理"的产业配套服务,是当地行业龙头企业。然而,随着生产技术的落后和主营业务的衰退,新天龙公司面临日益严峻的资金链紧张问题,最终陷入资不抵债的困境,于2019年5月正式停产,停产后将公司厂房整体出租给他人经营。2020年7月8日,浙江省湖州市中级人民法院(以下简称湖州中院)裁定受理新天龙公司破产清算申请。

管理人接受指定后了解到,新天龙公司旗下污水处理子公司由众多债权人实际控制经营,受国家生态环境部门实时监控,经营者对污水处理企业的管理经验不足,存在重大环境安全隐患;同时,该公司承担当地全部工业废水和生活污水的处理和再生利用任务,但经营不稳定缺乏可持续性,如果发生污水处理不及时甚至经营停滞的情况,将导致严重的环境污染风险,严重影响当地众多纺织企业生产经营和人民群众日常生活,影响社会稳定。

面对上述不稳定的运营状态可能带来的环境污染高发风险，管理人及时借助府院联动机制顺利完成接管并保障企业平稳运行，与此同时，制定相应强制接管应急预案，如企业发生运营不稳定情况，由镇政府全面强制接管，杜绝环境污染事故，有效确保环境安全。同时，在清算阶段准确预判企业清算后对当地纺织产业配套造成的不利影响和普通债权清偿率极低等不利情况，对债务人重整价值进行了深入研判。新天龙公司作为经营逾 20 年的印染企业，与旗下两家子公司共同组成纺织、印染、污水处理产业链，具备较为完善的生产要素和成熟的销售渠道，作为当地唯一具有排污权的印染企业，在当前排污权等环境资源权益稀缺的市场环境下，具有一定的盈利能力、市场前景，具备一定的重整价值。在精准识别企业重整价值和转型升级可能性后，管理人提前启动市场调研和意向投资人招募工作，并适时推动企业转入重整程序。

在重整程序中，管理人在重整投资人招募环节设置门槛，将“环保承诺”列为参选条件，要求投资人签署《环境保护承诺书》，并采用“报价承诺 + 网络竞价”模式遴选投资人，招募有能力确保企业绿色转型的合格投资者。通过优化重整方案，实现排污权等各项生产要素完整保留，最大化维护企业市场价值、大幅提高债权受偿率，同时，逐步落实企业信用修复，围绕绿色经营理念制定厂址搬迁、整治提升等转型升级计划，推动企业走上绿色低碳转型的全新发展道路，最终本案于 2021 年 11 月 10 日裁定确认重整计划执行完毕。

二、重难点问题

(一)企业接管难，环境风险隐患大

新天龙公司在破产受理前已整体对外出租，承租方使用债务人厂房并借用债务人排污许可资质从事印染业务。在租赁合同履行过程中，由于合同约定不清、主体责任不明，加上承租方管理水平不高，多次因超标排放受到行政处罚，存在较大环境风险，环保稳控工作难度极大。同时，从事污水处理的全资子公司由众多公司债权人等利益相关方实际经营，当地工业废水和生活污水的平稳处理存在极大隐患。

破产受理后面对错综复杂的企业经营情况，公司实际控制权的接管涉及租赁合同的妥善处理和重大环境风险隐患的防范，涉及多方主体现实利益，众多既得利益方对企业破产存在抵触心理，企业接管障碍重重，环境安全保障工作难度极大。

(二)债权审查难，疑难法律问题多

新天龙公司对外负债构成复杂，涉及金融债权、经营性债权、民间借贷债权等多种

类型,债权人人数众多,而经营管理、财务账册混乱导致本案债权审查难度大,其中涉及多份待履行合同处理及破产抵销权诉讼,牵涉较多疑难复杂法律问题。

例如,围绕债务人与某供热企业签订的合同期长达 20 年的供热协议,以及协议项下的生物质锅炉工程,产生了涉及 5 家企业、3 家法院、4 起诉讼、2 起债权申报的复杂纠纷,牵涉锅炉工程的“一物二卖”、融资租赁、供热收费权质押等多重法律关系,最终经有关法院和管理人的共同协调,通过利益衡平方法“一揽子”化解了纠纷。又如,债务人因为承担保证责任,在破产程序中为其子公司的金融借款进行了代偿,同时该子公司又对债务人享有其他债权,衍生出追偿债权产生于破产受理前或破产受理后、双方债权债务是否符合破产抵销条件等争议问题,由此产生破产抵销权诉讼,最终经一审二审妥善解决。

(三)资产清查难,影响重整投资信心

新天龙公司资产情况复杂,资产清查和接管困难重重,对重整投资人投资信心造成了重大不利影响。债务人名下若干商业房产长期被原承租人占用,在破产受理前经诉讼和执行程序均未能完成腾退,财产接管困难;公司名下排污许可证有效期届至,因企业经营状态不正常导致续期存在诸多障碍,影响企业重整价值;对府院协调机制提出了很高要求;企业诸多机器设备涉及第三方取回权,取回权人身份与债权人竞合,取回权审查难度较大;债务人对污水处理子公司的股权在破产受理前被签署了股权抵债协议,其中涉及个别清偿等法律问题和众多债权人利益,处理难度较大;企业长期投资公司对外有大量负债且难以查清,增加了重整投资风险;企业实际资产与财务账册、抵押清单记载严重不符,资产清查和瑕疵弥补等工作难度较大,影响重整投资信心和投资人招募。

(四)重整计划执行难,转型升级障碍多

新天龙公司原出资人股权存在质押、查封等多项权利负担,相关权利人协调难度极大;企业税务信用和金融信用极差,信用修复工作在当地缺乏实践,重整后的信用修复工作困难重重;重整计划执行期间,当地环境保护政策发生重大变化,企业原址不再被允许开展印染业务经营,导致重整投资人重大商业风险;等等。诸多因素造成重整计划执行存在重大困难,重整后企业后续经营面临各种障碍和困难需要解决,以防止重整计划执行不能的重大风险。

三、案件特点

根据上述情况,管理人在勤勉尽责地履行资产清查、债权审查、财产管理等各项工作职责的基础上,根据债务人实际情况,重点从三方面推进本案破产进程。

(一)府院联动接管企业,有效确保环境安全

1. 全面接管母、子公司

面对债务人整体对外出租,全资子公司由第三方实际经营等复杂局面,结合租赁经营需要,同时实现债务人财产价值最大化,管理人协同当地政府,通过有条件地继续履行租赁合同、利益相关方磋商谈判等一系列工作,力争取得公司控制权,顺利完成对债务人及其子公司实际控制权的全面平稳接管。

2. 审慎确保环境安全

作为印染和污水处理企业,企业运营的不稳定状态带来较高的环境污染风险,处理不慎更将影响当地居民的日常生活和民生保障。鉴于此,管理人借助府院联动机制,协调当地政府聘请专业运维单位负责污水处理业务运营,并由生态环境部门对企业环境保护工作进行重点监管;与租户详细约定双方权利义务及环境、安全等责任风险的承担规则,实现了企业在破产程序中的平稳运行,杜绝环境污染事故,有效确保环境安全。

(二)充分调查重点研判,准确识别重整价值

1. 全面预测清算走向

在清算程序中,管理人在履职的同时对企业清算走向进行提前分析预测。经调查分析,债务人长期以来为当地众多纺织企业提供“印染+污水处理”的产业配套,企业若清算退出市场,将对当地纺织产业发展造成不利影响。经测算,清算状态下,企业长期积累各类生产要素不能得到有效利用,排污权无法快速重新配置并实现价值,普通债权清偿率仅为7%左右,破产清算预测效果不佳。

2. 精准识别重整价值

基于对企业清算走向的预测分析,管理人对企业重整价值进行了重点研判。经调查,新天龙公司是长兴县虹星桥镇唯一的印染企业,持有一定体量的排污权指标,旗下设有纺织和污水处理子公司,整体具备较为完整的生产要素,曾于2017年在新三板成功上市,具备一定的重整价值和转型升级的基础条件。

（三）优化破产程序选择，实现企业绿色转型

1. 推动破产程序转换

根据调查分析情况，在完成各项基础性工作的前提下，管理人经债权人会议同意，在清算阶段提前启动意向投资人招募，充分调研市场反应，进一步研判企业通过重整实现转型升级的可行性，并适时推动本案转入重整程序。

2. 招募优质绿色投资

在投资人招募程序中，设置"环保承诺"作为投资人参选前提条件，要求投资人签署《环境保护承诺书》并围绕绿色经营理念制作重整投资方案，将绿色低碳经营相关要求作为意向投资人资格审查的重要内容，努力招募有能力确保企业绿色转型的合格投资者。

3. 实现企业重整价值

根据市场调研情况，采用"报价承诺＋网络竞价"模式遴选投资人，要求投资人锁定重整投资最低报价并作出竞价承诺，取得竞价资格后方可参与网络竞价，最大化实现排污权等各项生产要素的市场价值，使普通债权清偿率从7%提高至30%以上。

4. 优化重整方案设计

采取企业存续性股权投资方式进行重整，实现排污许可及"印染＋污水处理"产业链的保留和延续，通过重整实现了各项生产要素的高效利用，为重整后企业提质增效打下良好基础，重整计划获得债权人会议有财产担保债权组和出资人组全票通过、普通债权组人数97.06%高票通过。

5. 推动绿色低碳转型

在重整计划执行阶段，通过各方协调和司法强制相结合的方式，扫除企业股权和资产权利负担等各类障碍，通过与税务机关、金融机构等沟通协调，逐步落实企业信用修复，确保重整计划顺利执行完毕。重整后企业继续追加投资，对接项目审批，制定搬迁入园和整治提升计划，逐步推动企业走上绿色低碳转型的全新发展道路。

四、案件办理所取得的评价

本案是通过破产重整制度促进高能耗、高排放困境企业绿色低碳转型，服务产业结构优化升级的典型案例。在案件办理过程中，管理人克服各方面困难，在破产程序选择、企业经营维护、重整投资人招募、重整计划制定和执行等各个环节深入贯彻落实绿色发展观，围绕服务产业结构绿色优化升级，在破产程序中力保环境安全，以促进企

业绿色转型为导向招募重整投资人,优化规则设计提高企业重整价值,并在重整后持续推动企业整治提升,取得了良好效果。

最终重整计划得以顺利执行,通过重整各项生产要素的利用效率得到显著提高,破产企业逐步走上绿色低碳转型的发展道路,体现了破产审判运用重整法律手段帮助企业提质增效、助推经济高质量发展的职能作用。

在法律效果上,本案在清算程序中准确识别企业重整价值,主动挖掘困境企业转型升级的可能性,通过破产程序的适时转换,将具有挽救价值的困境企业及时纳入重整救治的程序通道。根据企业实际情况制定重整方案,重整计划获得高票通过,并在3个月内执行完毕,普通债权清偿率从清算状态的7%提高至30%以上,企业核心市场价值得以保留,生产要素得到高效利用,在充分维护债权人合法权益的基础上,帮助困境企业提质增效和转型升级,通过重整手段实现了破产法的拯救功能。

在社会评价上,作为“绿水青山就是金山银山”理念的发源地,湖州市在生态文明建设方面取得了显著成就。本案管理人在湖州中院的指导下,贯彻绿色发展理念,推动困境企业绿色低碳转型,服务当地产业结构绿色优化升级,助力实现碳达峰、碳中和目标。案件的成功重整获得了债权人、法院和政府的认可和好评,并入选“2021年浙江法院破产审判十大典型案例”和“湖州市破产管理人协会2021年度优秀履职案例”,体现了良好的社会评价。

新时代“枫桥经验”在预重整实践中的创新运用

——浙江越美国际轻纺商贸城有限公司预重整转重整案

【案例索引】(2021)浙0681破56号

【审理法院】浙江省诸暨市人民法院

【管理人机构】浙江振邦律师事务所

【关键词】新时代“枫桥经验”　预重整　府院联动

一、案情简介

浙江越美国际轻纺商贸城有限公司(以下简称越美公司)成立于2011年,其开发的越美商贸城项目是浙江省重点投资项目和浙江省重大服务业项目,商贸城总建筑面积40万平方米(系诸暨城南商贸城最大单体项目)。项目开工建设后,因国内外的经济形势发生重大变化,企业受担保链的影响逐渐显现,同时,国家严控商业地产的信贷,使商铺销售和租赁业务无人问津,越美公司仅对外销售商铺67间,合计1662.01平方米。因对外担保的涉诉情事较多,资产被查封、冻结,导致企业资金链断裂、项目停工停建。到2020年年底,越美公司负债总额约人民币12.5亿元,涉及债权人400余家。

出现危机后,越美公司曾多次主动与债权人协商谈判,寻求债务重组的可能性,但因债权人对其缺乏信任及信心,商谈失败。越美公司意识到,仅凭自身的力量无法实现企业脱困,遂主动向政府部门汇报情况,寻求政府部门对企业解困的支持。诸暨市金融工作办公室、商贸城建设管理委员会、法院多方联动,与企业深入探讨脱困实施方案,最终形成了创新运用新时代“枫桥经验”化解企业债务危机的初步意见。

2020年12月17日,浙江省诸暨市人民法院(以下简称诸暨法院)受理越美公司的预重整申请,并指定浙江振邦律师事务所担任预重整期间管理人。

在预重整阶段,浙江振邦律师事务所作为临时管理人,尊重债务人在预重整程序中的主导地位,并辅助债务人进行商业谈判、制定重整计划草案等,积极开展预重整工作。同时,临时管理人积极探索特殊“共益债”模式,引入投资人收购债权解决在建工程抵押注销和后续销售问题,防止企业再次陷入僵局,推动商业“一揽子”谈判和庭外和解有机衔接,为重整阶段的工作奠定坚实基础。

2021 年 7 月 7 日,诸暨法院裁定越美公司进入重整程序。其间,管理人共接收债权申报合计 410 户,金额合计 14.36 亿元,管理人确认债权总金额为 12.44 亿元。在多方主体进行多轮磋商后,债权人同意对越美公司减免的债权金额合计为 3.32 亿元,另有 5 家(关联)债权人(合计债权金额为 2.59 亿元)为支持越美公司重整,自愿同意并确认其债权在重整计划执行期内不作清偿,从而快速、有效地缩减了债务。

2021 年 8 月 13 日,越美公司第一次债权人会议召开,管理人创新债权表决方式,未采取固定的投票模式及确定具体的投票时间,在更具灵活性的表决机制上,会议表决通过了《重整计划(草案)》《振邦所继续担任管理人》等议案,其中建设工程优先组、抵押优先组、对外担保债权组、自愿留后债权组表决通过率均为 100%,普通债权组表决同意债权人数占该组出席会议的债权人数的 97.80%,债权额占该组债权总额的 89.55%。越美公司在重整计划执行期间实际需要清偿的债权金额为 6.53 亿元。

2021 年 8 月 31 日,诸暨法院批准了越美公司的重整计划并裁定终止重整程序,越美公司进入重整计划执行阶段。

二、重难点问题

(一)案件维稳(信访)压力大,与债权人谈判难度大

本案涉及的利害关系人人数众多(约 410 户)、群体范围广泛,涉及购房户、租户、建筑工人、材料供应商、抵押权人、担保债权人等,使案件面临多元利益的角逐与社会维稳压力,债权类型和利益格局复杂。预重整受理前,已有不少于 200 户债权人向市、省两级政府信访,带来巨大维稳压力。同时,因为其他企业提供担保导致债务风险集中爆发,债权人因此对越美公司缺乏信心而先后保全越美公司所属全部项目资产,同时存在抵押权、建设工程价款优先受偿权等问题,不仅项目资产无法正常销售,与债权人的谈判更是增加了不少难度。

越美公司出现危机后,诸暨市人民政府高度重视越美公司预重整,成立了预重整工作领导小组,帮助推动预重整各项工作顺利开展。法院、政府、企业、债权人等主体

得以市场化、法治化地开展预重整工作,在顺应市场发展规律的前提下,多方参与,使每一主体都能在自己的位置上发挥作用,探索建立起“政府支持、法院指导、企业自主、管理人参与”的新型预重整模式,帮助和挽救有价值的困境企业实现重生,既体现了司法裁判的价值,又体现出综合治理的优势。

在预重整框架下,府院充分发挥能动性与创造性,联合多部门共同协助,以帮助企业解困,充分展示了府院公信力,同时通过临时管理人的不断解说,重塑了各大债权人对越美公司触底反弹的信心。

(二)资产去化难度大

越美公司项目区别于传统房产公司项目,系大型商贸市场,建筑面积达 40 万平方米,商务楼受众范围小、融资难度大。越美公司陷入困境的原因是所属项目资产被抵押、查封,导致越美商贸城项目资产无法正常销售、企业无法正常融资。因此,本案能够成功处理的关键是抵押权人是否同意涤除抵押手续帮助越美公司办理不动产权证使其能正常对外销售、融资。

打破上述僵局、盘活越美公司的核心资产是越美公司之前一直积极努力的方向,而预重整程序适时赋予了越美公司充分的自主权与创造性,使越美公司拥有了更充分的磋商、探索、实践的空间和机会。在预重整期间,管理人与越美公司经过不懈努力,同时借助府院联动的东风,利用特殊“共益债”模式,最终说服原抵押权人减让 1.3 亿元高额利息并转让其对越美公司的债权,越美公司成功打响了脱困解套的第一战。而后越美公司顺势而上,在积极寻求政府帮助的同时综合运用自身资源,成功与某资产管理公司接洽并谈妥以 1.9 亿元收购原抵押权人的债权。不仅如此,某资产管理公司还同意释放部分抵押物,同意注销部分土地使用权及地上建筑的抵押登记,并让渡本该由其优先受偿的大部分销售款给其他普通债权人,同其他普通债权人按比例进行受偿。通过投资人收购债权解决抵押注销和后续销售问题,同时承诺在重整期间偿付利息并要求投资人释放部分抵押物以提高普通债权的清偿率。此举不但有效帮助越美公司盘活资产,而且保障了广大普通债权人的权益,使更多的债权人重建对越美公司的信任与信心,助力越美公司向成功重整迈进了一大步。

(三)续建资金融资难度大

越美公司的主要资产为在建工程,续建时间跨度大。资产变现和债权清偿的主要来源为房屋的销售回款,续建施工单位、包销单位的选择及施工单位的续建进度将直接影响资产变现的效率和重整计划执行的进度。但因越美公司销售无法正常进行,资金链断裂,同时越美公司多次自救均存在融资困难,最终导致在建的商务办公楼停工停建。快速锁定续建单位成为盘活越美公司资产的重点和难点之一。所以,在越美公司预重整案中,对续建施工方的选择与约束问题,政府部门、法院、临时管理人及各方主体均给予了高度关注。多方主体就如何才能既保证质量与进度,又能舒缓工程款支付的重大压力问题等进行反复推敲。最终,在与多家施工单位的接触、比较、磋商后选定了现在的施工单位,并确定一定比例的工程款以其所完工项目单体的房屋折抵支付,多方主体的诉求在有序的指导下达到了统一。此举对于预重整成功转入重整及重整计划的顺利执行功不可没。

同时,考虑到项目资产均是商铺、商业办公楼,去化存在难度,因此管理人通过债权人会议明确:在无法实现销售目标的情况下,除现金清偿外,债权人还可以自行选择以房抵债形式实现债权;同时,允许债务人进行抵押融资,以融资款清偿债务。通过创新清偿方式,为债权人提供多种清偿选择,提高了重整计划的执行效率。

(四)竣工验收、办理权证难度大

越美公司在项目施工过程中产生的建筑施工噪声排污费、建筑施工扬尘排污费、环卫规费(装潢垃圾处理费和施工污染道路清扫、清洗费),以及前期竣工验收时因改变地下室高度需缴纳的行政罚款,均因数额巨大而无力缴纳,同时存在未验先用、改变地下停车场使用功能等情形,无法办理权属证书,涉及税务、信用修复、续建竣工验收等一系列需要法院、政府协调解决的问题。

为此,诸暨市人民政府针对越美轻纺商贸城项目解困过程中的税款、罚款、竣工验收及产权证书办理等有关事项,进行了两次专题协调、多方联动,并出具会议纪要,进一步为越美公司的成功重整保驾护航,帮扶企业脱困。

三、案件特点

(一)遵循"枫桥经验"内涵,多方联动,兼具公信力与高效率

越美公司案件遵循"枫桥经验"的内涵,在程序启动、府院联动、利害关系处理、商事谈判、方案制定、表决方式等方面皆顺利开展。

法院受理越美公司的预重整申请后即指定临时管理人具体参与债务人重整方案的制定、与债权人的谈判、全程监督债务人的日常经营活动等事务,同时督促对续建单位、包销单位的招募,法院全程监督指导并为此专门出台《诸暨市人民法院关于审理预重整案件的操作指引(试行)》(诸法〔2021〕18 号),保障程序有序推进;属地政府还专门成立工作领导小组,助力越美公司寻找重生之路,此举不仅使各项工作得以顺利推

进,而且为稳定债权人的情绪带来意想不到的效果;值得一提的是,预重整期间尤其是在与债权人磋商的过程中,主管政府部门全程参与,帮助越美公司攻坚克难;在寻找投资人时,某资产管理公司具有体制的特殊性但却能完全抛开经济效益来帮扶债务人,离不开诸暨市商贸城建设管理委员会、金融工作办公室、企业风险化解处置协调小组的全力支持。

相较于破产重整,本案采用预重整模式拯救越美公司于危困具有独特的优势。在破产重整程序下,法律对于参与主体均有明确规定,政府部门只有在政策或法律明确规定外才能作为主体参与深度帮扶越美公司的重整工作。而在预重整模式下,府院都可以在合法的框架内充分发挥能动性与创造性,采取更有针对性的措施积极推动越美公司的预重整工作。而且,临时管理人的选任遵循了债务人的意见并严格遵从法律程序,在工作组的协调和法院的监督下,3 家意向管理人通过竞标方式公开竞争,最终选定临时管理人。临时管理人的报酬由其与企业、债权人等自主协商。这既符合新时代“枫桥经验”的法治内涵,又体现出预重整制度的灵活性。

(二)创新债权表决方式,保障作出让渡债权人的权益

对重整计划进行表决时,在表决程序的设计上,对普通债权组再行细分为对外担保债权、自愿留后债权、其他普通债权三类进行分类表决。对外担保债权类,征得担保债权人在人数和债权金额上都 100% 全额通过的前提下,对于债务人担保的债务本金部分全额清偿,免除越美公司剩余担保责任。而且对本案中作出较大权益让渡的债权人专设债权组,即普通债权组增设对外担保债权组和自愿留后债权组,因无财产担保的担保债权均按本金部分进行清偿(确认债权约 4.2 亿元,减免后实际清偿金额约 2.2 亿元),自愿留后债权组不在重整计划执行期内安排清偿,相较其他普通债权组,上述两组在本案中作出了较大的权利让渡,故法院要求只有当做出让渡的债权人 100% 同意方案时,法院才会裁定批准重整计划。为此,管理人多次与债权人进行磋商洽谈,最终该两组的通过率均为 100%。此举既大大缓解了越美公司的偿债压力,提高了越美公司对普通债权的清偿率,也在法律制度的框架内充分保障了债权人的合法权利,成为越美公司成功重整至关重要的一步。

(三)预重整程序能够有效提高重整方案的通过率

越美公司重整的目标是盘活资产并缩减债务。在该目标实现的过程中,预重整程序给予债务人足够的信心和时间,通过一轮轮紧锣密鼓的谈判、磋商,最终抵押权人减让债务 1.2 亿元、担保债权人减让债务 2 亿元,并顺利签订债务重组协议。预重整程序为重整的顺利进行打下了坚实基础,在时间上和程序上都具有显著优势。

预重整程序的目的之一就是探索债务人是否具备重整价值及重整成功的可能性。因此,在制定重整方案的过程中,管理人与债权人不断地沟通协商,使与主要债权人经过多次沟通和协商制定的重整方案,能够为其所接受,最终方案通过率高。对于重整方案的表决,管理人在预重整方案及表决规则中制定了预重整程序和重整程序的衔接规范,对预重整方案的表决效力可以延伸至重整计划中。债权人表决同意预重整程序中的重整预案,很大程度上保证了越美公司重整计划的顺利通过。

四、案件办理所取得的评价

(一)法律效果

在新时代"枫桥经验"引领下,越美公司与债权人等事先充分沟通,通过多轮商事谈判,综合考虑企业的资产负债、经营能力、发展前途、偿债能力等多项因素,最终各方就重整达成多数意见并制定了"一揽子"化解企业债务、帮助企业脱困的重整计划。从诸暨法院于 2021 年 7 月 7 日裁定受理越美公司重整申请到 2021 年 8 月 31 日裁定批准重整计划、终止重整程序,短短两个月时间,越美公司已恢复经营,停工 6 年的商务楼项目正式复工续建。

(二)社会评价

在预重整阶段,各方主体充分发挥主观能动性,帮助越美公司大幅缩减了债务规模,将多次法拍无人问津的"不良资产"通过债务重组的模式盘活成优质资产,大大提升了越美公司的资产价值和债权人债权实现的速度。

本案运用多方力量化解矛盾纠纷,推动形成企业主导、多方参与的企业救助制度,探索建立新型预重整模式,既实现了司法程序的价值,又体现了综合治理的优势,走出一条企业纾困解困的特色道路,使陷入重重债务的企业涅槃重生,引导困难企业积极自救,优化了地方法治化营商环境,维护了市场经济秩序。

本案保护了诸暨商贸城核心项目,巩固了城市建设的优秀成果。除担保债权外,本案其余各类债权均得到全额清偿,妥善解决了信访问题,也为地方经济发展作出了贡献,维持了区域市场发展的活力和和谐稳定的局面。

本案入选"2021 年度绍兴法院服务保障民营经济典型案例""2021 年浙江法院破产审判十大典型案例""绍兴法院企业破产审判十五周年典型案例""绍兴市破产管理人协会 2021 年度十大履职典型案例""浙江省破产管理人 2021 年度企业破产十大优秀履职案例"。

2020 年度企业破产优秀履职案例

运用强制批准制度，助力企业涅槃重生，有效防范“两链”风险

——浙江杭宝集团有限公司等 5 家公司合并破产清算转重整案

【案例索引】(2018) 浙 0110 破 1、2、10、11、22 号

【审理法院】浙江省杭州市余杭区人民法院

【管理人机构】国浩律师(杭州)事务所

【关键词】清算转重整　混同合并　重整计划强制批准　“两链”风险防范

一、案 情 简 介

浙江杭宝集团有限公司、浙江宝亮特种薄膜有限公司、杭州杭宝胶带有限公司、杭州杭宝塑业有限公司、浙江宝亮包装科技有限公司(以下合称杭宝集团等 5 家公司)系生产薄膜、胶带、管材等产品的企业，拥有较为先进的薄膜、胶带生产线，在行业内具有一定影响力。自 2016 年起，因与经销商之间的诉讼争议，企业面临资金紧缺并陷入危机，为 5 家公司提供担保的企业亦面临“两链”风险(企业资金链风险、担保链风险)。

自 2017 年 11 月 23 日起，浙江省杭州市中级人民法院、浙江省杭州市余杭区人民法院(以下简称余杭法院)陆续裁定受理杭宝集团等 5 家公司破产清算案件，并均指定国浩律师(杭州)事务所作为管理人。后案件均统一由余杭法院审理。

2018 年 9 月 26 日，余杭法院根据管理人提出的合并清算申请并经杭宝集团等 5 家公司合并清算听证程序，认为杭宝集团等 5 家公司法人人格存在高度混同，各公司资产、负债难以区分，为公平清理债权债务、平等保护各利益相关人的合法权益，有效推进破产清算程序，裁定杭宝集团等 5 家公司合并破产清算。

2019 年 2 月 21 日，余杭法院根据出资额占注册资本 1/10 以上的出资人提出的合

并重整申请,认为杭宝集团等5家公司具有重整可行性和挽救可能性,为最大限度维护广大债权人的利益,裁定杭宝集团等5家公司合并破产重整。2019年8月7日,余杭法院裁定将重整计划草案提交期限延期至2019年11月21日。

2019年12月,杭宝集团等5家公司合并破产重整案召开第三次债权人会议对重整计划草案进行表决,有财产担保债权组、职工债权组、税款债权组、普通债权组均通过重整计划草案,出资人组未通过重整计划草案。经多次磋商和各方协调,2020年8月27日,出资人组二次表决仍未通过重整计划草案。2020年11月17日,余杭法院根据管理人的申请裁定批准重整计划草案,并终止杭宝集团等5家公司重整程序。

二、重难点问题

(一)具有重整价值的机器设备如何不因破产停转而价值贬损

杭宝集团等5家公司是主要从事生产销售薄膜、胶带及管材的企业。管理人进场接管时,胶带、管材生产线已停止运行,但薄膜生产线仍处于开机运行状态。考虑到薄膜生产线价值较高且设备情况较好,具备长期生产优质产品的能力,故在综合分析薄膜生产线状况后,管理人要求债务人配合继续保持薄膜生产线开机运行并进行适度维产维护工作。维产维护期间,管理人每日走访薄膜生产车间,对车间卫生情况、消防设施等进行巡检,确保车间生产工作安全有序;同时,根据属地产业监管部门要求,管理人及时督促债务人对设备进行风险排查、配件维修更换、消控整改等工作,保证机器设备价值不受重大贬损。

在本案转入重整程序且有意向投资人表达重整意愿的情况下,经与债务人协商并报告法院,管理人同意意向投资人以租赁经营部分生产线、观察部分生产线的方式协助开展设备维护工作,在减少维产维护期间的基本成本列支的同时,更有利于意向投资人进行分析测算、增强意向投资人重整信心,为重整奠定了坚实基础。

(二)多家公司法人人格混同情况下如何快速推进合并事宜

关联公司人格混同核查是一项繁杂工作,存在法人人格混同的企业是否需要实质合并,影响案件的整体推进,同时直接影响清算程序转入重整程序后重整方案的确定。

自陆续接管浙江杭宝集团有限公司、浙江宝亮特种薄膜有限公司、杭州杭宝胶带有限公司、杭州杭宝塑业有限公司4家公司后,管理人即着重核查各家关联公司的混同情况。发现前述4家公司虽名义上为独立法人,但实际上与浙江宝亮包装科技有限公司在人员、管理、财务、资产、债务、实际办公地、日常经营等方面存在实质混同情形,法人人格不具独立性。

为有效厘清各家公司总体资产债务情况，公平保护全体债权人及职工利益，管理人先与债务人实际控制人沟通并推进浙江宝亮包装科技有限公司破产清算申请工作。在法院受理浙江宝亮包装科技有限公司破产清算一案后，及时形成有关杭宝集团等 5 家公司混同情况报告并就合并破产事宜征求全体债权人意见。

在充分尊重广大债权人意愿的情况下，经管理人申请并在全面听证、审查后，余杭法院裁定杭宝集团等 5 家公司合并破产。

杭宝集团等 5 家公司合并后，5 家公司的资产统一用于清偿所有债权。5 家公司之间的债权债务自合并之日起归于消灭，5 家公司共同债务、连带债务不再重复计算，管理人将原本独立的 5 家公司的债权表合并调整为一张债权表，清晰反映杭宝集团等 5 家公司实际负债规模。转入重整程序后，重整计划制定统一的债权分类、债权调整和债权清偿方案，杭宝集团等 5 家公司的债权人在同一程序中按照法定顺序公平受偿。实质合并大大提高了破产效率，为重整成功打下坚实基础。

（三）如何有效识别债权申报真实性，防范虚假申报、恶意申报

杭宝集团等 5 家公司各类债权中涉及出资人及其亲属朋友的集资款类债权是本案债权审查的难点。通过审查债务人移交的相关资料，管理人发现部分款项积欠情况并非如表面证据所反映的，存在虚假申报债权可能。故管理人第一时间组建专项工作小组，及时梳理每一笔集资款类债权情况，并向有关人员询问了解，在夯实所有基础材料后对该类债权审查标准进行专项研究并形成专项审查意见报法院备案。面对管理人严谨审慎的工作态度，原出资人之一撤回了约 1 亿元的债权申报，还有数位债权人撤回了部分债权申报。此后，管理人严格审查该类债权每一笔款项的形成原因、法律关系、款项交付、资金走向等情况，防范虚假申报债权。

另外，在本案转入重整程序后，为督促债权人及时进行债权申报，防范部分债权人为阻碍重整计划执行、恶意补充申报债权的情况，参考《中华人民共和国企业破产法》第 56 条第 1 款、第 92 条第 2 款的规定，本案重整计划中明确"自 2019 年 12 月 5 日重整计划及召开债权人会议的通知提交全体债权人之日起，如债权人补充申报债权的，需承担管理人为审查和确认会后申报债权的费用，相关费用的标准按照会后同户债权人债权申报金额的 2% 但不低于 2 万元计算，相关费用由管理人收取。自债权人补充债权申报之日起 7 日内未向管理人支付审查和确认会后申报债权费用的，视为撤回申报"，通过经法院裁定批准的重整计划，约束债务人和全体债权人。

(四)依法核定应收款项,准确分析偿债能力

偿债能力分析在重整程序中有着非常重要的作用,能否客观、公正地反映债务人在破产清算条件下的偿债能力,对重整方的成功招募、重整计划草案的制定和表决起着至关重要的作用。对此,杭宝集团等5家公司除聘请评估机构对土地、房屋、设备、对外股权投资等资产进行评估外,还聘请会计审计机构对杭宝集团等5家公司的2000余笔、账面金额达12.8亿元的应收款项形成专项审计核查报告,最大限度反映杭宝集团等5家公司资产的实际情况。

在应收款项专项审计核查报告形成过程中,管理人不仅同步开展相关催收工作,同时高效配合会计审计机构对每一笔应收款项的真实性及可追收情况进行分析。管理人在对5家公司应收款项进行梳理并形成专项核查报告后,根据《债务人财产管理和处置方案》的规定,对杭宝集团等5家公司应收款项进行分类处置、催收。除部分产品质量、延迟交货存有争议外,管理人基本完成了对存在追收价值的应收款项的追收并用于杭宝集团等5家公司维产维护。

经过近11个月和会计审计机构的数次沟通、分析、论证,最终由会计审计机构出具客观可信的应收款项专项审计核查报告。该报告的出具,有效测算了账面12.8亿元应收款项的实际价值,为管理人和重整方谈判提供了基础,也为债权人支持重整计划提供了参考依据。

(五)在出资人已涉及大量被执行案件情况下,如何妥善处理未到位的2亿元注册资金追缴问题

在本案破产申请受理时,杭宝集团等5家公司出资人尚有2亿元注册资金未认缴完毕。根据《中华人民共和国企业破产法》第35条的规定,杭宝集团等5家公司出资人应加速缴纳到期的注册资金。考虑到出资人已涉及大量被执行案件、履行能力严重不足,提起追缴诉讼后最终并无财产可供执行,追缴工作更多流于形式。为有效推进本案重整工作,实现重整条件下的各方共赢,管理人在重整计划中明确"如重整计划生效并执行完毕,则管理人将不再开展对出资人未缴出资的追收工作",通过经法院裁定批准的重整计划,约束债务人和全体债权人,充分照顾了出资人利益,减少出资人的债务负担,平衡了各方利益。

(六)如何运用重整计划强制批准制度,有效维护全体债权人利益

本案重整计划草案经债权人会议第一次审议表决,除出资人组外,有财产担保债权组、职工债权组、税款债权组及普通债权组均表决通过;后管理人与出资人组再次进

行了长达 8 个月的多轮协商,但出资人仍不肯面对现实,在其肆意提出各类无理诉求未果后,表决反对重整计划草案。结合重整计划草案的表决内容,管理人认为重整计划草案虽未经全体表决组表决通过,但符合强制批准的情形,遂向法院提出批准重整计划的申请,最终余杭法院结合案件实际情况批准重整计划并终止重整程序。

本案充分体现了在重整计划草案内容完备、程序合法,债务人的经营方案具备可行性,重整计划草案公平对待同一表决组成员,债权调整及受偿方案最大限度维护债权人利益且重整计划草案对出资人组权益调整公平、公正的情况下,运用强制批准制度,有效维护全体债权人的合法权益。

三、案件特点

(一)坚定维产维护工作并通过购买足额保险妥善保障资产价值

本案管理人接管并分析厂区资产情况现状后,即坚定不移地与债务人、重整方共同对薄膜生产线等设备开展维产维护工作,确保企业最具经营价值的资产不会因为停机产生核心技术数据灭失、无法开机复原、再次开机投入成本过高等问题。另外,管理人在充分评估杭宝集团等 5 家公司的土地、房屋、机器设备、机动车辆、存货等实物资产风险后,为房屋及机器设备购买了足额的财产保险,防止火灾等风险事故导致资产遭受重大贬损。

(二)通过重整计划约定免除出资人的未缴出资义务,有效平衡各方利益,为重整计划强制批准奠定基础

本案通过在重整计划中明确重整计划生效并执行完毕后,不再追收出资人未缴出资,直接免除出资人的出资义务,最大限度照顾出资人利益,减少出资人的实际债务负担,有效平衡各方利益;在出资人组二次表决均反对重整计划草案的情况下,该项针对出资人债务免除的安排也作为法院判断重整计划对出资人组权益调整是否公平公正的重要考量因素之一,为重整计划强制批准奠定了基础。

(三)高效有序核查职工债权并妥善安置职工

管理人接管后,第一时间通过债务人移交的劳动人事档案和工资发放的会计凭证所反映的客观内容,结合调取的社会保险参保证明,并听取了债务人各部门员工的情况反映,同时书面函告部分人员限期说明劳动报酬等积欠情况及补充提供相应证据资料,开展杭宝集团等 5 家公司的职工债权核查工作。经核查,破产案件受理前积欠工

资及终止劳动合同关系所涉经济补偿金等职工债权约619万元,涉及职工203名。

为了更好地保障职工权益,维护社会稳定,在重整投资人选定后,管理人说服重整方在重整计划草案提请债权人会议表决前即先行垫付部分职工积欠工资,保障职工基本生活并顺利推进重整工作。另外,对于重整后职工留用及安排,管理人也提前与重整投资人进行沟通确认,保障职工稳定就业的同时,确保重整后的企业能够有序开展生产经营活动。

(四)成功化解担保方巨额担保债务,有效防范“两链”风险蔓延

本案涉及的8亿元总债务中,约4亿元由浙江另一知名民营企业承担连带担保责任。杭宝集团等5家公司重整失败,势必将直接影响该企业的正常经营,甚至直接导致该企业陷入困境面临破产。本案最终重整成功,无疑化解了杭宝集团等5家公司担保方的债务危机,有效防范“两链”风险蔓延,以司法手段实现良好的法律效益、社会效益和经济效益。

四、案件办理所取得的评价

本案自5家公司分别受理破产清算,到通过管理人核查5家公司法人人格混同情况并经听证程序裁定5家公司合并破产清算,再到转入合并重整程序并最终批准重整计划,历时3年。企业重整成功有效盘活杭宝集团等5家公司的现有资产,而且实现企业的继续经营并保障对全体债权人公平、及时、最大限度的清偿。

本案充分体现了在重整计划草案内容完备、程序合法,债务人的经营方案具备可行性,重整计划草案公平对待同一表决组成员,债权调整及受偿方案最大限度维护债权人利益且重整计划草案对出资人组权益调整公平、公正的情况下,运用强制批准制度,有效维护全体债权人的合法权益。同时,本案创新通过重整计划的安排,免除出资人2亿元出资义务,实际减少了出资人的债务负担,对其未来工作生活具有积极影响。另外,本案成功化解了为杭宝集团等5家公司债务担保的相关方约4亿元的债务危机,有效防范“两链”风险,通过司法手段实现了良好的法律效益、社会效益和经济效益。

探索重整新模式，协助祐康食品浴火重生

——祐康系10家企业合并破产重整案

【案例索引】(2018)浙0104破3号

【审理法院】浙江省杭州市上城区人民法院

【管理人机构】浙江浙经律师事务所　北京市高朋律师事务所　北京高朋(杭州)律师事务所　大华会计师事务所(特殊普通合伙)浙江万邦分所

【关键词】"整体合并+部分重整"模式　"互联网+"　府院联动

一、案情简介

以祐康食品公司为中心的祐康系企业主要生产冷冻制品、速冻制品、饮料制造、食品原辅料及冷饮品制造等，是国内著名的食品生产商，在江浙区域具有广泛知名度。而祐康系企业也在众多忠实消费者的支持下迅速扩张，旗下产业拓展到房地产、养殖、连锁、电商等领域。在企业发展过程中，因盲目扩张、市场形势发生变化等多种因素叠加，企业资金紧张。从2015年始，受房地产业务、山东板块投资业务拖累及实际控制人去世的影响，祐康集团陷入资金链困局，企业爆发危机。

2017年，杭州祐康电子商务网络有限公司、杭州祐康置地有限公司、祐康食品集团有限公司、杭州祐驿站便利连锁发展有限公司、杭州祐康食品有限公司分别向浙江省杭州市江干区人民法院(现为浙江省杭州市上城区人民法院，以下简称上城法院)提出破产申请，上城法院经审查后于2017年9月11日分别裁定受理上述5家企业破产清算一案。同年，债权人向杭州市中级人民法院提出对祐康食品公司的破产申请。杭州市中级人民法院经审查后于2018年1月12日裁定受理祐康食品公司破产清算一案，并指定上城法院审理。

祐康系企业关联程度高，管理人接管后，对祐康系企业开展了全面的梳理，除已受

理破产的5家企业外,对于祐康系公司四大板块的主要平台公司,即杭州祐康云商集团有限公司、杭州祐康经济开发有限公司、杭州某金融服务有限公司、杭州某科技有限公司申请合并破产审查。上城法院经审查,于2018年9月11日受理上述10家公司(以下合称祐康系10家企业)合并破产案件。

祐康系10家企业共接受债权申报977笔,裁定确认债权35.1亿元。2019年1月19日,上城法院召开祐康系10家企业第一次债权人会议,会议表决通过了包括《祐康系企业招募重整投资人遴选方案》在内的多个方案。2019年12月2日,在上城法院进行的祐康破产重整投资人竞价会上,J合伙企业被确定为重整投资人。祐康系10家企业第三次债权人会议审议通过了《重整计划》。2020年10月19日,上城法院裁定批准祐康食品板块的重整计划。2020年12月,重整投资人按约支付了全部重整对价款,重整资产控制权移交完毕。自此,祐康品牌得以挽救,700多名职工的工作岗位得以保留,具有积极的社会意义。

二、重难点问题

(一)稳定生产,实现"破产不停产"

"祐康"食品有20多年的历史,该品牌在广大消费者心中有着沉甸甸的分量。与此同时,祐康系10家企业合并破产案涉及债权人人数众多,既包括了30余家银行金融债权人,更有在省内外的近千家供应商、经销商债权人,还有目前唯一仍在生产的祐康食品公司职工700余名。如何维护全体债权人的利益?如何维持"祐康"品牌价值?管理人如何帮助"祐康"浴火重生?一系列问题也对管理人工作提出了多重挑战。管理人进驻后便即刻开展尽职调查工作,结合祐康集团的实际情况,提出了"破产不停产"的工作思路,从继续生产条件、经营风险、稳定员工、维护供应商和经销商权益、维护生产设备,以及今后可能发生的重整等多角度进行论证,认为在管理人监督下祐康食品公司继续封闭运营是可行的方案。由此,管理人向上城法院提交了《封闭运营申请报告》,同时制定了《封闭运营方案》《封闭运营期间经营监管办法》,并获得了法院的批准。为降低破产程序对公司职工和生产可能造成的影响,管理人在本案几个重要节点到来前,多次到祐康食品公司召开中层领导以上全体会议,解答职工对破产清算的疑问,阐明管理人工作目标,稳定人心;在接受媒体采访时,也对外表达了积极寻求重整祐康食品公司之路的意愿。另外,承办本案的上城法院法官与管理人还多次约谈管理层,对公司管理提出阶段性的新要求。大量的工作换来了祐康食品公司的稳定经营。在封闭运营期间,祐康食品公司新产品源源不断推出市场,销售额稳步增长。产品年销售额达 4 亿多元,职工工资有明显增长。“破产不停产”达到了预期目的。

(二)债权人数众多,债务规模巨大

本案债权人人数众多,涉及大量供应商、经销商债权人,且遍布浙江、江苏、山东、江西等多个省市,如何有效组织债权人申报债权、参加债权人会议、行使权利并参与分配,这些问题给管理人工作带来了巨大挑战。

在本案中,管理人在上城法院的指导下,创新性地使用了工商银行“工银融 e 联”App 的破产清算管理平台,通过债权人互联网申报、在线审查、在线参加债权人会议等方式,真正提高了债权申报与审核工作的效率,便利了广大债权人。该平台系上城法院与工商银行杭州分行共同合作研发的一款数据化、智能化、可信化系统,法院与银行深度合作、司法与金融跨界融合共同研发破产案件管理平台在全国尚属首次。平台主要分为以破产管理人为用户的电脑客户端和以债权人为用户的依托“工行融 e 联”App 公众号,以及微信小程序的手机客户端,管理人可在线上进行案件信息管理、信息发布、债权人管理和债权人会议组织;债权人则可通过手机直接申报债权、上传相关凭证、参加在线债权人大会,尽可能实现债权申报的“一次不用跑”和“最多跑一次”。同时,有关案件数据存放于独立的第三方服务器,安全可靠;使用区块链技术,将表决投票结果直接记入平台进行上链存证,投票内容同步登记在平台进行投票管理、可信公示。

虽然在平台刚上线时,由于初期使用与之前的习惯不一致,平台功能也在逐步开发中,管理人存有疑虑。但随着管理人使用熟练程度的提高,以及系统功能不断地完善,管理人在使用中的“痛点”经反馈后得到解决,用户体验越来越好,特别是两次大型债权人会议的召开,减轻了管理人在通知、组织会议、表决统计方面的诸多压力,切实感受到平台的便捷。平台的使用提高了管理人处理破产案件的效率,加强了与债权人的沟通,方便债权人足不出户快捷便利申报债权,平台也成为法院规范监督管理人推进破产工作进程的有效工具,使整个破产案件审理程序更加公开、透明、公正。

破产案件插上了“互联网 +”的翅膀,让案件审理高效运作,也让各方的参与成本大大降低,使沉重的审理程序变得“轻盈”。

(三)有效剥离资产,合理降低费用

本案另一大难点,在于资产剥离过程中的税费承担问题。祐康重整资产中土地、厂房等不动产所占比重较大,根据重整计划的内容,需要将登记在母公司祐康集团公司名下的不动产转让到其子公司祐康食品公司,即本案的重整主体名下。而不动产的转让涉及高额的土地增值税、增值税等税费,为此,经报请法院同意,管理人特聘请了

专业的税务服务机构出具税务咨询报告。如果直接按照买卖方式转让不动产,初步预估本案需缴纳的税费高达7200余万元。而根据税务服务机构提供的咨询意见,管理人充分利用了国家税务部门出台的一系列税收优惠政策,祐康集团公司按增资方式将不动产转让至祐康食品公司,再将祐康食品公司整体股权进行转让,所需缴纳的税收总额为2000万元左右。仅就税款一项就减少了5000余万元的费用,大大增加了偿债资产金额,进而增加了可分配财产。在税务机构所提供的咨询意见的基础上,管理人进一步将祐康食品板块有关的重要商标等无形资产由清算主体转移至重整主体名下,并以增资入股方式将涉及食品生产的不动产、机器设备等主要资产注入重整主体,同时将债务剥离到清算主体,由此达到重整主体“轻装上阵”的经营状态。

(四)分类处置对外投资资产

除已被受理破产的10家公司外,祐康系企业集团对外投资公司众多,对外投资的主要公司35家(不包括持股公司再对外进行股权投资的情况),行业属性跨越了房地产、投资管理、商贸、养殖等领域,地域主要分布在浙江省杭州地区及山东省枣庄地区。管理人按照持股情况及投资类型标准,将上述35家企业分为三类:第一类为由已破产的10家企业100%持股的公司,即由祐康系10家企业实际控制的公司,该类企业有26家;第二类为由祐康系10家企业与外部其他主体共同持股的公司,该类企业有5家;第三类为相对独立的位于山东地区的对外投资公司,该类企业有4家。对于第一类26家公司,由管理人依据实际情况进行评判,通过股权拍卖、变卖、协议等方式进行处置或直接实施清算。考虑到品牌价值,若重整投资人有意向进行收购,则其享有在同等条件下的优先权益。对于第二类5家公司,由管理人依据实际情况进行评判,通过股权拍卖、变卖、协议等方式处置或通过清算等方式回收投资及收益。对暂无法变价的股权投资,将在其具备变价条件时,公开变价转让。对于第三类4家公司,由于地域的差别,祐康集团在收购山东板块后,一直无法实施有效管理,特别是祐康集团自2015年起资金链断裂,更无暇顾及山东板块。因此对于该类企业,管理人采取单独处置的方式,在政府与法院的协助下,与山东板块目前的经营负责人及所在地方政府对接,在获取相关资料后开展审计和评估工作,在此基础上对股权以拍卖方式进行处置。

其中,由于第三类对外投资资产涉及异地处置及当地历史遗留问题等,若处置不当,极有可能引发当地的社会稳定问题,故而属地政府也非常关注第三类对外投资资产的处置。为此,管理人多次赶赴山东,与相关企业负责人及属地政府的相关主管人员对接,逐步取得其对破产工作的理解及支持。在此基础上,管理人团队中的审计机构入驻企业开展审计,同时聘请专业的评估机构进行评估。2023年5月底,审计评估机构出具了山东板块资产财务审计评估报告。在评估审计结论形成后,考虑资产的特殊性,为确保资产处置工作能够顺利推进,管理人提请债权人委员会审议并表决了相关处置方案。根据表决通过的方案,在淘宝网阿里拍卖破产强清平台对祐康山东板块资产进行了多轮公开拍卖。最终于 2024 年 1 月 16 日以 410 万元的价格成功处置了对外投资的山东板块资产。在对外投资的清理工作中,管理人通过努力沟通及有效衔接,成功完成了处置工作。

三、案 件 特 点

根据本案的实际情况,管理人重点研判了重整的思路与途径。由于祐康食品板块所使用的不动产及设备、核心商标等分散在祐康食品公司、杭州源淇食品科技有限公司等多个不同主体名下。同时,多个主体涉及祐康品牌旗下的房地产开发板块、山东板块等资产,如全部合并重整,势必会让投资方对于隐性债务等存在疑虑,最终影响重整报价。综合各方面因素,在区人民政府、法院的协调下,最终确定了"整体合并 + 部分重整"模式,搭配"破产不停产"路径,在破产程序中保留有效生产力,最终实现对市场资源的有效整合。在合并破产的情况下,整体重整难度较大。为此,管理人设计了"整体合并 + 部分重整"的模式,采用"反向出售"式重整,将祐康系 10 家企业派生分立为两个主体,即重整主体(祐康食品公司)和清算主体(除祐康食品公司以外的其他祐康系企业),将涉及食品板块继续生产经营所必须资产集中归拢到重整主体名下,并以该主体启动重整程序;所获对价款及其他资产处置款项归于清算主体,并用来集中清偿 10 家企业的债务。通过这一模式,将祐康全部资产进行划分,剥离出与食品生产相关的资产作为重整资产,同时加快对其他清算资产的处置变价工作,对于从整体上提高本案普通债权人的清偿率起到了极大的促进作用。

四、案件办理所取得的评价

本案通过前述处置工作,将原本普通债权的清偿率从几近于零提高到了目前的 5.15%,随着剩余清算资产的进一步处置,清偿率还能提高。除增加了对债权人的清偿外,祐康食品板块通过破产重整,实现了企业再生,"祐康"品牌得以保留。

由于"祐康"品牌在当地群众心目中具有较大的品牌影响力,祐康食品板块的重整也一直牵动当地群众的心,媒体对此也格外关注。2020 年 10 月,上城法院裁定批准祐康食品板块重整方案。2020 年 12 月,管理人完成了重整资产的移交,也完成了祐康系 10 家企业破产清算第一次分配工作。同时,管理人起草了《祐康食品"重生记"》一文,对祐康系 10 家企业合并破产案的基本情况及祐康食品板块的重整情况作了详细的介绍,被本地各大媒体争相报道。

2021 年 3 月,祐康系 10 家企业合并破产重整案件基于其办案亮点及新颖性,先后被评为“2020 年度浙江法院破产审判十大典型案例”“2020 年度杭州法院破产审判十大典型案例”,这也说明了各级法院对管理人工作的肯定。同时,本案入选“浙江省破产管理人 2020 年度十大优秀履职案例”、《WUPO2023 中国破产与特殊资产行业年度名册》五十个年度经典案例。

祐康食品在重整后已全面恢复生产并进一步扩大经营,即便是在疫情期间仍保持着良好的生产及经营,以祐康核心品牌为驱动,围绕“升品牌、扩渠道、扩产业、扩规模”经营思路,进一步整合、优化冷链及大健康食品的产业资源,形成集冷链食品智造、城市中心央厨、冷链食品集贸的全产业链发展新格局。同时,企业加快冷链食品及生物科技(特医、保健)领域的服务布局和延伸,力争 3 ~ 5 年内,打造一个具有行业代表意义的“传统冷食产业转型升级模式新标杆”的上市公司。企业重整首年实现业绩开门红,全年实现销售额 8 亿元,比托管期增长 30% 。

祐康食品作为杭州市乃至浙江省破产重整典型案例,受到了政府和法院的肯定,多次接待了全国省、市政府部门组织的走访调研。2021 年 6 月 2 日,全国人大常委会副委员长带队到浙江就破产执行情况进行调研,对祐康食品进行考察;2022 年 11 月 7 日,浙江省人大相关领导在浙江省高级人民法院陪同下走访了祐康食品。另外,管理人还多次到企业接受媒体采访。

可以说,祐康食品破产重整案件不但在法律效果上维护了广大债权人的权益,更是在社会效果上取得了亮眼的成绩,获得了广泛肯定。

市场化招募实现资产价值最大化，普通债权清偿率达到百分之百

——中都系19家企业合并重整案

【案例索引】(2014)杭余商破字第4~7号,(2015)杭余商破字第1、4、10号,(2016)浙0110民破6~14号

【审理法院】浙江省杭州市余杭区人民法院

【管理人机构】浙江智仁律师事务所　北京大成(杭州)律师事务所　北京大成(宁波)律师事务所　浙江中兴会计师事务所有限公司

【关键词】合并重整　投资人招募　现场竞价　普通债权清偿率

一、案情简介

2014年11月18日,浙江省杭州市余杭区人民法院(以下简称余杭法院)分别裁定受理中都控股集团有限公司、浙江中都房地产集团有限公司、浙江中都百货有限公司、杭州中都购物中心有限公司4家公司破产清算申请;2015年1月15日,余杭法院裁定受理浙江临安中都置业有限公司破产清算一案;2015年4月2日,余杭法院裁定受理杭州中都投资有限公司破产清算一案;2015年7月6日,余杭法院裁定受理杭州中都青山湖畔大酒店有限公司破产清算一案,以上案件均指定浙江智仁律师事务所、北京大成(杭州)律师事务所、北京大成(宁波)律师事务所和浙江中兴会计师事务所有限公司担任破产管理人。

管理人经多方调查发现,中都系19家企业相互之间存在人、财、物等高度混同且损害债权人利益的情形,符合关联企业实体合并破产的条件。管理人最大范围地向利益相关人征集合并破产意见,并于2016年10月28日组织由近300人参加的合并破产听证会。在经过充分的法律论证和汇总近千名相关人意见后,管理人向余杭法院申请

实体合并破产。2016 年 11 月 24 日,余杭法院裁定受理中都控股集团有限公司、浙江中都房地产集团有限公司、浙江中都百货有限公司、杭州中都购物中心有限公司、浙江临安中都置业有限公司、杭州中都投资有限公司、杭州中都青山湖畔大酒店有限公司、杭州诺维园林市政工程有限公司、杭州诺能贸易有限公司、杭州聚年贸易有限公司、杭州富绅特贸易有限公司、杭州川源贸易有限公司、杭州贵达科技有限公司、杭州中都百货有限公司、杭州中悦商务酒店有限公司、杭州同万资产管理有限公司、浙江中都典当有限责任公司、杭州中都置业咨询连锁有限公司、杭州和庆投资有限公司(以下合称中都系 19 家企业)合并破产清算。

中都系 19 家企业破产案件的债权审查工作体量大、标的高、类型多、疑难债权多,是管理人办理本次破产案件工作的重中之重。管理人专门组建了近 20 人的律师和会计师团队,对中都系 19 家企业合并破产后的账目、所涉及的共计上千笔申报的破产债权逐一进行审核与复查,统一利息结息日,并就债权审查情况与债权人进行了多次沟通。截至 2020 年 4 月 7 日,余杭法院裁定确认无异议债权共计 1148 笔,合计确认债权金额为 2,707,346,748.42 元。在重整计划执行过程中,另有 18 笔新申报债权。中都系 19 家企业涉及职工债权人数约 571 户,职工债权主要为工资和经济补偿金等,金额共计约 2000 万元。

鉴于中都系 19 家企业财产主要为住宅、商铺、别墅、酒店、在建工程、未开发土地等,其间房地产市场行情整体上扬,杭州城区扩张,使中都系 19 家企业具有挽救价值和挽救希望。余杭法院于 2017 年 11 月 3 日裁定中都系 19 家企业合并重整。2019 年 6 月 13 ~ 15 日,管理人分场次组织召开第三次债权人会议,会议分组表决通过了新修订的《重整计划草案》。余杭法院于 2019 年 7 月 8 日裁定批准重整计划并终止重整程序。管理人按照重整计划进行债权清偿,多次清偿后,本案普通债权清偿率已经达到 100%。

二、重难点问题

(一)债权人人数众多,债权情况复杂,案件历时时间长

中都系 19 家企业合并重整案用时 6 年有余,涉及债权人 1166 户,申报债权金额近 32 亿元,职工债权 571 人,涉及职工债权近 2000 万元。该案债权情况复杂,包括业主债权、职工集资、借户贷款、以房抵债、建设工程优先权与抵押权处理等较多疑难问题,还涉及实际控制人的私账是否纳入债权处理的问题。其中,业主债权是较大群体有 400 多户,极易引发不稳定问题,在案件处理过程中,管理人制定统一标准处理业主债

权问题。

(二)资产体量大、价值高,种类多样,资产管理与处置难度大

中都系 19 家企业资产种类繁多,涉及土地、房产、应收账款、车辆、珠宝、股权投资等,且资产数量较大,资产价值合计约 25 亿元。其中,多数资产已抵押,涉及财产担保债权人 21 户,金额合计 14 亿余元。针对中都系关联公司众多、案涉利害面广、影响行业多样的特殊性,管理人制定了不同运营方案。例如,维持杭州中都青山湖畔大酒店有限公司继续运营,维护酒店的五星级资质;将中都现有商铺进行出租产生可观的收益;案件前期对非核心资产进行提前处置变现等。因中都系企业的核心资产为房产、土地、商铺、车位等,部分资产存在界限不明、权属不清等瑕疵问题,且资产体量大,资产价值高,导致资产整体处置困难,后又涉及临安土地问题的行政诉讼,需要两地政府部门、法院的协调。最终管理人借助临安撤市设区的契机,在余杭法院的指导下及两地政府的支持下完成资产处置,实现了资产价值的最大化。

(三)重整招募一波三折

中都系 19 家企业的重整招募共进行了三次,第一次因原中标投资人违约导致重整无法继续进行,后又历经第二次、第三次招募,管理人做了大量工作,根据实际情况的变化及时向法院及债权人委员会汇报并优化招募方案,用时 1 年多终于确定现在有实力有信誉的重整投资人。每一次招募工作,管理人都尽可能地扩大宣传范围,设计合理可行、严密的招募及竞价流程,积极配合意向投资人的尽职调查,管理人参与的与意向投资人的谈判沟通会就有几十次。

(四)涉及诉讼多,且有较多跨区域跨省案件

中都系 19 家企业涉及大量的破产衍生诉讼,且诉讼案件类型较多,包括建设工程有关的诉讼、房屋网签撤销的诉讼、对外催收债权的诉讼、债权异议的诉讼、业主要求排除妨碍恢复原状的诉讼、原投资人违约涉及保证金的诉讼、对外股权投资代持有关的诉讼、行政诉讼、取回权的诉讼等,管理人组建专门的诉讼小组,投入大量的人力及时间应诉。其中,涉及对外股权投资代持的有关诉讼案情复杂,且股权在外省调查取证难度大,管理人进行了大量的调查取证工作,梳理资金流向,对实际控制人及所有涉及的人员多次制作询问笔录。

三、案 件 特 点

(一)合并清算转为合并重整程序

鉴于中都系19家企业的资产主要为住宅、商铺、酒店、在建工程等,其间房地产市场行情整体上扬,陆续有意向投资人与管理人接洽重整事宜,中都系19家企业具有挽救价值和挽救希望,且经测算中都系19家企业在重整条件下普通债权的清偿率将大幅提高,余杭法院及时将合并破产清算程序转为合并重整程序。

(二)召开合并破产听证会

中都系19家企业债务人情况复杂、债权人人数众多,实施合并破产将对不同的利益主体产生较大影响。管理人提出合并破产申请后,为了充分了解相关利益主体的真实意愿,余杭法院委托管理人向中都系19家企业共计1114名债权人及其他利益相关人邮寄合并破产征求意见函,并将反馈信息整理汇总后报告法院。2016年10月28日,余杭法院主持召开了中都系19家企业合并破产听证会,会议上随机产生的债权人代表及利益相关人自由发表对合并破产的意见。在广泛听取各方主体的意见后,余杭法院依法裁定中都系19家企业合并破产。

(三)充分保障债权人委员会的参与权、监督权

中都系19家企业合并重整案件是一个典型复杂的破产案件,呈现历时长、债权人人数众多、债权种类多样化、投资人招募一波三折等特点,本案债权人委员会充分发挥监督与协调作用,共计召开了11次会议,听取管理人履行职务的报告,讨论中都系19家企业合并清算转合并重整、3次重整投资人招募的遴选方案和竞价规则、债权人会议召开的形式、第一次招募的投资人违约后的处置、余杭临安两地政府相关部门就中都项目的沟通协调等,并作出相关决议。债权人委员会参与了中都系19家企业合并重整案件所有重大事项的讨论和决策,对管理人工作进行了监督,充分保障了广大债权人合法权益。

(四)通过“公开招募+竞价选取”的市场化方式处置资产

本案管理人通过“公开招募+竞价选取”的市场化方式招募重整投资人。积极发挥市场优化资源配置的作用,多渠道向全社会发布投资者招募公告,在经历第一轮经竞价产生的重整投资人违约事件后,及时启动第二轮、第三轮投资人招募竞价工作,余

杭法院及时指导管理人从收购意愿、资金实力、发展规划等方面综合考虑,确保为中都系 19 家企业引进有实力、有信誉的重整投资人。经多轮预审确定入围意向重整投资人后,在债权人委员会和债权人代表见证下召开现场竞价会,通过公开方式对获取中都系 19 家企业全部股权而愿意承担的偿债资金进行现场竞价,遵循"价高者得"的原则,最终以 25.3 亿元的成交价顺利产生中都系 19 家企业整体重整投资人。

(五)重整计划具有创新思路

管理人在重整计划制定过程中创新重新计划执行内容,根据中都系 19 家企业各自特点,逐步释放资产和管理权,且根据重整投资人的付款步骤逐步完成股权变更等工作,并在重整计划中约定投资人续建、维修等义务,既提高了重整计划的执行可行性,又兼顾了重整投资人生产经营的商业性和灵活性特征。

(六)资产处置价值出现溢价,普通债权清偿率高

中都系 19 家企业资产数量众多、种类复杂,管理人针对不同资产类型分别采取不同管理方式。对于临安地区及临平地区的土地、房产,管理人聘请相关物业公司、保安公司,安排人员留守、巡逻,以保证资产安全。对于中都系 19 家企业名下所有的珠宝资产,管理人聘请评估鉴定机构对珠宝进行评估鉴定,并存放于银行保险柜中。对于中都青山湖畔大酒店,维护酒店资质,在管理人的监督下继续开展酒店经营活动。对于中都自有商铺进行出租,与承租商户签订不定期租赁协议,中都自有商铺出租共产生收益约 770 万元,提高了资产的价值。对于中都涉及近 300 个车库车位,多次调查并向有关政府部门申请公开车库车位涉及的建设工程规划许可证,根据查证的事实及材料,确定属于中都系 19 家企业的资产,并纳入重整范围进行处置。

在管理人的坚持及努力下,本案的资产处置价值超过了资产评估价值,出现了客观合理的溢价,加之管理人在破产程序中维持中都青山湖酒店的正常经营,积极对外追收债权、已处置资产的存款利息收益及出租商铺产生收取的租金等,使本案的可处置资产非常可观,普通债权清偿率已经达到 100%。

四、案件办理所取得的评价

在本案中,通过管理人的勤勉尽责,以及政府、法院的联动协作,最终引进知名投资人参与重整。考虑所涉公司经营范围横跨多个领域,管理人管理财产采取因时制宜、因司制宜方式,对杭州中都青山湖畔大酒店有限公司实行"破产不停产",维持酒店经营;对已完工的别墅资产继续履行开发商义务,保证已入住业主安全及利益;对其他

已停止经营的公司资产妥善管理。此外,在实质合并破产期间,通过书面形式全范围征集利害关系人意见与合并破产听证会相结合的方式保障利害关系人知情权、参与权。在资产处置过程中,通过积极推荐和向全国百强房企定向邀请的方式开展了三轮重整投资人招募工作,最终引进有实力的投资人以25.3亿元成交价参与境内企业重整,实现资产处置价值客观化、最大化,最终实现了中都系19家企业的各项遗留问题“一揽子”解决和最高效率盘活各地资产的目的。管理人运用市场化手段引入重整投资人,充分实现中都系19家企业的重整价值,运用法治化手段平衡各方利益,实现全体债权人及时公平清偿,运用政府支持、司法主导、市场化导向的企业破产重整思路,实现了跨区域政府联动,确保案件处置的社会效果与经济效益最大化得到实现,做到原则性和灵活性相结合。中都系19家企业合并重整案是一项涉及大量社会问题的系统工程,通过资产处置最大限度的公平保障了所有债权人的合法权益,减少了债权人的损失,得到债权人及债权人委员会的高度评价,是管理人制度在法律框架下的一次成功探索。

上市公司控制权争夺视角下的破产管理及退市风险化解

——浙江中捷环洲供应链集团股份有限公司破产清算案

【案例索引】(2019)浙10破8号

【审理法院】浙江省台州市中级人民法院

【管理人机构】浙江京衡律师事务所　浙江科信会计师事务所(特殊普通合伙)

【关键词】上市公司控制权　程序简化　府院联动　有为政府　有效市场

一、案情简介

浙江中捷环洲供应链集团股份有限公司(以下简称中捷集团)系上市公司中捷资源投资股份有限公司(以下简称中捷资源)的第一大股东,2015年借中捷资源大股东中捷集团重整之机,德隆系公司玉环捷冠投资有限公司经由中捷集团间接控制了中捷资源(持股比例17.45%),中捷集团法定代表人万某成为中捷资源的实际控制人(以下简称实控人)。然而德隆系入驻后,仅专注于资本运作,但最终均告落空,其疏于经营导致中捷资源连年亏损而被实施退市风险警示。面对生死一线,中捷集团债台高筑,2019年9月18日,浙江省台州市中级人民法院(以下简称台州中院)根据债权人的申请人,裁定受理中捷集团破产清算申请。2019年10月15日,台州中院指定浙江京衡律师事务所、浙江科信会计师事务所(特殊普通合伙)担任中捷集团管理人。

中捷集团的核心(唯一)资产为其持有的中捷资源的1.2亿股股票,占中捷资源总股本的17.45%。负债方面,债权申报金额总计约34亿元,其中股票质押债权金额合计约7.7亿元,股票质押率高达100%。此后,经过各方努力,中捷集团持有的股票通过司法拍卖方式依法高效完成处置,为中捷资源及时引入了其他市场主体参与破解困局。

二、重难点问题

(一)主要问题

1. 债务人不配合,无法完成接管工作

管理人接受指定后,第一时间与法定代表人(实控人)联系,但其电话一直处于未接通状态,并从第三方处获悉其可能远在乌鲁木齐。而中捷集团的工商注册地址为浙江省玉环市珠港镇陈屿兴港路,经现场查找与向上一轮破产的管理人律师求证,该地址应为虚拟地址,并非具体的地址。债务人处于失联状态,除实控人以外亦无其他工作人员可供对接、联系,无法对债务人的印章、证照及财务账册等资料进行接管。

2. 维护核心资产价值工作受阻

债务人中捷集团的核心资产为其持有的1.2亿股中捷资源股票。中捷资源因2017年度、2018年度连续两个会计年度净利润为负,被实施退市风险警示。若2019年度净利润继续为负,中捷资源将被暂停上市。能否及时在破产程序中引入第三方投资人并顺利完成控制权变更,进而吸引其他市场主体参与破解困局,成为中捷资源避免暂停上市甚至退市唯一可以尝试的路径,也是中捷集团的核心资产保值的唯一可能尝试。

为维护中捷集团核心资产价值,管理人积极对接中捷资源董事会,探讨公司解困方案。但董事会不但一再拖延交底,并且管理人代表中捷集团参加临时股东大会也被拒之门外。在中捷资源董事会仍为原实控人控制且中捷资源保壳时间所剩无几的情况下,任何一家潜在的投资者对于接盘中捷资源均望而却步。同时,有其他大股东提出质疑,认为原实控人和董事会的行为是故意引导上市公司一步步走向退市。然而,其他股东提出的提案,均被董事会拒绝加入临时股东大会表决,甚至临时股东大会被无端随意取消,其他股东欲加强自身在董事会话语权举步维艰。

(二)管理人履职情况

1. 建立工作机构,依法开展工作

管理人接受法院指定后,及时组建工作团队,进行明确分工,并制定了有关管理规章制度。管理人积极安排专业的工作人员开展具体的债权申报登记、债权审查、资产评估、意向投资者接洽等各项工作。

为促进各项工作的全面有序开展,管理人还建立了每周工作简报和重要情况专报工作机制,充分发挥管理人沟通与协调的职能。

2. 开展多项工作应对无法接管情况

管理人正式接受法院指定后，尝试各种方式（包括联系法定代表人、原企业财务人员等）争取早日接管公司公章、财务账册等资料，但因债务人企业及其相关人员不配合，接管工作进展迟缓。

针对无法接管债务人财产的情况，管理人第一时间通过公开渠道发布公章作废声明并重新刻制公章，同时修改证券账户密码以维护债务人财产安全。另外，全面启动对债务人的外围调查工作，前往工商、税务、证券登记结算公司、法院等部门调取相关信息，充分掌握债务人的历史沿革、资产等基本状况，为后续工作奠定扎实基础。

3. 接受债权申报，审查核实债权

对于各已知债权人，管理人根据公开渠道能够获取的联系方式，通过电话、短信、电子邮件、快递等方式进行了通知，并安排专人值班接受各债权人的申报。

在债权审核上，为破解资料缺失的困境，管理人通过对债权人提交的证据材料审核、申请法院调取等途径，尽可能全面核实和审查债权申报材料。对于每一笔申报债权，严格遵循“财务审—法律审”的工作流程，以最终审定债权性质与数额，力求每一笔债权的审查结果准确无误。

4. 有效联动上市公司和监管部门，依法履行信息披露义务

中捷集团作为中捷资源的控股股东，应当依法履行信息披露义务。台州中院指定管理人后，管理人将相关法律文书寄送中捷资源，但遭遇中捷资源不积极履行信息披露义务的难题。针对这一问题，管理人积极主动与监管部门沟通，通过将相关法律文书提交中捷资源董事长邮箱，同时由监管部门督促等方式，协调中捷资源及时披露控股股东破产清算的进展。

5. 积极履行中捷资源控股股东职责，促进中捷资源稳定经营

由于中捷集团的核心财产为其持有的中捷资源的股票，中捷资源因连续两个会计年度净利润为负，被施行退市风险警示。若中捷资源 2019 年度不能扭亏为盈，将面临暂停上市甚至退市风险。对此，管理人在接受法院指定后，第一时间向中捷资源公司董事会发函了解“董事会及管理层对于中捷资源公司当前所面临的退市风险，有无积极主动制定具体的应对方案”，后续采取多种方式最终摸清董事会及原实控人并无实际应对方案。摸清底数后，各方以“府院联动双驱发力，以政府有为助推市场有效”为基调，快速研究并实施有效应对方案，促使“无为”的原董事会集体辞职交出管理权，为后续方案的顺利实施创造了可能性。

此后，管理人作为中捷资源控股股东的代表参与中捷资源的股东大会，表决中捷资源经营层变更、修改公司章程、转让公司债权等议案，助力中捷资源稳定经营。

6. 积极沟通意向投资者,推进资产顺利处置

管理人迅速开展和投资者的沟通谈判,确定潜在投资者。考虑到中捷资源2019年度年报期末时间为2019年12月31日,为方案实施争取时间,2019年11月29日中捷集团第一次债权人会议同时表决《重整计划(草案)》《财产变价方案》两项方案。最终经由台州中院裁定认可《财产变价方案》,通过淘宝网司法拍卖平台在2019年度年报关账前为中捷资源迎来了新的控股股东,顺利完成了破产财产的处置,进而吸引其他市场主体参与,最终破解了上市公司困境。

管理人协助投资者解决股票质押和查封事项,受疫情影响股票过户登记时间有一定延后,在此期间管理人继续作为中捷资源控股股东的代表参与中捷资源股东大会,表决相关议案,确保过渡期平稳、有序。2020年6月24日,在法院支持下最终完成了1.2亿股股票的过户登记手续。

三、案件特点

本案不但是平稳解决上市公司股东控制权博弈的典型案例,也是通过上市公司控股股东破产成功避免上市公司退市及提升上市公司质量的典型案例。案件的主要特点如下。

(一)中介机构发挥各自专长,通力合作

浙江京衡律师事务所、浙江科信会计师事务所(特殊普通合伙)在担任联合管理人的过程中,发挥各自的法律和财务专长,共同推进案件工作的开展。

(二)简化破产案件流程,依法高效审理

与中捷资源有关的风险化解工作,往往是一场与时间的赛跑。而本案在不到两个半月的时间内完成交接。在整个风险化解过程中,管理人需综合考虑债权申报时间、破产财产公开拍卖公示时间、临时股东大会提前通知召开时间及相关前置流程时间等,加之甫一进场时遇到的种种阻碍,各项工作的推进分秒必争。对此,本案在企业破产法既有框架内,仅召开一次债权人会议便完成各程序性事项及相关议题的表决,快速高效地完成了破产审判工作。

(三)府院联动双驱发力,以政府有为助推市场有效

浙江省围绕金融强省目标,提出深入实施"凤凰行动"计划,优化上市公司发展环境,解决上市公司面临的突出问题。在本案审理过程中,法院与属地政府积极联动,协

同摸清了各方底数，最终政府平台公司出于地方金融稳健、职工就业、经济发展、社会稳定等考虑，敢担当有作为，通过市场化公开拍卖方式作为唯一竞买人成为中捷资源新的控股股东，维护中捷资源稳健发展。

四、案件办理所取得的评价

在中捷资源内部控制权博弈接近白热化之际，法院指定破产管理人后仅用时两个半月就完成了一家濒临退市的上市公司的控制权平稳交接工作，较好地维护了破产企业的核心财产价值。2020 年 10 月，台州中院裁定认可《浙江中捷环洲供应链集团股份有限公司破产财产分配方案》，各债权人依法得到清偿。

本案通过中捷集团的破产案件为中捷资源引进有实力的控股股东，避免了中捷资源退市，中捷资源 2019 年度实现营业收入 7.07 亿元，归属中捷资源股东的净利润为 1025.73 万元（去年同期亏损 2.38 亿元），公司业绩实现扭亏为盈，中捷资源经营趋于稳定，维护了中小股民的利益。

破“疫”难题，互联网画龙点睛；府院联动，预重整游刃有余

——河田集团有限公司预重整转重整案

【案例索引】(2020)浙03破2号

【审理法院】浙江省温州市中级人民法院

【管理人机构】北京德恒(温州)律师事务所

【关键词】预重整　府院联动　互联网技术　线上会议

一、案情简介

河田集团有限公司(以下简称河田公司)是温州老牌民营企业，在本土具有较高知名度，曾是“中国民营企业500强”、中国连锁百强，荣获国家质量标准“一等品”。在生产旺盛时期，河田公司拥有具备专业技能、富有活力及创新精神的高素质人才，销售稳健渠道畅通，带动当地多家企业实现增收、增效，解决上千人就业，促进了当地服装加工、生产和销售产业链的形成和发展，为地方经济发展和解决地方就业问题作出贡献。后因市场变化及受担保链影响，出现债务危机。2019年8月1日，温州市鹿城区风险企业帮扶和银行不良贷款处置工作领导小组办公室(以下简称鹿城区处置办)受理该公司预重整申请，并经公开选任指定北京德恒(温州)律师事务所担任预重整管理人。

管理人接受指定后，立即组建了20人的联合管理人团队，专门负责处理本案事务，分工协作履行管理人职责。2019年12月20日，河田公司预重整案第一次债权人会议在北京德恒(温州)律师事务所六楼会议室召开，浙江省温州市中级人民法院(以下简称温州中院)经办法官及鹿城区处置办领导现场指导监督。2020年1月3日，《河田集团重整计划草案》经债权人预表决通过。

2020年1月14日，温州中院裁定受理该公司重整申请，并指定北京德恒(温州)律

师事务所担任管理人。2020年2月18日，该公司第一次债权人会议通过全国企业破产重整案件信息网顺利召开，是温州首例使用该平台召开的债权人网络会议，会议顺利表决通过重整计划草案。2020年2月21日，温州中院批准重整计划，该公司仅用时39天即重整成功。

在本案中，政府主动有为、法院积极作为、管理人勤勉履职，各方共同努力成就了一个充分发挥预重整制度价值，践行府院联动机制，有效提高重整效率和成功率，降低破产办案成本，并充分利用互联网技术简化案件审理的优化营商环境典型案例。本案入选"2020年浙江法院破产审判十大典型案例""浙江省破产管理人2020年度十大优秀履职案例""温州市十大破产审判典型案例（2018—2020年）"等，同时本案疫情期间召开的第一次网络债权人会议入选浙江省十大最佳在线诉讼。

管理人在重整期间推进完成主要事项的关键时间节点如下：

2020年1月10日，河田公司向温州中院提交《重整申请书》。

2020年1月13日，管理人向温州中院提交《重整投资协议》。

2020年1月14日，温州中院裁定受理河田公司重整申请，并指定北京德恒（温州）律师事务所担任河田公司管理人。

2020年1月20日，管理人在人民法院诉讼资产网上公开竞价，成功招募河田公司重整投资人。

2020年2月2日，为抗击疫情响应政府相关政策，温州中院和管理人加强疫情防控工作，减少人员流动聚集，决议利用互联网信息化手段，采取网络会议的方式召开河田公司第一次债权人会议，并分别在全国企业破产重整案件信息网发布网络第一次债权人会议公告。管理人充分听取债权人的意见，获得债权人的响应与支持。

2020年2月3～17日，管理人先后制作了《债权人网络参会会议须知》《网络债权人会议操作手册》《河田集团有限公司第一次债权人会议会议资料》经工程师上传至网络会议系统供债权人会议期间下载查看。同时，告知债权人参会方式、账号获取方式、操作流程及会议常见问题，并配合全国企业破产重整案件信息网12368平台完善建会信息，指导各位债权人会前完成会议测试，确保债权人的参会权利。

2020年2月18日，河田公司重整案第一次债权人会议通过全国企业破产重整案件信息网顺利召开，会议表决通过重整计划草案。

2020年2月21日，温州中院批准重整计划。

二、重难点问题

(一)银行等金融机构不接受预重整表决重整方案的效力,也不同意表决票效力带入重整程序

在本案预重整阶段,银行等金融机构债权人对于同意重整计划草案的预表决票效力能否带入到重整程序这一问题向管理人提出质疑,要求银行表决的重整计划就是定稿的重整计划,如果有数据调整,就需要重新走银行审批流程。管理人经多轮反复沟通,银行等金融债权人仍无法接受,本案预重整工作一度陷入无法开展的境地。

(二)已经公告的现场第一次债权人会议时间2020年2月18日正是疫情期间,会议召开存在困难

本案进入重整程序后,法院确定的第一次债权人会议时间正是疫情期间,该怎么办?原定于2020年2月18日在温州中院现场召开第一次债权人会议的公告已经发布,也已经通知全体已知债权人,现各方人员都被困在家中,如果等待疫情好转再召开,又会耽误本案重整进度,影响企业重整效果。且本案战略重整投资人已经支付保证金,如果推迟会议,重整进度必然受影响,进而影响战略投资人的积极性。

(三)因拖欠农民工工资,包工头及农民工疫情期间聚集住进烂尾工程,矛盾尖锐,影响社会稳定

河田公司可处置资产仅有在建厂房和土地,且在建工程烂尾,未竣工验收,之前法院在原执行处置中就几度陷入僵局,难以推进。进入重整后,因为农民工欠薪问题无法解决,十几名农民工在疫情期间聚集住进烂尾工程,要求原债务人负责人支付拖欠的工资,矛盾尖锐,影响社会稳定。

(四)本案矛盾多,重整难度大

河田公司在建工程尚未竣工验收,后期还需大量投资,原施工方与债务人矛盾尖锐,对后期复工续建不予配合。且本案负债金额8亿元,抵押权人要求直接拍卖处置土地和在建工程等抵押物,重整困难重重。

三、案件特点

(一)府院联动再创佳绩

在河田公司预重整受理之前及预重整阶段,温州中院、鹿城区处置办均给予高度重视,多次召集债务人及主要债权人就重整可行性,以及本案中的重点、难点问题展开专题讨论。通过温州中院、鹿城区处置办及管理人的共同努力,顺利推进预重整工作。

可以说,河田公司预重整案是践行府院联动机制的成功案例,为今后预重整案件的成功办理提供了引导和示范。

(二)利用互联网技术,为破产案件简化审理“打样”

河田公司仅用时39天即重整成功,这得益于河田公司预重整阶段温州中院、鹿城区处置、管理人及全国企业破产重整案件信息网12368平台的相互配合与不懈努力。

由于重整阶段处于抗击疫情的特殊时期,温州中院和管理人响应政府相关政策,加强疫情防控工作,减少人员流动聚集,充分利用互联网信息化手段,采取网络会议的方式召开河田公司第一次债权人会议。该项举措,一方面,能够确保河田公司第一次债权人会议如期召开,有利于稳定投资人;另一方面,更好地维护了债权人的利益,既让当事人减少了不必要的出行,又可顺利推进重整进程,债权人可以尽早拿到分配款。具体来说,有如下几点创新意义。

1. 响应疫情防控工作要求,保证重整案件的合法性和有效性

温州中院和管理人通过贯彻落实“互联网+重整”的方式,响应疫情防控工作的要求,保证高质量、高效率地推进破产案件的各项流程。

第一,采用网络会议颠覆了传统会议的空间应用概念,在抗击疫情的特殊时期,使用线上网络会议助力对抗战“疫”,这一优点更加明显。

第二,会议由温州中院、管理人及全国企业破产重整案件信息网12368平台联动配合,在获得各债权人同意与支持的情况下,利用信息化的方式线上召开,并通过转档后将会议视频及文件保存于电子案卷内。这无形当中增加了档案的利用价值和利用效率,并且数字化档案不会因为重复性利用而失效,更加经济和环保。

第三,会议的相应表决数据允许保存于全国企业破产重整案件信息网,管理人可以随时登录查看;会后,债权人可以随时查看本次会议的文件信息,为债权人审查提供便利,保证了债权人会议的客观性、真实性和有效性。

2. “e”时代中“疫”时期的“e”手段

该项举措是疫情时期法院利用互联网技术,打破空间限制、升级工作方式、提高工

作效率的一次有“e”尝试,也为今后破产案件进一步简化审理提供很好的参照。

第一,相比线下召开会议,采取线上网络会议具有更高的灵活性和便捷性,只要手机信号畅通、电脑可以连接网络,就能够在不同场合使用,包括在移动环境中,非常方便。

第二,线上网络会议只需通过互联网就能代替人员的流动,优化会议信息的沟通模式,不仅加快了信息传递速度,让决策更加高效,也减少了时间成本,实现视频和声音图像的稳步传输,达到远程信息高效交互的目的。

第三,线上会议操作简便,既可以通过电脑端登录全国企业破产重整案件信息网参会,也可通过手机微信端口关注公众号登录参会,为债权人创设多样化的参会形式,保证其与会权利。

(三)盘活河田公司资产,助力企业恢复生机

通过重整,既解决了河田公司因银行抽贷、压贷,以及互保问题引发的各种难题,也盘活了河田公司的现有资产,在建工程得以竣工使用,有利于推动企业生产经营,创造经济价值。

1. 通过重整,解决执行处置难问题,化解社会稳定风险

由于在建工程尚未竣工,无法处置,若继续建设完工,则需要人力、物力,同时,银行抵押资产(土地使用权)处置陷入僵局难以推进,通过本次重整,在建工程款得以落实,也一并解决了银行抵押资产处置难的问题。

2. 引入重组投资人后,投入重整资金用于清偿河田公司债务、推动在建工程竣工

在建工程竣工,厂房投入使用后,继续用于生产经营,创造价值。同时,拉动相关产业链发展,推动当地经济水平提升,也能解决一部分人群的就业问题。

(四)巧妙设计重整方案,平衡各方权益,争取债权人同意票

鉴于抵押权人与普通债权人争议巨大,管理人巧妙设计重整方案,平衡各方权益,成功争取到关键抵押权人及最大普通债权人的同意票。管理人设计的重整方案为:底价按照资产评估价总和溢价 2000 万元确定,若最终公开竞价所得价款超过底价,为平衡不动产抵押债权人的利益,超过部分中的 80% 优先清偿抵押债权,剩余 20% 部分,在扣除依法应承担的破产费用和共益债务、税收债权外,其余用于清偿普通债权。

四、案件办理所取得的评价

(一)法律效果

河田公司预重整转重整案受到社会各界的一致好评,既得到政府和法院的充分认可和肯定,也得到债务人和债权人的满意评价,取得良好的社会效果。作为践行府院联动机制的典型成功案例,具有引导和示范作用。本案成功重整,解决了烂尾工程涉及的工程款纠纷及农民工工资拖欠问题,符合政府和金融机构支持实体经济、化解企业危机的政策精神,有利于社会稳定。重整后,面对重整企业信用修复的重重困难,管理人亦积极沟通协调,充分发挥破产案件审理中法院与政府协调联动机制的作用,协调处理好重整企业信用修复工作,既为破产企业进一步顺利执行重整计划奠定良好基础,又维护了重整企业的生产能力,本案系法律效果、社会效果有机统一的成功实践。

(二)社会评价

本案重整的成功,依托于人民法院和管理人在破产程序中的有效分工与协作,本案管理人充分发挥专业领域的智慧,大胆创新。

1. 保留企业品牌价值

该公司是温州知名老牌企业,其公司品牌曾伴随一代温州人的生活,彻底破产清算将无法发挥品牌价值,重整可以使公司剩余价值最大化,该公司品牌价值得以保留。

2. 盘活市场资源

引入重整投资人后,该公司的整体运营价值得以保留,现有资产得以盘活,资产处置僵局得以有效化解,核销债权 7.2 亿余元,公司在困境中打造的“瘦身、转型、升级、引进”运营模式可以转化为切实可见的经济效益。本案成功重整,使多方权益得到了最大限度保障,同时促进了当地经济发展和社会秩序稳定。

3. 维护社会稳定,保障民生

本案成功重整解决了烂尾工程涉及的工程款纠纷,维持了企业上下游生产经营链条的就业,避免造成公司大量原有供应链职工失业,增加社会就业压力,符合政府和金融机构支持实体经济、化解企业危机的政策精神,有利于社会稳定,保障了民生。

创新建企破产重整模式，助力传统建企重获新生

——浙江龙舜建设集团有限公司破产清算转重整案

【案例索引】(2018)浙0105破4号

【审理法院】浙江省杭州市拱墅区人民法院

【管理人机构】国浩律师(杭州)事务所

【关键词】壳资源处置　清算转重整　"大重整+小清算"　债权分类清偿

一、案情简介

浙江龙舜建设集团有限公司(以下简称龙舜建设)是一家拥有建筑工程施工总承包一级资质的老牌建筑企业。自2010年开始，龙舜建设因盲目扩张业务、不顾成本低价竞标、挂靠施工风险毕露、市场利润空间紧缩等，业务量大幅度减少，出现大面积亏损，继而引发大量诉讼，导致公司资金链断裂，陷入债务危机，严重资不抵债。

2018年5月22日，浙江省杭州市中级人民法院裁定受理龙舜建设破产清算一案。2018年5月30日，经浙江省高级人民法院同意，浙江省杭州市中级人民法院将龙舜建设破产清算一案移交浙江省杭州市拱墅区人民法院(以下简称拱墅法院)审理。2018年6月20日，拱墅法院指定国浩律师(杭州)事务所担任管理人。管理人接受指定后，依法迅速开展相关工作，清产核资。根据龙舜建设的申请，结合其实际状况和建筑行业特性，管理人认为龙舜建设具有一定的重整价值，故于2020年6月17日启动龙舜建设重整意向投资人招募。经公开招募后，意向投资人按规定向管理人提交了重整投资方案，并缴纳了重整意向保证金。

2020年7月31日，经龙舜建设申请，拱墅法院裁定对龙舜建设进行重整。2020年8月5日，龙舜建设通过书面方式召开第三次债权人会议，提请债权人会议对龙舜建设《重整计划(草案)》进行分组表决。会上，有财产担保及其他优先债权组、职工债权组、

税款债权组、普通债权组均表决通过了龙舜建设《重整计划(草案)》,但出资人组弃权未表决,后经管理人与出资人沟通协商,出资人组仍弃权未表决。2020 年 10 月 9 日,管理人从龙舜建设《重整计划(草案)》内容完备且符合法律规定,表决程序合法,出资人权益实质未调整且公平公正,经营方案具有可行性,公平对待同一表决组的成员且所规定的债权清偿顺序符合法律规定,已获得除出资人组以外的各表决组全部表决通过等多方面论述,提请拱墅法院裁定批准龙舜建设的《重整计划(草案)》。2020 年 10 月 28 日,拱墅法院裁定批准龙舜建设重整计划并终止龙舜建设重整程序。

二、重难点问题

(一)及时报请法院许可债务人继续经营,避免债务人损失扩大

龙舜建设被法院裁定受理破产申请后,仍有两个拆迁安置房工程没有整体竣工验收,遗留部分零星收尾工程未完工。管理人调查发现,按照发包人与龙舜建设签订的建设施工合同的约定,工程款是按工程进度支付的,结合建筑行业的特性,龙舜建设作为建设施工总承包单位,对于已经施工建设且即将完工的在建工程,如果不继续施工至竣工验收,将不利于工程款的追收,对应的农民工工资也会受到影响,容易引发涉众涉稳的群体性事件,当地政府相关部门的维稳压力将极大,不利于破产程序的顺利有序推进。

为此,管理人立即对龙舜建设未完工的工程实地勘察走访,与债务人有关人员及发包人就相关情况进行充分沟通,研究破产程序中工程继续施工的可行性,提前预判继续营业的阻碍与难题,并优化营业期间的管理监督方案,及时向法院提交债务人继续经营的报告,经法院许可后,最终促使两个工程继续施工,快速完成收尾工程,并办理了竣工验收和结算审计,使龙舜建设部分应收账款得以保全,实现资产价值最大化。

(二)依法协调企业破产法与建设工程纠纷法规的冲突,平衡各方权益

龙舜建设的大部分工程都存在实际施工人,该等实际施工人与龙舜建设形成挂靠、内部承包等关系,部分实际施工人主张除应向龙舜建设支付约定的管理费外,其他工程款都不属于债务人财产,应归属实际施工人所有,要求管理人将发包人支付的款项在扣除龙舜建设的管理费后立即支付给实际施工人。但工程的分包人和为工程付出劳动或提供材料等农民工、材料供应商等债权人,因不信任实际施工人而选择直接向管理人申报债权。如何处理龙舜建设与实际施工人的法律关系,如何与实际施工人结算工程款,以及如何处理工程对应的债权债务成为本案乃至建筑行业破产程序中一

个普遍性重点难点问题。

管理人经研究认为,根据《最高人民法院关于审理建设工程施工合同纠纷案件适用法律问题的司法解释》、《最高人民法院关于审理建设工程施工合同纠纷案件适用法律问题的解释(二)》(两部司法解释已于2021年被废止)的规定,结合浙江省杭州市中级人民法院和浙江省高级人民法院对建设工程施工合同纠纷案件的司法裁判精神,工程财产应具有一定的特殊性,当工程存在工程债务时,工程财产应优先保护该工程对应的债权人,优先清偿该工程对应的工程债务。在充分分析研究的基础上,编制专项报告,与拱墅法院等法院进行深入探讨论证,最终在龙舜建设《重整计划》中确定“单个工程单独清算、工程款专款专用、分类分批次清偿”的原则,得到龙舜建设绝大部分债权人的认可。

(三)高效厘清资产负债概况,迅速拟定重整思路

龙舜建设资产类型复杂,各类资产与生产经营的关联程度并不相同,各类资产的处置方案依其性质状态、与生产经营的关联程度及市场价值不同而处置难易程度不同。同时,龙舜建设债权结构亦复杂多样,主要涉及工程类债权(如农民工工资、材料款、分包工程款等)和非工程类债权(如金融借款、民间借贷、担保债权等),关于债权清偿顺位与模式的争议不断。对此,管理人在接受法院指定后全面核查龙舜建设生产经营、资产状况、股权结构及整体债务规模和结构等情况,快速诊断债务人陷入债务危机的原因,并准确分析债务人继续营业的主要风险和充分挖掘重整价值。

管理人在夯实尽职调查工作的基础上,积极探索龙舜建设处置的最优路径,并在市场化和法治化的前提下充分挖掘龙舜建设的重整价值,最终判定龙舜建设具有一定的重整价值。龙舜建设的主营业务建筑业是国家的基础产业,符合国家产业政策和发展战略,行业前景良好。龙舜建设拥有的建筑工程施工总承包一级与市政公用工程施工总承包二级、建筑装修装饰工程专业承包二级及钢结构工程专业承包三级、古建筑工程专业承包三级、地基基础工程专业承包三级资质,是需具备一定条件后方可申请获批的行政许可,取得难度较大,在行业内具有稀缺性,具有财产属性。同时,本案所涉工程发包人多为事业单位、国有企业、政府部门,总包施工的工程在施工时一般都被严格监管,且工程款自施工开始至竣工一般都跟踪审计,工程质量和工程款都较有保障,且发包人具有良好的信誉和履约能力,在工程质量符合要求的前提下,工程款、质保金的结算和收款障碍较小。经综合考量和分析研判,在征询债务人有关人员、部分主要债权人、相关实际施工人意见后,管理人迅速确定重整方向,即分类处置龙舜建设的不同资产,重整盘活龙舜建设的建筑资质和优质工程,变价处置龙舜建设其他资产及清算清收不纳入重整范围工程。该重整思路的快速高效形成,为本案高效推进后续

重整进程提供了正确的方向。

(四)综合考虑债务人重整路径,个性化制作重整计划草案

以往建筑企业破产案件较常用的壳资源(建筑资质)“分离式处置”的重整模式是“反向出售式重整模式”或“正向出售式重整模式”,但龙舜建设因涉及工程较多,且龙舜建设法定代表人涉嫌刑事犯罪,存在刑民交叉,加上部分工程的实际施工人拒绝配合管理人工作,部分实际施工人根据《最高人民法院关于审理建设工程施工合同纠纷案件适用法律问题的解释(一)》的规定,突破合同相对性直接向发包人主张欠付工程款,从而使该工程款脱离龙舜建设的财产。在此情形下,如何保障配合破产程序的实际施工人及广大债权人的权益,也缺乏可供参考的破产案例。

管理人在接受法院指定后第一时间组建专门的研讨小组,专项分析探讨建筑企业重整模式,通过破产清算程序前期开展的债务人资产和负债状况调查、债权人分类、债权结构分析、资质价值分析、行业前景调研、意向重整投资人招募对接等,充分研判龙舜建设的有效经营事业和优质资产,为龙舜建设量身定制“单个工程单独清算、工程款专款专用、分类分批次清偿”的债权清偿调整方案,框定重整方案,重点解决具有财产属性的建筑资质通过市场化和法治化获得重整价值、保护实际施工人等工程债权人的权益,以及解决工程剩余质保期较长的质保金追收期限长而造成破产程序滞延等问题。

三、案件特点

(一)妥善处置壳资源(建筑资质),提高债权清偿率

壳资源(建筑资质)“分离式处置”是建筑企业破产的常规思路,但个案有别。龙舜建设总包施工的工程有自营、挂靠、内部承包、分包、转包等情形,大部分实际施工人因工程亏损而跑路,龙舜建设为实际施工人兜底承担了大量债务,且涉诉案件较多,导致龙舜建设有数百条失信被执行记录。另外,龙舜建设因长期不规范经营,人员、业绩、资金实力都无法匹配其拥有的建筑资质等级水平,建筑资质一旦过期,续期无望。故“剥离壳资源至全资子公司、母公司保留资产债务清算”或“保留壳资源在母公司,分离资产债务至全资子公司”的“反向出售式重整模式”或“正向出售式重整模式”都不适用于龙舜建设。

考虑到建筑资质属于行政许可,不得转让,如果龙舜建设最终被宣告破产,其建筑资质只能申请注销,无法实现市场价值。建筑资质作为龙舜建设的核心无形资产,如

果无法得到有效处置,对龙舜建设及全体债权人都将造成损失。此种情况下,预估的普通债权清偿率畸低,且应收账款追收尤其是质保金,除需履行维保义务外还需等待质保金届满,进程缓慢。

管理人通过预设龙舜建设在破产清算、和解、重整条件下资产处置及追收情况,比较三大程序的债权清偿率,最终依债务人申请将龙舜建设转入重整,龙舜建设的建筑资质得以延续,有效地发挥和体现建筑资质的市场价值,让债权人获得较破产清算更高的清偿率,有利于维护全体债权人的利益。

(二)兼顾各方利益,创设"大重整+小清算"重整模式

本案创设了"大重整+小清算"的重整模式。不同于普通的重整模式,管理人将龙舜建设的建筑资质和优质工程纳入重整范围进行重整,将重整范围外的其他工程应收账款、房产、车辆、货币资金、固定资产等继续清算变价处置,即在龙舜建设整体重整的大程序之下实质还包含部分工程和资产的清算。

在设置债权清偿调整方案时,管理人以与工程有无关联性为标准,将债务人财产分为与工程直接相关的工程财产和与工程不直接相关的公共财产,将债权分为与工程直接相关的工程债权和与工程不直接相关的公共债权。再根据建设工程施工合同纠纷案件的相关法律法规、司法解释的规定和司法最新判例,尊重"保护农民工的合法权益"的特殊立法目的,确定"工程款专款专用,优先清偿工程债权"宗旨,设置"单个工程单独清算、工程款专款专用、分类分批次清偿"的债权分配原则,即工程财产优先清偿该工程对应的工程债权,公共财产清偿公共债权及未清偿和未足额清偿的工程债权。如果同一债权人申报多笔债权且涉及多个工程,以每一笔债权为单位,分类分批次以现金方式清偿。该债权清偿调整方案,无论工程是自营、挂靠、内部承包、分包、转包,也无论实际施工人是否配合,都具有可操作性,同时兼顾了与工程直接相关债权人因其对工程直接贡献而获得工程款及对应工程款专款专用特殊保护的本意。

四、案件办理所取得的评价

本案通过破产清算程序至重整程序的转换,引入了在建筑行业深耕多年并具有丰富经营经验的重整方,解决了龙舜建设部分工程应收账款追收缓慢带来的程序拖延,使龙舜建设的优质建筑资质重焕生机。同时,本案又创新设置确立了"单个工程单独清算、工程款专款专用、分类分批次清偿"债权清偿调整方案和原则,将建筑资质和部分优质工程纳入重整范畴进行重整,其他资产(包括不动产、固定资产、应收账款)进行变价处置用于偿债,重整资金和清算资产变价处置后,债权按照是否与工程直接相关

进行区分,分类分批次清偿。所以,本案的重整,实质是既重整又清算,总体重整下又包含了众多工程的清算,即“大重整 + 小清算”。该种模式从根本上解决了企业破产法与实际施工人突破合同相对性直接向发包人主张欠付工程款的矛盾,也从根本上保护了每个工程对应的农民工等权利人的权益。

本案以市场化、法治化、专业化和改革创新的方式化解企业债务危机,保留了建筑企业的施工资质和优质工程,充分展现了企业破产程序中的利益平衡考量与实际施工人突破合同相对性条件下保护农民工权益立法精神的有效结合,1000 余户债权人的债权得到了妥善处理,成功化解了重大维稳风险,实现了法律效益、社会效益和经济效益的“三效合一”,也为建筑企业破产清算或重整探索了一种新的路径选择,提供了可借鉴的样本。

另外,管理人将本案的研究成果,梳理形成了《基于行政合法性考量的建筑企业破产重整“壳资源”处置》《建筑企业重整中抵销权的限制——以“单个项目单独清偿”为视角》《实际施工人的权益保护——兼议建筑企业破产对其权利限制》等文章,均刊登于住房和城乡建设部主管的《建筑》杂志,其中《建筑企业重整中抵销权的限制——以“单个项目单独清偿”为视角》获“中国破产法论坛——建筑企业重整法律问题专题研讨会”优秀论文征文二等奖,得到业内实务界和学术界的一致肯定。

清算为径，重整为核，打造“清算式重整”的标本案例

——浙江欧华造船股份有限公司及其关联企业合并破产清算案

【案例索引】(2018)浙09破申1号

【审理法院】浙江省舟山市中级人民法院

【管理人机构】浙江京衡律师事务所　毕马威华振会计师事务所(特殊普通合伙)

【关键词】清算式重整　整体财产处置　妥善化解涉稳问题

一、案情简介

位于浙江舟山小干岛的浙江欧华造船股份有限公司(以下简称欧华造船)是全省造船行业的龙头骨干企业，曾被认定为中国船舶行业一级Ⅰ类生产企业。作为舟山支柱性产业造船业的翘楚，欧华造船业务运营能力突出，以船舶建造周期短、技术高新、产品质量过硬等优势为市场所瞩目，在全球市场享有极为优质的口碑。

然而，随着全球造船行业整体不景气趋势明显，欧华造船主营业务受到严重冲击，加之船舶修造属于资金密集型产业，对修造方的垫资能力具有极高要求，欧华造船不得不大幅举债，债务高达百亿元规模，最终资金链发生断裂，陷入债务危机。

2018年5月7日，浙江省舟山市中级人民法院(以下简称舟山中院)裁定受理欧华造船的破产申请，并依法指定毕马威华振会计师事务所(特殊普通合伙)、浙江京衡律师事务所担任破产管理人。2018年7月12日，舟山中院裁定浙江欧华船舶机械有限公司、浙江欧华船舶模块有限公司等6家关联企业与欧华造船(以下合称欧华公司)合并破产清算。

管理人接受指定以后，迅速组建工作团队入驻企业，高效有序开展财产调查、债权

登记审查、诉讼应对、债权人会议召集等常规破产管理工作。此外,针对造船企业的特殊性,管理人在财产价值维护和处置、债权人利益保护、破产秩序稳定、争议协调解决等方面进行了创新设计和妥善运筹。案件最终取得圆满结果的同时,得到了法院、政府和债权人群体等各方的高度肯定与一致好评。

二、重难点问题

(一)核心资产整体处置,维护企业核心竞争力

作为地方行业龙头企业与大型船舶建造公司,欧华公司资产品类庞杂,数量众多且分散,既包括土地、厂房、码头、海域使用权、机器设备、在建船舶等大宗财产,也包括原材料、船舶部件半成品及成品等小件财产。如何处置类型不同、数量庞杂的资产,实现破产财产价值最大化,是管理人在破产程序中最核心的任务。

为妥善处置核心资产,管理人以破产财产价值最大化为原则,在全面调查的基础上,分别设计了三种处置方案:

方案一:全部资产分项处置。即根据全部资产的现状,细化分类标准进行公开处置,如土地厂房按权证归属分块处置,机器设备按照使用功能分类处置,存货按照物理状态分类处置等。这一方案的优势在于全部资产化整为零,处置相对简单;弊端在于处置周期漫长,部分财产因丧失潜在功能而价值急剧贬损,同时欧华公司核心价值也被拆分殆尽。

方案二:按船舶资产与非船资产分别处置。根据市场摸底情况,有部分投资者意向购买欧华公司所有的 7 条在建船舶,有部分投资者则倾向于购买土地与厂房等非船资产。因此,对全部资产不做细化分类,而是组成两个资产包,即 7 条在建船舶及随船财产组成单独的资产包,其余非船资产组成另一资产包,分别进行公开处置。这一方案的优点在于财产处置价值有所提升,弊端仍在于欧华公司的核心价值因船舶被分离处置而面临流失。

方案三:全部资产合并处置,统一报价。这一方案实际上已经跳出了按资产现状处理的窠臼,直接指向了欧华公司的核心价值整体保护的目标,若能实现,事实上达到了通过清算方式实现重整的极佳效果。但该方案对买受人实力提出了较高要求,简单上网挂拍极可能面临多次流拍的局面。为此,管理人在法院和政府的帮助下,主动出击,多方寻找实力与信誉兼具的合格投资者。

综合分析比较以上三种处置方案,特别是经过各方努力,具有央企背景的实力产业投资者浮出水面,管理人最终采取了方案三的整体处置模式,促成欧华公司核心资

产整体处置成功和顺利交接,实现破产财产价值最大化与欧华公司核心价值的保留。

(二)有序安置职工,保持企业常态化运营

欧华公司进入破产程序之时,尚有270余名职工在岗。鉴于公司已停止运营,大量在岗职工增加了日常开支,公司入不敷出,但公司核心经营团队与一线职工已从业多年,深谙制造技术和行业规律,若全部予以遣散,则日后船舶续建乃至日常运营都将受到严重影响。

鉴于此,在企业配合下,管理人对所有员工进行梳理调查,分批安置职工。首先,欧华公司与第一批非核心业务人员共140名职工解除劳动关系,同时保障其合法经济权益。通过人员精简,企业有效缩减了开支。欧华公司宣告破产后,又与剩余130余名职工终止劳动关系,随后又与他们重新签订了聘用合同,从而保留了造船核心团队力量。

此外,管理人在与意向投资者交流时,特别引导和建议其今后保留和优先聘用欧华公司原有核心经营团队及一线职工,留住欧华公司的核心竞争力与生命力。2019年9月,欧华公司核心资产由投资方竞得并顺利移交,管理人终止聘用合同,并由投资者接手原核心经营团队与多数一线职工,欧华公司团队的战斗力和品牌的生命力得到了激发和延续。

(三)妥善应对外包工债权群体,化解维稳压力

外包工债权群体是造船类破产企业特有的一类债权人群体。造船企业基于船舶施工需要,同时为了规避用工风险和节约成本,往往将船舶工程分包出去,由多家船舶施工队分段操作,业内称“外包工”模式。由于船舶工程规模浩大,往往涉及多家施工队,常态工人规模达到数百名。欧华公司进入破产清算程序后,外包工债权申报总金额1.82亿元,根据各家外包工企业上报的欠付情况,实际未发工资总额达4624.74万元,涉及人数总计1788人。

为尽快明晰外包工债权的性质,保持外包工全体债权人的稳定,管理人在第一次债权人会议后认真论证,初步认定外包工债权可参照建设工程款债权认定,并对外包工情况展开全面调查。同时,管理人主动与各家施工队代表积极沟通解释,进行法律宣讲,引导他们理性维权,积极配合破产程序。

此外,为保障外包工合法债权的实现,管理人在前期初步征求企业与当地政府维稳工作组的有益意见后,在法院的指导监督下,拟定外包工债权处置方案,最终确定了外包工实际拖欠工资发放方案,即外包工拖欠工资分两次发放,分批次逐渐消化,实现了平稳过渡。

(四)创新引入听证模式,公正化解权利竞合争议

欧华公司在进入破产程序时,尚有多艘未建成船舶和大量的半成品及存货动产,而各债权人为保证担保出借款项安全,在这些动产上重复设立了不同的抵押权、融资租赁、保留所有权等多个权利负担。管理人在审查债权的过程中发现,同一资产上往往存在多个债权人权利竞合的现象。如果权利竞合处置不当,一方面,会使各担保债权人陷入零和博弈中,严重延缓财产处置效率;另一方面,可能引发各担保债权人对债权审查意见的质疑和争议,进而影响司法公信力。

管理人经认真研究,创新引入听证会的方式确权止争。听证会由管理人主持,根据争议问题类型分多次召开,包括设备类资产优先债权人听证会、抵押权与保留所有权债权人听证会、债权异议听证会等。每次由同一资产上存在权利竞合的债权人及相关方共同参与,债务人有关人员列席,通过各方举证及说明的方式明确事实,并在各方共同参与下探讨化解方案。

管理人认为,不同类型的债权人有着不同的诉求,有时会出现极为复杂的交叉重叠局面。管理人对此不应回避,应当有所作为,更不能简单直接推向诉讼,这只会让矛盾扩大化,并且给法院增加了压力,不符合管理人的角色定位和职能。采取听证会的方式,尽量明确权利解决争议,即使今后进入诉讼程序,听证会有关成果也为法院的诉讼审理提前确定了事实和争议焦点,让诉讼程序更有效地进行。从本案来看,听证会也取得了良好的效果,各债权人在互信互谅之下达成了共识,化解了争议。

(五)合理筹划税务,提升财产价值

欧华公司在进入破产程序时尚存 3000 余万元可供抵扣增值税销项税额的进项税余额,加上后期可能偿还出口预退税等税收债权后增加的进项税税额,从而形成大额的进项税税额。若该部分税额得到有效利用,将会极大提升破产财产价值,提高债权清偿率。

为此,在拍卖公告中,一方面,管理人依法申明资产交易所涉及的土地增值税、增值税附加税、印花税由卖方承担,增值税、契税、印花税由买方承担的法定责任承担主体。另一方面,管理人灵活设定其中需卖方缴纳的增值税由买方根据最终开具的增值税发票税额另行向卖方支付。以欧华公司主营资产拍卖为例,评估价格为 15.9 亿元,该价格不包括增值税在内的资产价格。因此,按照司法网拍的通常标准,最终挂拍价格应当为“15.9 亿元 + 增值税额”。买受人需足额支付“价 + 税”,同时欧华公司向该买受人开具增值税专用发票。此举有效利用了欧华公司尚存的进项税余额资源,为拓宽偿债资源打开了通道。

此外,管理人通过优化交易架构设计,将欧华公司破产财产中的保税料件结转至投资人名下,由投资者用于生产并出口,平稳化解了欧华公司的税收债权3400余万元,进一步提高了普通债权人的清偿率。

三、案件特点

欧华公司通过破产清算程序,维持和实现企业核心运营价值,一定意义上颠覆了固有的"清算=倒闭"旧式思维,从另一个角度诠释了困境企业"向死而生"的拯救可能,具有典型的示范意义。

(一)清算式重整,维持核心运营价值

经过多年发展和积累,欧华公司资产基础雄厚,包括土地、厂房、海域、船坞、在建船舶、重型机械设备、船舶配件存货等。这些资产不仅保存完整,且一直处于良好的持续维护状态。并且欧华公司长久积淀的经验、技术、商誉等无形价值也蕴藏于这些资产之中。如果简单对全部资产拆零变现进行处置,尽管部分资产可能会快速折现,但也将导致其他资产被分离后的处置困难,更关键的是,欧华公司的无形价值也会真的消散于"无形"。鉴于此,经多次研判分析,欧华公司破产财产处置最终确定了"剥离与主营造船业务无关资产,整体拍卖与主营造船业务相关资产"的基本思路。

在具体操作过程中,舟山中院指导管理人积极与意向投资者进行沟通,化解相关障碍与矛盾,最终促成整体资产通过淘宝网司法拍卖网络平台顺利成交,维持了欧华公司的核心生产力,达到了实质性的重整效果。

(二)考察引进合格投资方,延续区域支柱产业的生命力

欧华公司所在的小干岛厂区是浙江省政府重点规划的以船舶修造为主导产业的工业海岛。为延续船舶修造支柱产业的生命力,避免未来出现资产闲置与资源浪费的情况,本案在引进投资方时,特别重视和强调投资者对小干岛造船资产的持续开发和利用,在主体资格、注册资本、运营资质等方面均提出了适格要求,力求保留欧华公司的核心竞争力与生命力。欧华公司主体资产转让后,停工许久的生产场地已经全面重启开工,原核心经营团队与一线职工多数得到了保留,欧华品牌实现了真正的"向死而生"。

(三)紧紧依靠党委政府力量,妥善化解涉稳问题

船舶修造业不仅是资金密集型行业,也是劳动密集型行业,涉及特有的外包工群

体。欧华公司进入破产程序后,面临数千名外包工工人欠薪问题,一旦应对不当,就可能酿成严重群体性事件。舟山中院合议庭全力指导管理人,紧紧依靠当地党委政府力量,一方面,严格守住法律底线,把握节奏,循序渐进;另一方面,灵活适用相关政策措施,通过税收政策支持等方法,逐步安抚和化解了外包工工人群体的困难,实现了法律效果和社会效果的统一。

四、案件办理所取得的评价

欧华公司"清算为径、重整为核"的案件办理模式,成功保护了企业的整体核心价值,得到了各方的一致好评。从债权人角度来看,本案的成功办理避免了财产单体处置导致价值巨额贬损及处置周期漫长的不利后果,职工和外包工群体的合法权益得到基本保障,虽然以供应商为主体的普通债权人清偿率较低,但通过引入整体同业投资者,欧华公司的主营业务得以保留乃至提升,供应商群体获得更加稳定的长期合作来源。因此,本案真正达到了各方利益兼顾与平衡的效果。从法院政府角度来看,本案积极借力府院联动机制,在破产程序框架内,依法统筹协调,平稳有序推进,最终成功引入各方认可的优秀投资者,实现了"保重点产业、保社会稳定"的总体目标。

创新“预重整＋重整”模式，实现企业重焕生机

——缙云县壶镇表面精饰厂(普通合伙)预重整案

【案例索引】(2020)浙1122破15号

【审理法院】浙江省缙云县人民法院

【管理人机构】浙江嘉瑞成律师事务所

【关键词】合伙企业重整　预重整转重整　企业与个人合并破产

一、案情简介

(一)案件基本情况

缙云县壶镇表面精饰厂(普通合伙)(以下简称表面精饰厂),于2005年10月26日登记设立,原系浙江规模较大的电镀企业之一,专业从事开发和生产油锯汽缸等。表面精饰厂由于对外投资失败、资金链断裂等原因,于2015年3月出现“两链”风险(资金链风险、担保链风险),成为缙云县企业风险化解处置协调小组办公室(以下简称县企协办)重点帮扶处置的企业。本案涉及债权人273人,其中自然人债权人占比高达95%,60岁以上的债权人约占30%,总债权金额高达2.7亿余元。考虑到表面精饰厂虽暂时经营困难,但其仍适应市场的需要且具有发展潜力和经营价值,浙江省缙云县人民法院(以下简称缙云法院)与县人民政府多次召开府院联席会议研讨,最终确定由债权人与表面精饰厂原实际控制人成立新公司——缙云县万联金属表面处理有限公司,双方共同管理和经营新公司。

此外,为彻底化解表面精饰厂的债务危机、解决债务的后续清偿问题,缙云法院联合县企协办探索适用“预重整＋重整”的企业帮扶模式。2019年11月25日,缙云法院立案受理表面精饰厂预重整一案。经审计,表面精饰厂具有重整的可行性,且债权人就重整计划(草案)已初步达成一致意见。2020年9月7日,缙云法院裁定受理表面精

饰厂的重整申请。

(二)管理人履职情况

2019 年 12 月 6 日,缙云法院依照浙江省高级人民法院《破产案件管理人指定工作规程》第 27 条第 1 款的规定,联合县企协办、县经济商务局、主要债权人、债务人组成评审小组,投票决定浙江嘉瑞成律师事务所担任预重整管理人,由预重整管理人协助政府、法院对表面精饰厂进行预重整。

在预重整阶段,管理人从以下五大方面推进工作:(1)债权申报预登记,掌握公司的整体负债情况,为重整提供基础负债信息;(2)选定资产评估、财务审计机构,介入调查,对预重整的企业资产状况、财务状况做进一步了解,为重整可行性分析提供依据;(3)以主要债权人、债务人初步协商的债转股方案为蓝本,并结合各方协商沟通后的补充意见,兼顾各方利益平衡,制定重整计划方案(草案),为重整计划的现实性和可操作性提供支持;(4)参照《中华人民共和国企业破产法》(以下简称《企业破产法》)的规定,建立债权人监督机制,债权人在规定的职责范围内依法、有序行使职权,与管理人充分沟通,为预重整、破产重整程序的顺利推进建立群众基础;(5)做好预重整与破产重整的衔接工作,从程序、实体等多角度出发,全面考虑隐患问题,为企业重整成功保驾护航。

随着预重整财务审计、资产评估等的完成,重整计划(草案)初步得到大多数债权人的认可,表面精饰厂向缙云法院提出了破产重整申请。缙云法院裁定受理了表面精饰厂的破产重整申请,并于 2020 年 9 月 8 日指定浙江嘉瑞成律师事务所为管理人。

管理人接受指定后,依据《企业破产法》的规定,勤勉、尽责、忠实地履行了管理人职责。在破产重整阶段,在缙云法院的指导下,管理人以“企业破产重整 + 个人债务集中清理”方式全方位综合整理债务,斩断关联企业、关联人员的担保链,使危机困境下的企业可以恢复生机,正常运营,实际控制人摆脱禁锢,东山再起;完善已初步建立的“债权人 + 债务人”联合经营管理模式,维持表面精饰厂正常运营及生产活力;在完成资产处置变现、偿债能力测算、重整方案路径深度研判、重整计划论证和细化制定、与债权人沟通协商等工作后,确定采用“债转股 + 现金清偿”的重整方案,针对金融主体等不适用“债转股”方式的债权人,选择采用现金方式一次性清偿,从而提高普通债权人分配率。

2020 年 10 月 27 日,缙云法院组织召开第一次债权人会议,管理人报告重整阶段各项工作,通报《债委会设立及议事规则》等议案、重整计划(草案)经出资人债权人组、有财产担保的债权人组、普通债权人组的表决通过情况。2020 年 11 月 19 日,缙云法院裁定批准重整计划并终止重整程序。

二、重难点问题

(一)丽水市首例预重整案件,参考案例较少

本案是丽水市首例预重整案件,也是缙云县人民政府、缙云法院的突破性实践。管理人于2019年年底介入本案预重整阶段,当时法律不完善,可参考的案例、规定比较少。因此,管理人结合企业实际经营情况,参考《企业破产法》的相关规定并结合《浙江省高级人民法院关于企业破产案件简易审若干问题的纪要》(浙高法〔2013〕153号)、《企业金融风险处置工作府院联席会议纪要》(温政办函〔2018〕41号)的规定,借鉴温州吉尔达鞋业有限公司预重整案的经验,结合案件实际情况进行处理。

由于参考案例较少,本案在推进过程中遇到了许多实务操作上的难题,最终经过多次讨论、研讨,管理人探索建立"预重整+重整"机制,即当事人在向法院提出破产重整申请之前,就重整事项进行谈判并达成重整计划草案的一种困境企业拯救机制。最终该方式得到了缙云法院的支持。随后,县人民政府多次召开府院联席会议研讨,并确定由债权人与表面精饰厂原实际控制人成立新公司——缙云县万联金属表面处理有限公司,双方共同管理和经营新公司。

(二)企业营业状态复杂,债权人、债务人的分工及利益平衡难

本案破产企业性质为普通合伙,企业陷入危机而导致实际控制人个人失信、债务缠身,全方位综合整理债务难,尤其是个人债务、企业债务、关联公司债务互相缠绕、难以区分,导致破产工作推进较为困难。

因此,如何划分这几种债务是破产债权审查的重难点。管理人通过沟通债权人、实际控制人了解债权债务构成情况,细致审查申报资料,从而区分个人债务、企业债务以及关联公司之间的债务,以此实现债务的成功剥离,为后续清理企业债务打下坚实基础。通过破产重整制度与个人债务集中清理相结合,表面精饰厂及其实际控制人双双退出失信"黑名单",为企业东山再起奠定了基础。

(三)自然人债权人占比大,重整计划表决通过难度大,若处置不妥,易引发维稳问题与群访事件

本案涉及债权人273人,其中自然人债权人占比高达95%,60岁以上的债权人约占30%。为妥善推进案件进程,管理人综合考虑债权人情况,针对不适用债转股的债权(如金融债权等)采用现金一次性清偿方式,其余以债转股方式清偿,实施定期利润

分红受偿,避免"杀鸡取卵",既维持企业正常运营,保持生产活力,又保障就业,盘活资产,显著提高普通债权人的分配率,形成本案各利益相关方互利共赢的局面。

三、案 件 特 点

(一)积极探索行政权、司法权明确分工又相互协作的企业帮扶有效模式

县人民政府、法院经过各方考察,认为表面精饰厂具备一定的重整可行性,且符合预重整企业的条件,县企协办发文决定针对表面精饰厂建立"府院联动式"预重整机制,缙云法院立案受理表面精饰厂预重整一案。

在案件办理过程中,县企协办、缙云法院、预重整管理人依法对债务人情况进行全面摸底、分析、研判,拟定重整方案。县企协办发挥政府协调和保障职能,解决金融债权谈判困难的问题。在实践中,地方银行囿于审批权限等因素,不愿与企业谈判重整计划。先由政府在预重整阶段充当协调者的角色达成初步方案,后通过司法重整确认赋予其法律强制力,消除金融债权人权责分担的顾虑。县企协办充分发挥政府公共服务职能,解决债务人日常经营管理行政审批问题、重整方案执行问题;政府先予解决企业日常经营管理、重整方案执行中牵涉的工商登记变更、税费缴纳、企业信用修复等问题。缙云法院在司法程序中确认预重整的谈判成果,缩短破产审判周期,加快重整程序进程,有效地将破产负面影响消解至最低。一方面,预重整管理人认真分析了企业的现状及债权类型,结合企业的经营特点,草拟了重整计划草案,"现金清偿+债转股"方案在得到绝大多数债权人的口头初步同意意见后成稿提交预表决;另一方面,预重整管理人解答企业日常经营活动法律咨询,提供专业法律意见,控制运营风险,防范法律风险。

(二)以"企业破产重整+个人债务集中清理"方式全方位综合整理债务,企业、个人双双退出失信"黑名单"

由于破产企业债务存在股东个人为企业背负多起债务以及股东个人与企业无关的债务,上述债务相互纠缠,导致破产企业债务清理工作推进较为困难。同样,股东个人债务缠身以及关联企业担保链的缠绕容易为后续重整经营埋下隐患,不利于重整程序的推进。因此,管理人创新推行"企业破产重整与个人债务集中清理"方式,全方位地整理债务,归属清理债务,区分实际控制人的个人债务、无关人员的债务以及与破产企业相关联的债务,并在重整计划设置专门条款,斩断个人与企业之间的担保链、企业之间的担保链,避免引发系列连锁不稳定风险,最终实现企业涅槃重生、独立发展。

(三)创新“债权人+债务人”联合经营管理模式,维持正常生产能力,顺利通过重整计划,形成互利多赢局面

原先重整模式更多是引入投资人全面接管企业进行治理或者由原破产企业的法代、实际控制人继续进行经营。由于本案破产企业系当地较为知名的本土企业,债权人与债务人之间关系十分紧密、相互了解。在破产的背景下,债权人对债务人直接进行管理的方式信任度较低。因此,管理人创新重整情形下破产企业经营管理模式,由债权人代表和债务人共同联合进行经营管理,从原先对立面转为合作关系,既避免了破产案件中普遍存在的债权人、债务人双方矛盾冲突显著、敌对的问题,又使剥离债务后的表面精饰厂生产经营稳定,扭亏为盈,具有生产活力。基于债权人可以对债务人进行适当的监管,因而,债权人参与预重整、破产重整程序意愿较强,配合度较高,在重整过程中发挥了重要的作用。

四、案件办理所取得的评价

本案充分发挥府院联动机制的作用,以及“预重整+破产重整”作为“两链”风险处置的重要平台的作用,既高效解决企业危困问题,扶持企业“脱胎换骨”,恢复生产力,又维护债权人的稳定,避免产生大规模的群体上访事件,扰乱社会正常秩序。通过重整维持表面精饰厂为壶镇、缙云区域的金属表面处理及热处理加工的排污处理功能,完善区域经济产业链、生态链,造福了一方水土、一方百姓。

本案的办理,是以“预重整+重整”方式高效法治化挽救危困企业的一次有意义的实践。合法合理又行之有效的解决途径,为法治化救济危困企业的路径提供了有价值的参考。“府院联动式”预重整机制、府院联动机制、破产重整制度三者有机结合,重新整合资源,化解纠纷,债务人资产价值增加,提高了债权清偿率,维护了债权人的利益,实现了债权人、债务人在破产程序中的共赢,进一步优化了法治化营商环境。

同时,本案是通过“预重整+破产重整”的模式保护工业制造企业有效生产力,盘活民营企业存量资产1.25亿元,保障就业岗位700多个,创新“债权人+债务人”联合经营管理模式、“企业破产重整+个人债务集中清理”方式全方位综合整理债务模式,从而走出困境的典型案例。

当然,重整是一项复杂的系统工程,本案是各方合力促成企业重生的典范。本案在地方政府的协调和支持下,在法院的全面指导下,在管理人团队的协作一致下成功办理,为解决危困企业问题积累了丰富的实践经验。

破产案件中的府院联动与创新处置

——浙江清水湾置业有限公司破产重整转清算案

【案例索引】(2014)杭西破(预)字第2号

【审理法院】浙江省杭州市西湖区人民法院

【管理人机构】天健会计师事务所(特殊普通合伙)　浙江金道律师事务所

【关键词】府院联动　复工续建　高清偿率　资产处置

一、案 情 简 介

(一)案件基本情况

浙江清水湾置业有限公司(以下简称清水湾公司)成立于2008年8月,注册资本1.7亿元,主营业务为房地产开发和经营,旗下清水湾—华门新西湖小镇项目占地12.6万平方米,约190亩,规划总建筑面积38.42万平方米,规划户数达3500户,地上可售面积为30.39万平方米,整个项目分六期滚动开发,截至破产重整申请受理日前,已开发并交付一期至四期。后期由于经营不善,导致资金链断裂,项目五期、六期在建工程共计9.4万平方米已全部处于停工状态;加之债务结构不合理,融资成本过高等因素,债务人不能清偿到期债务,于2014年7月向浙江省杭州市西湖区人民法院(以下简称西湖法院)提出重整申请。债务人提出重整申请后,职工工资不能保障,公司经营濒临瘫痪,已无实质性经营活动。西湖法院于2014年8月20日作出(2014)杭西破(预)字第2号民事裁定书受理清水湾公司重整申请,并于同日依法指定天健会计师事务所(特殊普通合伙)、浙江金道律师事务所为破产重整联合管理人。后由于重整投资人未能在法定期限6个月内提交可供执行的重整投资方案,西湖法院于2018年2月5日作出(2014)杭西商破字第2号之九号民事裁定书,裁定终止清水湾公司重整程序,并宣告清水湾公司破产。

因公司经营不善、存在大量民间融资,资金链断裂,账面负债规模超8亿元。清水湾公司破产重整受理时,五期、六期在建工程停工,成为烂尾楼,600多位债权人权益受损,其中400多位是没有交房的普通购房业主。这些购房债权人大部分是外地到杭州工作购买第一套住房的刚需业主,如果房屋不能交付,在建工程只能按现状拍卖处分,那么他们在杭州安家的梦想就很可能破灭,权益受损十分严重。

考虑到项目涉及数百家在余杭购房业主的生活问题,以及破产财产的价值增值情况,管理人决定对在建工程项目进行复工。但是一旦决定复工,一方面是债权人包括业主的期盼,另一方面是各方利益群体之间的纠缠扯皮,管理人面临重重困难。

(二)管理人履职情况

管理人接受指定后,组建了30人的工作组,分重组协调与项目运营小组、综合组、资产管理组、债权审核与债权人沟通小组、资产清收与审计小组、诉讼小组6个小组,全面开展工作。管理人制定了工作计划和管理人规章制度,有序开展公司管理及财产接管工作、债权申报和审核工作、诉讼案件承接工作等。管理人共核查并申请裁定确认债权667户,债权金额达6.3亿余元。

本案债务人资金链断裂,申请重整时,几乎没有资金可供使用。为此,经法院许可,管理人精简了工作人员,压缩了办公场所和办公开支,协商解除部分职工的劳动合同,降低了高级管理人员的工资薪酬,处理了大量的员工诉求。管理人多次处理职工集体维权事件,与余杭区人民政府等有关部门协商处理职工社保保障、办公场地停电、物业要求撤场等急迫问题,筹集了少量破产重整费用和继续经营所需要的基本经费,暂时稳定了留用人员情绪。

二、重难点问题

本案的难点主要在于复工续建,2014~2015年,正是房地产低谷时期,如果选择直接处置资产,当时预估优先债权都难以清偿,普通债权清偿率有可能为零。因此,从最大限度维护广大债权人利益,特别是保障购房业主民生的角度考虑,西湖法院和管理人选择了房企破产案件最难实施的复工建设路径,以保障广大债权人与债务人的利益。但复工建设并非易事,可谓困难重重。在决定复工及具体复工过程中,主要面临如下问题和难点:

第一,本案是重大涉众涉稳房地产企业破产案件,涉及债权人600余户,债权申报金额超27亿元,其中400余户为购房债权人,主要是首次购房的刚需业主。考虑到部分债权人急于解决纠纷和结案,拍卖资产快速变现可能比复工方案更受青睐。复工方案面临诸多困难,周期长且责任重大,同时需要协调不同性质债权人的意见。

第二,如果选择复工,资金来源是一个关键问题。财政资金紧张,使用财政资金垫资存在风险,责任承担问题复杂。民间融资虽可行,但实际操作困难,且愿意借款给破产企业的不多。资金成本的确定和承担,以及担保措施的选择,都是需要解决的问题。复工资金的归还来源也需明确,财政资金不可能无偿使用,同时必须确保归还安全。1亿多元的复工借款的归还责任,需要明确是由业主代表、管理人、全体债权人还是由重整方来承担。

第三,相邻关系与一些部门要求不能满足的矛盾。新西湖小镇一期至四期已经交付业主,但在营运过程中,因前期物业的欠费等错综复杂的矛盾,许多地方没有完全达到相关部门要求,包括水、电、消防、立体车位等,这些问题因开发商破产而没有责任主体承担,这也引发了不少责任事件。在复工的五期、六期项目扫尾工程中,发现五期、六期的消防、弱电控制因物业设备损坏无法并入一期至四期物业联网,这直接影响功能验收,而一期至四期又非管理人管理权限范围,配合问题也需要协商和一定的资金落实。

对于在案件处理过程中遇到的以上几点问题,管理人主要采取了以下措施来解决。

(一)跨区域府院联动,债务人属地政府垫资1.7亿元用于工程复工续建

清水湾新西湖小镇五期、六期的复工问题,一直是广大购房债权人高度关注的事项,也受到西湖法院、余杭区人民政府等有关部门的高度重视。在余杭区人民政府的支持下,西湖法院与余杭区人民政府实现跨区域府院联动,破产企业先后获得了共计1.7亿元的财政资金垫资,为顺利推进复工续建奠定了基础。考虑到清水湾公司已高额负债,余杭区人民政府给予1年免息期,此后按中国人民银行同期贷款利率计息,以敦促工程加快完工,垫付资金本息按共益债务处理。

随着复工工程的竣工和400多套房屋交房工作的完成,清水湾公司破产重整案件取得了关键性的阶段成果。一是保障了400多位购房户债权人继续履行合同的权利,实现了400多户家庭安家立业的生活需求;二是房地产形势好转,进入高房价的窗口期,房产升值2亿多元,大大提高了破产财产的价值,也大幅度提高了包括普通债权在内的全体债权人的清偿比例,维护了广大债权人的利益。

(二)严把债权审核关卡,推进债权确认诉讼

本案申报的债权金额巨大,如何确保每一笔债权的真实性,是彰显“公平受偿”的破产法立法价值的前提。在西湖法院的指导下,管理人严把审核关,公正审查。在完

成债权审核后,管理人逐一进行了债权确认工作,对有异议的债权进行了多次复核,对少数确认争议较大的债权,开展诉讼确认工作,充分保障了债权人的合法权益。

由于本案涉及房产交易、复工续建等问题,债权审核过程中面临的相关法律难点较多,如借款合同网签担保的效力、银行预告抵押效力、在建工程优先权、转让与担保、以房抵债、集团内部按揭等。管理人花费了大量的时间,进行了充分的研究、论证,统一标准,从严把握,制定了一套完善的审核标准,特别是在涉及商品房相关债权的认定上,对消费性购房人的债权,以保护其生存权为主要价值导向,对真实购房人的债权予以优先保护;对以物抵债等非真实购房人的债权,根据基础法律关系分别处理。

管理人坚持以"公正审查,从严把握,统一标准"为原则,最终通过管理人审核或诉讼程序方式认定债权约6.3亿元,核减债权申报额20.7亿元,充分保障了各债权人公平受偿的权利。

(三)创新资产处置方式,将破产财产分类打包

因存在不同处置难度的资产及应收债权,本案管理人因势利导,对可处置资产进行区分处置、合理搭配,并采取预分配和动态清偿的方式保障小额债权人的利益,采用待定债权分配提存的方式谨慎清偿。相应的清偿方案得到广大债权人的认可。

本案在司法评估的基础上,结合案件实际情况,为房产地下划线车位、储藏室等可处置资产量身定制资产处置方案,设置了"资产包一:附条件整体拍卖六期及其他资产包"和"资产包二:一期至五期剩余房产分套拍卖"。两个资产包合理配置,设置买受人托底受让条款,采用网络公开拍卖、托底变价处理等公平公开方式处置,兼顾处置效率和资产价值最大化。对资产包一进行整体公开拍卖,并设置竞买条件,即按评估价兜底受让资产包二流拍财产(交纳1亿元履约保证金);对资产包二的财产单独拍卖,累计获得拍卖收入8.7亿余元。最终实现566套房屋、945个车位、4610.38平方米物业用房、64,000平方米农地承包权等财产在6个月内处置完毕的理想效果。

同时,本案采取了侧重保护小额债权人的动态清偿机制,即债权金额10万元以下的,第一次分配按100%清偿;债权金额10万元以上的,第一次分配先按50%清偿,剩余权利参加第二次分配。动态清偿机制有效保护了小额债权人的利益。随着杭州楼市在2018年之后逐渐火爆,资产处置拍卖也取得了令人满意的成绩,在第二次分配后,债权金额10万元以下部分的普通债权全部得到清偿,债权金额10万元以上部分的普通债权清偿率也高达90%。本案的资产处置和分配结果,不仅让广大债权人的利益得到有效保障,也顺利偿还了财政融资本息,并在资产处置过程中额外创造了高额税收。

(四)坚持党委领导,由区人民政府牵头成立工作领导小组,联合各部门平稳化解群体事件

本案重整时因重整资金严重不足,前期存在难以维持留用人员和维系公司基本经营的困难,后续又有600多位债权人的债权确认问题,也有复工过程中带来的各项实际的诉求。管理人在区人民政府牵头成立的工作领导小组的带领下,通过大量的沟通疏导和维稳工作,做好职工安置,取得了留用人员、广大债权人、施工人员及其他社会主体对管理工作的理解和支持,清水湾公司的复工复建和资产处置等工作得以顺利开展,有效减轻了法院和政府的维稳压力。

三、案件特点

(一)引入共益债务,顺利完成复工工作

清水湾新西湖小镇五期、六期的复工问题,一直备受广大购房债权人高度关注,也受到西湖法院、余杭区人民政府等有关部门的高度重视。为此,管理人开展了专门的调查研究,并约谈工程总承包方东方建设、长城建设两家施工单位的主要负责人,就复工的条件进行了协商。

2017年,在市人民政府协调和余杭区人民政府的支持下,管理人向余杭区人民政府借款1亿元作为共益债务,用于清水湾公司五期、六期的复工。经过艰苦的协调和大量的人力、物力投入,清水湾公司五期、六期工程终于复工。竣工验收后,经管理人多方协调、沟通,克服各种困难,在2018年年初五期、六期房屋办理了"大产权证",后于2018年春季分四批向大部分购房者移交了"大产权证"。

(二)妥善处理维稳问题,完成542户买房户的交房工作

在房地产开发企业破产案件中,经常出现大批购房户因所购买的房屋无法交付而自发组建团队维权行为。如何解决购房户的维权问题,如何劝导购房户按法定程序依法维权,是否继续履行购房合同等一直是该类案件无法回避的问题。

在本案中,面对众多购房户组成的维权团队,管理人认真倾听购房户的需求,积极劝导购房户按法定程序依法维权,多次参与相关维稳会议,稳定购房户情绪,及时处理了多起封门、群体质询等紧急事件,完成了余杭区人民政府和法院交办的维稳工作协作任务。并通过向余杭区人民政府借款的方式获得了后续复建资金,成功盘活了债务人资产,续建了债务人尚未完工的在建工程,向购房户成功交付房屋542套,涉及房屋

价值(按实际办证测绘面积统计)4.86亿元,解决了本案最大购房群体的诉求,化解了社会维稳风险。本案的成功办理为后续房地产开发企业和破产管理人继续履行购房合同提供了范例。

(三)财产处置得当,取得超预期收益

为了配合破产重整工作的开展,管理人对于清水湾公司财产采用逐套清查的方式进行清理,全面排查清水湾公司财产状况。在复工续建满足交房条件后,报经西湖法院同意,管理人陆续向原购房业主办理房产移交手续。对于清水湾公司未售房产,经报西湖法院同意,管理人将相关财产分为两个资产包打包予以拍卖,并积极协助购买方完成了拍卖资产的交付、过户工作。

在破产案件中,普通债权的清偿率一般不超过30%。但在本案中,管理人分不同情况处置资产,进行广泛的推广活动,累计获得拍卖收入8.7亿余元。2019年11月20日,清水湾公司第三次债权人会议以书面形式召开,会议高票通过了清水湾公司的分配方案。清水湾公司所有优先债权获得100%清偿,所有10万元以下小额普通债权人获得100%清偿,其他普通债权分配率超过90%。对此,绝大部分债权人表示满意。

四、案件办理所取得的评价

本案是房地产开发企业破产后通过府院联动成功复工续建并获高额清偿的典型案例。房地产开发企业破产案件的通常做法是,将在建工程直接拍卖变现,所得款项按比例进行分配。但在本案中,由于存在大量的普通购房消费者权益需要保障,简单的拍卖变现不利于解决民生问题,无法化解社会矛盾。因此,法院与政府通过跨区域府院联动,将“以人为本、保障民生”“公平清偿”的价值理念在重整程序中贯彻到底,大力支持破产企业复工续建。政府提供续建资金,协调处理竣工备案、办证等行政事务;法院监督和指导管理人执行复工具体事务,包括施工单位的选任、工程质量与工程进度的监督、垫付资金性质和工程款债权的认定等。通过破产程序,清水湾公司实现涅槃重生,向购房消费者交房542套,保障了人民安居乐业。本案用时长达6年多,在未能顺利重整的情况下仍实现了竣工并交付房屋,不仅让普通购房消费者圆了安家梦,也保障了财政融资顺利偿还,广大债权人得到高额清偿,化解了潜在的社会矛盾,取得了令人满意的社会效果。

挽救危困老字号,法治护航优化营商环境

——浙江东南船牌日化股份有限公司破产重整案

【案例索引】(2019)浙0109破4号

【审理法院】浙江省杭州市萧山区人民法院

【管理人机构】浙江凯麦律师事务所

【关键词】清算转重整　债务重组　老字号企业

一、案情简介

浙江东南船牌日化股份有限公司(以下简称东南船牌公司)为萧山当地一家获评“中华老字号”“浙江老字号”的全国日化行业骨干重点企业。因担保链、资金链断裂,银行账户及公司资产被冻结查封以致其无法正常经营,但企业本身仍然具有较高的经营价值。

本案管理人由浙江凯麦律师事务所担任。本案在探索破产清算转为破产重整程序方面进行了有益尝试,不仅维护了东南船牌公司的“中华老字号”“浙江老字号”等字号的商业价值、继续经营下的市场影响力及商誉等无形资产价值,也提高了普通债权清偿率,由破产清算情况下的接近于0提高到8.46%。

案件相关情况如下。

(一)企业基本情况

东南船牌公司前身为杭州东南化工总厂,2000年经杭州市人民政府批复(杭政发〔2000〕219号文件)同意改制为有限责任公司,2015年变更为股份有限公司并在新三板挂牌上市。东南船牌公司被商务部及浙江省商务厅授予“中华老字号”及“浙江老字号”,其“船牌”系列日化洗护产品在行业市场上有较高的知名度和美誉度,是全国日化

行业的骨干重点企业。

自2015年起,因担保链、资金链断裂,东南船牌公司面临诸多诉讼及执行案件,银行账户及公司资产被冻结查封,以致无法正常经营,2017年下半年停止经营。2018年4月,东南船牌公司的控股股东进入破产清算程序。

(二)案件办理情况

经债务人申请,浙江省杭州市中级人民法院于2018年10月20日作出(2018)浙01破申32号民事裁定书,裁定受理浙江东南船牌日化股份有限公司破产清算一案,并于同年12月12日作出(2018)浙01破27号民事裁定书,裁定移送至浙江省杭州市萧山区人民法院(以下简称萧山法院)审理。2019年1月17日,萧山法院作出(2019)浙0109破4号决定书,指定浙江凯麦律师事务所担任东南船牌公司管理人。

管理人接到法院指定后,迅速组建团队,研判案件处理方向。管理人在了解案件情况后,认为债务人的核心无形资产为"中华老字号""浙江老字号",如果直接进行破产清算,无法维护该等老字号的商业价值、继续经营下的市场影响力及商誉等无形资产价值,保守估计债务人在破产清算条件下的普通债权清偿率不足0.2%。为了实现无形资产价值,提高普通债权清偿率,管理人向法院及债权人汇报后,启动了投资人的招募工作。

2019年9月5日,管理人在全国企业破产重整案件信息网发布《浙江东南船牌日化股份有限公司投资人招募公告》。2019年9月26日,在法院及债权人会议主席的监督下,通过遴选程序确定了投资人,管理人与投资人现场签署了《重整投资协议》。经多轮沟通,管理人以投资人提交的《破产重整投资方案书(第三次修订稿)》为基础制作了《重整计划(草案)》,经测算,重整情况下的普通债权清偿率将由破产清算情况下的0.1969%提高到约8.46%。

2020年4月21日,《重整计划(草案)》提交东南船牌公司第二次债权人会议表决。经表决,出资人组100%同意;对债务人的特定财产享有担保权的债权人组100%同意;普通债权人组同意户数比例为82.35%,所代表的债权额占无财产担保债权总额的比例为82.86%。各表决组均表决通过。

萧山法院于2020年10月23日作出(2019)浙0109破4号之七民事裁定书,裁定对东南船牌公司进行重整。萧山法院于2020年10月27日作出(2019)浙0109破4号之八民事裁定书,裁定批准东南船牌公司重整计划,并终止重整程序。

二、重难点问题

萧山法院和管理人十分重视重整工作的推进，为提高本案的债权清偿率，多次与杭州市萧山区供给侧结构性改革工作领导小组办公室（以下简称供改办）、债务人、投资人、抵押权人、部分债权人等沟通重整方案。重整工作中存在的主要障碍和难点、应对措施包括以下几个方面。

（一）“破产重整＋债务重组”的方案推进艰难

在本案中，债务人实际控制人（以下简称实控人）为公司债务做了担保，债务人实控人的担保债权能否在重整程序中一并处理，也是本案的焦点问题。在本案的处理过程中，管理人秉着对投资人和债务人意愿的最大尊重，对债务人实控人的担保债务的重组方案也一并予以考虑。投资人最初提出了“破产重整＋债务重组”的方案，即投资人对公司重整的同时，让金融机构将实控人担保的债权一并转让给投资人，但与债权人沟通后发现，金融机构债权人对债务重组方案很难达成一致。因此，管理人建议投资人调整破产重整投资的方案，仅对东南船牌公司进行重整，不将债务重组纳入重整表决程序。同时，管理人调整债务人实控人的心理预期，将债务重组方案作为各债权人可以自主决定的事项体现在第二次债权人会议资料中，为债务重组方案的后续推进提供更多的可能。

破产重整方案的制定过程是债务人、债权人和投资人各方的博弈过程。本案的债权人以银行债权人为主，各银行的内部批准程序和实体把握尺度都不相同，需要逐个沟通和协商，沟通时间近 1 年，投资人最终确认的投资金额是最初投资金额的近 4 倍，可见协商过程的艰难。

（二）股东股份被冻结

根据管理人赴杭州市市场监督管理局、萧山区市场监督管理局进行的调查与咨询，东南船牌公司股东为杭州 KL 实业有限公司及孙某，持股比例分别为 90.43%、9.57%。股东孙某对东南船牌公司持有的 9.57% 的股份被浙江省长兴县人民法院、萧山法院冻结，冻结期限分别为 2017 年 4 月 7 日～2020 年 4 月 6 日、2020 年 4 月 3 日～2023 年 4 月 2 日，执行案号分别为（2017）浙 0522 民初 1927 号、（2018）浙 0109 执 2960 号。此时，孙某对东南船牌公司所持股份因存在保全负担，若在破产重整程序中将孙某持有的债权调整为零转让给重整投资人，工商部门办理相应股份的过户手续时会存在障碍，从而影响重整计划的实施。为此，管理人多次与债务人和投资人进行沟通与协调,积极协助法院,在短时间内完成解封工作,为重整计划草案的表决通过扫除了一项重要障碍。

(三)疫情影响办理进度

本案的案件推进处于疫情高峰期,协调会也多次推迟,经管理人与供改办多次沟通,重整工作专题协调会议最终于2020年4月10日在供改办办公室举行,债务人、投资人、抵押权人、部分金融机构债权人等参加会议。各方就重整内容进行了积极沟通,并要求各债权人在会后做好沟通汇报工作积极推进东南船牌公司重整表决。管理人充分利用线上方式及逐个沟通的方式,虽然增加了沟通的工作量,但沟通效果得到了充分的保障。

三、案件特点

(一)破产清算转破产重整,实现双赢

破产清算的目的在于清理破产企业的债权债务关系,保障债权人利益,维护市场秩序,破产重整则相对倾向于强调破产企业的市场价值及其与债权人之间的利益平衡。

本案债务人东南船牌公司作为一家老牌日化生产企业,拥有较为成熟的生产技术和市场供应链、销售渠道,拥有的“浙江老字号”“中华老字号”具有一定的商业价值。经过管理人测算,重整模式下的普通债权清偿率比破产清算模式下的清偿率要高,对于企业而言,破产重整的收益亦大于破产清算。为了寻求债权人利益最大化,达到债权人与破产企业的双赢局面,管理人在得知有潜在重整意向方时,即向法院及债权人汇报,启动重整工作。

(二)在重整中对个人债务重组进行了有益尝试

债务人的原经营者孙某、王某夫妇,对东南船牌公司的7户债权人共计102,261,013.00元的债权提供了连带保证,约占普通债权总额116,540,705.05元的87.7%。

在本案办理过程中,意向投资人、债务人、实控人向管理人提出对实控人的部分个人债务进行债务重组,以保障实控人可以对重整后的新公司继续发挥营销、人脉资源优势,促使东南船牌公司更好地做大做强。

当时浙江省高级人民法院尚未出台个人债务集中清理规定,为此管理人主要做了两方面的工作。一方面,从打击逃废债的角度出发,管理人要求审计机构对实控人的

出资、往来情况进行全面核查，杜绝逃废债行为。另一方面，管理人与意向投资人、债务人股东、法院、政府多次沟通、汇报方案，供改办召集涉及连带保证的债权人、法院、管理人、投资人等召开专题协调会议，对上述方案进行论证、解释，最终确定了连带债务人的债权转让方案，即连带债务人对破产债权承担担保责任的，债权人可选择将其对连带债务人的债权以破产债权金额 7% 的比例转让给重整投资人（同一笔债权有多位连带债务人的，债权转让对价按照 7% 计算一次，不做累加计算）；重整投资人支出的债权收购款项另行列支，不包含在重整资金内。

经论证，若将上述债权转让方案与重整计划进行"捆绑"，既对没有连带保证的债权人不公平，又不利于重整计划的表决通过，故经讨论后，上述债权转让方案仅作为可选方案，不作为《重整计划（草案）》的表决事项，由投资人与债权人自行协商沟通。债权人是否同意该债务重组清偿方案均不影响重整计划（草案）的表决通过、裁定和执行。上述做法得到了供改办、法院、债权人的充分肯定。

（三）庭外重组、预重整与重整有机结合的成功尝试

2018 年 3 月 4 日，最高人民法院发布《全国人民法院破产审判工作会议纪要》（浙〔2018〕53 号）第四部分"破产重整"下第 22 条"探索推行庭外重组与庭内重整制度的衔接"首次提及预重整制度。2019 年 6 月 22 日，国家发展和改革委员会、最高人民法院等 13 个部门联合发布《加快完善市场主体退出制度改革方案》，提出要"研究建立预重整制度，实现庭外重组制度、预重整制度与破产重整制度的有效衔接，强化庭外重组的公信力和约束力，明确预重整的法律地位和制度内容"。

预重整是连接庭外重组与重整的桥梁，通过庭外重组和预重整，破产企业、债权人及其他利害关系方可以就债权清偿、重整方案进行有效的、充分的沟通，有助于管理人及法院迅速了解各方诉求，抓住重整中的痛点，加快重整的效率与成功率。

本案管理人在获悉有意向重整投资方时，及时向法院与债权人汇报，遴选确定重整投资人后，与投资人签署《重整投资协议》。管理人在法院的监督之下，组织东南船牌公司、重整投资人、各债权人就重整方案进行多轮沟通，在此基础上多次修订《破产重整投资方案书》，最终各方达成一致，重整下的普通债权清偿率将由破产清算下的 0.1969% 提高到约 8.46%。管理人在此基础上编制《重整计划（草案）》，并经债权人会议表决通过，在此基础上，东南船牌公司向法院申请重整，从庭外的各方沟通重组、预重整阶段正式进入重整阶段。自裁定债务人重整至批准重整计划、终止重整程序用时仅 5 天。重整计划批准后，按照重整计划的规定，东南船牌公司股东变更为重整投资人。本案充分展现了庭外重组、预重整与重整有机结合的效率性和可行性，提高了重整效率，降低了成本。

四、案件办理所取得的评价

(一)挽救危困老字号企业,保护老字号无形资产价值

《商务部等16部门关于促进老字号改革创新发展的指导意见》(商流通发〔2017〕13号)指出:“老字号拥有世代传承的独特产品、精湛技艺和服务理念,承载着中华民族工匠精神和优秀传统文化,具有广泛的群众基础和巨大的品牌价值、经济价值和文化价值。”但在经济发展过程中,因企业发展机制落后、支持或保护力度不足、过高的担保债务等原因,仍然存在部分“老字号”发展迟缓甚至退出市场。

东南船牌公司拥有“中华老字号”“浙江老字号”,在本土中具有一定的口碑和市场,管理人秉承商务部文件精神,在保障债权人利益的同时,抓住机会,引入重整投资方深入挖掘老字号传统技艺和品牌内涵,弘扬“老字号”工匠精神,挽救处于危困状态下的“老字号”企业,保护“老字号”的传统文化价值。

根据老字号企业协会的相关报道,在疫情期间,已经进入春节假期的船牌公司领导及公司党委班子紧急会面,发动党员干部和公司员工,做好抗击疫情工作,还第一时间将仓库内的抑菌洗手液等日化产品送往疫情前线,分发给一线公安干警。一时间,老字号“起死回生”“雪中送炭”的正面报道不断,取得良好的社会反响。

(二)以法治打造最好的营商环境

优化营商环境,是党中央、国务院根据新形势新发展新要求作出的重大决策部署。国务院颁发的于2020年1月1日施行的《优化营商环境条例》提出,营造法治营商环境。法治是打造最佳营商环境的保障和基石。破产是企业运营过程中的一个重要节点,破产导向两种不同的结果,即破产清算导致企业注销,破产重整令企业重获新生。管理人严格遵守企业破产法律法规及各项制度,为企业经营活动进行最后的把关,一方面清理破产企业的债权债务关系,另一方面保障市场中各债权人的利益,维护市场经济秩序。本案管理人通过破产清算转重整,适用预重整制度,依法行使管理人的各项权利,履行管理人的各项义务,开展重整工作,以法治保障企业成功重整,以法治挽救“老字号”企业的生产经营,以法治保护“老字号”的传统文化价值和工匠精神,以法治维护市场秩序、打造最好的营商环境。

2019 年度企业破产优秀履职案例

探索关联企业实质合并重整模式，化解百亿元债务危机

——浙江金盾控股集团有限公司等金盾系8家公司合并重整案

【案例索引】（2018）浙0604破2～6、10、15、16号

【审理法院】浙江省绍兴市上虞区人民法院

【管理人机构】国浩律师（杭州）事务所　浙江明显律师事务所　中汇会计师事务所（特殊普通合伙）

【关键词】市场化法治化　地区风险化解　府院联动　实质合并　庭外和解+庭内重组

一、案情简介

以浙江金盾控股集团有限公司为核心的金盾系企业，主要生产消防器材、天然气压缩无缝气瓶及高压管道等，是国内先进能源装备系统供应商，系绍兴地区以制造先进能源装备为主的大型民营企业集团，企业年产值达13.8亿元。金盾系企业因前期盲目扩张，后期财务成本、设备折旧、市场形势等多种因素叠加导致企业陷入经营危机。2018年1月底，随着实际控制人去世，金盾系公司资金链断裂，巨额债务风险全面爆发。2018年3月，债权人、债务人分别对金盾系公司提出破产申请，法院经审查后于2018年4月起陆续裁定受理浙江金盾控股集团有限公司等金盾系8家公司的重整申请，并指定国浩律师（杭州）事务所、浙江明显律师事务所、中汇会计师事务所（特殊普通合伙）担任管理人。

2018年10月，法院根据管理人申请并经合并重整听证程序，认定金盾系8家公司人格高度混同，各公司资产、负债难以区分，分别重整会严重损害债权人整体清偿利

益,金盾系8家公司符合关联企业实质合并重整的要件,依法裁定对金盾系8家公司合并重整。

在整个重整期间,为维持重整企业经营价值,管理人在法院、政府的支持下,并在企业高级管理人员的协助配合下确定“破产不停产”的重整思路,围绕资金、职工、供应商等重要生产要素逐一施策,快速恢复企业生产经营,确保了整个重整期间生产不停、管理不乱、职工不散,并为后续重整企业的重整投资人引入、重整方案设计、重整价值确定、挖掘与最大化实现重整价值打下牢固基础。

管理人经对金盾系8家公司主营优势业务和非核心产能、核心资产和非核心资产进行甄别后,结合行业市场与投资人接洽情况,确定对其中4家优势实体企业重整招募,对其余劣势产能和非核心资产快速出清。基于4家实体企业业务相对独立,资产体量大,根据企业重整需求及市场行情,确定对4家实体企业单体招募投资人但纳入同一重整计划的重整思路。在各方共同努力下,金盾系8家公司合并重整案成功引入包括世界500强企业、中国500强企业及优秀民营企业等有实力的理想重整方。同时,对其他重整价值不高且不具挽救可能性的企业,在合并重整程序中作出合理出清或其他安排,实现资产或资源的有效盘活。

2019年6月,基于上述重整思路所形成的重整计划草案经债权人会议表决通过,且获得法院裁定批准。2022年9月,重整计划执行完毕并获得了法院确认,自此金盾系8家公司重整程序终结。重整计划的全面执行,使500余户债权人获得了更优的债权清偿或其他权益安排,保障了上千名企业职工的就业,实现了区域的金融风险控制与社会稳定。同时,重整企业的优势资源和产业在引入有实力的投资人后获得了更进一步发展与拓展,并成为当地乃至全国范围内行业优势企业。

二、重难点问题

本案重整过程中涉及的障碍多且复杂,管理人依赖扎实的基础工作、充分运用专业知识和技能解决了重整面临的以下实务和法律问题。

(一)重整价值的准确判断与充分挖掘

管理人对企业经营能力与营业事务进行分析,如果能解决企业日常现金流问题,那么仍能维持日常生产经营并形成造血能力。如果要实现重整成功,首先必须确保该4家公司破产不停产,并保持职工队伍稳定。

管理人采取“盘活资金”“稳住经营”“优化治理”的思路,确定、判断与挖掘企业的重整价值:一是解决企业最紧迫也是最直接的经营资金问题,管理人通过集中密集联系各地法院解除银行账户查封,盘活账户内资金约计3000万元;利用多方资源、采取多种措施着重解决资金短缺问题,如通过政府纾困资金支持,垫付职工工资解决拖欠工资问题,确保职工稳定等。二是根据各重整企业的具体情况,制定重整期间的印章使用、合同审核和资金支付审批制度,确保重整企业营业事务有序合规开展。三是根据各重整企业生产经营的内容及是否有利于债务人、债权人利益等因素,监管债务人对外合同签署、业务开展和费用收支,确保重整企业业务开展、资金安排的合理性,优化公司内部治理结构。

在上述思路指导下,金盾系8家公司由破产前的濒临停工停产,成功实现了重整期间企业生产不停、公司管理不乱、在职员工不散,生产销售形势不断向好。金盾系8家公司"破产不停产",为后续重整成功奠定了牢固基础。

(二)关联企业合并重整方案的严谨论证与实施

金盾系8家公司所涉及的关联企业众多,达30余家,包括境外公司,企业规模较大且关系复杂,该等关联企业如何处理、是否需要合并重整、合并重整范围如何确定、合并重整后企业经营业务如何安排、如何衔接后续重整投资人招募程序等,是重整程序面临的难题。针对上述问题,管理人在对全部关联企业完成全面调查、人格混同核查的基础上,形成分类处置意见,重点确定合并重整范围,果断对合并范围内关联企业实施实质合并重整,具体如下。

1. 整体分析与研判

对金盾系全部关联企业的财务、资产、人员、经营情况,以及与进入破产程序的公司之间互保和混同情况等逐一进行调查,在此基础上根据混同程度、持股比例等情况,分类制定"纳入重整程序、单独申请破产清算、股权转让或自行清算、债务追收"等针对性处置方案。

2. 重点核查实质合并重整的关联企业

2018年3月4日最高人民法院颁布的《全国法院破产审判工作会议纪要》第六部分"关联企业破产"之第32条"关联企业实质合并破产的审慎适用"对实质合并的标准作出了原则规定,即关联企业成员之间存在"法人人格高度混同""区分各关联企业成员财产的成本过高""严重损害债权人公平清偿利益"的情形可适用实质合并,但实务中如何把控这一标准,以及实质合并的程序应如何设置等意见并不统一,操作形式也较为多样。为此,管理人在接管后第一时间启动人格混同、资产区分、债权人结构核查工作。一是在实质合并的实质标准审查上,从内部各关联企业的意志体现、决策与融资等实际控制方面,从外部的债权人结构、债权相互担保、商业行为预期等方面,对实质合并的上述三个标准予以全面审查。二是在实质合并的程序把控与运用上,引入听证程序。最终经实体与程序两个层面,本案精确把握金盾系8家公司的合并重整实质,认定金盾系8家公司间高度关联,金盾系8家公司间的财产界限模糊、负债主体无法明确区分,构成法人人格混同。后经管理人申请并在全面听证、审查后提请法院裁定金盾系8家公司进行合并重整。

关于实质合并及实质合并后的主体存续处置问题,管理人区分了破产法与公司法层面主体合并的差异,在重整计划中,从公司法层面对合并破产下公司主体作出相应安排与处理,实现有重整价值和挽救可能的主体予以存续,无重整价值和挽救可能的主体出清。

(三)"整体重整、分别招募、协同推进"重整思路的巧妙设计与实施

金盾系8家公司虽然具有重整价值,但该等公司因整体资产规模较大,在外部市场经济增长下行的背景下,一味强调和要求将金盾系8家公司合并成单一的主体并由单个重整方进行重整,不具现实性,也会因拖延错失最佳的重整时机。为此,管理人在快速厘清企业资产负债概况,及时准确诊断债务危机原因,有效判断和甄别业务、产能与资源的优劣,解决与消除以资产与负债混同为关键特征的法人人格混同造成的消极影响基础上,提出"8家公司整体合并重整,即4家重整招募、3家清算注销、1家存续解决历史遗留问题"之设计。该重整思路的快速有效形成是本案的关键一步,为本案高效推进重整进程提供了正确的方向保障。

又因不同重整方提出的要求各异、决策程序也不相同,如何统一和平衡成为棘手问题。另外,重整方高度重视或有负债是否能够得到妥善安排,如何有效协助重整方隔离该等风险亦是对管理人专业能力的巨大挑战。再者,任一重整方若未按约定履行义务可能,将导致整体重整的失败。面对难题,管理人审慎应对:一是借力相关各方,通过上门拜访、邀请实地考察、申请政府给予政策支持等方式,经过近6个月的招募后成功锁定4家有重整意向的公司。在谈判中,坚持以"求大同存小异、顾大局弃小利"为原则,坚定重整成功确保债权人得益、重整方有投资回报、债务人获得重生、地方经济稳步发展的共同目标,并在分别签署的重整协议中,设定统一的重整资金支付、重整资产交割期限。二是在重整计划中设置专门条款以应对任一重整方未按约定履行义务的处理方式,最大限度避免整体重整失败的可能性。三是重整计划获裁定批准后,管理人根据重整投资协议约定和重整计划规定,对4家公司重整范围内资产的交割时间、重整资金支付等进行统一安排,坚持同步推进、分别对接、有序开展的原则。四是安排适当的主体和相应的资产应对或有负债清偿风险。

三、案件特点

(一)实质合并重整模式下分别招募重整方

本案采取“分中有合、合中有分、分合并进”的重整模式,以“整体重整、分别招募”的方式实现 8 家公司整体合并重整,其中 4 家公司重整,1 家公司至少存续 3 年,其余 3 家公司即时注销之设计。

该模式系破产程序中实质合并规则与公司法分立规则结合运用的体现。先运用实质合并规则将 8 家公司的资产负债合并,再参照分立规则,保留原企业名下的有效资产和负债,剥离不利于重整的资产和负债,解决以资产与负债混同为关键特征的法人人格混同造成的不当法律后果,高效实现有经营价值的 4 家公司的重整再生,最大限度保障了债权人与债务人利益。

(二)出资人合并表决机制解决出资人组表决困境

金盾系 8 家公司中有 5 家公司存在相互持股之情形,如果各公司独立表决,意味着 5 家公司的表决系对自己拟定的重整计划的表决。再者,若各公司独立表决,当有个别公司出资人组表决不通过时,难以确定 8 家公司出资人组总体表决的通过规则。故本案根据公司合并的一般原则和各原始出资人实际出资情况,结合原国家工商行政管理总局之有关规定合并出资人组并确定各出资人的表决额,再参照 2018 年《中华人民共和国公司法》第 43 条第 2 款(2023 年修订后第 66 条第 2 款、第 3 款)关于股东会表决机制的规定进行表决。

该表决机制能真实反映各出资人的权益占比,符合实质合并的内涵和本意,具有法理基础。同时,维护出资人权益,并简化了表决程序,有效解决了各公司单独表决较难操作的实务困境。后北京市第一中级人民法院出台的《关联企业实质合并重整工作办法(试行)》中第 47 条、第 48 条所规定的关联企业出资人组设置与出资人表决权的计算,与本案所设置的出资人表决权机制一致,印证了本案出资人组表决方案设置的合理性。

(三)合理设置普通债权分段清偿方案

金盾系 8 家公司债权结构特征明显,其中供应商债权金额比例较低,但是人数占比较高。为此,管理人在对债权结构特征、偿债金额进行分析的基础上,确定分段分期清偿方案,即普通债权以每一户债权人为单位,以现金方式分段分期清偿。

该清偿方案的实施,较好照顾了承担风险能力较弱的小额债权人,同时相比于清算,大额债权人清偿率有较大提高,且对大额债权人利益的影响极小,以妥善兼顾与平衡大额债权人和小额债权人的利益,较好地实现了实质公平,最终重整计划获得绝大多数债权人的赞同。

(四)民间和解方案助力重整成功

金盾系8家公司普通债权中有近40%的债权系民间借贷,该等债权人同时向案外人、关联企业主张担保责任的承担。如果不能妥善安排该等债权人的相关利益,不仅影响重整计划普通债权组的表决结果,而且将对关联公司产生重大不利影响。为此,管理人在权限范围内,通过尽快审核该等债权人债权、解释相关重整方案、合理分析利弊等方式积极促成被主张担保责任的关联企业主要股东与相关债权人和解。最终,在各方共同努力下,形成了民间借贷债权人和关联企业两位股东共同通过适当方式参与重整、以将来的预期收益解决债务清偿的现实困境为核心的民间和解方案。同时,政府提供政策支持促成民间和解方案的实施。

该举措不但有效化解了关联企业的担保争议,还平衡了本案相关民间借贷债权人的经济利益,以促使该等债权人支持本案重整,确保重整计划顺利表决通过,达到了化解风险和促成重整之双重目的,亦彰显了政府供给侧结构性改革的有效有为。

四、案件办理所取得的评价

(一)法律效果

1.相关债权获得合理清偿,切实维护各方利益

本案税收债权、职工债权获得全额清偿,普通债权平均清偿率和有财产担保债权平均清偿率都有了极大的提高,有效维护金盾系公司1300余名职工就业、500余户债权人(其中合并重整前申报债权人800余户)及债务人自身等多方利益。

2.4家公司获得重生,有效实现资源配置

本案4家有经营价值的重整企业,分别引入了在经营业务上与之具有紧密关联且在对应行业领域具有较强的行业优势与资源优势的重整方(包括世界500强、中国500强企业等4家优质企业),4家重整公司重获新生,从根源上帮助重整企业摆脱困境,确保企业重整后能快速恢复持续经营能力和盈利能力。同时,通过保留金盾控股创新安排或有负债的承接,有效隔离了重整计划执行过程中重整企业可能遇到的风险,真正意义上实现企业的再生与资源的有效配置。

3. 实施实质合并，高效推进重整进程

通过实质合并重整程序的实施，解决和消除了以资产与负债混同为关键特征的法人人格混同造成的消极影响，为 8 家公司整体合并重整，其中 4 家公司重整，1 家公司至少存续 3 年，其余 3 家公司即时注销的重整模式奠定了基础，高效推进本案重整进程。

4. 促成民间和解，实现庭内重整程序与庭外债务重组有效衔接

通过案外民间和解方案，以未来可预期利益解决了重整中债权人与关联方的“囚徒困境”，最终实现重整程序顺利推进、关联方诉求解决及债权人利益保护等多重目的，为债务人关联企业庭外重组助力债务人庭内重整成功提供了借鉴，也为庭内重整程序与庭外债务重组有效衔接扩展了外延、提供了新的探索思路。

（二）社会评价

金盾系 8 家公司合并重整案是坚持市场化、法治化方向，以专业化、信息化为手段，充分发挥破产审判职能和府院联动机制作用，成功挽救危困民营企业、有效防范和化解区域性重大金融风险的典型案例，为地方风险发生后的正确处置提供思路和框架，同时以破产个案工作落实为地方风险防范提供了前端治理思考，实现了地方现代化治理能力的提升和营商环境的优化。本案分别入选人民法院报编辑部评选的“2019 年度人民法院十大商事案件”“2019 年浙江法院破产审判十大典型案例”，案件取得了极好的社会效果。

金盾系 8 家公司合并重整案债务规模巨大、关联企业众多、企业资产复杂、员工数量较多、维稳压力及地方金融风险较大，重整具有一定的困难和挑战。管理人勤勉尽职，严格按照“合法、合规、合理”，以及最大化保护和均衡各方利益的原则，为金盾系 8 家公司合并案重整成功提供了专业支撑，使债权人利益得到有效保障，4 家实体企业获得重生，地方金融与社会稳定风险得以化解，得到了各方的高度赞誉。本案也为关联企业合并破产的具体路径选择、运用重整方式挽救危困的大型集团式民营企业提供了借鉴样本。

项目化管理应对集团公司破产，灵活处置助力区域转型升级

——浙江永正控股有限公司等37家公司合并破产案

【案例索引】(2017)浙0111破10~43、51、52、53号

【审理法院】浙江省杭州市富阳区人民法院

【管理人机构】浙江京衡律师事务所　江苏新天伦律师事务所　浙江印相会计师事务所有限公司　浙江正大会计师事务所有限公司

【关键词】项目化管理　程序与实体交融　单体重整　府院联动　拆破衔接

一、案情简介

浙江永正控股有限公司(以下简称永正控股)是我国著名包装纸生产基地富阳最大的造纸企业,2015年由当时富阳最大的两家龙头造纸企业永泰纸业集团和正大控股集团联合组建而成,年产能达150万吨。2016年,永正控股纸和纸板产量排名全国第21位、浙江省第4位,主营业务收入、工业产值、上缴税收均位列浙江省造纸企业前5强。永正控股涉及关联企业36家,下辖11个造纸企业、1家污水处理厂、1家热电厂、1个商业综合体,债务规模近百亿元,涉及债权人700余家,职工3000余人,因无力偿还到期债务陷入困境。

2017年6月26日,浙江省杭州市中级人民法院(以下简称杭州中院)裁定受理永泰纸业集团破产清算申请,并指定江苏新天伦律师事务所、浙江印相会计师事务所有限公司担任管理人,后于2017年8月11日指定浙江省杭州市富阳区人民法院(以下简称富阳法院)审理。2017年7月14日,富阳法院裁定受理正大控股集团破产清算一案,并指定浙江京衡律师事务所、浙江正大会计师事务所有限公司担任管理人。后因37家公司法人人格高度混同,富阳法院于2017年9月29日裁定永正控股等37家公司

合并破产清算，永泰纸业集团、正大控股集团两个管理人团队相互融合，对外统一以永正控股管理人名义开展工作。

2017 年 11 月 15 日，永正控股召开第一次债权人会议，会议表决通过了《财产管理和变价方案》《破产财产分配方案》等各项议案并选举产生了债权人委员会（以下简称债委会）。2018 年 5 月，永正控股全部造纸板块资产完成整体转让，对价 37.5 亿元。2018 年 7 月，永正控股下属江南国际商城重整计划获得富阳法院裁定批准，重整投资款即时到位，江南国际商城实现再生。

二、重难点问题

（一）主体情况复杂，债务人交底难

永泰纸业集团、正大控股集团是富阳区排名第一、第二的造纸企业集团。2015 年，两个集团强强联合组建永正控股，实施兼并重组。至破产申请受理日，永正控股组建尚不足 3 年，两大集团内部尚处于磨合状态，组建过程中债务矛盾突出，债务人交底难。

（二）管理情形复杂，权责界定难

永泰纸业集团、正大控股集团在兼并前拥有不同的管理团队，存在不同的管理模式，至破产受理时尚处于磨合中。兼并后企业经营从事业部制调整为承包制，系集团内部管理调配，承包经营权责不清，债权债务未能切割清晰，使承包经营一方面为集团作出贡献，另一方面产生较多的问题。

（三）人员情况复杂，职工安置难

37 家企业庞大的职工群体存在极为复杂的职工问题。永泰纸业集团成立超过 40 年，悠久的历史导致职工方面遗留问题较多。如合并破产企业内部发生人事变动，工龄如何计算问题；编外业务员能否认定为与企业存在劳动关系从而作为职工予以安置；年薪、工资的认定及发放，对应经济补偿金的计算；高级管理人员范围的界定，挂名高级管理人员是否适用《中华人民共和国企业破产法》第 113 条规定；等等。

（四）营业状态复杂，平稳处置难

破产受理时，债务人造纸生产线大多处于内部承包状态，因前期承包人投入较多，承包时间偏短而尚未产生效益，继续营业呼声高，同时立即停业可能引起大量职工失

业,也影响社会稳定。但破产清算条件下继续营业存在环保、安全生产等方面的巨大压力,还将面临责任主体、营业模式、营业期限、营收利益和亏损的分享和承担、过往应收账款和新增应收账款的结算与划分等问题。此外,部分企业适合继续营业,部分企业适合关停处置,非满负荷运营,对于热电、污水等配套企业的盈亏直接带来影响,配套企业的运营该采取何种模式等,如何把握盈亏平衡点,并且让相关利益和责任主体享有和分担等,都对管理人的全局把控能力提出了极高的挑战。

(五)资产类型复杂,资产变现难

债务人名下土地、房产、机器设备、排污权、应收款、存货、车辆、办公楼、股权投资等资产类型丰富,资产体量大,分拆处置周期长。同时,无证土地、对外租赁、占用第三人资产、第三人占用资产、违章建筑等资产瑕疵问题较多,处置难度高。

(六)负债结构复杂,债权人安抚难

债务人存在大量的金融借款,负债规模高的同时,互保问题严重。如果分别进行破产处置,负债规模将呈几何倍数增长,总额超过500亿元。供应商债权人数多,因承包经营造成债务混同,债权认定难。同时,本案还存在村集体组织借款、口粮款、环保侵权赔偿款等复杂类型债务。

(七)舆论关切,管理人履职要求高

对于本案,不仅破产债权人、职工债权人因事关自身利益密切关注,因企业体量大、历史悠久,富阳本地各界人士也高度关注,而且造纸行业从业者也因这样一家行业头部企业的倒下而议论纷纷。管理人微信公众号发布第一期破产受理公告,当天阅读量超过5万人次,富阳本地报纸、新闻、造纸行业主要媒体纷纷报道。管理人的一举一动都受到社会各界的高度关注和监督。

三、案件特点

(一)多机构融合构建管理人团队,项目化机制保障破产工作

永泰纸业集团、正大控股集团分别立案,杭州中院、富阳法院分别受理、指定管理人,而在实际审理过程中又合并审理,面临4家中介机构、2个管理人团队近60名现场工作人员如何协同推进30余家企业破产问题。在富阳法院的指导下,本案管理人团队专门制定项目化团队运行方案,明确工作机制,在大型企业集团破产管理人工作如

何协调推进方面进行了有益探索，并取得了一定成效。

根据案件实际情况，管理人制定团队运行方案，设置联合对外代表人、决策组等机构，并根据需要设置综合事务、资产管理、债权申报与审查、财务审计、封闭运行、应收款核实与催收、劳资协调、诉讼事务八大项目组，并确定了管理人联合对外代表人人选，决策组由4家中介机构派驻的项目负责人组成，各项目组组长及组成人员根据项目成员的个人履职经历及中介机构的推荐确定。

在团队内部分工的基础上，管理人确定了每日工作汇总机制、每周四项目组组长会议机制，形成工作日报告、周动态报告，及时完成任务分配、信息汇总与反馈。同时，综合事务组下设立秘书组，就各项目组之间需要协调事项进行动态协调处理，实现各项目之间的协同推进；就各项目反馈问题，及时提交决策组进行讨论，向法院进行汇报，确保各项问题第一时间得到解决。

（二）程序与实体交融，多措并举维护债权人利益

1. 公开透明、充分沟通，保障债权人程序权利

管理人入驻债务人企业后，在办公大楼一楼设立咨询台，安排专人接待债权人咨询，并根据债权人较多的实际情况，开通了多路联系电话，方便债权人联系。为进一步加强信息公开，管理人开通"浙江永正控股有限公司管理人"微信公众号，开通履职动态、资产推介、债权公示、问题答疑、重要通知等板块，实时更新消息，获得广泛关注。

破产工作中的重大事项，如封闭运行和资产处置等，考虑该等工作开展与债权人利益息息相关，管理人主动邀请债权人代表参与有关事项的讨论，充分听取债权人的意见和建议，在此基础上形成最终的实施方案。在方案具体实施过程中，管理人又邀请债权人代表现场见证和监督方案实施全过程。

在法院的指导下，管理人在债权申报接待环节做了大量的工作，对申报场地进行了精心的布置，并安排工作人员为债权人提供一对一服务。为节约破产费用及债权人成本，同时加强与债权人的互动，管理人积极探索网络会议模式，并最终确定采取"现场会议＋网络会议"方式召开永正控股债权人会议。同时，管理人加班加点完成债权人会议资料，于会议召开前一周向全体债权人发放，以便债权人提前了解会议内容。随后，管理人电话联系各债权人，询问资料接收情况，确认参会意见，并解答债权人关于会议资料、参加会议的有关疑问，确保债权人充分行使知情权和表决权。

2. 公平公正、回应诉求，保障债权人实体权利

本案超过1/3的债权人债权金额较小，风险承担能力弱。考虑到该情况，管理人在第一次债权人会议的《破产财产分配方案》中设计了分段清偿的方案，获得债权人会

议表决通过。在受理后的第一个春节前,因前期进行资产处置,管理人回笼于一部分资金,但主体资产尚未变现无法实施全面分配,为回应债权人普遍期待在春节前实现债权的愿望,管理人特别制定了债权金额在10万元以下部分提前分配方案,报请债委会与法院,得到认可后予以实施,有效保障了绝大部分小额债权人的权益,缓解了为数不少的经济困难的小额债权人困境。

为进一步提高普通债权清偿率,同时满足部分债权人对债权实现效率的要求,管理人专门设计了效率激励方案。该方案载入《财产管理与变价方案》获得第一次债权人会议表决通过。其后,管理人根据债权人实际需求,拟定具体的效率激励方案,并报请债委会和法院批准后予以实施。

3. 平稳有序实施职工安置,护送职工安心回家

永正控股近3000名职工在企业破产清算情况下如何安置是管理人面临的难题之一。进入破产程序后,管理人对具备继续营业条件的部分企业实施了管理人监督下的继续营业,有计划实施企业分批停产,借助企业自身力量逐步化解职工安置压力。在破产案受理之初,管理人重点处理停产企业700余名职工安置问题,调查职工情况,清查职工债权。其后,管理人拟定继续营业企业职工安置预案,完成摸底调查及职工债权计算,得以在春节临近时从容应对2000余名职工安置问题。经过管理人努力,最终在2018年春节前完成95%以上职工安置工作。

(三)妥善管理债务人财产,实现价值最大化

1. 化解历史问题,继续营业创造效益

如前所述,在破产受理时债务人营业状态复杂,如何平稳处置是对管理人的一大考验。为此,管理人向政府、主要债权人、债务人及相关方就营业事宜征求意见,最终由债务人申请并经法院许可后,永正控股部分下属企业实施管理人监管下的继续营业。债务人在法院与政府指导下制定继续营业方案,在原承包协议终止的基础上构建破产期间新承包经营关系,通过竞争性谈判确定承包价格,签署承包协议锁定各方权利义务,以及环保、安全生产等责任主体。同时,管理人借助债务人成立的封闭运行小组,对继续营业实施监督管理,保障各项工作有序推进。整个承包期间,封闭运行产生承包收益3000余万元。

2. 创新变价方案规则,合并破产中实现单体重整

永正控股旗下有1宗商业综合体系家居建材市场,总价值约5亿元,在富阳当地具有一定知名度。如简单对其进行拍卖处置,不利于承租户稳定,同时将产生大额的过户税费,不利于债权人利益的保护。为此,管理人在第一次债权人会议的《财产管理和

变价方案》中拟定了以重整股权转让方式交割资产的大宗资产处置方案。为提升后续重整效率,针对未来全体债权人会议召开成本较高的问题,专门制定了《重整分组表决规则》,使后续对合并破产中具有重整价值的资产或业务实施重整时,借助于提前获得债权人会议表决通过的特别规则,简化重整计划表决流程,以利于后续推进实施,并节约相关费用。

2018 年 6 月,管理人引进富阳本地一家具有实力的房地产开发企业作为重整投资人,整体重整江南国际商城资产。重整后,投资人针对江南国际商城家具建材市场的定位,引入国内知名大型商业连锁集团公司居然之家作为运营方对商场进行运营。经过 1 年左右的整改,2019 年 11 月,居然之家富阳店盛大开业,江南国际商城焕发新生。

(四)府院联动,破产助力地区产业转型升级

1. 借助府院联动机制,有效化解案件各项风险

为保障永正控股危机处置稳妥有序推进,富阳区委、区政府成立永正控股债务危机工作指导组,由区长担任组长,下设业务指导组、维稳工作组及办公室。管理人接受法院指定后,第一时间与相关工作组进行对接,建立汇报机制,以保障各项工作顺利推进。同时,管理人、法院与属地街道建立工作群,实行工作日报机制、紧急事项动态汇报机制。

在永正控股破产进程中,府院联动机制在员工安置、企业经营、涉村集体债务处理、资产处置、舆情引导等群体性涉稳问题化解中发挥了巨大的作用。在员工安置过程中,涉及员工安置补偿标准的确定和释明、职工失业保险的申领、欠付社保情况下医保报销问题等专项问题,区人力资源和社会保障局均给予了政策、人力方面的大力支持;在资产管理和处置中,涉及放射源收回、危险化学品处置等安全问题,以及资产瑕疵问题等,属地街道、公安机关、区国土资源局、区住房和城乡建设局等部门亦给予了大量的协助。在法院、政府各部门的大力支持下,案件有序推进,各项风险得以有效化解,取得良好的社会效果。

2. 兼顾债权人意愿,助力片区产业转型升级

永正控股及其关联企业的核心资产,若分拆处置,虽然能逐步找到接盘方,但耗时较长,且部分资产难以处置;若整体处置,因体量巨大,市场上难以找到合适投资方,处置难度高。同时,该等资产所在片区将面临整体拆迁。债权人对该等资产处置意见不一,既存在市场化处置要求立即启动拍卖的诉求,也存在要求与政府对接拆迁的呼声。

为此,管理人在《财产管理和变价方案》中设计了拍卖与拆迁谈判并行的多途径资产处置方案,在债权人会议上获得通过。第一次债权人会议后,管理人先行拍卖,并通

过管理人微信公众号进行多轮资产推介，积极接洽投资人。虽经多方努力，但因最终无人报名而流拍。在第一次拍卖流拍后，管理人启动与政府的拆迁谈判工作，并及时将相关进度报告债委会。经多轮反复磋商后形成整体转让方案，报经债委会表决并经法院认可后签署正式协议。

政府通过整体受让永正控股核心资产，一次性完成1760余亩土地的拆除工作，淘汰造纸产能150万吨，释放了巨大的片区业态空间。协议签署当年，该片区引入浙江省人民医院富阳园区项目、总投资22亿元的天津飞旋科技有限公司磁悬浮"+"产业项目等。告别了原造纸高污染、高能耗、低效益产业，永正控股所在富春江以南区块正在华丽转型。

四、案件办理所取得的评价

在法院指导下，通过管理人工作，永正控股及其关联公司合并破产案实现了以下效果：

第一，逐步化解717家债权人近100亿元债务问题，保障小额债权提前受偿，最终实现普通债权超过30%的平均清偿率，获得债权人高度评价。

第二，结合企业继续营业、停产的个性化安排，逐步推进职工安置工作，半年内完成3000名职工的劳动关系解除、职工债权调查及薪资发放等工作，保障职工在春节前结薪返乡。

第三，综合运用拍卖、变卖、抵债、协议转让等多种处理方式，在较短时间内即完成合并破产37家企业的资产变现工作，最终回笼资金超过40亿元，较好地实现了资产的保值增值。

第四，通过核心资产整体转让，实现破产财产高效处置，保障债权人利益的同时，与政府政策取得较好衔接，并通过破产处置淘汰落后产能，为片区产业转型提供强有力的支撑。

第五，通过机制创新，实现合并破产清算中单体重整，为江南国际商城引进具有实力的产业投资人。经由投资人引入品牌方实施商城专业化运营，2019年重新开业后，江南国际商城焕发新生，成为富阳南大门的地标建筑。

“薄膜大王”重整成功,上市公司困境求生

——浙江大东南集团有限公司重整案

【案例索引】(2018)浙0681破23号

【审理法院】浙江省诸暨市人民法院

【管理人机构】浙江京衡律师事务所　毕马威华振会计师事务所(特殊普通合伙)

【关键词】　上市公司股东占款　上市公司保壳　控股股东重整

一、案情简介

(一)案件基本情况

2018年上半年,浙江大东南集团有限公司(以下简称大东南集团公司)发行的“16东南01”公司债券7亿余元到期。大东南集团公司市值10亿余元股票质押融资到期或触发提前到期条件,相关质押的股票接连面临强制平仓风险。加之受担保牵连,大东南集团公司深陷多重债务危机。

2018年9月26日,大东南集团公司以不能清偿到期债务,且已资不抵债为由申请重整。浙江省诸暨市人民法院(以下简称诸暨法院)于2018年10月16日裁定受理大东南集团公司破产重整申请,并于同日指定浙江京衡律师事务所、毕马威华振会计师事务所(特殊普通合伙)担任管理人。此后,经过各方努力,诸暨法院于2019年6月26日裁定批准重整计划,重整投资款项已全部到位。

(二)管理人履职情况

一方面,管理人认真开展常规工作,包括:接管债务人企业,落实监管制度;接待债权申报,审查核实债权;审查财务资料,梳理资产信息;代表债务人积极应诉和起诉;

等等。

另一方面,管理人将工作重心放在上市公司保壳和维持核心资产价值上,主要有:

1. 联动上市公司,围绕保壳开展工作,维持核心资产价值

(1)开展上市公司财务尽职调查,摸底资产和业务情况

为启动投资人招募做准备,管理人迅速进驻上市公司开展对上市公司的财务尽职调查工作。对近3年上市公司的财务报告和数据进行审阅,对上市公司的资产和业务情况有了一定认识和了解。同时,尽职调查工作使潜在投资人可以迅速了解上市公司情况。

(2)联动化解上市公司违规担保问题

浙江大东南股份有限公司(以下简称大东南股份公司)及其合并报表内的子公司未经股东大会决议,对外提供担保(包括作为共同借款人)共涉及债权人14家。通过公安机关侦查"套路贷"还原真实债权数额,上市公司主动启动违规担保无效之诉等方式,确认其中8家上市公司债权人对其违规对外担保不需要承担责任;其余6家债权人相关违规对外担保涉及债权金额21,777.85万元,将通过诉讼明确赔偿责任。

管理人通过检索大量相关案例和研究司法观点,分析上市公司违规担保的效力及司法实务的审判趋势,梳理论证意见,联动上市公司,就违规担保事项有关的诉讼提出相关建议,并及时跟进诉讼进程。

2. 联动府院,围绕保壳开展工作,维持核心资产价值

为化解大东南集团公司及大东南股份公司的金融危机,诸暨市人民政府成立专门的工作小组,加强对上市公司的监管,促进上市公司规范化经营。充分发挥府院联动的作用,政府工作小组、法院、管理人定期召开案件汇报会议,交流案件进展,讨论下阶段工作安排。对于案件办理过程中出现的困难,政府及时协调相关职能部门解决。

(1)配合上市公司申请司法集中管辖

为实现保护债权人合法利益和维护企业生存发展之间的平衡,加强集中管辖措施与企业破产程序的有效衔接,在府院联动的积极推动下,管理人配合诸暨法院按照《浙江省高级人民法院关于资金链断裂引发企业债务重大案件的集中管辖问题的通知》(浙高法〔2008〕289号)的规定,逐级上报,向浙江省高级人民法院提交了对上市公司及部分子公司进行集中管辖的申报材料。2019年3月18日,浙江省高级人民法院办公室下达了《关于对浙江大东南股份有限公司及其关联企业为当事人的案件实行集中审理和执行的通知》。

(2)发现"套路贷"线索,移交公安机关调查

管理人在审查民间借贷债权过程中,发现部分民间借贷债权存在"借新还旧"、"砍

头息”、超高利率支付利息、隐匿还款情况等现象。对此,管理人梳理相关线索,及时向案件受理法院报告相关情况。法院将相关线索移送公安机关。经过侦查,查明大东南集团公司民间借贷过程中的超高利率和现金还款问题,还原了债权真实数额。

(3)与金融机构、监管部门等对接

针对上市公司保壳和违规事项可能面临的处罚,以及大东南集团公司重整案交易方涉及的合规性问题,管理人和诸暨市人民政府多次与深圳证券交易所、中国证监会浙江监管局、金融工作办公室等部门对接讨论,争取合法合规推动大东南集团公司顺利重整、促进上市公司保壳成功。

3. 联动债权人,共商重整方案

大东南股份公司问题的解决方式会影响大东南集团公司核心资产的价值,并最终影响全体债权人的利益。因此,管理人从案件一开始就保持与债权人的沟通并共同商讨解决问题的方法。除保持与债权人的日常沟通外,管理人前后共召开六次债权人会议预备会议和三次债权人会议,向债权人说明案件的基本工作、后续进展,并就债权人会议将要表决的方案向债权人进行解释说明。

4. 开展多轮投资者招募,适时召开债权人会议表决重整计划

为快速引进投资者化解相关风险,管理人分别于 2018 年 12 月 1 日、2019 年 5 月 14 日、2019 年 6 月 10 日通过微信公众号、全国企业破产重整案件信息网、《证券时报》等媒介公开发布三轮投资者招募公告,与数十家投资者进行了多轮磋商与谈判。

在前期招募投资者遇阻及因上市公司年报出具存在不确定事项导致保壳发生变数的情况下,管理人适时召开了第二次债权人会议和第三次债权人会议,通过了重整计划(草案)并根据实际情况及时变更了重整计划(草案)。最后,为提高投资者引进的谈判效率,采取了网络司法拍卖的方式公开拍卖大东南集团公司重整投资者资格,尽最大努力招募投资者。

二、重难点问题

经核查,大东南集团公司名下核心资产为对外投资项下大东南集团公司持有的大东南股份公司 27.91% 股权。为快速引进重整投资者化解相关风险,管理人通过公众媒介发布了三轮投资者招募公告,与数十家投资者进行了多轮磋商与谈判。然而,大东南股份公司频频爆雷,使得重整投资者的招募工作遇阻。

(一)净利润连续两年为负,被实施退市风险警示

大东南股份公司经审计,2016 年度、2017 年度连续两个会计年度的净利润为负值,

根据《深圳证券交易所股票上市规则》(2018 年修订)第 13.2.1 条的规定,公司股票自 2018 年 5 月 2 日起将被深圳证券交易所实施退市风险警示。股票简称由“大东南”变更为“＊ST 东南”。

如果大东南股份公司 2018 年度经审计的净利润仍为负数,公司股票将在 2018 年年度报告公告后暂停上市。股票被暂停上市后,在法定期限内披露的最近一期年度报告仍不能扭亏,公司股票将面临终止上市的风险。

(二)违规占用资金及违规担保

根据上市公司公告,大东南股份公司历史上存在控股股东占用资金和违规提供担保问题,对违规占用资金和违规担保问题的发现及披露的完整性,投资者很难在短时间内准确评估,即投资者无法最终锁定投资成本。

由于控股股东进入破产重整程序,违规占用的上市公司资金部分可能无法足额偿还,上市公司面临坏账风险。同时,违规担保可能产生或有负债,减少上市公司 2018 年度净利润,如果问题无法得到妥善解决,上市公司将面临暂停上市风险。该风险事项的存在,又对引进战略投资者造成阻碍。

(三)不能按时出具年报

大东南股份公司于 2019 年 5 月 6 日发布《关于无法在法定期限内披露定期报告及公司股票停牌的风险提示性公告》,与 2018 年度报告编制有关的个别重大事项尚在落实和解决中,该重大事项对 2018 年度财务报表将产生重大影响。因此,年报编制和审核工作未能按期完成。公司股票自 2019 年 5 月 6 日开市起停牌。

若上市公司两个月停牌期满,复牌之后在两个月内仍未能披露 2018 年度报告,公司股票将可能被暂停上市交易。上市公司股票被暂停上市后,在两个月内仍未能披露 2018 年度报告,公司股票将面临终止上市的风险。

(四)监管部门处罚

大东南股份公司于 2019 年 5 月 10 日收到中国证券监督管理委员会(以下简称中国证监会)的《调查通知书》,因涉嫌信息披露违法违规(未按规定披露年报),中国证监会根据《中华人民共和国证券法》决定进行立案调查。同时,大东南股份公司由于存在控股股东及其关联方占用资金和上市公司违规担保等问题,也将面临监管部门处罚,可能的处罚包括公开谴责、暂停上市公司进行重大资产重组资格等,甚至可能面临直接退市。对于可能面临监管部门处罚的担忧使得投资者选择谨慎参与。

上述问题加剧了大东南股份公司暂停上市甚至终止上市的风险,投资者面临未知的风险难以预测最终投资成本，使重整投资者招募工作困难重重。能否通过引入重整投资者解决上述问题也关系到上市公司中小股民的利益。

三、案 件 特 点

上市公司因连续两年亏损、控股股东及关联方违规占用资金和违规提供担保未及时披露等问题面临保壳危机，大东南集团持有的上市公司股票即重整核心资产也因风险较高而不利于投资人招募。管理人从维护核心资产价值出发，最终重整成功，既维护了全体债权人利益，也消除了上市公司退市风险警示，实现良性发展。主要工作亮点有以下几个方面。

（一）中介机构发挥各自专长，通力合作

浙江京衡律师事务所、毕马威华振会计师事务所（特殊普通合伙）在担任联合管理人的过程中，发挥各自的法律和财务专长，共同推进工作的开展。

（二）内外协调，充分发挥府院联动作用

管理人及时将工作动态汇报诸暨法院，同时配合法院开展股票解封、申请集中管辖等事项，配合政府开展与投资者的政策沟通，协助公安机关查处“套路贷”等工作。

（三）探索合法变更《重整计划（草案）》方式

在第二次债权人会议表决通过的《重整计划（草案）》执行遇阻的情况下，召开第三次债权人会议，按照重整计划的表决方式及表决结果统计方法，分组表决通过了《重整投资者资格拍卖公告》和《投资者招募延期方案》。上述两方案构成对《重整计划（草案）》的变更，是《重整计划（草案）》的组成部分。后管理人结合两次债权人会议表决通过的方案向诸暨法院申请裁定批准重整计划，对合法变更重整计划进行了有益探索。

（四）上市公司控股股东重整程序与上市公司保壳工作相配合

基于解决上市公司问题的紧迫性，在重整计划中规定附义务地转让上市公司控股权。投资者在获得上市公司控股权的同时，必须支付保证金解决大东南股份公司历史上存在的控股股东占用资金和违规提供担保问题。在解决上市公司问题后的剩余保证金转入重整对价，用于清偿大东南集团公司的全部债权人。通过该交易模式的设计，锁定投资风险，一方面，解决了上市公司控股股东占用资金和违规担保问题，化解

了上市公司的退市风险。另一方面,在解决上市公司问题所需资金暂不确定的情况下,最大限度地实现核心资产价值,增加重整对价数额,提高大东南集团公司债权人清偿率,实现了投资者和债权人之间的利益平衡。

四、案件办理所取得的评价

根据测算,如果大东南集团重整失败进入破产清算,上市公司将面临暂停上市风险。在重整程序内成功引入投资者,同时解决了控股股东违规占用资金问题,上市公司得以成功保壳,控制权顺利转让,使得普通债权清偿率有较大提高。

债权人会议表决通过《重整计划(草案)》,诸暨法院于2019年6月26日裁定批准重整计划,大东南集团公司重整投资者资格拍卖以12亿元的价格在淘宝网阿里拍卖破产强清平台成交,重整投资款项全额到位。此后,管理人与法院多次前往甘肃、江苏、深圳办理解除股票质押和股票过户手续,顺利完成了大东南股份公司控股股东的变更手续。

根据大东南股份公司2018年度报告(带强调事项段审计意见),公司2018年度实现营业收入14.68亿元,同比增长39.76%,归属上市公司股东的净利润为4232.09万元(2017年同期亏损5.68亿元),公司业绩实现扭亏为盈。

大东南股份公司2019年度报告(标准无保留审计意见),公司2019年度实现营业收入16.45亿元,同比增长12.08%,归属上市公司股东的净利润为6019.88万元。上市公司进入稳步发展状态。

“退市风险警示、逾期出具年报、违规担保、巨额关联方占用资金”惊雷阵阵的上市公司控股股东历经近1年的时间最终重整成功,维护了全体债权人的利益。同时,通过控股股东重整程序有力推动上市公司保壳成功,上市公司经营和就业趋于稳定,也较好地维护了证券市场中小投资者利益。

审慎合并与府院联动并举，共筑企业重生之路

——豪舟系公司破产重整案

【案例索引】(2018)浙0902民破11号

【审理法院】浙江省舟山市定海区人民法院

【管理人机构】北京市中伦(上海)律师事务所

【关键词】合并破产　资产混同　府院联动

一、案情简介

(一)案件基本情况

舟山豪舟物资仓储有限公司及其10多家关联公司(以下合称豪舟系公司)主要经营地位于浙江省舟山市豪舟物流港区,合计注册资本48,837万元,起步于2003年,围绕矿建材料形成了较为成熟的产业链,经营业务包括:石料开采、加工、运输,商品混凝土预拌,工程管桩和水泥构件制造,港口物流、中转储运等。豪舟系公司曾是舟山市的优质企业,职工人数最多时达700人左右,年销售额最高完成7.6亿元,年纳税额最高突破2000万元,为地方经济发展以及扩大就业岗位作出了一定的贡献。2015年下半年以来,由于银行收贷及授信贷款未发放、民间借贷利率高企等,企业现金流趋紧,陷入债务危机,经营持续恶化。

2018年7月12日,浙江省舟山市定海区人民法院(以下简称定海法院)依据债权人申请,分别受理舟山豪舟物资仓储有限公司、舟山骅首物流有限公司、舟山市豪舟建材有限公司、舟山豪舟混凝土预拌有限公司、舟山进华物流有限公司与舟山亘鑫水泥构件有限公司6家公司破产重整,并指定北京市中伦(上海)律师事务所担任前述6家

债务人的管理人。后定海法院根据管理人提交的对6家债务人关联关系的调查报告，依法查明上述6家公司存在财务混同、人员混同、经营混同、频繁关联交易、高度关联互保之情形，于2018年7月25日裁定上述6家公司合并破产重整。2018年8月2日，依据管理人的进一步调查及申请，定海法院将豪舟控股集团股份有限公司、舟山市豪舟机械工程有限公司、舟山昌隆船务有限公司、舟山舟竑船配有限公司、宁波中首实业发展有限公司、浙江倍泓贸易有限公司另外6家同一实际控制人名下的豪舟系公司纳入合并破产重整范围。

(二)管理人履职情况

管理人在定海法院的指导和监督下，依法履行接管债务人财产、调查债务人财产状况等法定职责。具体情况如下。

1. 债务人接管工作

管理人在接受指定后，迅速组建专业团队进驻豪舟系公司，积极开展沟通与安抚工作，向债务人的负责人、管理层、职工代表及供应商详细解释破产重整的意义与好处，多次与债务人实际控制人沟通做思想工作。通过积极沟通，在最快的时间取得了各方的理解和支持，债务人实际控制人放下顾虑，债务人管理层和职工也不再恐慌，而是全力以赴配合管理人的各项工作，最终顺利、平稳地完成了对豪舟系12家公司的接管。

2. 债权申报及审查工作

本案涉及债权人350余户，债务规模超过21亿元，管理人对申报的债权登记造册，并逐一进行审查。对于债权人提出异议的债权，管理人严格按照法定程序进行复核，并根据复核情况与提出异议的债权人进行沟通。针对重大、复杂债权，管理人还专门向定海法院做书面汇报。此外，由于债务人系实体生产型企业，资产数量众多且庞杂，出现了有财产担保债权人之担保物与实物不匹配的问题，管理人在反复勘查现场的基础上，结合评估机构的盘点结论、债权人的现场指认及债务人工作人员的指认，经反复比对核查，最终完成206项存疑担保物的匹配工作。

3. 债务人财产调查工作

债务人属于家族管理式的民营企业，很多资产并未反映在账面上，个人与公司资产严重混同。因此，财产调查工作难度较大。一方面，管理人从债务人处收集并分析了财务、业务等内部资料，了解相关财产状况和财产线索，并现场盘点勘查债务人的主要资产；另一方面，管理人从外部获取证据进行核实，包括向银行、工商行政管理部门、不动产登记中心、原国土资源局等调取债务人土地、房产、采矿权、海域使用权、对外股权投资等相关权证和登记信息。管理人还委托了两家专业的评估机构对豪舟系公司的整体资产进行评估,基本核实了债务人主要财产状况并制作了财产调查报告,向债权人会议作详细说明。

4. 债务人继续营业监管

管理人在接管债务人财产后,经深入调查认为,豪舟系公司在破产重整期间保持持续经营,有利于保障人员稳定、实现资产保值,管理人就此向定海法院提交了专项报告,申请在管理人监督下债务人继续经营。为此,管理人聘请了专业的运营管理团队,就生产安全、财务预算、用人用工、资产盘点及维护等生产运营相关事项落实规范化要求。重整期间,债务人持续经营产生的营业收入基本覆盖了破产重整期间的职工工资、税款及其他成本,豪舟系公司经营性资产得以继续发挥使用价值,避免了资产大幅贬值。此外,在破产重整期间,债务人正常经营并向职工支付薪酬福利超2000 万元,向税务部门缴纳税款累计 776 余万元。

5. 投资人招募工作

管理人展开工作伊始即将投资人招募视为重中之重,除公开发布招募投资人的公告外,还通过自身强大的客户网络向众多潜在投资者发送了项目推介资料。管理人累计接洽数十家潜在投资人,既有实力雄厚的国企,也有业内龙头企业;既有国内的上市公司,也有著名的国际投资基金管理公司。最终,在综合考虑投资报价、支付方式、职工安置方案、投资人的运营计划等因素后,选出了报价最高、方案最优的重整投资人宁波奉化友邦金融服务有限公司。

2019 年 6 月 3 日,在管理人的提议下,定海法院首次以全国企业破产重整案件信息网网络会议的形式召开第二次债权人会议,该次会议最终以高达 98.6% 的出席率,有担保债权组 97.11% 、普通债权组 76.56% 的支持率顺利通过了豪舟系公司重整计划草案。

二、重难点问题

(一)优化债权审查流程和标准,提升债务厘清效率

债务人系家族式管理的民营企业,经营和财务管理不甚规范,企业账册资料不全或不实情况普遍,加大了管理人厘清债权债务情况的难度。加之本案民间借贷严重,企业家以其个人名义为企业融资的情况较多,债权人在提供资金时,也常常不区分借款主体是公司还是企业家个人,资金流转难以识别。此类民间借贷,对债权人而言,向个人提供的资金很难主张为破产债权;对管理人而言,因债权审查厘清的难度大,逐笔

进行诉讼定性,会严重拖延破产程序的推进。

为有效应对债权债务关系复杂性,管理人组建了包括资深会计师、专业律师及财务分析专家的专项工作组,凭借专业技能与经验,运用先进的财务审计技术及深入的法律理解,对债权债务进行全面、细致的审查。同时,建立了健全的债权申报与核实的机制和标准,并向法院汇报,尤其是针对民间借贷,要求债权人提交借款合同、银行转账凭证或相关替代证据,以此为基础,精准区分企业债务与个人债务,减少后续争议。

(二)制定多元化资产处置策略,加速资产价值转化

豪舟系公司的主营业务分为商品混凝土、物流、码头装卸、船舶运输、矿山和管桩六大板块,资产范围包括土地、房产、采矿权、海域使用权、对外股权投资和众多生产性机器设备,种类繁杂。同时,资产普遍存在抵押、司法查封、权属状况混乱或历史原因难以办理权属登记手续等问题,导致资产处置和变现难度增大。管理人如何选择财产处置方式、引入重整投资人,将直接影响到资产变现价值和全体债权人的权益。

针对资产种类繁杂与处置难题,管理人首先进行了精细化的资产分类评估,聘请第三方权威资产评估机构介入,对土地、房产、采矿权等各类资产进行全面评估,明确其当前状态与潜在市场价值。随后,根据资产特性和市场条件,管理人采取灵活的分阶段处置策略,先集中精力于无争议、高流动性资产的快速变现,对于复杂或争议较大的资产,则考虑通过打包出售、资产互换或引入投资人继续接手开发等方式,提升处置效率。同时,管理人积极与法院、产权登记部门沟通,清理资产权属障碍,通过法律途径加速确权过程,确保资产顺利实现价值转化。

(三)建立全方位沟通机制,妥善化解不稳定因素

本案系12家豪舟系公司合并破产重整,涉及债权人360余户、在职职工340余人,债务规模超过21亿元,且民间借贷严重,受到社会各界的广泛关注。如果管理人不能及时妥善回应众多中小债权人和职工的诉求,化解积怨,将会引发群体性事件,给社会带来不稳定因素。

鉴于案件涉众广泛,为有效缓解维稳压力,管理人构建了多层次的沟通平台,定期组织会议,及时公布破产重整的最新进展,确保信息透明与对称,增强各利益相关方的信心。同时,定期为职工及债权人提供必要的心理疏导与法律释明,帮助他们理解破产程序,化解不满情绪,减少社会不稳定因素。在此基础上,管理人也制定了详尽的应急预案,涵盖可能出现的各种紧急情况,如群体性事件的预警、应急响应流程、疏散计划等,确保能够迅速、有效地应对突发状况,维护社会稳定大局。

三、案件特点

(一)审慎调查,准确适用关联企业合并破产制度

在定海法院首先分别受理6家豪舟系公司破产重整并指定管理人的情形下,管理人对债务人的经营状况进行了深入细致的调查,在查明豪舟系公司关联企业之间存在财务混同、人员混同、经营混同、频繁关联交易、高度关联互保的高度混同的基础上,核查达到高度混同的关联企业的实际数量,谨慎适用关联企业合并破产制度,形成关联关系调查报告,申请定海法院裁定豪舟系12家公司合并破产重整。关联企业合并破产有利于关联企业的所有债权人在同一程序中平等受偿,以此保障重整制度的公平价值;关联企业资产的合并处置和相互债权债务的消灭,免去了资产归属划分和关联债权债务清理的复杂程序,提高了重整案件的司法效率。同时,合并重整给资源整合带来便利,有效提升企业整体出售的价值,也有利于降低成本,实现重整案件的经济效率,最终有利于全体债权人。

(二)深入分析,有效化解企业家与企业债务混同问题

在本案中,管理人就民营企业破产时公司负债与个人负债混同的处理方式进行了探索。对此类举债主体不甚明确的债务,在债权审查阶段,管理人展开了翔实的调查,根据法律、法规及司法解释的规定,结合具体借贷情况提出破产债权审查认定的标准和建议,形成专项报告提交定海法院,经合议庭批准后,就存在争议的情形,由管理人掌握统一的尺度、施行既定的债权审查标准,将有证据证明企业家以个人名义举债,但用于破产企业经营所形成的债权认定为破产债权,有效避免了同类债权不同认定之不公情形。同时,在我国个人破产法出台之前,就此类企业和企业家举债主体不甚明确的债务处理问题,探索出一条合法合理又行之有效的解决途径。

(三)创新方式,以网络会议降低各方成本

在管理人的提议与申请下,定海法院首次采用全国企业破产重整案件信息网网络会议的形式召开第二次债权人会议,网络债权人会议在充分保障债权人知情权、参与权与表决权的同时,不仅降低了债权人的参会成本,也大大减少了政府及法院系统公共资源的投入。

(四)积极协调,充分发挥府院联动助力企业重整获新生

破产重整程序仅是挽救企业的第一步,重整后企业恢复生产经营、重新焕发生机

往往面临很多困难。在重整计划执行阶段,管理人积极申请、协调及促成定海法院和定海区人民政府通过府院联动机制,为重整后企业复工复产扫除障碍。在管理人的积极努力下,定海法院牵头协调定海区人民政府召集区政法委员会、区自然资源和规划局、区公安局、区税务局、区人力资源和社会保障局、企业属地街道等多部门成立帮扶工作组,就重整后企业复工复产相关事宜多次召开政府协调会,进行专项研究与协调,以会议纪要的形式明确各部门职责,重整投资人在会后根据会议纪要与各部门责任人进行具体事项的对接与协调,通过府院联动机制稳步高效地推进重整后企业复工复产各项工作。

四、案件办理所取得的评价

本案涉及债权人350余户、债务规模超21亿元,其中6家公司存在财务混同、人员混同、经营混同、频繁关联交易、高度关联互保的情况。管理人积极履行职责,使本案在合并破产、混同债务处理、府院联动化解重整难题等方面具有典型性,并取得以下卓越的法律效果和社会评价。

(一)充分发挥了破产制度的保护和挽救功能,集中清理债权债务,保障全体债权人权益

豪舟系公司重整成功,有效解决了350余户债权人近21亿元的债务问题,化解了340余名职工可能面临的失业风险,清理了百余起诉讼和执行案件,同时,使豪舟系公司摆脱沉重的债务负担,涅槃重生。本案成功凸显了破产审判的制度功能和社会价值,实现了企业、职工、债权人、重整投资方的共赢,取得了较好的法律效果和社会效果。

(二)充分发挥破产的人文关怀理念,多措并举保障职工权益

豪舟系公司在职职工340余人,在重整期间,管理人为保障职工生存权益、尽早付清职工欠薪,主动向法院报告并申请寻求政府或第三方垫款发放职工欠薪,优先保障一线工人薪酬。在引入重整投资人阶段,管理人也将职工安置问题作为考量重整投资人的重要因素。最终,重整投资人选择与豪舟系全体职工继续履行劳动和劳务合同,职工生存权益得到了保障,数百家庭的生活安宁得到了保障,同时为社会稳定作出了贡献。

(三)通过破产招商,助推属地产业转型升级

本案成功引入宁波市优质企业——宁波奉化友邦金融服务有限公司作为重整投资人,重整投资平台在定海区设立完成,实现了当地破产处置与招商引资的无缝对接。豪舟系公司重整项目在由宁波市与舟山市四套班子共同召开的甬舟一体化推进会上被确认为第一重点项目,受到浙江省内各级领导的重点关注。经过破产重整重生的实体企业不仅恢复了正常经营,还发展了地方经济,为推进甬舟一体化进程贡献力量。

高效处置盘活瑕疵资产，合并破产兼顾各方利益

——浙江天长纺织有限公司等3家公司合并破产清算案

【案例索引】(2017)浙0109破35、36号,(2018)浙0109破5号

【审理法院】浙江省杭州市萧山区人民法院

【管理人机构】国浩律师(杭州)事务所　浙江凯麦律师事务所　天健会计师事务所(特殊普通合伙)

【关键词】瑕疵资产处置　妥善处理恶意维权　合并破产

一、案情简介

浙江天长纺织有限公司(以下简称天长纺织)、浙江龙翔控股集团有限公司(以下简称龙翔控股)、杭州舒美尔纤维有限公司(以下简称舒美尔)(以下合称天长纺织等3家公司)系纺织品、纤维制造、加工、销售类企业,3家公司实际控制人系汪某。

2003年,龙翔控股和天长纺织出资成立舒美尔,主要从事氨纶纤维的生产与销售。2007年开始,龙翔控股由于受到主营业务加弹丝行业萎缩的宏观影响,以及受到对外投资企业(主要是舒美尔)的不利影响与牵连,进行大额举债,导致财务成本增大,经营日益困难,最终于2012年停止经营。

2013年,龙翔控股和天长纺织通过各种方式筹资投建舒美尔锦纶项目,投资总额约计1.5亿元。2014年开始,纺织行业市场需求下降,生产成本及财务成本增加,又受对外担保的拖累,3家公司现金流逐步趋紧,以致锦纶项目未能正式投入运营。天长纺织最终于2016年11月开始发生严重的资金短缺,并于2017年7月不得不将主要生产线出租给第三人。由于3家公司治理不规范,内部管理制度不符合现代公司治理要

求,3 家公司互相牵连,最终陷入困境,直至进入破产程序。

2017 年 12 月 8 日,浙江省杭州市萧山区人民法院(以下简称萧山法院)分别裁定受理天长纺织、龙翔控股破产清算申请。2017 年 12 月 18 日,浙江省杭州市中级人民法院裁定受理舒美尔的破产清算申请,并于 2018 年 4 月 10 日裁定将舒美尔破产清算案移送至萧山法院审理。受理案件的同时,法院分别依法指定国浩律师(杭州)事务所、浙江凯麦律师事务所、天健会计师事务所(特殊普通合伙)担任 3 家公司管理人。

管理人接受指定后,立刻组建专业管理人团队并安排驻场工作,制定和执行工作制度,接管企业资产,确保厂区资产安全,开展清产核资工作。2019 年 11 月 7 日,萧山法院根据管理人提出的合并清算申请并经合并清算听证程序,认为天长纺织等 3 家公司人格高度混同,为公平清理债权债务和平等保护各方当事人的合法权益,应对天长纺织等 3 家公司合并清算,裁定对天长纺织等 3 家公司合并破产。

本案共有 42 户债权人申报债权,申报的债权总额为人民币 14.78 亿元。鉴于天长纺织等 3 家公司被裁定合并破产清算,根据债权人会议核查结果,萧山法院已裁定确认 42 户债权,裁定金额 9.45 亿元,其中,普通债权确认金额 6.64 亿元,有财产担保债权确认金额 2.80 亿元,税收债权确认金额 151 万元。

本案破产财产涉及不动产、机器设备生产线、股权、车辆等类型,管理人针对不同的资产类型,制定不同的管理和处置方案。同时,为确定资产价值,高效推进破产清算程序,管理人通过询邀竞价方式选聘资产评估机构出具相应评估报告,以合法合规、兼顾效率与公平为原则,公平拍卖处置全部破产财产,共释放土地 8 万多平方米,破产财产变现处置金额 2.8 亿元。

2019 年 11 月 27 日,管理人经核查后认为,天长纺织等 3 家公司资不抵债且不能清偿到期债务,也无重整、和解和其他清偿债务的可能性,提请萧山法院裁定宣告天长纺织等 3 家公司破产。萧山法院于 2019 年 11 月 29 日裁定宣告天长纺织等 3 家公司破产。2019 年 12 月 30 日,萧山法院裁定批准债权人会议表决通过的《天长纺织等三家公司破产财产分配方案》。2023 年 12 月 20 日,萧山法院裁定终结天长纺织等 3 家公司的破产程序。

二、重难点问题

(一)妥善解决生产线涉租问题,扫清处置障碍

天长纺织被裁定受理破产申请前,将位于大义村厂区的涡流纺织生产线出租给案外公司,租期 10 年(2017 年 7 月 15 日至 2027 年 7 月 14 日),且租赁合同中涉及租金抵

销等约定。鉴于租期较长不利于资产处置与交割,管理人在厘清与天长纺织机器设备相关的上述租赁事宜及债权债务关系后,经过专项分析研究,积极与承租人、抵押权人沟通协调,最终通过提前解除租赁关系、租金用于抵扣债务、承租人承诺兜底竞拍等方式妥善处理,避免了不必要的诉争,以及资产贬值等,也为后续加快资产处置扫除了障碍。

(二)合理制定资产处置方案,化解专业设备处置难题

天长纺织与舒美尔名下分别拥有不同类型的专业生产线设备,该等设备不但专业性强,且相应设备存在一抵、二抵及出租等情况,管理人多次召集评估公司、抵押权人、承租人、债务人等实地盘点相关资产,厘清出租与非出租资产、抵押与非抵押资产,并要求评估公司分项出具评估报告,以便于后续抵押权人之间变现价值的分配。

舒美尔名下的机器设备与厂房建设难以剥离,强行将其分开将使资产遭受一定程度的毁损,不利于实现债务人资产最大化处理。另外,机器设备的拆除等工作将给债务人资产处置和资产交付带来难以预估的风险,涉及的工作量、额外费用及技术层面的考量可能导致后期资产处置处于较为被动的境地。为此,管理人制定将舒美尔厂区内不动产和机器设备整体拍卖的处置方案,并就该处置方案书面询征抵押权人意见。不动产抵押权人以整体处置会损害其利益为由要求管理人分开拍卖处置。为此,管理人通过书面、当面、电话等方式和该抵押权人进行了多次沟通和解释,最后该抵押权人工作人员口头表示最终是否同意还是需要根据资产处置结果决定。管理人将相关情况汇报给法院后,依法将舒美尔厂区资产整体资产挂牌,最终处置价高达 2.285 亿元,其中异议抵押权人的债权得到了 100% 全额清偿。

(三)积极应对资产处置拍卖纠纷,确保资产处置进程

天长纺织名下机器设备第一次拍卖的竞买人竞拍后,未在规定期限内缴纳余款,并自 2018 年 12 月中旬至 2019 年 4 月,召集相关人员以不愿意承担税费、要求租赁期满后交割、分期付款等理由,拒绝支付拍卖余款及税费,并要求管理人退还保证金,多次擅自到管理人事务所要求满足其无理诉求。虽然竞买人等人的诉求于法无据,但为避免不必要的纠纷,管理人花费了大量的时间和精力进行沟通和协调。后竞买人于 2019 年 2 月向萧山法院提起拍卖合同纠纷诉讼,要求撤销拍卖结果并返还保证金 500 万元。管理人积极应诉,其抗辩意见最终被法院全部采纳,竞买人诉讼请求被全部驳回。鉴于第一次拍卖的竞买人已悔拍,为加快资产处置进度,管理人专项分析研究后,于 2019 年 5 月 17 日将天长纺织名下机器设备进行第二次拍卖,并最终成功拍卖。

(四)借力属地政府,依法促成破产财产拍卖处置

鉴于舒美尔厂区资产体量大,对买受人资金实力要求相对较高,又受产业规划调整等因素影响,导致该等资产处置存在一定障碍。为加快推进资产处置进度,保障厂区资产的顺利处置,管理人于2019年8月30日以舒美尔厂区整体评估价在淘宝网司法拍卖网络平台上公开拍卖,但第一次因无人竞拍而流拍。为避免再次出现流拍,最大限度地保障全体债权人的利益,在第二次拍卖期间,管理人一方面再次多渠道推介该拍卖资产,另一方面积极和属地相关部门沟通请求政府积极参与本次竞拍。最终,该等资产由属地国资企业以2.285亿元最高价竞得。

(五)专项研究疑难债权,有效避免债权确认之诉

本案保证合同所涉疑难债权较多,相关合同实际情况复杂,管理人债权审核工作量较大、用时较长、难度较高。其中,涉及破产受理后,对破产受理前已签订的保证合同是否继续承担新发生的保证责任,以及在破产受理后签订的保证合同,是否需要承担保证责任等问题,管理人查询大量法律法规及相关案例,并与债权人多次沟通,决定对涉及上述问题的债权不予确认。经管理人解释、沟通、回函,最终相关债权人认可管理人不予确认债权的审查结果。

另外,有1户债权人申报建设工程价款优先的债权,建设工程价款优先权是破产领域中一种特殊的优先权,在审查与认定上存在较大的难度。管理人从合同性质、除斥期间、优先权范围等角度进行细致分析后,不予确认该笔债权,并就该确认情况与该债权人进行了多次沟通、解释与磋商,最终获得债权人的认可,未形成破产债权确认纠纷诉讼。

(六)审慎核查人格混同,高效推进合并破产清算

管理人对各公司在运营、人事、财务,尤其是资金使用等表征公司法人人格的要素方面是否混同,展开了大量细致的核查工作,形成专项审计意见、合并破产清算专项申请报告。另外,为确保债权人的知情权,体现合并程序的公正公平,管理人逐一通过电话方式与债权人就合并破产清算进行了解释沟通、听取意见,并协助法院召集听证会,听取相关债权人意见。最终,萧山法院根据管理人申请,并结合听证会情况,依法裁定天长纺织等3家公司合并破产清算。合并清算后,不仅债权数据真实地反映债务人的负债情况,也不需要对交叉债权、互相保证进行强行分离,以及关联公司同时清算情况下的债权受偿顺序与余额的认定,从而减少重复计算,提高破产清算效率,降低破产清算成本。

(七)妥善审查职工债权,避免涉稳事件发生

天长纺织于2016年11月起将名下170余名职工转移至案外关联公司名下,并自2017年1月停止为该等职工缴纳社保,且天长纺织因未办理规范转移手续而未向管理人移交相应人事资料,由此,产生劳动仲裁时效起算时间的判断、是否应当支付该等职工经济补偿及需要支付的金额等一系列疑难问题,给该等职工的职工债权核查带来较大难度。为此,管理人花费大量精力开展核查及分析研判工作,最终核查可确认职工债权金额约计250万元,切实维护了职工权益,避免了不稳定事件发生。

三、案件特点

(一)妥善处理破产财产竞买人恶意维权问题

在本案中,天长纺织名下机器设备第一次拍卖的竞买人竞拍后,以不愿意承担税费为由拒绝支付拍卖余款及税费,又先后向管理人提出租赁期满后交割、分期支付拍卖余款、退还保证金等各种无理要求。管理人为避免产生不必要的纠纷阻碍资产处置进程,在无任何法定义务的情形下,花费了大量的时间和精力进行沟通和协调,也尽力在法律允许的范围内寻求可行的解决方案,但鉴于实际情况,没有切实可行且不违反法律的方案可以实施。故管理人多次建议竞买人通过诉讼途径依法主张权益。但是,该等人员又纠集大量人员近10次到管理人办公场所围堵、喊叫、带着被褥躺倒、扬言跳楼、跟踪负责人,威胁工作人员、扰乱事务所办公。针对该等人员的无赖做派,管理人不畏威胁,在多次劝阻无效后,果断报警寻求保护,并及时向萧山法院汇报事件进展,向司法局与律师协会报备该事件具体情况。同时,为加快资产处置进程,避免资产贬值,管理人在通过书面方式充分告知竞买人悔拍的法律后果及权利义务后,及时启动了第二次拍卖。该等人员见无赖招数无效后向萧山法院提起拍卖合同纠纷之诉,要求退还保证金,萧山法院经审理后驳回其全部诉讼请求。判决后,竞买人未提起上诉,也未再纠缠管理人。管理人在整个事件应对过程中合法合规、不卑不亢、先礼后兵,从沟通到忍耐,再借力公安,最后借助司法程序,最终顺利推进了资产处置进程,并依法没收悔拍保证金500万元,有效维护了债权人的利益及法律尊严,为管理人在履职过程中遇到恶意维权事件提供应对借鉴。

(二)兼顾各方利益清除生产线租赁障碍

本案天长纺织名下涡流纺生产线租赁问题,通过将租期缩短、租金抵销、承租人兜

底竞买等问题“一揽子”解决的方式，避免了直接解除原《设备租赁协议》可能带来的一系列后果：第一，机器设备停止运转后会严重贬值，对债务人财产造成损失；第二，承租人停止支付放置设备的场地租金，天长纺织须承担设备场地的占用费支出；第三，直接导致140 多名职工失业，产生维稳问题；第四，发生诉争，不仅使租赁设备处于管理人无法掌控的状态，也将阻碍破产清算进程的推进。

本案天长纺织名下涡流纺生产线租赁障碍解除模式，既提高了涡流纺生产线的变现价值，维护和平衡了抵押权人、承租人及各相关方的利益，也有利于推进清算进程。

（三）根据股权资产的评估价值分类处置股权

本案对外投资的公司大部分早已停止经营，且存在资料缺失、评估困难、难以处置过户等情形，为此，管理人有针对性地制定了股权资产处置方案：第一，对于评估机构可出具评估报告，且评估价值大于零的，通过网络司法拍卖进行变价处置，第一次拍卖起拍价不低于评估价的 70%。第二，对于评估机构可出具评估报告，且评估价值为零或为负数的，通过网络司法拍卖进行变价处置，以 1 元为起拍价进行司法拍卖，如遇流拍、买受人未支付拍卖余款而悔拍、买受人支付拍卖款项后未及时签订《拍卖成交确认书》或不能依法司法拍卖的情形，授权管理人以 1 元起价采取竞价转让、协议转让等方式转让全部股权。第三，如果评估机构认为不具有评估价值或无法出具评估报告，且法院依法可通过淘宝进行公开司法拍卖，则以股权比例对应的注册资本金为起拍价进行拍卖，再行拍卖时可酌情降低起拍价，但起拍价降价幅度不得超过前一次起拍价的 20%。如果二拍流拍，或者不能依法司法拍卖，授权管理人采取询价转让、竞价转让、协议转让、变卖等最为合适的方式转让全部股权。最终，管理人顺利处置全部股权资产，包括 1 个股权资产评估价值为 0、2 个评估价值为负的股权资产。

该股权资产处置方案，有效降低了股权资产的减值风险，也提高了股权资产的处置效率。

四、案件办理所取得的评价

（一）实施实质合并，提高破产清算效率

通过实质合并清算程序的实施，消除了以资产与负债混同为关键特征的法人人格混同造成的消极影响，提高破产清算效率，降低清算成本，实现公平与效率的兼顾。

(二)全力处置追收资产,有效挽回债权人损失

管理人采取多方位推介资产、府院联动机制等方式,尽最大努力提高资产变现价值,高效并成功出清全部破产财产,实现破产财产变现价值逾 2.8 亿元,实现两户抵押权人全额清偿。同时,通过协商解决租赁问题、以协商或者诉讼方式撤销个别清偿、以诉讼方式撤销抵押、申请退增值税期末留抵税额等,追回破产资产 1800 余万元用于清偿普通债权,有效挽回了全体债权人损失。

(三)合法有效解除资产瑕疵带来的处置障碍,为瑕疵资产处置提供参考

本案涉及的资产瑕疵包括机器设备被设定长期租赁、土地闲置等,管理人在厘清事实的基础上,进行专业分析研判,并有针对性地提出缩短租期、兜底竞买、向主管部门发函,扫除资产处置障碍,提高了资产处置效率和价值,同时有效防范了管理人履职风险,为瑕疵资产的处置提供了参考样本。

(四)通过市场化、法治化方式化解债务问题,获得良好的社会评价

本案涉及萧山(包括大江东)3 家民营企业的市场化退出,释放盘活土地 8 万多平方米,不仅保障两户担保债权获得 100% 全额清偿,在法律框架内保障职工利益,更有利于萧山地区纺织企业社会资源和产业结构的进一步合理配置和调整,获得属地政府部门相关工作人员的认可,实现了社会评价、法律评价等有机统一。

充分利用破产保护机制，助力企业“造血”重生

——杭州京庐实业有限公司破产清算转重整案

【案例索引】(2018)浙0122破2号

【审理法院】浙江省桐庐县人民法院

【管理人机构】浙江六和律师事务所　浙江正大会计师事务所

【关键词】程序保障　府院联动　续建式重整　实物分配

一、案情简介

(一)案件基本情况

杭州京庐实业有限公司(以下简称京庐公司)注册地址为桐庐县横村镇徐家埠105号，经营范围为房地产开发、销售、建筑材料、园林绿化。公司开发的翡翠城项目自2011年开始建设，占地面积为57,395平方米，证载规划建设规模为57,733.46平方米，沿分水江而建，依山傍水、风景优美、交通便利，项目容积率仅为1.03左右，为桐庐地区改善型需求之佳选。

京庐公司因经营管理不善，负债高企，利益纠纷复杂，诉讼案件多，有效资产被查封冻结等导致项目烂尾，继而产生了购房户交房、欠付农民工工资、影响城市建设进程和整体城市形象等诸多社会问题。

债权人遂向浙江省桐庐县人民法院(以下简称桐庐法院)申请京庐公司破产，2018年3月桐庐法院裁定受理京庐公司破产清算一案，并指定浙江六和律师事务所、浙江正大会计师事务所担任联合管理人。

(二)管理人履职情况

管理人进场后，首先确立了各项内部管理制度，对自身工作进行规范，就接管、财

产及基本信息调查、债权申报及审核、财务审计、诉讼及执行案件、资产评估、工程造价鉴定等工作做了详细安排,并持续推进,在工作推进中发现问题,解决问题。

为了既确保翡翠城项目财产价值最大化,又尊重债权人意愿,桐庐法院建议管理人将翡翠城项目拍卖和续建两种方案都写进财产管理和变价方案,将选择权交给债权人。最终,经全体债权人表决确定对项目进行续建。

第一次债权人会议召开后,管理人按照项目续建方案要求,全面梳理项目情况。面对房产开发这一陌生问题,桐庐法院不回避、不退缩,带领管理人一起积极对接政府各部门,摸排并协调解决了项目续建前的各类问题。后经公开招募,确定由当地一家建筑企业垫资对翡翠城项目进行续建。

在项目运行稳定后,管理人与京庐公司一起,积极主动推进清算程序向重整程序的转换工作,最终重整计划草案顺利经债权人会议表决通过,桐庐法院裁定批准并终止京庐公司重整程序。

在解决了项目续建法律上的程序性和实体性问题,基本扫清续建中的经营性问题后,翡翠城项目终得以轻装上阵,重新出发。京庐公司在桐庐法院与管理人的监督下,按照重整计划要求,有序督促工程建设、公司运营和房屋销售等一系列工作。2020 年 1 月 6 日,翡翠城项目最终重新开盘销售,首开销售去化率达 80%,顺利打开了销售局面,基本扭转了负面社会形象,重塑了项目市场价值。

二、重难点问题

(一)债权人人数众多,各方矛盾尖锐

本案共有 192 位债权人申报了 230 笔债权,申报金额为 8 亿余元,债权种类多、金额大、债权人构成复杂,存在的主要问题包括原法定代表人与其他主要债权人之间的矛盾,“以房抵债”债权的认定,签订《房屋订购协议》债权人的债权认定,工程界面及计价标准不确定的工程款债权的认定,施工队欠付工资、材料款、保证金等。

对于上述问题,管理人以事实为依据,以法律为准绳,通过充分沟通、耐心解释和普及相关法律知识的方式基本予以解决,将矛盾限制在了可控范围内。

(二)非真实购房户《商品房买卖合同》及网签备案的解除

管理人进场时,翡翠城项目 225 套房屋中有 162 套已经签订《商品房买卖合同》并进行了网签备案,已签合同未备案的房屋有 7 套,债务人可以自由处置的财产所剩无几。

管理人对《商品房买卖合同》的签订及付款情况进行了仔细核对，并就相关问题向债权申报人、主要经办人、主要负责人等进行问询和调查。经调查后发现，绝大部分《商品房买卖合同》的签订都是为了抵付借款本息或者是为借款作担保，并非真实购房户。

为解决上述问题，管理人积极向桐庐法院汇报并接受指导，主动与当地住房和城乡建设局沟通，认真研究相关法律法规及案例，在法院的支持和法律的支撑下，管理人确定了对"以房抵债"协议不予认可，解除双方签订的《商品房买卖合同》，并恳请住房和城乡建设局根据法院裁定依法解除相关房屋的网签备案的基本思路。由于房价上涨，绝大部分债权人对解除《商品房买卖合同》的行为并不认可，也不愿意配合相关解除房屋网签备案。管理人一方面继续做债权人工作，另一方面积极准备材料并适时向法院提起了诉讼，最后债务人胜诉，法院也依债务人申请依法作出了解除相关房屋网签的裁定，债务人资产得以释放，为案件推进奠定了重要物质基础。

（三）项目现场遗留建筑材料、器械多，清场难、看管难

管理人进场时，项目现场遗留了大量的建筑材料、机械，大部分楼栋也搭建了钢管架，现场塔吊未拆除，工地没有围挡，安全隐患大，清场难度大，清场后工地管理尤其是安全方面存在较大隐患。

因与债务人有工程款纠纷，大部分债权人都不愿意将现场遗留的材料和机器搬走，管理人要求搁置争议，先行清场，对债权人进行耐心细致的劝说。部分工程款债权人意见大，不愿撤场，管理人对现场进行了拍照固定，并要求第三方鉴定机构对材料数量和材料价格进行确认。管理人完成上述相关工作后，在桐庐法院和当地政府的协助下进行了强制清场和接管。接管后，管理人聘请相关专业人员，在履行相应手续后安全、顺利地拆除了全部钢管架，为项目续建打下了良好基础。管理人还搭建了临时围栏，安装了监控系统，并聘请了专业的安保团队看护，管理人也时常去工地进行检查，在新的施工方进场前确保工地不发生安全事故并处于管理人控制之下。

（四）在管理人监督下进行续建，任务重、责任大、要求高

由于破产时债务人所有员工均已离职，实际控制人、大股东及部分主要债权人之间相互角力，互不信任，一般债权人对上述主体也不信任等，政府、法院与绝大部分债权人都要求管理人在重整计划执行阶段继续进行监管，重新搭建公司治理架构，招聘相关人员等工作也由管理人负责。这就意味着管理人要统筹内外、协调各方、全程参与，既要懂法律也要会管理、会经营，工程、营销、销售等基础知识也要学习，这样才能保证管理人参与及监督的质量，促进项目续建顺利进行。

破产企业因债务缠身、信用破产、管理混乱、项目长期烂尾等,本身就处于劣势,在后期续建过程中更需要克服一系列正常开发企业不会遇到的难题。在破产程序中复工续建,往往又要受到法院、债权人、债权人委员会的监督,受到企业破产法等法律法规的规制,在资金使用、营销推广、合同签约、工程发包、对外关系处理等诸多环节均受到约束,效率与效果均与正常的房地产开发企业有一定差距。

为解决上述问题,管理人在工程质量鉴定、各类资质和手续的补办、工程总承包合同内容的确定、设计与勘察单位关系的处理、新旧验收标准变化、房屋预售办理、物业服务单位和内容之确定、烂尾楼市场信心恢复与市场营销问题、按揭贷款等问题上,与公司经营团队一起研究论证,付出了巨大努力和心血,最终促成了项目续建的顺利进行,且项目销售取得较好成绩,初步建立起市场信心。

(五)项目烂尾时间长,市场信心不足,重整参与意愿不强

项目烂尾近10年,整体社会评价偏向负面,市场信心不足,虽然在意向投资人招募阶段有几个投资人有意向参与,但对于房屋能否顺利销售、历史遗留问题能否解决及工程施工能否顺利等问题颇为担心。为此,管理人向各意向投资人进行了详细的说明,并将重整程序的优势、合作模式的优势、项目本身条件等情况向意向投资人作了充分的说明,同时向意向投资人充分披露了项目信息,用专业、敬业与真诚打动了他们,最后成功招募到了当地知名建筑企业垫资对项目进行续建,顺利解决了续建的施工主体及资金问题。

三、案件特点

(一)烂尾楼处理方式之创新

在大多数破产清算案件中,打包拍卖资产是最主要和最典型的财产处理方式,但在快速处理资产的过程中,债务人财产价值有可能会大幅缩水,损害债权人利益。为了保障债权人利益,尊重债权人意愿,管理人在草拟《债务人财产管理与变价方案》时,将拍卖与续建两种方式的优缺点及各自存在的风险尽可能地列明,同时给予债权人选择的权利。

为了提高可操作性和规避相关法律风险,在续建方案中,管理人对总包方的选择条件、续建方式(分共益债融资续建和总包方垫资续建两种)、共益债务融资、公司组织架构搭建、债权人委员会被授权事项、公司经营管理中可能出现的问题及开销等各类问题进行了明确,既为后期有关续建的各类问题的解决提供了依据和方案,也保障和

约束了管理人正确行使职权。

(二)清算程序与重整程序之顺利转换

在与总包单位签订总包合同且工程顺利开工和初步搭建了相对完善的公司组织架构后,管理人认为京庐公司已具备通过重整程序化解公司债务、落实后续建设资金、重获经营能力的条件,对京庐公司进行重整既符合全体债权人的利益,也能进一步规范翡翠城项目的工程建设和房屋销售工作,故以债务人的名义根据《中华人民共和国企业破产法》第 70 条第 2 款的规定,向桐庐法院申请对京庐公司进行重整。

在收到京庐公司重整申请后,桐庐法院依法裁定对京庐公司进行重整,京庐公司进入重整程序后,管理人依据实际情况制定了切实可行的《杭州京庐实业有限公司重整计划(草案)》并提交债权人会议表决,最终重整计划草案经债权人会议表决通过并经法院裁定批准,京庐公司重整程序终止,顺利进入重整计划执行阶段。

(三)管理人为主要责任主体情形下续建之安排

项目续建是在管理人监督和参与之下进行的,公司治理架构也由管理人搭建,管理人任务繁重、责任重大,既要懂法律也要会管理、会经营,工程、营销、销售等基础知识也要学习。对于工程建设、市场营销策划、房屋销售、公司运营等房产开发全流程存在的各类问题,管理人都要牵头协调解决,这对管理人工作能力提出了更高要求。管理人在持续参与项目过程中遇到问题、解决问题,积累了丰富的实践经验,为以后的烂尾楼续建提供有益借鉴。

(四)破产程序中"以房抵债"问题之处理

在司法实践中,对于"以房抵债"问题有不同看法,不同地区裁判标准也不尽相同,但管理人研究相关案例和法律规定后认为,在本案中"以房抵债"协议应当解除,双方之间的法律关系应当按照最初的法律关系来进行认定。债权人继续履行《商品房买卖合同》的主张,实质上是要求债务人对其债权在破产程序之外给予全额、个别清偿。对于破产企业而言,在其进入破产程序后、债权人参与分配破产财产前,破产财产这一集合财产不得被随意处分,以保证债权人能够公平受偿。《商品房买卖合同》如果继续履行将构成个别清偿,并对债务人的其他债权人的利益造成损害,有违《企业破产法》第 16 条的规定。所以只要抵债房屋未办理过户,相关房屋就仍为债务人财产(破产财产),管理人应当解除双方之间签署的《商品房买卖合同》并按照双方之间的基础法律关系对债权进行审核确认。

根据上述指导思想,管理人积极作为,成功解除了翡翠城项目 161 套房屋的《商品房买卖合同》及网签备案。

四、案件办理所取得的评价

续建完成后,债务人可用于清偿债务的资产价值为3亿元左右,显著增加了债务人财产价值,提高了债权清偿率,充分维护了债权人利益。

项目建成后将显著提升城市形象,解决购房户及债权人上访问题,维护了社会稳定。政府主要领导来到项目地视察并了解情况,对管理人及公司运营团队取得的成绩,以及破产法的市场出清和拯救机制表示了肯定。“桐庐发布”微信公众号(桐庐县人民政府新闻办公室主办)对领导视察项目现场进行了报道。同时,本案获评“杭州法院破产审判助力营商环境建设十大典型案例(2019—2020)”。

反向出售式重整模式在建筑企业破产程序中的运用

——华丰建设股份有限公司破产重整案

【案例索引】(2015)浙甬破字第19号

【审理法院】浙江省宁波市中级人民法院

【管理人机构】浙江天册律师事务所　宁波威远会计师事务所有限公司

【关键词】建筑企业　特级资质　破产重整

一、案情简介

华丰建设股份有限公司(以下简称华丰公司)成立于1997年5月22日,拥有住房和城乡建设部核准的房屋建筑工程施工总承包特级资质、建筑行业(建筑工程)工程设计甲级资质,业务遍及京、津、沪、浙、苏、川、滇、湘、鲁、皖、赣、辽等省(自治区、直辖市),以及利比亚、马来西亚、安哥拉等海外国家或地区,作为曾经的"全国建筑综合实力百强企业""浙江省百强企业",先后承建了上百项省、市级重大工程建设,包括宁波市政府办公大楼(获"中国建设工程鲁班奖")、黄龙体育中心主体育场、萧山开元名都大酒店(浙江省第一高楼)、上海F1国际赛车场主看台、兰溪发电厂、宁波栎社机场新航站楼(获浙江省首个公建项目"中国建设工程鲁班奖")等重大工程项目。

然而,在华丰公司发展过程中,存在片面依赖固定资产投资,过分追求规模效益,经营管理粗放欠规范等问题,长期以来流动资金匮乏,资金链紧张。特别是2011年利比亚危机爆发,华丰公司对外融资渠道被切断,企业经营状况严重恶化。当年华丰系企业30多个项目被迫停工或缓建。

此后,华丰公司经历了公司自救、债务重组、政府工作小组帮扶等众多救济后,最终积重难返。2015年11月,华丰公司因不能清偿到期债务且资产不足以清偿全部债务,向浙江省宁波市中级人民法院(以下简称宁波中院)申请破产重整。2015年11月16日,宁波中院经审查依法裁定受理华丰公司破产重整申请,并于2016年1月14日指定管理人,启动了当时省内最大建筑企业破产重整案件。

2016年11月28日,宁波中院裁定批准华丰公司重整计划。2018年11月28日,两年重整计划执行期满。2019年6月14日,宁波中院就华丰公司破产重整案,出具重整计划执行完毕、管理人监督职责终止的民事裁定书,这宣告了华丰公司破产重整案获得圆满成功。

华丰公司在进入破产时,资产评估价值为63亿元,债务测算为64亿元,净资产负1亿多元。但是管理人接管公司以后,发现企业资产债务情况严重失实:管理人在入驻企业后发现,企业实际可变现资产只有7600余万元,其他大量资产为对外投资和应收账款,几乎难以收回。最终在管理人的努力下,通过创新应用"反向剥离壳资源"的方式,最大限度地实现了壳资源价值。同时,管理人通过勤勉清收应收账款,最终实现债务人资产约2.59亿元(其中,增加壳资源变现价值6500万元,应收账款实现清收约7600万元),大幅增加了债务人破产财产,显著提高了债权清偿率,管理工作成效显著。

同时,管理人自开展管理人工作以来,共接受申报债权697笔,受理申报债权金额合计约201亿元。经管理人逐笔核查,反复验算校对,合计核减债权170亿元,最终经法院裁定确权债权约31亿元。大幅降低了负债,减轻了企业负担。

二、重难点问题

(一)案件的疑难复杂程度

建筑企业在面临经营困境时,破产重整常被视为一种解救方式。华丰公司的壳资源最具价值的就是其所拥有的建筑工程施工总承包特级资质和其他相关建筑资质,以及这些年来华丰公司的业绩。然而,住房和城乡建设部相关文件中规定了对于司法、金融征信系统中不良记录的限制,对于通过破产重整的建筑企业来说,恢复正常经营并不容易。主要涉及两个方面的困难:一是无法承接项目建设,二是缺乏消除不良记录的程序。若无法克服这两个方面的困难,将导致企业价值显著下降,重整投资人的积极性不高,从而损害广大债权人的利益。

首先,根据住房和城乡建设部的规定及招投标的实践情况,在司法、金融征信系统中具有不良记录的建筑企业将被限制承接项目建设。这意味着即使通过破产重整重新组织和改善了企业的财务状况,仍无法获得新的项目机会,无法维持企业的正常经营和发展。这对于一个依赖项目建设的建筑企业来说,无疑是一个巨大的打击。

同时,目前司法、金融征信系统关于重整成功的企业消除不良记录的程序存在缺失。重整成功后的建筑企业虽然可能在财务上得到了改善,但由于缺乏明确的程序和机制,无法及时消除其在司法、金融征信系统中的不良记录。这使企业即使经过了重整,仍然背负着过去的“污点”,难以在市场上重新获得信任和合作机会,无法参与投标,因为此前存在不良征信记录,就被一票否决,从根本上难以恢复正常经营。

其次,华丰公司作为具有特级资质的建筑企业,在全国各地有100多个挂靠项目,还有相当多的在建项目,其中不乏安置房、医院、学校等民生工程。如果这些项目全部纳入破产程序,不但会造成这些项目停工停产,影响上下游企业利益,也会牵涉工程所在地的社会秩序和民生安定,影响当地居民的生活品质和社会发展。如果处置不当,甚至会造成社会维稳等问题,爆发信任危机,给当地经济和政府带来重大负面影响。

最后,华丰公司作为建筑企业,存在大量项目挂靠、账务不实的问题。由于账务不实,企业的财务数据无法真实反映企业的价值和实力,导致重整工作中难以进行客观的企业评估和估值,影响重整方案的制定和实施。同时,企业资产追溯亦存在困难,难以准确核实及追溯企业的真实财务状况,大大增加了管理人的工作量。此外,建筑企业大量的挂靠也导致企业相关债权人纠纷增多,且处理结果与上下游工程款、农民工工资、发包方、购房人等多方主体的利益相关联,增加了重整工作的风险和复杂性。进入破产程序后,管理人对债务人进行资产债务核查后发现,债务人资产与负债情况异常复杂,资不抵债情况远比其申请破产时披露的情况严重。如果进行破产清算,普通债权人的清偿率基本为0,可能将激化矛盾。

本着最大化华丰公司资产价值,最大限度保护债权人利益的原则,管理人在法院指导下,从盘活壳资源价值的角度切入,积极引入合适的重整投资人,继续履行优质在建工程合同,华丰公司实现了真正意义上的重整。

(二)案件难点及应对措施

1. 通过信誉修复、资质平移等一系列措施,实现“反向剥离出售式重整”

2016年8月30日最高人民法院、国家发展和改革委员会等9个部门印发的《关于招标投标活动中对失信被执行人实施联合惩戒的通知》,明确限制失信被执行人的一切招标投标活动。由于建筑企业在进入破产程序前,往往均已经被列入失信被执行人名单,同时存在大量金融不良征信记录,破产重整后,却缺乏删除失信信息和金融不良征信记录的程序。同时,各地法院由于并不知悉债务人已经通过重整,仍然会不断地提起对债务人此前债务的执行程序,将债务人纳入失信被执行人名单。这导致在以往案例中建筑企业即便通过了重整计划,实际上仍然难以恢复正常经营,造成了建筑企业客观上难以实现真正重整的难题。

在本案中,管理人与宁波中院采取了一系列措施来解决华丰公司面临的困境。首先,宁波中院通过协调辖区内法院,向上级法院申请向省内各级法院发布明传,申请最高人民法院协调其他省内各级法院等方式,暂时删除了债务人华丰公司当时存在的全部失信信息(根据住房和城乡建设部的规定,存在失信信息的企业不能进行资质平移)。然后,华丰公司向宁波市住房和城乡建设委员会提交资质平移的申请,逐级上报至住房和城乡建设部,获批同意华丰公司将其名下建筑装修装饰工程专业承包一级、建筑机电安装工程专业承包一级、地基基础工程专业承包一级和钢结构工程专业承包二级资质转移至新设立的华丰公司全资子公司中和华丰建设有限责任公司(以下简称中和华丰)。最后,由重整方以重整对价完成对中和华丰100%股权的收购,实现了华丰公司壳资源的完整保留,同时保证了重整后的壳资源公司无论是在司法征信上还是在金融征信上都是"清洁"的,从实质上实现了建筑企业的重整经营。

通过上述信誉修复、资质平移和股权收购等措施,实现"反向剥离出售式重整",华丰公司成功避免了失信记录对企业重整经营的不利影响,创造性地解决了建筑企业壳资源重整难题,也从根本上解决了建筑企业壳资源重整难以恢复正常经营的难题,不仅使广大债权人受益,也使企业的壳资源继续发挥价值,增加社会效益。

2. 通过"隔离式"保护在建工程,有效保障工程建设和社会稳定

鉴于华丰公司在全国各地有大量在建项目,其中还不乏安置房、医院、学校等民生工程。此外,相关项目还涉及购房户、建材供应商、农民工等抗风险能力较弱的主体的权益,不仅关乎生存权,处置不当更容易引发社会矛盾,增加维稳压力,给当地经济和政府带来负面影响。

为了应对这一局面,管理人与法院讨论沟通后,决定对于能够按照原承包合同继续履行的优质项目,在项目经理出具承诺书的情况下,管理人依据《中华人民共和国企业破产法》第18条决定就这些项目相关的合同予以继续履行。

这一措施不但有效保障了在建工程的继续建设,给项目经理和工程队伍吃了定心丸,保障了农民工工资及时发放,而且最大限度实现了项目创收,避免了债务和损失的进一步扩大,同时避免了烂尾楼给社会经济发展带来的重大压力,以及给社会民生带来的不稳定因素,有力地维护了社会秩序,为后续华丰公司快速高效地推进重整工作奠定了基础。

三、案件特点

华丰公司最具重整价值的资产就是其特级资质的壳资源,为了提高广大普通债权人的清偿率,无论如何都要保住华丰公司的壳资源价值。为此,在住房和城乡建设部

等政府部门的支持下，在法院的努力协调下，在管理人的辛勤工作下，通过信誉修复、资质平移等一系列措施，创造性地解决了建筑企业壳资源难以利用的重整难题，最终制定出灵活高效的重整方案，增加壳资源变现价值6500万元，最大限度地保障了债权人利益。在第二次债权人会议上，《重整计划草案》也获高票表决通过。

通过重整，华丰公司大部分在建工程项目得以维持运营，相关建筑资质、无形资产和壳资源得以保留，公司留用人员与遣散人员各得其所，成功实现各方主体利益的最大化。2019年6月14日，宁波中院就华丰公司破产重整案，出具重整计划执行完毕、管理人监督职责终止的民事裁定书，宣告了华丰公司破产重整案获得了圆满成功。

此外，中和华丰也通过平移华丰公司的壳资源，从事各类工程建设活动，2018年以来，中标了浙江省宁波市、杭州市，乃至江西省、安徽省等省外众多工程项目，为地区建设和发展贡献力量。重整投资人通过收购中和华丰股权获益，促使企业再生程序的价值充分展现，创造了破产企业债权人与重整投资人“双赢”局面。可以说，不仅破产企业价值通过壳资源变现增加6500万元，华丰公司的壳资源也促使社会资源再利用，增加了社会整体效益。

四、案件办理所取得的评价

华丰公司破产重整案作为宁波地区当时规模最大的建筑企业破产重整案，从受理破产到重整计划通过，短短1年时间成功完成重整。从原来债权清算清偿率几乎为0，劳动债权、在建工程难以保障，社会维稳压力巨大；到现在通过重整，劳动债权、抵押债权得到保障，普通债权得以按重整计划清偿，在建工程得以继续建设，华丰公司的壳资源得到完整平移和继承。无论是债务人利益，还是债权人利益都得到了公平有效的维护。

从“反向剥离出售式重整”来看，华丰公司的重整案例，从实质上解决了在现有法律、金融框架下，如何实现建筑企业资质重整恢复正常经营的难题。虽然这一难题客观存在的原因，是金融系统和司法系统的信息不对称，相应破产重整程序不完善。但是在这些问题没有得到妥善解决的情况下，华丰公司的重整方式无疑创造性地解决了这一难题，也为将来其他建筑企业的重整，提供了可复制的范例。

同时，本案也是企业破产处置中府院联动机制的典型，为地方经济的发展和稳定，发挥了积极的作用。在本案中，政府的资质平移工作为破产重整的成功提供了有力的支撑，若缺少政府的配合，法院、管理人难以解决司法程序外的实施问题，那么企业破产处置的效果将大打折扣。而政府通过依法全面履行政府职能，做好了与企业破产处置相关的公共服务，为市场价值的最大化提供了强有力的支撑。此外，政府也及时有效地防范和化解了社会风险。通过重整,华丰公司得以继续经营,维持了企业的生产经营和稳定就业,也为地方经济发展贡献了力量。对于其他企业的破产重整,本案也提供了一个公正、透明、高效的府院联动的范本,体现了政府与法院紧密配合,帮助企业解决历史遗留问题,将生产要素及时盘活,配合投资人招募、资源优化相关工作,搭建投资人招募平台,增强企业的信心,充分展示了府院联动在实现企业破产处置中引导发展、优化资源配置的重要作用,推动地方经济向更加良性的方向发展。

华丰公司破产重整案例的成功办理,有效提升了人民法院维护社会公平正义的良好形象,是一起积极发挥创造思维,追求法律效应和社会效应双统一的优秀实践案例。在华丰公司破产重整案中,政府、法院及管理人在破产重整案件中的角色得到了充分发挥,这不仅在法律上具有重要意义,也在社会上具有广泛的影响力。这种创新性的司法实践,不仅提高了法院的可信度,也为其他法院破产重整审判提供了有价值的经验。

践行绿色破产理念，确保主体资产增值保值

——绍兴A公司破产清算案

【案例索引】(2015)绍柯商破字第8号

【审理法院】浙江省绍兴市柯桥区人民法院

【管理人机构】浙江越光律师事务所

【关键词】外企参拍　灵活处置　职工稳定　增值保值

一、案情简介

(一)案件基本情况

绍兴A公司始建于2003年，公司注册资本39.52亿元，公司总占地面积约1370亩，共有职工796人。2014年生产精对苯二甲酸(Pure Terephthalic Acid, PTA)200万吨，实现销售收入110亿元。

由于国内PTA产能过剩，出现长时间行业性亏损，且A公司自身负债率较高，企业流动资金严重短缺等，企业自2015年年初起已难以维持正常生产经营，3月下旬起开始出现贷款逾期和欠息，于2015年3月23日被迫对PTA生产装置实行保护性停车。自2015年7月20日起，A公司会同政府工作组，对原有企业职工进行了部分离职职工的疏散工作，共计疏散职工608人，留守职工168人。2015年7月23日，浙江省绍兴市柯桥区人民法院(以下简称柯桥法院)正式受理A公司的破产清算申请，同时指定浙江越光律师事务所担任A公司的管理人。

(二)管理人履职情况

2015年8月10日，管理人会同属地政府、柯桥法院、属地派出所及企业中层以上管理人员召开协调会，各方向企业留守的中层以上管理人员详细说明了企业破产清算

的有关情况,明确了A公司破产清算期间的各项制度及职责,强调了企业安全、稳定、合法三个底线。为确保A公司破产清算工作的顺利推进,管理人在企业原有的管理制度、岗位职责的基础上,制定了《A公司破产管理人监管办法》,并切实落实,防止安全、环保、消防等事故的发生。

2015年9月12日,A公司第一次债权人会议在柯桥法院顺利召开。会上,管理人除向债权人通报了前一阶段执行职务的情况外,还提请债权人会议审议并表决了关于停止营业的报告、财产管理方案、财产变价方案、管理人报酬方案等事项。方案主要就企业资产的管理和各类资产的变价方式、方法进行了授权,经债权人会议表决,上述方案均依法获得通过。

根据评估机构出具的评估报告,A公司资产评估清算价约合20.7亿元,其中整体打包部分资产评估清算价约合14.99亿元。审计机构在配合管理人的债权审查工作的同时,对企业进行审计、清查,出具了审计报告。经审计,A公司账面资产总额约64.6亿元,账面负债总额约82.46亿元,账面净资产-17.87亿元。经管理人申请,柯桥法院于2016年3月28日依法宣告A公司破产。

2016年4月1日,管理人会同属地政府、企业,召集A公司主债权银行相关人员召开情况通报会。会上,管理人就A公司第一次债权人会议后的工作情况向各债权银行作了通报,主要就债权申报情况、资产评估情况、投资人接洽情况作了详细的介绍,同时,企业管理层就A公司目前的正常管护工作做了介绍。

管理人分别于2016年4月8日、5月3日、6月27日委托法院通过淘宝网司法拍卖平台,对A公司生产性资产整体进行了三次拍卖,均流拍。为顺利实现A公司资产处置,管理人依照第一次债权人会议通过的财产变价方案,于2016年8月8日在《浙江日报》发布破产财产变卖公告,对A公司的生产性资产整体进行变卖,变卖价格人民币10.14亿元,保证金人民币2亿元,变卖价格与第三次拍卖情况一致。截至2016年8月13日,仅有Y公司报名参加变卖并缴纳保证金。管理人与Y公司于2016年8月15日正式签订资产变卖协议书,A公司整体生产性资产变卖成功。Y公司于2016年10月12日向管理人支付变卖余款,2016年12月1日,管理人与Y公司正式办理移交手续。

2016年12月11日,管理人就留守职工债权依法公示,2016年12月12~14日,管理人依法分批与652名职工确认了补偿金数额,其中5名职工因自身原因无法在上述期间确认补偿金金额。至此,破产职工债权基本确认完毕,累计将支付职工补偿金3200余万元。

截至2016年12月13日,共有118家债权人向管理人申报债权,申报总额为102.33亿元。其中,对债务人的特定财产享有担保权的债权总额为29.47亿元,税收债权总额为0.24亿元,普通债权总额为72.79亿元。经管理人审查,并经第一次债权人会议及后续确认或待定债权金额 94.74 亿元,其中,有财产担保债权总额为 29.47 亿元,税收债权总额为 0.24 亿元,普通债权总额为 65.03 亿元。

2016 年 12 月 17 日,A 公司第二次债权人会议在柯桥法院第一审判庭召开。本次会议主要议程为审议并表决《A 公司破产财产分配方案》,经统计,该表决事项顺利通过。

2019 年 11 月 25 日,鉴于 A 公司对外债权的催收、未处置资产的后续处置及破产撤销权的行使工作已全部结束,管理人制定最终分配报告,合计列入最终分配的款项达 1.2 亿元。

2019 年 12 月 23 日,柯桥法院裁定终结 A 公司的破产清算程序。

二、重难点问题

A 公司破产清算案所涉资产单体金额庞大,而恰逢经济形势下行,如此巨大的资产体量给管理人招募投资人带来了巨大的困难。案件涉及巨额的金融债权,二十几家债权银行遍及绍兴、杭州、宁波地区,甚至涉及北京、深圳等地,而 A 公司贷款情况又极具历史特色,各银行对 A 公司破产走向都持不同态度,给管理人的债权人协调工作带来了挑战。一方面,管理人主动接洽意向投资人,确保资产增值保值;另一方面,管理人积极协调各类债权人,确保破产程序有序、顺利推进。

三、案 件 特 点

(一)主动接洽意向投资人,实现主体资产最终变价

在 A 公司破产清算案件中,主体资产的处置是破产的核心任务,在如此大体量的资产寻找买家的过程中,管理人付出了巨大努力。资产处置期间,管理人与国内外 10 余家企业进行了接洽,其中,境外投资者主要有韩国知名公司 2 家、印度知名公司 1 家,3 家企业都分别赴 A 公司企业所在地进行了前期对接、现场考察。管理人多次赴韩国公司驻上海办事处洽谈破产人资产收购。

A 公司的资产买受人 Y 公司是最早与管理人联系的意向买家。其间,Y 公司有条不紊地完成了资产的尽职调查,也在较长的一段时间内与管理人进行了深入的交流与沟通。管理人也多次主动出击,至北京 Y 公司总部进行推介与营销。Y 公司两次报名淘宝网拍卖,体现了其收购的诚意,坚定了管理人依据债权人会议通过的变价方案,直接协议出售资产的信心,在 PTA 形势尚未明朗的情况下,使 A 公司资产得以依法成功变价。

(二)灵活处置各类资产,实现资产处置共同推进

在破产财产变价工作中,管理人对A公司现有资产进行分类,对位于绍兴市区的商业用房、杭州地区的商业用房因地理位置不同而单独进行司法拍卖;对于A公司杭州牌照的车辆,为防止整体处置时对车辆过户产生影响,以及考虑杭州车牌的价值,而对上述杭州牌照车辆单独进行司法拍卖;对于A公司的产生品PTA,为防止长期储存对产品质量产生影响,在不影响A公司生产性设备正常维护的情况下,对上述产品单独进行司法拍卖;对于A公司位于厂区罐内及宁波港罐区的原材料对二甲苯、冰醋酸、氢溴酸,为防止长期储存带来的安全风险,以及时近年底,天气转凉,继续储存需要对罐体进行加热,大幅增加维护及储存成本,对上述原材料单独进行司法拍卖。上述单独资产的分类处置与整体资产的处置共同推进,既能最大限度地保证资产安全及价值最大化,又能有效缩短资产处置的时间,加快破产程序的进程。

(三)监管维护设备状态,实现主体设备最大保值

鉴于A公司设备类资产的特殊性,管理人在接管时,虽然已经处于停产状态,但若停止对设备的维护保养,将对设备造成永久性的损害,甚至可能导致生产线无法重新开车,最终导致设备资产价值的大幅贬值,但是维护费用每月高达200万~300万元。为了维护资产的价值,保障全体债权人的利益,管理人综合考量后,制定财产管理方案,提交第一次债权人会议表决,最终方案获得了广大债权人的一致认可。随后,管理人严格按照方案确定的基本原则,即合法合规、公开公正、诚实守信、勤勉尽责、高效、节约,结合债务人财产的实际情况,从以下几方面进行监管:(1)重新聘请安保人员,重新制定安保方案;(2)消除安全隐患,实施必要监控;(3)终止绿化服务合同,减少不必要开支;(4)保障厂区内资产安全,所有设备全部续保;(5)节约用电用水,降低用电费用;(6)加强极端天气的应对,及时安排专人进行维修。

(四)自行选择补偿方案,实现职工补偿灵活处置

A公司原有职工776人,自2015年7月20日起,在政府工作组帮助下,管理人从保留基本产能,最大限度防止资产贬值,坚持最低限度维保,压缩成本等方面考虑,开始有计划地对A公司职工实施疏散。截至7月底,按原定计划共计疏散职工608人,留守职工168人。在补偿金发放问题上,为了充分尊重职工选择,管理人制定了相应补偿金支付及发放方案由职工自行选择,一种是无论收入多少,均按照500元每月进行补偿,相应补偿金以现有资金立即支付;另一种是待管理人审查前12个月平均工资后,依法计算补偿金,但相应补偿金待管理人核算公示,且A公司资产全部处置完毕后

另行兑现。上述职工补偿金处理方案,最大限度保障职工的自主选择权,同时有效分流疏散的职工,平稳处理职工安置问题。

(五)积极排除各类障碍,实现外资参与淘宝竞拍

在A公司整体资产在淘宝网第一次拍卖时,R公司驻上海代表处与管理人取得联系,表达了对收购A公司资产的浓厚兴趣。随后,R公司委派副总裁等一行到A公司厂区进行见面交流。交流中,副总裁介绍R公司是印度私营部门中最大的公司,营业额为620亿美元,净利润为38亿美元。R公司是印度首家获得财富500强企业中"世界最大公司"的私营部门公司,目前财富排名已跻身该榜单第158位,利润排名已跻身该榜单第142位。R公司的经营范围包括油气勘探和生产、石油炼制和销售、石油化工产品、零售、通信和信息工业等,对PTA的生产项目具有丰富的经营经验。同时,副总裁再次表达了R公司对收购A公司资产的信心。

管理人在与R公司深入交流后,向柯桥区人民政府、柯桥法院就R公司收购意向进行汇报,引起当地政府、法院的高度重视,均要求管理人全力做好R公司收购的配合工作,同时政府将全力协助此次意向收购。由此,管理人与R公司全面就收购事项进行了长达几个月的交流、沟通。其间,R公司总裁还到绍兴亲自参观了A公司的生产厂区,对管理人的管理工作表示赞赏。R公司还派驻10余名技术人员对A公司生产设备进行长达两周的尽职调查,调查结果令R公司非常满意,再次表示对管理人在破产清算期间能够如此维持设备的现状表示赞赏。

通过反复交流,R公司明确了尽职调查的结果,正式决定收购A公司的资产,但此时,双方发现,由于A公司资产变价方案确定资产处置采用淘宝网司法拍卖的方式,而外资直接参与淘宝网司法拍卖并无先例。由此,管理人开始了艰巨的沟通工作,首先,管理人赴支付宝服务中心,对网络司法拍卖过程中的外资企业账号设立问题、保证金的支付问题、后续资金的支付问题与该中心反复交流,最终支付宝账号通过R公司国内代表处得以设立,保证金由R公司通过其他方式缴纳后,由审理法院及管理人出具函件的方式明确,同时支付宝在线变更R公司代表处账号的保证金缴纳结果,保证竞拍的正常进行。其次,管理人在柯桥政府的协调下,与国家外汇管理局进行紧急沟通,对R公司以美元方式缴纳保证金及保证金后续的购汇问题、汇率问题、资金走向等问题逐一协调解决。最后,管理人与中国银行进行沟通,开启了管理人设立外币账号的先例。在管理人协调完毕R公司参与淘宝网司法拍卖的所有障碍后,得到了印度储备银行不同意该笔保证金在拍卖成交前从该行汇付的消息。虽然与R公司失之交臂,但管理人开创了外资参与淘宝网司法拍卖的先例,为将来外资收购破产财产积累和提供了宝贵经验,打开了国内破产财产的国际市场。

(六)精心设计变卖方案,实现留抵税收合法变现

在A公司整体资产三拍流拍后,管理人与Y公司最终确定了以三拍流拍价进行变卖的意向。但是,在此过程中,管理人发现A公司尚有5000余万元留抵增值税尚可抵扣。为此,管理人积极与Y公司协商,在取得Y公司理解和支持的情况下,确定变卖中可抵扣资产的增值税由Y公司承担(Y公司对该部分增值税可在未来经营过程中另行抵扣,实际并未增加Y公司的收购成本)。经税务师事务所测算,在整体资产处置过程中,可抵扣资产的增值税达到7000余万元,而该部分税款由Y公司承担并支付给管理人后,A公司实际缴纳的增值税可以扣除留抵的增值税,由此实现企业留抵增值税的变现,提高了普通债权的清偿率。

四、案件办理所取得的评价

A公司破产清算案件现已画上一个圆满的句号,案件在办理过程中也得到了地方政府、上级法院、省高级人民法院的协调与支持,同时离不开柯桥法院的全面指导和极力支持,离不开管理人团队全体成员的团结协作,从而完成了诸多看似不可能完成的任务。起初,外界对A公司资产买受人产生诸多猜疑,认为如此巨额体量的资产,在当时的经济环境及PTA的行业形势下,不可能有公司来收购A公司的资产;而且从行业内部来说,虽然没有进入破产程序,但生产线处于停车状态的也不在少数,外界对于A公司能否恢复开车始终持不乐观的态度。但是,管理人在与印度R公司沟通协商过程中得知,印度公司已经第三次在PTA行业形势最差的时期收购PTA生产线,这给管理人以即使是行业形势低迷的时候,也存在投资人收购的信心,从而坚定信念,在印度R公司退出收购后,找到了Y公司。

A公司破产清算案件的成功办理,更加坚定了政府对于以破产清算方式解决企业困境信心。在破产清算过程中,企业没有出现不稳定的因素,没有发生任何安全事故,职工问题处置平稳,两次债权人会议同样有序召开,管理人在这样短的时间内完成资产变价及分配,为各家债权银行化解不良危机赢得了时间。

同时,案件的办理也为法院、管理人积累了丰富的实践经验,关于投资人的引进、高危化工企业的监管、职工补偿问题的处置、外资企业投资国内破产财产的方式、税收资产的变现都积累了宝贵经验,相信A公司破产清算案件中的一些做法,也将成为未来破产清算案件中法院、管理人的常规做法,提高法院、管理人审理、办理破产案件的效率,为地方经济作出应有的贡献。本案入选司法部中国法律服务网案例库、“浙江省破产管理人2019年度十大优秀履职案例”。

兼顾整体利益与个体利益、平衡保护多项优先债权

——湖州某置业有限公司破产清算案

【案例索引】(2017)浙05破申3号

【审理法院】浙江省湖州市吴兴区人民法院

【管理人机构】浙江银湖律师事务所

【关键词】共益债务　抵押债权　工程价款优先债权　比例受偿

一、案情简介

2017年4月17日,浙江省湖州市中级人民法院根据工程款债权人申请,作出(2017)浙05破申3号民事裁定书,裁定受理湖州某置业有限公司(以下简称置业公司)破产清算,同时裁定指令浙江省湖州市吴兴区人民法院(以下简称吴兴法院)审理。吴兴法院同时以(2017)浙0502破2号决定书指定浙江银湖律师事务所担任管理人。

置业公司作为项目公司,其开发的住宅小区项目建设面积约28万平方米,其中地下面积6万平方米,共有1957套住宅、43套商铺、980个车位。由于置业公司自有资金不足,在项目开发建设环节,主要依靠对外举债及工程垫资完成开发建设;而在销售环节,股东又大量挪用销售款用于关联公司其他房产项目开发,导致住宅小区延期交房,多次引发业主群体性上访事件。最终在政府协调下,小区于2014年完成竣工验收并交付使用。

由于置业公司长期拖欠巨额工程款,以及其他债务纠纷等形成大量诉讼及执行案件,剩余未售房源被多轮冻结查封。而同样因为资金,小区内涉及已交付使用房屋和各类公共配套设备设施400余处不同程度的质量问题长期无法修复,已购房入住的近千户业主多次向相关部门投诉反映质量问题,居民不满情绪与日俱增。该项目不仅涉及广大已入住业主切身利益,而且因长期拖欠巨额工程款多次引发民工讨薪上访事

件。在此背景下,各类社会矛盾及债务纠纷错综复杂,造成极大的社会隐患。

在案件办理过程中,管理人核实的基本信息包括项目小区欠缴1000余万元的物业专项维修基金及物业保修金(以下简称物业“两金”),并且空置房源拖欠的物业管理费已逾250万元;小区内各类公共配套设施及房屋质量问题因缺乏资金长期无法修复,小区因质量问题及物业管理不到位等叠加因素形成恶性循环。在债权申报期内,共有53家债权人申报了约16亿元债权,其中23家申报工程款优先债权为2.67亿元、5家抵押权人申报优先债权6.32亿元、申报税收优先权3470万元、普通债权6.6亿元,核实职工债权46万元。案件债权金额大,且优先债权金额就高达9亿元,特别是工程款优先权涉及大量农民工薪资,维稳压力大。

经管理人核查梳理,置业公司的资产仅有530余套空置房源及190个车位,评估价仅为7.45亿元,且95%以上资产已设定抵押。预测资产变现价款无法完全覆盖现有优先债权受偿,一旦处理不当,将严重影响小区已入住业主的合法权益和空置商品房的变现价值;同时,在工程款优先债权和金融抵押优先债权并存时,一旦分配不合理,又将进一步损害广大农民工的合法权益或金融债权的合法利益。

二、重难点问题

(一)运用共益债务,妥善化解欠缴物业“两金”

在本案办理过程中,管理人遇到的首要问题是,小区已入住业主针对房屋质量问题长期投诉信访事件的处理。而该问题的核心,就是小区欠缴1000余万元的物业“两金”,空置房源拖欠的物业管理费已逾250万元;小区内各类公共配套设施及房屋质量问题因缺乏资金长期无法修复,物业公司也因为物业收费率低无法提供高效的物业服务,这又影响已入住业主拒交物业服务费,因质量问题及物业管理不到位等叠加因素形成恶性循环。

关于共益债务的定义,《中华人民共和国企业破产法》第42条以列举式方式明确几大类共益债务产生的情形,并且以“人民法院受理破产申请后发生的下列债务”作为前提条件;显然,如果仅是机械地理解条文内容,房地产开发企业拖欠的物业“两金”显然很难对照具体条款适用。但物业“两金”又实际关系到空置房源处置效果和全体业主的共同利益;一旦处置不当,必将引发一系列社会稳定风险。经核实,本案中房地产开发企业拖欠物业“两金”系前期该项目楼盘在完成竣工后各种原因确实无力按正常程序办理竣工备案,考虑到购房户业主多次信访和上访的压力,政府主动介入,并通过容缺机制办理竣工备案,允许前述物业“两金”缓交,最终交房办证等工作才得以落地。

《最高人民法院关于正确审理企业破产案件为维护市场经济秩序提供司法保障若干问题的意见》第 5 条明确规定,对于职工欠薪问题突出等敏感类破产案件,有条件的地方,可通过政府设立的维稳基金或鼓励第三方垫款等方式,优先解决破产企业职工的安置问题,政府或第三方就劳动债权的垫款,可以在破产程序中按照职工债权的受偿顺序优先获得清偿。同理,拟受理的破产企业职工债权由地方政府垫付时可以参照职工债权优先清偿;那么,对于政府出于保民生的实际需求,而同意缓交的物业"两金"也可以参照该司法理解执行。故而,管理人在严格遵守《中华人民共和国企业破产法》第 113 条所确定的清偿顺位的指导精神下,全面理解共益债务的本质,充分发挥债权人会议表决机制。在财产管理方案中明确以下原则:对涉及住宅小区欠缴物业"两金"列入共益债务优先清偿,对所有小区购房消费者的合法利益给予全面保护;对空置房源拖欠的物业费用认定为资产变现环节中应负担的义务,在变现价款中直接予以扣除。通过该机制,最终住宅小区欠缴的物业"两金"得以及时缴纳;在破产案件办理中,管理人及时与小区所在街道联系,启动物业维修事宜,妥善消除了全体业主多年来的一块心病;小区环境的优化,也为后期空置房源处置提供了有利条件。

(二)借助中介机构合理区分抵押优先权和工程价款优先权的优先受偿范围

本案审理中,遇到的第二个社会问题就是拖欠工程款导致的农民工群体性信访事件,其中最严重的一次有几十名农民工聚集在管理人单位讨薪,如何有效解决拖欠工程款问题成为当务之急。

本案项目小区已竣工并交付使用,商品房已经分割并单独核发产权证书,由于不动产处置时对于建筑物及土地使用权需整体变现,对于已办理建筑物区分所有权的商品房更是如此。而多家施工单位分别主张的工程款优先债权仅在分割后的房屋本身的实际变现价款中优先受偿,对土地使用权不享有优先权,而不足受偿部分也只能列入普通债权参与分配;对特定财产享有担保权(抵押优先债权),无论是设定土地抵押还是已设定房屋抵押,也只在房屋的实际变现价款优先满足工程款优先债权后剩余的部分,以及土地使用权实际变现价款部分享有优先受偿权,不足受偿部分列入普通债权参与分配。对此,《最高人民法院关于建设工程价款优先受偿权问题的批复》(法释〔2002〕16 号,2021 年已废止)在第 1 条"人民法院在审理房地产纠纷案件和办理执行案件中,应当依照《中华人民共和国合同法》第二百八十六条的规定,认定建筑工程的承包人的优先受偿权优于抵押权和其他债权"中已作出明确规定。

结合本案中目前建筑物及整宗土地已实际分割并且物化为一套套商品房,也无法单独对商品房的土地及建筑物本身价值进行评估,更何况单套商品房还涉及许多公有和共有的墙体、通道等;而土地虽然已分割,但仅是拟定的使用权面积,这其中涉及容积率、公共配套用地等。故而,在启动并委托评估机构时,管理人就明确要求评估单位对单套商品房评估价值时,需同时对涉及的土地使用权和房屋本身进行重置价格拆分,以为后期执行分配提供拆分依据。

(三)通过"引导+协商"方式确定按比例受偿工程优先债权

考虑到住宅小区开发建设环节中,享有工程价款优先权的债权人施工范围不同,特别是涉及道路、绿化、消防等公共配套建设的工程项目并未直接物化在单套商品房中,而每一套商品房又是各个单体工程混同后的整体价值体现,在实务上已经很难区分各自的受偿范围。同时,该住宅小区存在分标段由多家施工单位分别承建主体工程,由于销售环节存在一定的随机性,即每一幢中的单套商品房销售的总量会因为开盘时间、户型和面积不同而有所不同。而破产企业对施工单位的付款行为与施工范围内的商品房销售量并没有直接关联性,若机械地以各施工主体施工的工程为单位分别计算剩余商品房中房款的变现价,并单独区分各施工单位的优先受偿权金额,形式虽符合法律规定,但存在明显的不合理性,也容易造成实质上的不公平。

在本案中,为切实维护各施工主体及农民工权益,管理人在将剩余商品房依法处置后,再扣除土地使用权所得价款以外部分(建筑物本身的变现价款)按单个工程量方式合理测算出各施工主体占比,并在此基础上,进一步引导23户工程款优先债权人通过协商方式确定按债权比例优先受偿工程价款变现款。

三、案件特点

(一)小区整体利益与债权人利益兼顾

在对共益债务做扩大化解释基础上,通过债权人会议表决机制,确认对购房消费者利益保护包括售后保修,同时为进一步提升及维持空置房源的潜在价值,将小区项目中欠缴的物业"两金"等各类规费列为共益债务,彻底解决小区物业维护这一民生问题。

(二)多项工程款优先权并存时平衡保护

成片建设的商品房住宅小区,往往分标段由多家施工单位分别承建主体工程,且销售环节存在一定的随机性,由于道路、绿化、消防等单项配套工程的成本已实际分摊至每一套商品房的总房价中,此时已实际形成物的混同。引导该类债权人通过协商确定空置商品房在依法处置后,扣除土地使用权所得价款以外部分(建筑物本身的变现价款)多个不同工程价款优先债权按比例清偿,实现了实质上的公平受偿。

(三)工程款优先权与抵押优先权并存时,合理区分房屋及土地价格,分别予以优先受偿

在遵循工程款优先权优先于抵押权受偿这一原则的基础上,充分利用科学的评估方法合理区分建筑物及土地使用权的变现率,工程款优先债权人仅对建筑物本身变现款享有优先受偿权,若有剩余款项才能顺位清偿抵押优先债权。而土地使用权变现价款仅能用于清偿抵押优先债权,即便是存在剩余款项也不能用于清偿工程款优先债权,而应优先清偿金融抵押债权。

四、案件办理所取得的评价

(一)保护民生,小区环境焕然一新

在本案最终获批并执行的分配方案中,欠缴的物业"两金"作为共益债务,拖欠物业费作为变现成本最终100%全额受偿;其间,管理人延伸服务,与所在街道、社区共同推动小区绿化、道路、消防建设,以及其他房屋质量问题的维修方案;通过整治修复,最终使小区面貌焕然一新。

(二)保障稳定,农民工工资全额受偿

本案在精准细化工程款与抵押权各自受偿环节中,工程价款优先权得以在每一套商品房所对应的房屋变现总价款中优先受偿,且所有工程价款优先权人的优先债权最终100%全额受偿;得益于全额受偿,各个施工单位背后数百名农民工工资也得以全部支付,彻底化解了因三角债而长期拖欠农民工工资的社会问题,农民工信访问题得到实质性化解,有效保障社会稳定。

(三)提升价值,维护金融债权人利益

管理人指派专人通过司法拍卖平台对全部空置房源按套变现处置,通过分批分阶段持续近1000多轮拍卖,历时近8个月最终完成全部房源最大限度变现,全部空置房源及地下车位变现价为6.45亿元,资产变现率达到评估值的87%。金融抵押债权在所对应的土地变现总价款及剩余房屋变现价款中优先受偿,平均受偿率也达到30%。

在本案中,虽普通债权最终未得到任何比例的清偿,但通过运用各类表决及协商机制有效化解了各类利益群体的冲突,做到了社会效果与法律效果有机结合,彻底化解潜在的社会矛盾和风险。

自然人债务危机化解的初步探索与实践

——李某个人债务集中清理案

【案例索引】(2019)浙0304执清1号

【审理法院】浙江省温州市瓯海区人民法院

【管理人机构】浙江泽商律师事务所

【关键词】个人债务集中清理　全国首例　金融机构债权　二次表决

一、案情简介

2019年7月9日,李某向浙江省温州市瓯海区人民法院(以下简称瓯海法院)申请对其所负债务进行集中清理。申请理由为李某因经营需要向多位债权人借款,同时为他人提供保证,累计负债共计金额2400万元左右,债权人共20多户。因经营亏损,李某的资产不足以清偿全部债务,仅有某房屋已被拆迁,享有拆迁安置款1000万元左右,李某愿意积极配合法院处置财产并将款项用于清偿所有债务,请求法院对其债务进行集中清理。同日,李某出具个人债务集中清理承诺书,承诺如实向法院申报财产,积极配合法院处置财产,不存在虚假申报等不诚信行为,并提供个人债务集中清理方案,以拆迁安置款及存款共计1000万元左右按比例清偿相关债务,清偿比例约为40%。瓯海法院审查后,于2019年8月7日予以立案受理,同时指定浙江泽商律师事务所担任本案管理人。

经管理人调查查明,申请人李某曾在温州市瓯海区连续经营多家企业,并以个人名义借款用于公司经营,后因经营不善而欠下巨额债务,现李某与其妻子在广州一家商铺从事销售工作,主要收入为工资加提成,月收入为六七千元,同时家有67岁母亲和11岁未成年子女需要赡养、抚养。李某的债权人共计21户21笔,均系普通债权,债权金额共计20,565,060元,其中2户金融机构债权人,债权金额2,295,408元,约占全部债权金额的 11.16%。申请人李某名下可供执行分配的财产共计 9,660,412 元。

2019 年 9 月 30 日，瓯海法院主持召开李某个人债务集中清理第一次债权人会议，上述 21 户债权人全部到会。会上通报了债务人李某的财产、债权债务、家庭、工作等情况，全体债权人 100% 表决通过了表决规则：由参与个人债务集中清理债权人会议的半数以上人数投票赞成，且该债权额需占无财产担保债权额 2/3 以上，表决即为通过。后债权人会议依据表决规则对李某的个人债务集中清理方案进行表决，通过了该清理方案，其中金融机构等几位债权人系延后表决。最终，同意个人债务集中清理方案的债权人人数占比 90.48%，其所代表的无财产担保债权总额占比 88.84%。在个人债务集中清理方案中，李某除将 9,660,412 元款项用于清偿以外，另承诺再向全体债权人增加清偿率 2%，即 411,301.2 元，故个人债务集中清理方案的清偿率由 46.455% 增加至 48.455%。债权人同意李某按约清偿后，自愿放弃对其剩余债务主张权利，同时李某亦承诺个人债务集中清理方案全部履行完毕之日起 5 年内，若有发现债务人存在未申报的重大财产，或者存在欺诈、恶意减少债务人财产或者持有其他逃废债行为，或者严重违反行为限制令的，债权人可以请求恢复按照原债务额进行清偿。2019 年 12 月 18 日，瓯海法院向债务人李某发出行为限制令，同时裁定认可李某的个人债务集中清理方案，终结对李某在本次清理所涉案件中的执行。

李某个人债务集中清理案件的办结，成功地集中清理了其全部债务，在李某个人债务集中清理方案履行完毕满 3 年后，且不存在法院限制令中的行为的条件下，其可以申请法院恢复信用，免除了李某的后顾之忧。

二、重难点问题

（一）规定不完善

虽然浙江省温州市中级人民法院出台了《关于个人债务集中清理的实施意见（试行）》（以下简称《个债实施意见》），但由于该意见规定较为原则，导致管理人在办理李某个人债务集中清理案件的实际操作中遇到了众多的技术难题。例如，债权人不申报债权是否影响案件办理；债权孳息、迟延履行金是否停止计算；制作清理方案时，原始债权、孳息债权是否必须按法律规定的顺序清偿；涉及处置夫妻共同财产，是否需要征求配偶的债权人意见；是否需要确定债权人会议主席；债务人为彻底恢复信用，以更高的清偿标准满足温州域外法院执行案件债权人的要求，是否与《个债实施意见》冲突及违反公平原则；等等。为此，管理人在取得经办法院同意的前提下，大量借鉴了企业破产法的相关规定，并尽量在取得债权人、债务人的一致同意下开展工作。

(二)债权人不支持

债权人不支持主要表现在三个方面:一是由于《个债实施意见》刚发布,宣传还不到位,债权人不仅对该规定不甚了解,甚至认为个人债务集中清理程序有可能会导致债务人逃废债,故即使管理人多次通知债权人申报债权,但仍不积极配合。二是两家金融机构债权人行权有困难,管理人在与金融机构债权人沟通过程中了解到,他们对该意见将来对其产生的负面影响表示担忧。由于缺乏效力更高的法律规定,个人债务集中清理方案需要报上级金融机构批准,但获得批准的可能性较低。三是域外执行案件的债权人担心存在地方保护主义,新程序可能损害其合法权益。针对上述三种情况,管理人通过电话通知、实地走访,以及联合法院、债务人等多种形式通知并督促债权人申报债权;为了宣传个人债务集中清理程序的权威性及必要性,管理人又请求法院多次召集金融机构债权人参与座谈会,并走访金融机构的上级单位,直接上门宣传温州的个人债务集中清理程序政策;至于温州域外债权人工作,则首先由管理人联系温州域外执行法院的经办人,向其介绍个人债务集中清理的情况,并请求该执行法院共同做该执行申请人的工作,而后又与瓯海法院经办人一起赴该执行法院对接工作,并说服该温州域外执行案件的债权人共同参与个人债务清理程序。

(三)债务人不配合

债务人最初满怀希望地申请了个人债务集中清理,但由于个人债务集中清理程序在温州乃至全国尚属首次,瓯海法院的公告一经发布便引起了全国各界的关注,导致债务人受到很大的压力,由此产生了退缩心理,没有积极配合管理人工作,甚至多次向管理人表达了撤回申请的想法,但经过管理人为其分析个人债务集中清理的利弊后,债务人最终决定坚持,但这一过程也增加了管理人的工作难度。另外,在管理人向债务人的家属依规调查债务人财产情况时,尽管最初家属表现出一些抵触,但在管理人与债务人及其家属进行了充分的沟通和解释后,家属最终同意协助调查。

(四)管理人履职难

破产管理人能够在法律规定的框架内履职,是因为《中华人民共和国企业破产法》对于破产企业管理人的权利和职责有明确的范围和授权。然而,在个人债务集中清理程序中,管理人尚未找到足够的法律法规依据支撑相应工作顺利开展,这使得管理人在开展工作时遇到较大困难。就案件本质而言,个人债务集中清理程序仍然是执行程序,法院指定中介机构担任管理人,并无直接的法律依据,而是参考《中华人民共和国企业破产法》的规定,并同时取得债务人和全体债权人的同意。管理人在开展调查核实债务人家庭状况、家庭财产信息时无法主动履职,大部分调查工作均需法院工作人员陪同才能完成,给管理人带来了极大的不便。

三、案件特点

(一)创设个债表决机制

《个债实施意见》规定,债权人会议表决事项应当经全体参与个人债务集中清理程序的无财产担保债权人同意。如果债权人会议决议特定事项由2/3以上参与个人债务集中清理程序的无财产担保债权人同意,或者按双重多数决等其他方式决议,依其约定。因此,为了提高个人债务集中清理程序中的各项事项效率,尤其是针对金融机构的内部审批制度、核销制度限制,管理人先制作了一份表决制度方案,并在该表决制度方案中约定其他需要表决的事项由2/3以上参与个人债务集中清理程序的无财产担保债权人同意的,即视为通过。最终,本案中所有参与该程序的债权人均一致同意该表决制度方案,由此大大提高了之后需要表决的事项的通过效率,也最终促使本案的个人债务集中清理方案获得通过。

(二)提高债权清偿效率

债务人李某的债权人虽然也能够通过法院强制执行得到受偿,但由于涉及债务人夫妻共同财产、债权人申请执行的时间先后,以及个别债权符合执行过程中对查控债务人财产有贡献需要考虑适当提高清偿比例等情况,这些因素势必会影响债务人财产分配的时效性。但通过个人债务集中清理,综合统筹考虑所有此类问题,以对所有债权人来说皆较为公平的方案"一揽子"解决,债权人能快速得到有效清偿,债务人亦获得重生机会,实现了债权人、债务人及社会效益多面共赢。

(三)帮助终结执行案件

执行法院已存在涉及债务人李某的强制执行案件21件,虽然通过强制执行,债权人财产最终也能得到分配,但由于各债权人没有按生效法律文书得到足额清偿,这21件执行案件仍然不能实质结案,只能沉淀为积案。个人债务集中清理程序,使法院强制执行变成债务人自愿履行,为化解被执行人为自然人的执行案件有效退出提供了新思路、新途径。瓯海法院通过债务人李某个人债务集中清理,成功化解了21件执行案件,涉及债权金额2000余万元。

(四)鼓励诚实债务人继续创业

金融危机过后,温州市甚至全国都曾出现过一些企业家因资金链断裂"跑路"甚至个别"跳楼"的现象,其中大部分企业家均系经营不善导致资金链断裂,认为其身负巨债永无出头之日,从而走向极端。本案中的债务人李某就系连续经营多家企业均失败,负债累累,故而被法院强制执行并列入失信名单。如果投资创业者都因为经营不善等,导致再次创业处处受限,势必会影响投资创业者的信心,进而阻碍社会经济的发展。现本案的债务人通过个人债务集中清理程序,在其履行完毕个人债务集中清理方案满 3 年后,未存在不诚信的行为,就可以申请法院恢复信用,该做法能在我国个人破产法出台前加快为投资创业失败者提供东山再起的机会,为社会经济发展发挥重大的作用。

四、案件办理所取得的评价

本案是全国首例由法院正式立案审理的类个人破产制度的个人债务集中清理案件,虽然并不是第一个结案,但由于债权人人数众多、类型多样(尤其是存在金融机构债权人)等特点,具有一定的代表性。本案从法院正式发布公告之日起就引起了社会各界,尤其是法律界、金融界的关注,本案的成功办理也必将记入个人破产制度的历史。另外,在本案办理过程中,金融机构债权人因内部层级审批制度和核销政策限制,即使明知通过个人债务集中清理程序相较于执行程序可以获得更高的清偿率,也仍不敢随意表决豁免债务人部分债权。本案适用依债权人约定确定的二次表决规则,具有很强的路径探索和实践复制意义,能够引导金融债权人同意采取双重多数决表决规则,变通性表决通过清理方案,实现对金融债权豁免难题的突破,促成债权人、债务人及社会效益多面共赢的局面。